Jürgen Röth
Cattleya

Jürgen Röth

unter Mitwirkung von
Bärbel Röth

Cattleya

150 Farbfotos
58 Zeichnungen
5 Tabellen

Titelfoto: *Cattleya aurantiaca* var. *flava*.
Farbfoto Seite 2: *Cattleya guttata*.
Farbfoto Seite 7: *Cattleya harrisoniana* × *Laeliocattleya*
'Schöne von Crimmitschau'.

Alle Umschlagfotos stammen vom Autor.

Die Deutsche Bibliothek – CIP-Einheitsaufnahme

Cattleya: 5 Tabellen / Jürgen Röth. Unter Mitw. von
Bärbel Röth. – Stuttgart (Hohenheim) : Ulmer 2001
ISBN 3-8001-3153-6

Das Werk einschließlich aller seiner Teile ist urheberrechtlich
geschützt. Jede Verwertung außerhalb der engen Grenzen
des Urheberrechtsgesetzes ist ohne Zustimmung des Verlages
unzulässig und strafbar. Das gilt insbesondere für Verviel-
fältigungen, Übersetzungen, Mikroverfilmungen und die
Einspeicherung und Verarbeitung in elektronischen
Systemen.

© 2001 Eugen Ulmer GmbH & Co.
Wollgrasweg 41, 70599 Stuttgart (Hohenheim)
E-Mail: info@ulmer.de
Internet: www.ulmer.de
Printed in Germany
Lektorat: Dr. Angelika Eckhard, Birgit Schüller
Herstellung: Martina Gronau
Satz: Dörr + Schiller GmbH, Stuttgart
Druck: Karl Grammlich GmbH, Pliezhausen
Bindung: Ernst Riethmüller Großbuchbinderei, Stuttgart

Zum Geleit

Cattleya, dieser Genus stellt wohl den Inbegriff der Orchideen dar. Blütengröße, Schönheit, Farben- und Formenvielfalt, alles vereinigt sich in ihm. Ein von unten bis oben mit diesen Pflanzen bewachsener Baum, an natürlicher Stelle und in voller Blüte, bleibt ein unvergesslicher Anblick!

Doch nicht nur die Natur rüstete diesen Genus mit Schönheiten aus, die Züchter versuchten sehr erfolgreich ein Übriges. So sind es bis heute über 27 000 verschiedene Kreuzungen, die registriert wurden, davon mehr als 510 Hybriden mit einer einzigen Art und insgesamt mindestens 175 intergenerische Hybriden. Zum Vergleich sei folgende Zahl angeführt. *Vanda*, zu der als nahe Verwandte auch *Phalaenopsis* als heute in Massen am Markt befindliche Standardorchidee gerechnet werden muss, kommt nur auf etwa 20 000 registrierte Kreuzungen. Das vorliegende Buch befasst sich u. a. auch mit der Züchtung der Cattleyen. Um übersichtlich zu bleiben, stellt es das Grundwissen dar. Die Züchter haben aber die Möglichkeit, verwandte Gattungen, die hier nur kurz vorgestellt werden können, zu weiteren Kreuzungen mit neuen Farben und Formen heranzuziehen.

In Jürgen Röth bot sich ein Kenner, der nicht nur die wissenschaftliche Seite beurteilen kann, sondern auch die praktische. Es ist sehr selten, dass sich Theorie und Praxis auf dem Gebiet der Orchideenkunde paaren, und so umfassendes Wissen verständlich weitergegeben werden kann, das der üblichen Einseitigkeit entbehrt. Seine persönlichen, jahrzehntelangen Erfahrungen unter den verschiedensten Bedingungen beinhalten nicht nur Fragen und Antworten zu Problemen der Orchideenkunde, sondern auch die rechtlichen Umstände unter Berücksichtigung der jeweiligen zeitlichen Gegebenheiten, bei denen Arten und Umweltschutz nur ein Aspekt sind. Alles zusammen formt aber die gesamte, hier wiedergegebene Darstellung. Orchideen überdauern schließlich Generationen und Systeme. Dem Leser wird derartiges vielleicht gar nicht auffallen. Dennoch sind die Erfahrungen des Autors eine wesentliche Voraussetzung dafür, einige Sachverhalte konzentriert darzustellen und andere knapper anzufügen.

Leider schwinden derzeitig nicht nur die natürlichen Vorkommen der Cattleyen. Auch die Bestände in Kultur sind aus rein wirtschaftlichen Gründen insgesamt rückläufig. Gerade aus diesem Grunde ist eine übersichtliche Erläuterung der bekannten Arten in der vorliegenden Form wichtig. Möge das Buch die allgemeinen Kenntnisse ebenso fördern, wie dem Suchenden Rat geben, vor allem aber dazu beitragen, diese wunderschönen und hoch entwickelten Blumen für alle Zukunft zu erhalten.

Herrn Jürgen Röth gebührt für diese Unterstützung ganz besonderer Dank.

Schloß Holte-Stukenbrock, 1. September 1998

Gerd Röllke
Präsident der Deutschen Orchideen-Gesellschaft e.V.

Vorwort

Orchideen sind die Edelsteine der Pflanzen, Cattleyen die Juwelen der Orchideen. Für viele Menschen bedeuten sie die idealisierte Vorstellung für tropische Blütenpracht. Einst hatten die *Cattleya*-Arten und ihre Hybriden im Gartenbau große Bedeutung, besonders als wertvolle Schnittblumen. Später wurden sie durch andere Gattungen teilweise verdrängt. Heute sind Cattleyen wieder in hohem Maße gefragt. Dies ist wohl auch die Folge der Züchtung kleinwüchsiger, aber großblütiger Pflanzen. Für den Orchideenfreund besitzen Cattleyen jedoch nach wie vor eine große Anziehungskraft; dies gilt sowohl für die Arten als auch die Hybriden.

In kaum einem Buch über tropisch-subtropische Orchideen fehlen Cattleyen, ein Zeichen ihrer Bedeutung. Spezielle Werke befassen sich jedoch meist nur mit Arten aus bestimmten Gebieten, andere fassen die gesamte Problematik zusammen, ohne Informationen zu allen wichtigen Punkten zu geben. Detaillierte Pflanzenbeschreibungen sowie Hinweise zu Kultur und Züchtung fehlen häufig. Der vorliegende Titel gibt schwerpunktmäßig eine Darstellung aller bekannten *Cattleya*-Arten mit Synonymie, Etymologie, Heimat, Beschreibung, Kultur, Geschichte, Züchtung, Naturhybriden und Vergleich mit ähnlichen Arten. Darüber hinaus enthält er Angaben über die Umweltfaktoren für ein optimales Wachstum und nachvollziehbare Ratschläge für eine erfolgreiche Pflege. Erläutert werden speziell bei Cattleyen auftretende Krankheiten und Schädlinge sowie die verschiedenen Möglichkeiten zur Vermehrung von Arten und Hybriden. Große Bedeutung kommt der Züchtung zu. Bei *Cattleya* hat sie eine lange Tradition. So werden bei jeder Art ihre Primärhybriden angegeben; auf Besonderheiten der Vererbung wird hingewiesen. Einen breiten Raum nimmt auch die intergenerische Züchtung ein. Alle Mehrgattungshybriden mit *Cattleya* werden aufgeführt, die wichtigsten speziell behandelt.

Unser Dank gilt dem Präsidenten der Deutschen Orchideen-Gesellschaft (D.O.G.), Herrn Gerd Röllke, für vielseitige Unterstützung, insbesondere zu Fragen des Artenschutzes und der Registrierung von Hybriden. Besonders danken möchten wir auch Herrn Emil Lückel, früherer Präsident der D.O.G., für die stetige Bereitschaft zur Klärung spezieller Fragen. Weiterhin danken wir den Herren Alvim Seidel, Edwin Wittman und Waldemar Scheliga, Brasilien, sowie Frau Doris Steinbuch, Venezuela, die uns viele Fragen beantworten konnten. Frau Lou C. Menezes und Jayr Fregona jr. sowie allen Orchideenfreunden, die uns mit Bildmaterial, Literatur, Hinweisen und Ratschlägen unterstützt haben, danken wir ebenfalls. Unser Dank sei auch dem Ulmer Verlag, besonders dem Lektorat in Radebeul, ausgesprochen, für die Möglichkeit zur Herausgabe des Titels in der vorliegenden Form.

Flarchheim / Nordwestthüringen,
Frühjahr 2001

Jürgen und Bärbel Röth

Inhaltsverzeichnis

Zum Geleit 5
Vorwort 6

Allgemeiner Teil

Die Gattung Cattleya 9
   Einordnung im Pflanzensystem und
   Gliederung 9
   Heimatliche Standorte und Lebensweise 10
   Aufbau und Merkmale der Pflanze 11
   Zur Geschichte 14
   Wuchsrhythmus bei *Cattleya* 16
Die Wachstumsfaktoren und ihre
Wechselbeziehungen 18
   Licht 18
   Temperatur 19
   Feuchtigkeit 20
   Ernährung 20
   Luftbewegung 21
Die Kultur der *Cattleya*-Arten und
-Hybriden 22
   Kulturräume 22
      Gewächshaus und Wintergarten 23
      Pflanzenfenster und Vitrinen 23
      Fensterbank 24
   Allgemeine Pflegemaßnahmen 25
   Gießen und Tauchen 25
   Düngen 26
   Langzeitversorgung und Hydrokultur .. 26
   Verpflanzen 27
      Pflanzstoffe und -gefäße 27
      Zeitpunkt und Technik des
      Umpflanzens 28
Vermehrung 30
   Aussaat 31

Die vegetative Vermehrung durch
   Teilung 32
   Meristemkultur 33
Krankheiten und Schädlinge 34
   Allgemeines zum Pflanzenschutz 34
   Krankheiten durch falsche
   Umweltbedingungen und Pflegefehler . 34
   Tierische Schädlinge 35
   Pilzkrankheiten 36
   Bakterien und Viren 36

Systematischer Teil

Bestimmungsschlüssel zu den Arten der
   Gattung *Cattleya* 37
Die Arten der Gattung *Cattleya* 42
   Untergattung *Laelioidea*: *C. dormaniana* 42
   Untergattung *Rhizantha*: *C. nobilior*,
   C. walkeriana 44
   Untergattung *Cattleya* 49

Sektion *Cattleya*: *C. eldorado, C. gaskelliana,*
C. jenmanii, C. labiata, C. lawrenceana,
C. lueddemanniana, C. mendelii, C. mossiae,
C. percivaliana, C. quadricolor, C. schroederae,
C. silvana, C. trianae, C. warneri,
C. warszewiczii 50
Sektion *Xantheae*: *C. dowiana, C. rex* ... 92
Sektion *Maximae*: *C. maxima* 99
Untergattung *Stellata*: *C. araguaiensis,*
C. iricolor, C. luteola, C. mooreana 102
Untergattung *Circumvolva* 112
Sektion *Aurantiacae*: *C. aurantiaca* 112
Sektion *Moradae*: *C. bowringiana,*
C. deckeri, C. skinneri 115
Untergattung *Aclandia*: *C. aclandiae,*
C. velutina 123
Untergattung *Intermedia*: *C. dolosa,*
C. forbesii, C. harrisoniana, C. intermedia,
C. kerrii, C. loddigesii 128
Untergattung *Schomburgkoidea*: *C. bicolor,*
C. elongata, C. tenuis, C. violacea 144
Untergattung *Falcata* 156
Sektion *Guttatae*: *C. amethystoglossa,*
C. guttata, C. leopoldii, C. schilleriana .. 156
Sektion *Granulosae*: *C. granulosa,*
C. porphyroglossa, C. schofieldiana 167
Ausgewählte Naturbastarde innerhalb der
Gattung *Cattleya* 175
Liste wichtiger Naturhybriden der Gattung
Cattleya 183
Cattleya-Züchtungen, Gattungs- und
Mehrgattungshybriden 184
   Züchtungsgeschichte und Hybriden-
   registrierung 184
   Verwandte Gattungen und Kreuzungs-
   partner mit *Cattleya* 187
   Barkeria 187
   Brassavola bzw. *Rhyncholaelia* 187
   Broughtonia 187
   Cattleyopsis 188
   Caularthron bzw. *Diacrium* 188
   Epidendrum bzw. *Encyclia* 188
   Laelia 189
   Leptotes 189

   Schomburgkia 190
   Sophronitis 190
   Tetramicra 191
   Gattungs- und Mehrgattungshybriden 191
   Brassocattleya 193
   Brassolaeliocattleya 194
   Cattkeria 194
   Cattleytonia 195
   Diacattleya 195
   Dialaeliocattleya 195
   Epicattleya 195
   Epilaeliocattleya 196
   Kirchara 196
   Laeliocattleya 196
   Lyonara 197
   Otaara 197
   Potinara 198
   Recchara 198
   Rolfeara 198
   Schombocattleya 198
   Sophrocattleya 199
   Sophrolaeliocattleya 199
   Vaughnara 200
   Yamadara 200
Die Arbeit mit und um Orchideen 201
   Artenschutz 201
   Bestimmung unbekannter Orchideen .. 202
   Orchideenbewertung und Orchideen-
   ausstellungen 202
   Die Deutsche Orchideen-Gesellschaft
   (D.O.G.) 203
Auswahl wichtiger Fachbegriffe 204
Alphabetische Liste der Abkürzungen für
Cattleya und verwandte Gattungen sowie
Gattungshybriden mit *Cattleya* 207
Abkürzungen und Namen von Personen
um *Cattleya*, insbesondere Autoren der
Arten, Varietäten und Naturhybriden 208
Entdeckung und Erstbeschreibung der
Cattleya-Arten 211
Synonymie der Gattung *Cattleya* 214
Literaturverzeichnis 218
Bildnachweis 220
Register 221

Allgemeiner Teil
Die Gattung *Cattleya*

Einordnung im Pflanzensystem und Gliederung

Zur besseren Übersicht werden alle lebenden Organismen in ein System mit verschiedenen Rangstufen eingeordnet. Dabei spielen die verwandtschaftlichen Beziehungen der Lebewesen untereinander, d.h. ihre natürliche Abstammung, eine Rolle. Aber auch künstlich vom Menschen geschaffene Gesichtspunkte machen oft erst eine Übersicht möglich. Die Gattung *Cattleya* nimmt im Pflanzenreich folgende Stellung ein:

Abteilung: Spermatophyta – Samenpflanzen
Unterabteilung: Angiospermae – Bedecktsamer
Klasse: Monocotyledoneae – Einkeimblättrige
Unterklasse: Liliidae – Lilienverwandte
Überordnung: Lilianae – Lilienähnliche
Familie: Orchidaceae – Orchideen
Gattung: *Cattleya* – Cattleyen

Umfangreichere Pflanzenfamilien wie die Orchideen untergliedert man zur besseren Übersicht in Unterfamilien (subfamilia), Triben (tribus) und Untertriben (subtribus). Die Gattung *Cattleya* gehört zur Unterfamilie der Epidendroideae, zur Tribus Epidendreae und zur Subtribus Laeliinae (nach Dressler) bzw. zur Subtribus Epidendrinae (nach Schlechter).

Die Rangstufe Gattung (genus) untergliedert man wiederum in Arten (species = spec.). Bei umfangreichen Gattungen werden verwandte Arten zusammengefasst, und es wird eine Klassifizierung in Untergattungen (subgenus) und Sektionen (sectio) vorgenommen. Die Gattung *Cattleya* wird (nach Withner) in neun Untergattungen und fünf Sektionen unterteilt und umfasst etwa 50 Arten.

Gattungs- und Artbezeichnung bilden den Namen der Pflanze, z. B. *Cattleya luteola* = die *Cattleya* mit gelblicher Blüte (*luteolus* = gelblich). Die Gattung wird mit großem, die Art mit kleinem Anfangsbuchstaben geschrieben. Letzteres ist erst seit dem Jahr 1942 gültig, vorher schrieb man alle Arten und Varietäten, die nach Personen genannt waren, aber auch andere Eigennamen, mit großem Anfangsbuchstaben. – Die Art kann noch in Unterart (subspecies = ssp.), Varietät (varietas = var.)* und Form (forma = f.) gegliedert werden.

Zur vollständigen Bezeichnung einer Pflanze gehören neben Gattungs- und Artname noch der Name des Autors, der diese Pflanze zuerst beschrieben hat. Meist verwendet man dessen Kürzel, z.B. Lindley = Lindl., Reichenbach fil. = Rchb. f. Häufig steht auch ein Autorenname in Klammer, dahinter ein zweiter ohne Klammer. Der Autor in der Klammer nahm die Erstbeschreibung vor, der Autor ohne Klammer stellte die Art später zu einer anderen Gattung.

Die Artenzahl der Gattung *Cattleya* schwankt bei den einzelnen Autoren, da diese die Rangstufen unterschiedlich einschätzen und die systematische Zuordnung voneinander abweichend vornehmen. Seit mehr als 100 Jahren gibt es Bemühungen, nahe Verwandte, die morphologisch nicht zu differenzieren sind, aber die trotzdem – meist nur bei direkter Gegenüber-

---

* Nicht zu verwechseln mit der englischen Bezeichnung variety = Kultivar, Sorte.

stellung – als eigenständig zu erkennen sind, in einer Art zusammenzufassen. Weiterhin werden immer wieder neue Arten entdeckt und beschrieben. Der Streit um die unterschiedliche Zuordnung als Art, Unterart, Varietät oder Form innerhalb der Gattung *Cattleya* ist fast so alt wie ihre Erstbeschreibung durch Lindley im Jahr 1821 und hat nicht viel von seiner Aktualität eingebüßt. Deshalb hier ein Zitat aus Boyle „Über Orchideen" aus dem Jahr 1898:

„Wir brauchen nicht auf den Streit einzugehen, welcher sich bei Einführung von Cattleya Mossiae im Jahre 1840 erhob, und an Erbitterung zunahm, als andere Formen derselben Klasse erschienen, ja auch jetzt noch nicht aufgehört hat. Es genügt, zu erwähnen, daß J. Lindley sich weigerte, C. Mossiae als eine besondere Art anzuerkennen, obwohl er allein den Handelsgärtnern gegenüberstand, welche noch eine Schar von begeisterten Liebhabern hinter sich hatten. Der große Botaniker erklärte, er könne in der prächtigen neuen *Cattleya* nichts sehen, was ihn berechtige, sie als eine 'Art' von der bereits bekannten *C. labiata* zu unterscheiden, ausgenommen die immer schwankende Färbung. Die Art und Weise des Wuchses und die Blütezeit seien keine wissenschaftlich brauchbaren Merkmale. Da der Bau der Pflanzen in der Hauptsache identisch ist, so war das Zugeständnis, daß C. Mossiae als eine Abart der *C. labiata* zu betrachten sei, das äußerste, was er (Lindley) bewilligen wollte. Dies geschah im Jahre 1840. 15 Jahre später kam C. Warscewiczi, jetzt gigas genannt, in den Handel, ein Jahr später C. Trianae, C. Dowiana im Jahre 1866 und C. Mendellii im Jahre 1870, alle, genau genommen nur Formen von *C. labiata*. Bei jeder Einführung wurde der Streit erneuert und ist bis jetzt noch nicht vorüber. Aber auf Lindley folgte Sir Joseph Hooker und auf Hooker Reichenbach als höchste Autorität, und jeder behauptete seinen Standpunkt. Selbstverständlich sind viele Cattleyen als sogenannte Arten anerkannt, jedoch Lindleys Standpunkt ist noch der allein giltige."

Lindleys Standpunkt wird auch heute noch von zahlreichen Wissenschaftlern vertreten. Dagegen haben Orchideenfreunde und Gärtner die Differenzierungen der einzelnen Arten so intensiv beibehalten, dass sie als eigenständige Arten betrachtet werden. Um nicht erneut Verwirrungen in diese Differenzierungen zu bringen, auch wegen der Bedeutung der Gattung *Cattleya* für den Gartenbau und für die zahlreichen Orchideenliebhaber, wird hier die Trennung in 15 Arten der *C.-labiata*-Verwandtschaft, der Sektion *Cattleya*, vertreten.

Heimatliche Standorte und Lebensweise

Das Verbreitungsgebiet der Gattung *Cattleya* erstreckt sich von Südmexiko über Mittel- bis nach Südamerika, insbesondere Brasilien. Während die einblättrigen Arten vorwiegend in den Küstengebieten von Peru über Kolumbien, Venezuela, Guayana und bis zum Mündungsgebiet des Amazonas hin vorkommen, besiedeln die zweiblättrigen Sippen meist Brasilien und die atlantischen Küstengebirge. Allerdings gibt es viele Ausnahmen, z.B. *C. aurantiaca*, *C. violacea*, *C. labiata*. Es ist kaum möglich, die Heimatstandorte aller Cattleyen kurz zusammenzufassen, die einzelnen Arten sind unterschiedlich weit verbreitet und bewohnen Gebiete von der Küste bis in Höhenlagen von mehr als 1500 m.

Die meisten Arten kommen in Brasilien vor. Etwa die Hälfte aller bekannten Cattleyen ist in den Staaten Rio Grande do Norte im Nordosten über Paraíba, Piauí, Pernambuco, Bahia, Minas Gerais und Espírito Santo, São Paulo, Rio de Janeiro, Paraná, Santa Catarina bis Rio Grande do Sul im Süden an der Grenze zu Uruguay beheimatet. Zahlreiche Arten wachsen im Amazonasgebiet und in den angrenzenden Bezirken der Länder Guayana, Venezuela, Kolumbien, Ekudor, Peru und Bolivien sowie weiter nach Norden durch Mittelamerika bis Südmexiko.

Viele Cattleyen bevorzugen ziemlich feuchte Gebiete mit hohen Niederschlagsmengen, oft in der Nähe von Gewässern. Ein großer Teil der Arten wächst epiphytisch, meist auf hohen Bäumen, aber auch auf Schattenbäumen der Kaffee- bzw. Kakaoplantagen. In diesen Baumkronen erhalten sie bei voller Sonne sehr viel, aber nur indirektes Licht. Die Temperaturen variieren oft stark bei reicher Taubildung und Luftzirkulation auch während der Trockenperiode. Besiedelt werden Nebelwälder und angrenzende Gebiete im Gebirge, Galeriewälder an Flüssen im heißen Tiefland mit Tagestemperaturen von mehr als 30 und nachts 12 bis 25 °C und weniger. Es werden aber auch trockene Zonen besiedelt. Einige Arten wachsen in xerophilen Dornstrauchformationen mit kleinen, meist Laub abwerfenden Bäumen und Sträuchern, gelegentlich auch auf Agaven, Säulenkakteen und anderen Sukkulenten. Auf mit Moos und Flechten bewachsenen Bäumen können die Pflanzen große Kolonien bilden. Sie leben meist im oberen Bereich luftig und hell, aber doch beschattet bei rasch wechselnder Feuchtigkeit. Viele Cattleyen wachsen auch lithophytisch auf Felsen, teilweise auch in voller Sonne.

Die Verbreitungsgebiete, zum Teil mit Standortbeschreibungen der einzelnen *Cattleya*-Arten, sind bei ihrer Beschreibung (siehe Kapitel „Die Arten der Gattung *Cattleya*") angegeben.

Laeliocattleya Casitas Spring (1978) 'Linden'.

Aufbau und Merkmale der Pflanze

Cattleyen bilden durch ihre epi- oder lithophytische Lebensweise ein umfangreiches, fast unverzweigtes Wurzelsystem aus, mit dem sie sich auf ihrer Unterlage fest verankern und genügend Wasser und Nährstoffe aufnehmen können. *Cattleya*-Wurzeln sind, wie bei anderen Orchideen auch, mit einem lockeren schwammigen, saugfähigen Gewebe, dem so genannten Velamen umgeben. Es dient der kapillaren Aufnahme von Feuchtigkeit. Die grüne Wurzelspitze enthält Chlorophyll und kann assimi-

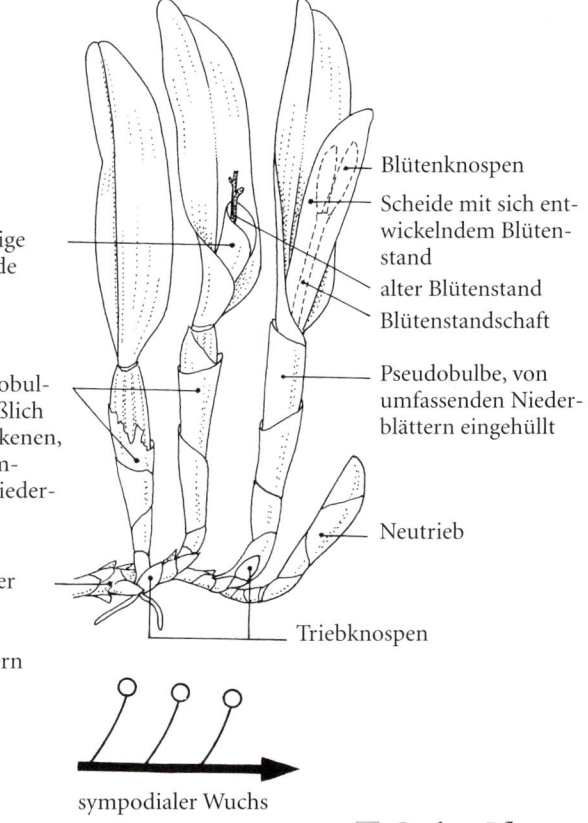

Cattleya-Pflanze.

Verschiedene Formen von Pseudobulben der *Cattleya*.

lieren. Gesunde Wurzeln sind für die Wuchs- und Blühleistung der Cattleyen überaus wichtig. Junge Wurzeln brechen leicht, ältere sind fest und trotzdem elastisch. Bei mechanischer Beschädigung der Wurzelspitze wächst sie nicht weiter. Gelegentlich bilden sich jedoch aus gesunden älteren Wurzeln Nebenwurzeln.

Cattleyen wachsen sympodial, d.h. sie haben ein begrenztes Spitzenwachstum. Der sich meist waagerecht entwickelnde, rhizomartige Spross ist mit schuppigen Niederblättern besetzt und bildet an der Spitze eine, in der Regel nach oben gerichtete, Pseudobulbe. Diese beendet nach der Vegetationsperiode ihr Wachstum. Sie ist mehrgliedrig. Meist an der Basis, manchmal auch an ihrer Spitze, sind die Glieder kurz, das mittlere nimmt fast die gesamte Länge der Pseudobulbe ein. Von der Basis der einzelnen Glieder aus entwickeln sich stängelumfassende häutige Niederblätter, die später trocken werden. Sie dienen während der Ruheperiode als Schutz vor zu großer Verdunstung. An der Basis der Pseudobulben steht meist nur eine Erneuerungsknospe, aus der sich der neue Trieb entwickelt.

Durch die Form ihrer Pseudobulben und die Anzahl der Laubblätter lassen sich die meisten Cattleyen in zwei Gruppen einteilen. Die Arten der einen Gruppe werden als einblättrige (unifoliate) Cattleyen zusammengefasst, da sie gewöhnlich nur ein apikales (an der Spitze befindliches) Laubblatt ausbilden. Dieses ist meist länglich, oft etwas fleischig und ledrig. Ihre Pseudobulben sind schmal spindelförmig, häufig abgeflacht, im Alter auch längs gefurcht. Die Arten der anderen Gruppe entwickeln an der Spitze der im Alter gefurchten, schmal zylindrischen, oft etwas keulenförmig verdickten Pseudobulben zwei, seltener drei oder vier elliptische oder schmal eiförmige, meist derbe, ledrige Laubblätter.

Der Blütenstand (Infloreszenz) entwickelt sich an der Blattbasis terminal auf der Pseudobulbe. Er ist am Anfang der Knospenbildung von einer einfachen oder doppelten Blütenscheide (Spatha) umgeben. Dieses Merkmal ist artspezifisch, Ausnahmen können gelegentlich durch abweichende Kulturbedingungen auftreten. Die Blüten stehen am Blütenstand in den Achseln von schuppigen Tragblättern (Brakteen). Wie bei vielen anderen Orchideen auch, dreht sich die Blüte im Knospenstadium um etwa 180 Grad um die eigene Achse (Resupination). Dadurch zeigt die Lippe als Landeplatz für die bestäubenden Insekten nach unten. Der Blütenaufbau ähnelt dem vieler anderer einkeimblättriger Pflanzen. Cattleyen bilden drei äußere Blütenblätter (bei Orchideen Sepalen genannt), die sich in der Form, kaum aber in der Farbe, von den inneren Blütenblättern (Petalen) unterscheiden. Alle Blütenblätter zusammen, d.h. Sepalen und Petalen, werden auch – eigentlich richtiger – als Tepalen bezeichnet. Bei Cattleyen sind die äußeren Blütenblätter schmaler als die inneren. Das in der geöffneten Blüte nach oben weisende äußere Blütenblatt wird als dorsales Sepalum und die beiden seitlichen äußeren Blütenblätter werden als laterale Sepalen bezeichnet. Die zwei seitlichen inneren Blütenblätter gleichen sich, das dritte weicht in Größe, Gestalt und Färbung ab und wird Lippe (Labellum) genannt. Bei Cattleyen ist diese einfach oder dreilappig, und die Seitenränder bzw. die -lappen bedecken meist die Säule (Columna oder Gynostemium). Manche Arten bilden vorn auf der Lippe Kallus in Form verdickter Längsnerven oder schuppiger, warzenartiger Erhebungen aus.

Die Staubfäden sind, wie bei anderen Orchideen auch, mit dem Griffel zur Säule verwachsen. Die Säule ist bei Cattleyen meist etwas gekrümmt, im Querschnitt halbkreisförmig und birgt auf der Unterseite die Narbe. Sie hat im oberen Teil eine zahnartige Verlängerung, die einen Hohlraum mit einem kurzen Anhängsel bildet. In diesem Hohlraum (Klinandrium) befindet sich der mützenförmige Staubbeutel (Anthere). Von den in zwei Kreisen angeordneten sechs Staubblättern sind fünf verkümmert. Nur ein Staubblatt des äußeren Kreises ist entwickelt und trägt den zu Paketen verklebten Blütenstaub. Diese – bei *Cattleya* vier, bei *Laelia* acht – Pollenpakete (Pollinien) befinden sich in vier nebeneinander liegenden Fächern. Die Anthere beugt sich im Lauf ihrer Entwicklung nach un-

■ Blüte, Blütenquerschnitt und Blütendiagramm (nach erfolgter Resupination) einer *Cattleya*.

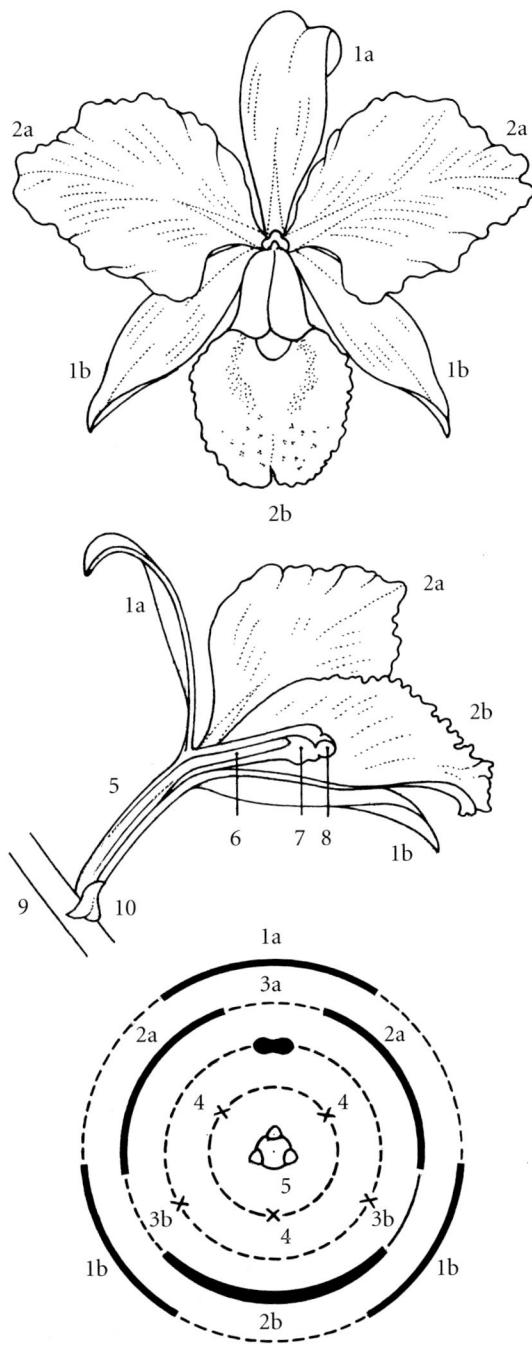

1 äußerer Blütenblattkreis
1a ober- bzw. rückseitig gerichtetes äußeres Blütenblatt (dorsales Sepalum)
1b laterale äußere Blütenblätter (Sepalen)
2 innerer Blütenblattkreis
2a innere Blütenblätter (Petalen)
2b inneres Blütenblatt – Lippe (Labellum)
3 äußerer Staubblattkreis
3a fruchtbares (fertiles) Staubblatt
3b verkümmerte sterile Staubblätter
4 innerer Staubblattkreis – verkümmerte sterile Staubblätter
5 Ovarium (Fruchtknoten)
6 Columna (Säule)
7 Narbe
8 Pollinarium
9 Infloreszenzschaft
10 Blütentragblatt

ten und hat einen klebrigen Fortsatz (Caudicula), der auf dem bestäubenden Insekt gut haftet. Das gesamte Gebilde wird als Pollinarium bezeichnet.

Bei den Cattleyen finden wir eine große Vielfalt an Farben vor. Diese wird durch zwei Farbstoffe erreicht, Gelb und Rotviolett. Der gelbe Farbstoff ist in Form von Pigmenten in den Zellen der Blütenblätter abgelagert. Er ist bereits in der noch geschlossenen Knospe vorhanden, während der im Zellsaft gelöste rotviolette Farbstoff erst mit dem Saftstrom zu den Blüten gelangt. Dies erklärt, warum manche *Cattleya*-Blüten während ihrer Entfaltung (beim Öffnen) noch weiß sind, und sich häufig erst nach dem vollständigen Öffnen (das kann nach Stunden oder sogar Tagen sein) färben. Bei den so genannten Albinos fehlt der rotviolette Farbstoff im Zellsaft. Die bei den meisten Blüten violett, rötlich oder braun gefärbten Teile bleiben dann weiß, während die gelbe Farbe, oft am Lippengrund, mehr oder weniger hervortritt. Selten ist sie fast nicht mehr wahrnehmbar. Dann sprechen wir von reinweißen Blüten.

Orchideensamen gehören zu den kleinsten im Pflanzenreich. Es werden jedoch große Mengen gebildet. Bei *Cattleya* kann eine Frucht bis zu 3 Millionen Samenkörner enthalten. Bis zum völligen Ausreifen benötigen die Samen artspezifisch 6 bis 12 Monate. Ihre Keimfähigkeit kann bis etwa sechs Monate, maximal bis zu einem Jahr erhalten bleiben. Die Samen bilden kein Nährgewebe aus. Die Ernährung des sich entwickelnden Keimlings erfolgt mit Hilfe von Fadenpilzen, mit denen die Orchideen in Gemeinschaft (Symbiose) leben.

Unter einem Chromosomensatz ist die Gesamtheit aller Chromosomen (Träger der Erbanlagen) eines Zellkernes zu verstehen. Bei Kernen mit einfachem (haploidem) Chromosomensatz (n) ist jedes Chromosom nur einmal vertreten. Nach einer Befruchtung wird der einfache Chromosomensatz verdoppelt, es entsteht ein diploider (2n) Kern, d.h., jedes Chromosom ist doppelt vertreten. Dieser doppelte Chromosomensatz kennzeichnet in der Regel alle Körperzellen der höheren Pflanzen und damit auch der Orchideen. Durch eine Störung bei der Kernteilung kann sich der diploide Chromosomensatz verdoppeln bzw. vervielfachen, sodass ein Kern mit tetraploidem oder mehrfachem Chromosomensatz entsteht. Diese Störung der Kernteilung kann man auf künstlichem Weg, z. B. durch Einwirkung des Alkaloids Colchicin auf die Bildungszellen der Pflanzen, erzeugen. Triploide Pflanzen sind häufig bzw. ihre Pollen zum Teil steril, da ihre Keimzellen oft unvollständige Chromosomensätze enthalten. Polyploide Pflanzen zeichnen sich durch vergrößerte Zellkerne, Zellen und Organe aus.

Die Anzahl der Chromosomen ist artspezifisch. Die meisten Arten der Gattung *Cattleya* besitzen einen Chromosomensatz von $2n = 40$. Bei einigen Varietäten oder Sorten (Klone) können höhere Chromosomenzahlen auftreten. Die schöne *Cattleya mossiae* var. *wageneri* Rchb. f. mit reinweißen Blütenblättern und goldgelben Strahlen auf der Lippe hat $2n = 41$, *C. bicolor* var. *measuresiana* Warner et Williams $2n = 80$ und *C. trianae* 'Jungle Queen' $2n = 60$. Viele meristemvermehrte Sorten sind tetraploid, z.B. *C. labiata* 'Harefield Hall'.

Zur Geschichte

Viele Geschichten kursieren um die Einführung der Arten der Gattung *Cattleya* nach Europa. So soll die geheimnisumwitterte *C. labiata vera* um 1818 durch Mr. Swainson aus Brasilien zu Lindley gelangt sein. Sie hätte als Verpackungs- bzw. Stopfmaterial für Flechten gedient, die Prof. Hooker in Glasgow bei Swainson bestellte. Die Pflanzen sollen von einem unbekannten Sammler stammen, der in Rio de Janeiro verstarb. Tatsächlich erwähnt John Lindley in „Collectanea Botanica", dass er bzw. Hooker Orchideen von Swainson aus Brasilien bekamen, und dass davon eine Pflanze, nach der Curtis *C. labiata* zeichnete, im letzten November (1818?) bei Cattley in Barnet geblüht hat. Diesem Mr. William Cattley (1788 bis 1835) zu Ehren benannte

Lindley die Gattung *Cattleya*. Mr. Cattley besaß damals eine der artenreichsten Orchideensammlungen in England.

In seiner Publikation „Collectanea Botanica", herausgegeben 1821 bis 1826, begründete Lindley die Gattung *Cattleya* mit den Arten *C. labiata, C. loddigesii* und *C. forbesii*. Das Datum der Herausgabe der einzelnen Bände bzw. Lieferungen ist nicht mehr vollständig zu ermitteln, es wird deshalb immer mit einem Fragezeichen behaftet sein müssen. Ziemlich sicher ist jedoch, dass die ersten sechs Teile des Werkes mit den Tafeln 1 bis 31 1821 erschienen sind. Teil 7 ist unklar, wird jedoch meist mit Oktober 1821 angegeben, und Teil 8 mit den Tafeln 37 bis 41 mit Januar 1826. Aus diesen Daten ergibt es sich, dass z. B. für die Erstveröffentlichung der *C. labiata* mit Tafel 37 das Jahr 1821 oder für *C. forbesii*, sub t. 37, das Jahr 1826 gilt.

Einige Arten waren jedoch schon vorher, meist unter der Bezeichnung *Epidendrum,* bekannt. So beschrieb der brasilianische Botaniker José Mariano da Conceição Vellozo – auch Velloso – (1742 bis 1811) bereits 1790 in „Florae Fluminensis, seu descriptionum plantarum" ein *Epidendrum canaliculatum* vol. 9, t. 10, das im Typus unserer heutigen *C. loddigesii* entspricht, sowie ein *Epidendrum pauper*, t. 13 – unsere heutige *C. forbesii*. Dieses Werk wurde jedoch erst viele Jahre nach dem Tod von Velloso veröffentlicht – der Text 1829 und die Icones 1835.

Noch früher, bereits 1777, war eine der *Cattleya maxima* entsprechende Orchidee bekannt. Sie wurde von den beiden spanischen Botanikern Ruiz und Pavon in Peru gefunden und von ihnen herbarisiert. Das Herbarmaterial gelangte an Lindley, der die Art 1831, also 54 Jahre später, in „The Genera and Spezies of Orchidaceous Plants" als *Cattleya maxima* beschrieb. Auch Humboldt und Bonpland fanden auf ihren Reisen im tropischen Amerika eine *Cattleya*, die gemeinsam mit ihnen von Kunth 1815 als *Cymbidium violaceum* beschrieben wurde. Erst Rolfe stellte diese Art 1889 zur Gattung *Cattleya*. Es handelt sich hierbei um unsere heutige *Cattleya violacea*. Die ersten lebenden Pflanzen der später aufgestellten Gattung *Cattleya* gelangten jedoch bereits 1810 zum Botanischen Garten Liverpool. Loddiges beschrieb sie 1819 als *Epidendrum violaceum*. Lindley stellte sie 1821 zu seiner neu geschaffenen Gattung *Cattleya* und benannte sie zu Ehren Loddiges *C. loddigesii*.

Den ersten Arten folgten bald weitere, bis mit *C. jenmanii* 1906 für viele Jahre die scheinbar letzte *Cattleya* bekannt wurde. 1944 beschrieb jedoch F. Krackowitzer die in Peru von Harry Bloßfeld entdeckte *C. blossfeldiana*. Diese Beschreibung ist jedoch nicht gültig publiziert. Die Pflanze ging auch in Kultur bald wieder verloren. 1967 beschrieb Pabst *C. araguaiensis* und

Die hochwüchsige *Cattleya loddigesii* und die in neuerer Zeit bekannt gewordene, gedrungen wachsende var. *martinellii*.

1976 *C. silvana*. Letztere wird zum Teil auch als Naturbastard bzw. als Synonym zu *C. labiata* angesehen. Es folgten 1976 *C. kerrii* von Brieger und Bicalho, teilweise als *Laeliocattleya* betrachtet, und 1983 *C. tenuis* von Campacci und Vedovello. Wenige Jahre später, 1988, wurde von Withner, Allison und Guenard *C. mooreana*, eine Art, die der legenderen *C. blossfeldiana* entspricht, beschrieben. Die von E. Motta in Brasilien (Roraima) gefundene und von L. C. Menezes 1988 beschriebene *C. mottae* entspricht in ihren Merkmalen × *Lc. fredna,* deren Eltern in diesem Gebiet jedoch nicht vorkommen. Da auch nur eine Pflanze bekannt wurde, wird die fragliche Art hier nicht behandelt.

Auch zum Namen der Gattung gibt es Synonyme. So wurde 1834 von dem belgischen Botaniker Dumortier in „Nouveaux Mémoires de L'Académie Royale des Sciences et Belles-Lettred de Bruxelles" 9: 13, Tafel 10, die Gattung *Maelenia*, Van der Maelen zu Ehren, begründet. Sie ist synonym zur Gattung *Cattleya* Lindl. zu betrachten. Die Art *Maelenia paradoxa* Dumort. entspricht *C. forbesii* und wurde von Dumortier in „Horticulteur Belge" 2: 198, t. 44, 1834 vorgestellt. – Reichenbach stellte 1861 die damals bekannten Cattleyen in „Walper's Annales Botanices Systematicae" zur nahe verwandten Gattung *Epidendrum*, kehrte aber selber bald wieder zum altbekannten Namen *Cattleya* zurück. Diese Umkombinationen betrachtet man deshalb heute als Synonyme.

Wuchsrhythmus bei Cattleya

Jede Pflanze, auch bei uns im gemäßigten Klima, unterliegt einem bestimmten Wuchsrhythmus. Cattleyen haben sich dem Wechsel von Regenperioden und längerer Trockenheit in ihren Heimatgebieten angepasst. Einer unterschiedlich langen Wachstumszeit folgt eine zwangsläufige Ruheperiode, wenn die zum Wachstum erforderliche Feuchtigkeit ausbleibt. Die Pflanzen speichern in ihren Pseudobulben und Blättern Wasser und Nährstoffe, um die notwendigsten Lebensvorgänge aufrechtzuerhalten. An den heimatlichen Standorten besteht in dieser Zeit ein Überangebot an Licht. In Europa müssen die Cattleyen während ihrer Ruheperiode, falls diese in die Wintermonate fällt, mit wenig Licht auskommen. Wir können nur die Wassergaben reduzieren und – daraus folgernd – die Temperaturen absenken.

Die drei Phasen
- Vegetationsperiode – Wachstum neuer Wurzeln und Triebe,
- Ruhezeit – Einstellen des vegetativen Wachstums und
- artspezifische Blütezeit

werden an den natürlichen Standorten durch die Umweltbedingungen geprägt. Die Pflanzen sind hier unterschiedlichen Bedingungen ausgesetzt. In Waldgebieten mit Laub abwerfenden Bäumen erhalten sie viel Schatten, wenn die Bäume belaubt sind, und viel Licht, wenn diese ihre Blätter abgeworfen haben. In den periodisch feuchten Wäldern wechseln sich Regenzeiten mit ausgeprägten Trockenzeiten ab. Dieser Wechsel zwischen Wachstum, Ruheperiode und Blütezeit gestaltet sich bei den einzelnen Arten verschieden, es ergeben sich unterschiedliche Ruhe- und Wachstumszeiten und damit auch unterschiedliche Blütezeiten.

Unserem gemäßigten Klima haben sich die Pflanzen in Kultur zwar weitgehend angepasst, ihren Wuchsrhythmus jedoch, oft zeitlich verschoben, in der Regel beibehalten.

Der Wuchsrhythmus einer *Cattleya*-Art oder ihrer Hybride innerhalb eines Jahres lässt sich wie folgt darstellen, wenn man die Pflanzen in fünf Kulturgruppen einteilt:
1. Die Wachstumsperiode beginnt mit der Entwicklung des Neutriebes. Bevor dieser sein Wachstum abschließt, d. h. kurz nach der Hälfte seiner Entwicklungszeit, erscheint der Blütenstand. Nach der Blüte beginnt die Ruhezeit. Beispiele: *C. dowiana, C. gaskelliana, C. warszewiczii.*
2. Nach der Ausbildung der neuen Pseudobulbe blüht die Pflanze. Die Ruhezeit folgt nach der

Blüte. Beispiele: *C. amethystoglossa, C. bicolor, C. bowringiana, C. eldorado, C. forbesii, C. granulosa, C. harrisoniana, C. lueddemanniana, C. warneri.*

3. Nach der Ausbildung der neuen Pseudobulbe macht die Pflanze eine kurze, häufig nur vier bis acht Wochen dauernde Ruhezeit durch. Nach der Blüte folgt eine zweite, längere Ruheperiode. Beispiel: *C. labiata.*
4. Nach der Ausbildung der neuen Pseudobulbe und einer längeren Ruheperiode blüht die Pflanze. Nach der Blüte erscheint nicht gleich der Neutrieb, sondern es folgt nochmals eine kurze Ruhezeit. Beispiele: *C. percivaliana, C. schroederae, C. trianae.*
5. Die Entwicklung der neuen Pseudobulbe ist abgeschlossen, die Ruhezeit setzt ein. Nach der Ruhezeit blüht die Pflanze. Noch während der Blütezeit oder gleich danach bildet sich der Neutrieb. Beispiele: *C. lawrenceana, C. mossiae, C. mendelii.*

Bei den im Sommer und Herbst blühenden Arten oder Hybriden kann es vorkommen, dass bei günstigen Umweltbedingungen – Wärme, optimale Lichtverhältnisse und ausreichende Feuchtigkeit – bald ein neuer Trieb gebildet wird. Das bedeutet, die Pflanze blüht zweimal im Jahr, sofern sich der Neutrieb infolge noch ausreichender Lichtverhältnisse in den Wintermonaten normal entwickelt. Man kann diesen zweiten Neutrieb ausbrechen und durch verringerte Wassergaben und niedrigere Temperaturen die Ruhezeit einleiten oder ihn durch bestmögliche Bedingungen, wie Zusatzbelichtung, ausreichende Luftfeuchtigkeit und Wärme, zur vollen Entwicklung bringen. Auf diese Weise kann man zwar erneut Blüten erhalten, möglicherweise aber auch die Pflanze schwächen, wenn ungünstige Umweltverhältnisse das gute Wachstum vorzeitig beenden.

Kennt man den Wuchsrhythmus einer Art, ist ihre Pflege relativ einfach. Das gilt auch, wenn sich die einzelnen Phasen der Entwicklung zeitlich (durch das Großklima oder Kulturmaßnahmen) verschieben. Schwieriger ist es bei Hybriden, deren Elternteile einer entgegengesetzten Wuchsrhythmik folgen. Oft zeigt die Pflanze jedoch selber an, welche Bedingungen ihr zusagen, z.B. wann sie „ruhen" will. Für Herbst- und Spätherbstblüher sollte nach dem Abblühen die Ruhezeit mit verringerten Wassergaben und niedrigeren Temperaturen eingeleitet werden. Den Arten und Hybriden, die im Januar/Februar blühen, gibt man anschließend eine leichte Ruhezeit bis zum Beginn des Neutriebes. Alle Frühjahrs- und Vorsommerblüher erhalten sofort nach der Blütezeit optimale Umweltbedingungen, um das Wachstum anzuregen und eine möglichst rasche Entwicklung des Neutriebes zu erreichen.

Die Wachstumsfaktoren und ihre Wechselbeziehungen

Wachstums- oder Umweltfaktoren sind Licht, Temperatur, Wasser, Nährstoffe und Luft, die alle in bestimmten Wechselbeziehungen zueinander stehen. Sind die Relationen gestört, kommt es zu Wachstumsstockungen.

Licht

Cattleya-Arten und deren Hybriden, insbesondere die zweiblättrigen, benötigen und vertragen viel Licht. Das gilt jedoch nur für blühfähige, gesunde, gut ernährte und abgehärtete Pflanzen, nicht für junge oder frisch verpflanzte Exemplare. Diese sollte man, um die Verdunstung einzuschränken, etwas schattiger halten. Ebenso fühlen sich die meisten der einblättrigen Arten und Hybriden im lichten Halbschatten wohler als ständig in voller Sonne. An ihren heimatlichen Standorten sind die Pflanzen größtenteils einer mehr oder weniger starken, kühlenden Luftbewegung ausgesetzt und vertragen deshalb dort eine höhere Lichtintensität und Wärme als unter Kulturbedingungen. Die Lichtstärke bei blühfähigen Cattleyen sollte zwischen 20 000 und 30 000 lx betragen.

Obwohl viele Cattleyen ausgesprochen lichthungrig sind, kommen sie unter Glas, besonders im Frühjahr und Sommer während der heißen Mittagsstunden, nicht ohne Beschattung aus. Dies ist von besonderer Bedeutung, weil im Februar/März die Pflanzen noch nicht an die immer intensiver werdende Sonnenstrahlung gewöhnt sind. Im Spätsommer und Herbst ist Schatten jedoch nur dann notwendig, wenn die Temperaturen zu stark ansteigen, was besonders hinter Glas der Fall sein könnte. Durch eine Überhitzung des Gewebes würden dann Verbrennungen an den Blättern auftreten. Zum Ausreifen der voll entwickelten Triebe und im Winter sollte man allen Cattleyen dagegen so viel Licht wie möglich zukommen lassen.

Über die Dauer der Lichteinwirkung und ihren Einfluss auf die Blütenbildung bei Orchideen gibt es derzeit noch keine gesicherten Erkenntnisse. Offensichtlich übt jedoch die Tageslänge bzw. die Belichtungsdauer auf einige *Cattleya*-Arten, wie *C. labiata*, *C. percivaliana* und *C. trianae*, eine fotoperiodische Wirkung aus.

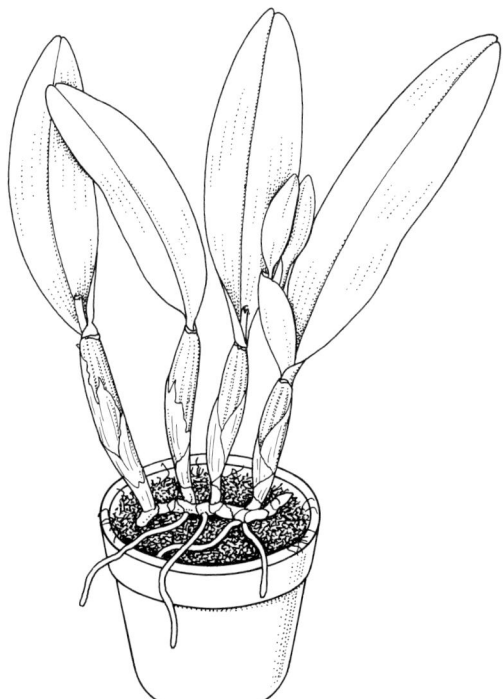

■ Pflanzen in Wuchsrichtung zum Lichteinfall aufstellen!

Sophrolaeliocattleya Hazel Boyd
(*Slc.* California Apricot × *Slc.* Jewel Box).

Cattleya Wössner Purple Wing
(*C.* Batalini × *C.* Carol Woityla).

Zur Blütenbildung kommt es bei diesen Arten, wenn die Tage kürzer werden, d.h. die Dauer der Lichteinwirkung abnimmt, vorausgesetzt die Lichtintensität ist nicht zu gering. Im Gewächshaus und am Südfenster ist dies weniger problematisch, notfalls gibt man Zusatzbelichtung.

Eine Zusatzbelichtung während der Wintermonate, wirkt sich besonders günstig für Jungpflanzen aus. So wachsen diese gleichmäßig schnell und stetig, ohne nennenswerte Ruheperiode, und gelangen wesentlich früher zur Blüte. Bewährt haben sich für *Cattleya*-Jungpflanzen nach der Keimung eine Lichtstärke von 2000 und nach dem Pikieren von 4000 lx. Die Dauer der Lichteinwirkung sollte etwa 16 Stunden am Tag betragen.

Temperatur

Einer der bedeutendsten Wachstumsfaktoren ist die artspezifisch optimale Temperatur. Die Temperaturmessung gehört zu den wichtigsten Kulturmaßnahmen bei Orchideen. Ihre Temperaturansprüche sind je nach Tages- und Jahreszeit verschieden. Nachts sollen die Werte stets etwas niedriger sein als am Tage, da die Pflanzen während der Dunkelheit atmen. Ist es zu warm, verbrauchen sie dafür zu viel Energie. Dies gilt auch für dunkle Tage im Winter. Hohe Temperaturen bei wenig Licht erzeugen lange, dünne Triebe mit weichem Gewebe, welches anfälliger für Krankheiten und Schädlinge ist. Stehen die Pflanzen im Winter sehr warm, besonders bei der Pflege auf der Fensterbank im Wohnzimmer, sollte man eine Zusatzbelichtung in Erwägung ziehen.

Die optimalen Temperaturen für Cattleyen liegen während der Vegetationszeit zwischen 18 und 22 °C und um 12 bis 16 °C während der Ruheperiode. Kurzzeitig vertragen Cattleyen auch Temperaturen außerhalb des angegebenen Bereiches. So schadet es ihnen kaum, wenn an heißen Sonnentagen die Werte ansteigen oder bei strengem Frost im Winter etwas niedriger liegen.

Ausnahmen bestätigen auch hier die Regel. So vertragen z.B. *C. dowiana*, *C. lawrenceana* und *C. violacea* keine Temperaturen unter 16 bis 18 °C. Dies ist zum Teil auch bei ihren Hybriden zu beachten. Auch der Entwicklungsstand der Pflanze hinsichtlich der Temperaturführung ist wichtig. Jungpflanzen wollen immer etwas wärmer gepflegt werden. Besonders schädlich sind zu niedrige Temperaturen an den Wurzeln.

Feuchtigkeit

Hier ist zwischen Substrat- und Luftfeuchtigkeit zu unterscheiden. Beide stehen in engen Wechselbeziehungen zu den anderen Wachstumsfaktoren, besonders zur Temperatur. Hohe Boden- und Luftfeuchte bei niedrigen Temperaturen kann rasch zu Fäulnis an den Wurzeln führen. Bei hohen Temperaturen sinkt die Luftfeuchtigkeit, die Pflanze verdunstet stärker und verbraucht demzufolge auch viel Wasser. Den *Cattleya*-Arten und ihren Hybriden ist eine relative Luftfeuchte unter 50 % auf die Dauer nicht zuträglich, besser sind Werte um 60 bis 80 %. In Pflanzenvitrinen und anderen relativ kleinen Kulturräumen sind die Verhältnisse anders, die Luftfeuchtigkeit ist meist sehr hoch und die Temperatur steigt stark an (Luftbewegung und Luftaustausch wären dann erforderlich, siehe Luftbewegung).

Geteilte Meinungen bestehen über die durch abendliches Sprühen nachts erhöhte Luftfeuchtigkeit im Gewächshaus. Einerseits steigt sie durch die niedrigeren Temperaturen in der Nacht ohnehin an, was auch den Verhältnissen am natürlichen Wuchsort entspricht. Man denke nur an die nächtliche Taubildung. Andererseits fehlt es in vielen Gewächshäusern ohne Ventilatoren an der nötigen Luftbewegung. Deshalb wird häufig darauf hingewiesen, dass die Pflanzen abends abgetrocknet sein sollen. Gewarnt wird vor Fäulnis des Neutriebes durch darin stehengebliebenes Wasser sowie vor verstärkter Ausbreitung von pilzlichen Krankheitserregern. Hier muss jeder Orchideenfreund selber entscheiden, ob er abends noch gießt oder gar spritzt und dadurch die Luftfeuchte wesentlich erhöht. Was im geschlossenen Kulturraum negativ sein kann, ist dagegen bei der Pflege auf der Fensterbank und in trockener Zimmerluft oft vorteilhaft.

Entscheidend ist die Qualität des Wassers, insbesondere in Bezug auf den Gesamtsalzgehalt, den Härtegrad und den pH-Wert sowie die Menge vorhandener Mikroorganismen. Leitungswasser ist für Cattleyen häufig nicht geeignet. Es enthält oft Substanzen, die den Wurzeln schaden können. Besser eignet sich Regenwasser, mit Ausnahme des Wassers von verschmutzten Dächern und aus Industriegebieten. Der Gesamtsalzgehalt wird mit Hilfe der Leitfähigkeit gemessen und sollte bei Cattleyen zwischen 100 und 200 µS (Mikrosiemens), nach Zugabe von Dünger um 300 µS betragen. Während der Vegetationsperiode können die Werte etwas darüber, während der Ruhezeit darunter liegen.

Wichtig für die Qualität des Gieß- und Spritzwassers sind außerdem der Grad deutscher Härte (°dH) und der pH-Wert, das Maß für die Wasserstoffionenkonzentration. Letzterer gibt an, ob das Wasser sauer, basisch oder neutral reagiert. Für Cattleyen sollte Wasser mit Werten über 12 °dH möglichst nicht verwendet werden, der pH-Wert sollte im leicht sauren Bereich zwischen 5 und 6 liegen.

Ernährung

Cattleyen benötigen wie alle Pflanzen für ein gesundes Wachstum ausreichende Nährstoffe. In der Natur werden sie in der Regel gut versorgt, und zwar durch organische Substanzen, die beim Verrottungsprozess anorganische Nährstoffe freisetzen. Diese können von der Pflanze aufgenommen werden. Dazu gehören primär Stickstoff, Phosphor und Kalium, ferner Kalzium, Magnesium und Mikronährstoffe bzw. Spurenelemente, wie Eisen, Zink, Kupfer, Mangan und andere.

Jeder Stoff hat eine spezielle Bedeutung für die Pflanze und kann durch keinen anderen ersetzt werden. Stickstoff fördert beispielsweise das vegetative Wachstum, während Phosphor für die Blütenbildung verantwortlich ist. Kalium dient der Festigkeit des Gewebes und damit der Widerstandsfähigkeit gegen Krankheiten und Schädlinge. Sind Cattleyen immer ausreichend mit Kalium versorgt, kommt es kaum noch vor, dass die Blüten stecken bleiben.

Cattleyen sollte man deshalb während der Hauptwachstumszeit relativ stickstoffreichen Dünger verabreichen und während der Blütenentwicklung kalium- und phosphorbetonte Mittel.

Spurenelemente sind unentbehrlich für den Stoffwechsel der Pflanzen und damit für das Wachstum und die Gesunderhaltung. Ob man organische oder anorganische Mittel verwendet, ist weniger von Bedeutung als deren Zusammensetzung und Konzentration.

Viele Orchideenfreunde stellen Dünger aus organischem Material her. Teilweise ist man aber wieder davon abgekommen, da der Nährsalzgehalt stark variiert und dadurch weniger kontrolliert werden kann.

Depot- bzw. Langzeitdünger ersparen öfteres Nachdüngen, sind jedoch hinsichtlich der Zusammensetzung kaum zu beeinflussen. Wichtig ist, dass die Nährstoffe während der gesamten Wachstumsphase stets gleichmäßig in schwacher Konzentration zur Verfügung stehen. Innerhalb der Ruheperiode benötigen die Pflanzen keine zusätzlichen Nährstoffe.

Luftbewegung

In der Natur sind die Pflanzen einer mehr oder weniger unterschiedlich starken Luftbewegung (Wind) ausgesetzt. Dies ist auch in Kultur unter Glas zu berücksichtigen. Für Gewächshäuser, Wintergärten und insbesondere für Pflanzenfenster und -vitrinen sind neben Belüftungseinrichtungen gut funktionierende Ventilatoren unerlässlich. Können diese aus verschiedenen Gründen nicht eingebaut werden, muss durch öfteres Lüften für ausreichende Frischluft gesorgt werden. Die Pflanzen danken es mit einem gesunden Wachstum. Pilze können sich in frischer Luft weniger ausbreiten als in dumpfer „stehender" Luft.

Beim Einbau von Ventilatoren ist darauf zu achten, dass die Luft nach allen Seiten umgewälzt wird und alle Pflanzen, auch die in den Ecken stehenden erreicht. Pflanzenfreunde berichten oft, dass bei ihnen gerade die Orchideen gut wachsen, die ständig im Luftstrom des Ventilators stehen. Dies sollte jedoch als Ausnahme betrachtet werden. Wärmeliebenden *Cattleya*-Arten, wie *C. dowiana*, dürfte dies nicht gut bekommen. Auch hier sind Erfahrungswerte wichtig. Zugluft muss in jedem Fall vermieden werden. Beim Belüften im Winter darf die kalte Luft nicht die Pflanzen treffen.

Die Kultur der Cattleya-Arten und -Hybriden

Die größten Probleme bei der Pflege von Cattleyen bestehen wohl darin, dass die Pflanzen der einzelnen Arten unterschiedliche Ruhe- und Vegetationsperioden haben. Orchideenfreunde klagen häufig darüber, dass trotz bester Bedingungen und gutem Wachstum sowohl *Cattleya*-Arten als auch -Hybriden nicht blühen wollen. Meist liegt es daran, dass sie keine richtige Ruhezeit hatten. Ist der Artname bekannt, kann auch der spezifische Wuchsrhythmus der Pflanze festgestellt werden. Während der Hauptwachstumszeit sind ausreichend Wärme, Licht, Substrat- und Luftfeuchtigkeit, Nährstoffe, ausreichende nächtliche Temperaturabsenkung und viel frische Luft wichtig. In der Ruhezeit wird besonders die Temperatur verringert – die meisten einblättrigen Cattleyen stehen bei etwa 14 bis 16 °C, zweiblättrige bei 12 bis 15 °C. Die Feuchtigkeit des Pflanzstoffes sollte dann nur mäßig sein und das Düngen wird eingestellt.

Hybriden vereinen häufig Arten aus verschiedenen Heimatgebieten mit unterschiedlichem Wuchsrhythmus. Deshalb helfen hier nur Erfahrungswerte oder die genaue Beobachtung der Pflanze. Meist sieht man einer *Cattleya*-Hybride an, ob der Jahrestrieb ausgereift und blühfähig ist. Hybriden sind oft blühwilliger und tolerieren auch ungünstigere Bedingungen.

Kulturräume

Für die Kultur der Cattleyen eignen sich Gewächshäuser, Wintergärten, Blumenfenster, Vitrinen und selbstverständlich auch die Fensterbank. Um günstige Umweltbedingungen für ein gesundes Wachstum und eine reiche Blüte zu schaffen, kann man die Kulturräume mit technischen Ausrüstungen versehen. Das heißt jedoch nicht, dass damit bereits der Erfolg garantiert ist. Eine vollautomatische Steuerung der Wachstumsfaktoren kann zwar bei längerer Abwesenheit günstig sein, ersetzt jedoch auf die Dauer keinesfalls die individuelle Pflege. Außerdem werden in den Liebhabersammlungen meist unterschiedliche Arten gemeinsam gepflegt, die auch voneinander abweichende Ansprüche an die Wachstumsfaktoren stellen. Befriedigende Erfolge erzielt man nur, wenn die artspezifischen Ansprüche berücksichtigt und für den zur Verfügung stehenden Kulturraum geeignete Arten oder Hybriden ausgewählt werden.

Blütenreichtum bei optimalen Umweltbedingungen.

Pflege von Cattleyen gemeinsam mit anderen Orchideen.

Blühende Cattleyen auf der Fensterbank.

Gewächshaus und Wintergarten

Optimale Bedingungen für Cattleyen sind in einem Gewächshaus oder beheizbaren Wintergarten leicht zu schaffen. In diesen Kulturräumen lassen sich alle Arten oder Hybriden ohne Einschränkung kultivieren. Eine regelbare Heizung, Belüftungs- und Beschattungsmöglichkeiten sollten ebenso vorhanden sein wie Ventilatoren zur Luftumwälzung und Temperaturverteilung. Letztere werden so eingebaut, dass die Luft nicht nur horizontal umgewälzt wird. Bei Cattleyen bewirkt diese Luftbewegung allgemein ein gesundes Wachstum. Werden im gleichen Kulturraum neben *Cattleya* auch andere Orchideen gepflegt, sollten diese ebenfalls temperierte Bedingungen bevorzugen, oder man muss eine temperierte Abteilung schaffen. Die Abtrennung kann mit Hilfe eines Vorhanges aus Folie erfolgen. Soll eine reine *Cattleya*-Sammlung untergebracht werden, kann man ebenfalls durch eine Folien-Abtrennung eine etwas wärmere Zone, beispielsweise für *C. dowiana* und ihre Hybriden einrichten.

Ein Gewächshaus sollte nicht zu klein sein, da sonst die Temperaturführung problematisch werden kann. An heißen Sommertagen steigen die Werte rasch an, im Winter ist die Wärmehaltung schwieriger. Manche Orchideenfreunde besitzen nur ein Kleingewächshaus oder Folienzelt ohne Heizung. Sie bringen ihre Orchideen während der wärmeren Jahreszeit, etwa von April/Mai bis September/Oktober, darin unter. Der Vorteil gegenüber der Pflege auf der Fensterbank oder der Kellerkultur mit Sommerstandort im Freien besteht darin, dass an heißen, trockenen Tagen die Luftfeuchtigkeit im Gewächshaus leichter erhöht werden kann und länger anhält. Die nächtliche Bildung von Tau im Glas- oder Folienhaus entspricht auch mehr den heimatlichen Umweltbedingungen. Natürlich müssen Beschattungs- und Lüftungseinrichtungen vorhanden sein.

Pflanzenfenster und Vitrinen

In genügend großen, geschlossenen Pflanzenfenstern gibt es kaum eine Einschränkung bei der Auswahl der *Cattleya*-Arten oder -Hybriden, wenn man für ausreichende Belüftung sorgt. Wichtig ist auch eine Schattierungsmöglichkeit, denn bei zu hoher Sonneneinstrahlung kann es leicht zu einer Überhitzung des Innenraumes oder zu Verbrennungen an den Pflanzen kommen. Ist das Pflanzenfenster zum Wohnraum zu offen, stellen sich zwar etwas günstigere Bedingungen ein als im Zimmer, eine höhere Luftfeuchtigkeit ist jedoch meist nur kurzzeitig durch Übersprühen zu erreichen.

Zimmervitrinen sind eine Möglichkeit, hauptsächlich kleinwüchsige Cattleyen auch in Räumen zu kultivieren, die keine andere Möglichkeit zulassen. Sie sollen trockene Luft, Heizwärme im Winter und Staubablagerungen von den Pflanzen abhalten. Meist kann oder will man Pflanzenvitrinen nicht so aufstellen, dass die Pflanzen ausreichend natürliches Licht erhalten. Schon deshalb ist grundsätzlich eine Zusatzbelichtung vorzusehen. Die Lampen sollten außerhalb der Vitrine angebracht werden, um eine direkte Wärmestrahlung und damit ein Überhitzen des Pflanzenraumes zu vermeiden. Zugfreier Luftaustausch durch unten und oben angebrachte steuerbare Öffnungen sind in der Sorge um das Wohlergehen der Pflanzen eine einfache, aber große Hilfe.

Vitrinen haben den Nachteil, dass nur wenig Platz zum Bepflanzen zur Verfügung steht. Dadurch kommen vorzugsweise kleinwüchsige Arten oder Hybriden in Betracht. Steht die Vitrine in Wohnräumen mit ständig gleich bleibender Wärme, wachsen die meisten Cattleyen zwar sehr gut, blühen aber ungenügend oder gar nicht. Sie sollten, entsprechend ihrem artspezifischen Wuchsrhythmus nach oder vor der Blütezeit, in einen kühlen Raum gebracht werden. Dort können sie ihre Ruhezeit verbringen.

Sehr gut geeignet sind Pflanzenvitrinen zur Pflege von *Cattleya*-Jungpflanzen. Sie benötigen noch keine Ruhezeit und entwickeln sich gerade bei diesen gleich bleibenden Bedingungen – höhere Temperatur und Luftfeuchtigkeit – ausgezeichnet.

Sowohl für Pflanzenfenster als auch für Vitrinen ist eine transportable Pflanzenwanne zum Einsetzen der Orchideen mit ihren Gefäßen vorteilhaft. Reinigungsarbeiten lassen sich so leichter durchführen. Sehr dekorativ wirkt ein Epiphytenstamm. So erhalten auch kleinwüchsige Cattleyen oder Jungpflanzen, die im oberen Teil des Stammes angebracht werden, ausreichendes Licht. Dabei ist allerdings zu beachten, dass die Austrocknungsgefahr im oberen Bereich größer ist.

Fensterbank

Wenn nur eine Fensterbank für die Orchideenpflege zur Verfügung steht, bedeutet das nicht, dass auf Cattleyen verzichtet werden muss. Wichtig ist, dass man geeignete Arten oder Hybriden für diesen Standort auswählt und deren individuelle Ansprüche kennt. Sommer- und Herbstblüher eignen sich in der Regel am besten. Bei diesen wird jedoch häufig durch ungenügende Temperaturabsenkung nach der Blüte ein zweiter Neutrieb gebildet. Dieser entwickelt sich durch den zu dieser Jahreszeit herrschenden Lichtmangel oft nicht vollständig und reift nicht genügend aus. Man kann ihn ausbrechen oder bei optimalen Bedingungen mit Zusatzlicht weiter pflegen. Besser ist es jedoch, die Pflanze nach dem Abblühen in einem kühleren Raum unterzubringen. Dort kann sie bis zum Frühjahr bei mäßiger Substratfeuchte neue Kräfte sammeln. Einblättrige *Cattleya*-Arten und -Hybriden vertragen das geringere Lichtangebot am Fenster und die höheren Temperaturen im Wohnzimmer während der Wintermonate noch recht gut, die geringe Luftfeuchtigkeit dagegen weniger. Hier kann mit elektrischen Luftbefeuchtern oder Wasserschalen Abhilfe geschaffen werden. Die zweiblättrigen Arten kommen besser mit der geringen Luftfeuchte zurecht, sie benötigen jedoch mehr Licht und Luft.

Fast alle *Cattleya*-Arten und -Hybriden brauchen, insbesondere während ihrer Hauptwachstumszeit, viel Licht. Nordfenster sind deshalb meist ungeeignet. Günstig sind Fenster in Süd-, Südwest-, West- und Südostlagen. Bei starker Sonneneinstrahlung, vor allem im Frühjahr und im Sommer während der heißen Mittagsstunden, besteht jedoch die Gefahr, dass die Pflanzen Verbrennungen erleiden. Dicht hinter den Glasscheiben steigen die Temperaturen so stark an, dass eine Beschattung unbedingt notwendig ist. Günstig sind Außenjalousien mit Lamellen, mit denen die Stärke des einfallenden Lichtes geregelt werden kann. Der Raum zwischen Jalousie und Fensterscheibe wirkt als Luftpolster und verringert die Temperaturdifferenz zwischen außen und innen.

Kälte im Bereich der Wurzeln, verbunden mit zu feuchtem Substrat, führt bei allen *Cattleya*-Arten und -Hybriden rasch zu Gesundheitsschäden. Auf einer Fensterbank aus Stein legt man deshalb – besonders im Frühjahr und Herbst, wenn nicht geheizt wird – Holz- oder Styroporplatten unter die Pflanzgefäße.

Ist die Luftfeuchtigkeit im Winter bei trockener Heizluft zu gering, leiden die meisten Cattleyen. Auch ein öfteres Sprühen hilft nur bedingt. Als sehr vorteilhaft hat es sich jedoch erwiesen, wenn man die Pflanzen in flache, mit Wasser gefüllte Schalen auf umgekehrte Blumentöpfe oder andere Unterlagen stellt. Blähton oder Kies in den Schalen sind zusätzlich zu empfehlen, da sie die Verdunstungsfläche vergrößern. Im Fachhandel gibt es spezielle Verdunstungsschalen, meist mit Gittereinsatz, und entsprechende Übertöpfe. Auch hier ist darauf zu achten, dass die Pflanzgefäße nicht ständig mit dem Wasser in Berührung kommen, da sonst die Wurzeln faulen. Stehen die Pflanzen eng zusammen, hält sich die Luftfeuchtigkeit nach dem Sprühen im Bereich der Pflanzen länger. Auch in unmittelbarer Nähe von Luftbefeuchtern und Zimmerspringbrunnen ist die Luftfeuchtigkeit höher.

Viele Cattleyen fühlen sich während der Sommermonate auch im Freien recht wohl. Voraussetzung ist jedoch, dass man im Hochsommer, besonders während der heißen Mittagsstunden, für genügend Schatten und Luftfeuchtigkeit sorgt.

Dieser Freilandaufenthalt lässt sich auch gut mit der so genannten Kellerkultur verbinden. Die Pflanzen verbringen den Winter in einem Raum mit wenig oder keinem Tageslicht bei künstlicher Belichtung und Temperaturen, die den Ansprüchen der in dieser Weise gepflegten Arten genügen. Die Luftfeuchtigkeit wird durch öfteres Sprühen oder entsprechende Einrichtungen geregelt. Weiterhin sollte der Raum eine gute Belüftungsmöglichkeit besitzen.

Allgemeine Pflegemaßnahmen

Voraussetzung für einen gesunden Pflanzenwuchs sind neben optimalen Umweltbedingungen Sauberkeit und Hygiene. Dazu gehören die regelmäßige Kontrolle auf Krankheiten und Schädlinge, vor allem bei neu in die Sammlung aufgenommenen Orchideen, das Entfernen welker Pflanzenteile und aufkeimenden Unkrautes, das Entstauben der Blätter und gelegentliches Übersprühen der Pflanzen. Man sollte auch darauf achten, dass der Neutrieb in Richtung des Lichteinfalles weist und nicht von großen Blättern überdeckt unter Lichtmangel leidet, und dass die Pflanze fest im Topf oder an ihrer Unterlage sitzt. Gegebenenfalls muss man sie an einem Stab festbinden oder an der Unterlage neu befestigen.

Gießen und Tauchen

Das richtige Gießen der Cattleyen erfordert etwas Erfahrung. Auf ihre Bedürfnisse wurde bereits im Abschnitt Wachstumsfaktoren hingewiesen. Man sollte jedoch auch die Faktoren kennen, von denen die Anzahl und die Menge der Wassergaben abhängen. Neben Standort, Pflanzgefäß, Temperatur und Größe der Pflanze gehört dazu das Wissen um ihren Wuchsrhythmus, d.h. den jahreszeitlich bedingten Entwicklungsstand. Mit Beginn der Wurzelbildung wird der Pflanzstoff allmählich etwas feuchter gehalten. Dieser darf jedoch nicht nass sein, da sonst die Wurzeln unter Sauerstoffmangel leiden. Cattleyen zeigen in der Regel an, wann sie ihr vegetatives Wachstum einstellen und wieder weniger Wasser benötigen. Das ist meist dann der Fall, wenn der neue Trieb vollständig entwickelt ist und die Ruhezeit beginnt.

Während der Vegetationsperiode sollte das Substrat immer gut durchfeuchtet, jedoch nie nass sein. In der Regel lieben Cattleyen ein mehr trockeneres Substrat als zu viel Feuchtigkeit. Gesunde Pflanzen bevorzugen einen ständig wechselnden Feuchtigkeitsgrad des Pflanzstoffes, wobei dieser aber nie ganz austrocknen darf. Die Ruhezeit verbringen die meisten Cattleyen, wenn sie nicht zu warm stehen, am besten bei geringer Substratfeuchte, aber nicht zu trockener Luft.

Entscheidend für den Abstand zwischen den Wassergaben ist auch die Zusammensetzung des Pflanzstoffes. Torfhaltige Substrate speichern die Feuchtigkeit z.B. wesentlich länger als Rinde bzw. Borke, Faserstoffe oder Styroporflocken. Ist der Pflanzstoff stark ausgetrocknet, nimmt er oft schwer wieder Feuchtigkeit auf. Dann kann es passieren, dass das Gießwasser einfach durch den Topf hindurchläuft und die Wurzeln trocken bleiben.

Die sicherste Methode der Wasserversorgung ist das Tauchen. Auch hier hängt die Häufigkeit von den oben angegebenen Faktoren ab. Im Sommer gießt oder taucht man die Cattleyen am besten früh oder abends. Das Wasser sollte nicht zu kalt sein, vor allem nicht bei überhitzten Pflanzen, da sonst Gewebeschäden entstehen können. Getaucht wird so lange, bis aus dem Pflanzstoff keine Luftblasen mehr aufsteigen.

Düngen

Viele Orchideenfreunde düngen ihre Cattleyen nicht, pflanzen dafür aber öfter um oder stopfen mit neuem Pflanzstoff nach. Bleibt eine gesunde wüchsige *Cattleya* jedoch längere Zeit im gleichen Gefäß und Pflanzstoff, sind Nährstoffgaben unerlässlich. Dies gilt besonders bei der Verwendung nährstoffarmer Pflanzsstoffe wie Torf- oder Rindensubstrate. Im Handel gibt es speziellen Orchideendünger auch in flüssiger Form.

Für Cattleyen ist dieser gut zu verwenden, wenn man die Hinweise auf der Verpackung beachtet. Bei Volldünger für andere Zierpflanzen reicht ein Viertel bis die Hälfte der auf der Verpackung angegebenen Dosierung. In der Hauptwachstumszeit kann man Nährlösung in geringer Konzentration als Blattdüngung versprühen, da Nährstoffe auch von den Blättern aufgenommen werden können.

An ihren heimatlichen Standorten stehen den Pflanzen ständig Nährstoffe zur Verfügung, wenn auch nur in geringen Mengen. Dies ist besonders in der Regenzeit der Fall, der Wachstumszeit der Pflanzen. Deshalb düngen wir in Kultur auch während des Wachstums und nicht in der Ruhezeit. Bei wenig Licht und niedrigeren Temperaturen sollte auch das Nährstoffangebot gering sein.

Man düngt niemals Pflanzen, deren Substrat ausgetrocknet ist, ebensowenig frisch verpflanzte und wurzelkranke Exemplare. Stets gilt: Zu viel Dünger und zu hohe Konzentration schaden den Orchideen und können zur Funktionsunfähigkeit der Wurzeln führen. Es ist besser, öfter und dafür in geringerer Konzentration zu düngen, als selten und hoch dosiert.

Langzeitversorgung und Hydrokultur

Zu den wichtigsten Pflegemaßnahmen gehört die optimale und regelmäßige Versorgung der Pflanzen mit Wasser und Nährstoffen. Um dies auch bei häufiger Abwesenheit des Pflegers zu garantieren, wurden verschiedene Langzeitversorgungssysteme entwickelt. Zu ihnen gehören in erster Linie die Docht- und die Hydrokultur. Das Prinzip der Dochtkultur beruht auf der Ausnutzung der Kapillarkraft, indem ein Docht, meist aus Glasfaser, durch die Bodenöffnung im Pflanzgefäß geführt wird und in eine Nährlösung eintaucht. Die Pflanze verbleibt in ihrem natürlichen Pflanzstoff und bekommt regelmäßig Wasser und Nährstoffe zugeführt. Ähnlich funktionieren Bewässerungsmatten aus Glasfaser, die zum Schutz gegen Algen mit schwarzer Nadellochfolie abgedeckt sind. Die Matten müssen gut angefeuchtet sein und haben direkten Kontakt zum Pflanzstoff. Sie liegen auf der Abdeckplatte eines Wasserbehälters und werden durch Dochte feucht gehalten.

Dass sich Orchideen auch in Hydrogefäßen pflegen lassen, ist inzwischen allgemein bekannt. Bei Cattleyen muss die Ruhezeit mit niedrigem Wasserstand und verringerten Nährstoffgaben berücksichtigt werden. Die Temperatur der Nährlösung sollte möglichst nicht unter 18 bis 20 °C absinken.

Verpflanzen

Pflanzstoffe und -gefäße

Für die richtige Wahl des Pflanzstoffes gibt es kein Rezept. Man sollte jedoch wissen, dass die Fähigkeit, Wasser und Nährstoffe zu speichern, von der Zusammensetzung des Substrates abhängt. Das heißt, bei einigen Mischungen ist öfter, bei anderen seltener zu gießen bzw. zu düngen. Für Cattleyen ist ein Substrat mit gutem Speicherungsvermögen günstig. Eine weitere wichtige Eigenschaft ist die Strukturstabilität, d.h. der Pflanzstoff sollte nicht oder nur langsam verrotten, kaum verdichten und durch großes Porenvolumen eine ausreichende Durchlüftung an den Wurzeln sichern. Selbstverständlich darf das Substrat keine pflanzenschädigenden Substanzen enthalten.

Von Bedeutung ist auch ein gutes Pufferungsvermögen des Pflanzstoffes zur Aufrechterhaltung eines konstanten pH-Wertes. Für Cattleyen sind Werte zwischen 5 und 5,5 optimal. Liegen sie weit darüber, überwiegen die Kalziumionen. Zu viel Kalk bindet jedoch wichtige Nährstoffe, insbesondere Spurenelemente, die dann der Pflanze fehlen. Das so genannte Aufkalken ist also nur bei stark abgesunkenem pH-Wert (unter 5) notwendig. Zu niedrige pH-Werte entstehen, wenn extrem kalkarmes Gießwasser und Substrate aus Hochmoortorf oder Nadelholzrinde verwendet werden.

Früher wurden für Cattleyen Pflanzstoffmischungen aus Farnwurzeln (*Osmunda*), Moos (*Sphagnum*) und Rotbuchenlaub mit gutem Erfolg verwendet. Zur besseren Durchlüftung gab man Borke und Holzkohle hinzu. Heute werden allgemein andere Ausgangsstoffe verwendet, die in unterschiedlichen Mischungsverhältnissen ebenfalls gut geeignet sind. Hier einige Beispiele, die aber nur Empfehlungen darstellen können:
- Nadelholzborke 80 %, faseriger Torf oder Holzfaserstoff 15 %, Holzkohle 5 %;
- Nadelholzborke 60 %, faseriger Torf, Holzfaserstoff oder Moos 20 %, Styroporflocken 20 %, und evtl. etwas Holzkohle;
- Borke 40 %, faseriger Torf, Holzfaserstoff oder Moos 30 %, Styroporflocken 20 %, Holzkohle 10 %; besonders geeignet für die Jungpflanzenaufzucht.

Reiche Wurzelbildung auf Rinde.

Auch Substrate mit weiteren Ausgangsstoffen und in anderen Mischungsverhältnissen sind brauchbar. Häufig werden verwendet: Vermiculite, Perlite, Steinwolle, Holzspäne, Kokosfaser, Korkschrot, Reisspelzen u.a. Die Pflegemethoden, besonders die Gießarbeit, richten sich nach

Umtopfen.

Topf zu klein – Topf zerschlagen oder Pflanze vorsichtig aus dem Gefäß heben

Wurzeln schonen!

Entfernung der Dränage aus dem Wurzelballen

Dränage nicht wieder verwenden oder desinfizieren!

verrotteten Pflanzstoff und Faulstellen beseitigen

alter Pflanzstoff

bei gesunden Wurzeln und gut durchwurzeltem Ballen nicht den gesamten Pflanzstoff entfernen

der Dichte und Wasserhaltefähigkeit des verwendeten Pflanzstoffes.

Die Wahl des Pflanzgefäßes ist von der Kulturmethode, dem Entwicklungsstand der Pflanzen, der Art des Kulturraumes – Fensterbank oder Gewächshaus –, aber auch von der zur Verfügung stehenden Zeit des Pflegers abhängig. Orchideenwurzeln benötigen viel Luft. Diese bekommen sie am besten bei der Pflege am Block, aber auch in Lattenkörbchen oder Gittertöpfen. Hier ist allerdings durch schnelleres Austrocknen der Aufwand beim Gießen bzw. Tauchen größer. Aber gerade diesen ständigen Wechsel zwischen feuchtem und fast trockenem Substrat lieben die Cattleyen. Einfacher ist die Pflege bei der Kultur im Tontopf. Dieser sollte für die Fensterbank, wenn nicht spezielle Einrichtungen zum Abtropfen beim Tauchen vorhanden sind, verwendet werden. Er bietet auch eine gute Standsicherheit, ist preiswert und die Arbeit beim Verpflanzen geht rasch voran. Kunststoffgefäße besitzen den Vorteil, dass sich die Feuchtigkeit länger hält, d.h., man muss nicht so oft gießen. Die Durchlüftung des Substrates ist jedoch geringer. Günstig wirken sich dagegen die etwas höheren Temperaturen an den Wurzeln aus, denn es entfällt die Verdunstungskühle, die beim Tontopf, bedingt durch die Verdunstung an der Außenwand durch die Wandporen, entsteht.

Zeitpunkt und Technik des Umpflanzens

Der beste Zeitpunkt des Verpflanzens einer *Cattleya* ist dann gegeben, wenn sich neue Wurzeln bilden, d.h. wenn sie gerade sichtbar werden. Häufig, aber nicht zwangsläufig, entwickelt sich zur gleichen Zeit der neue Trieb. Verpflanzen sollte man nicht zu oft, am besten nur wenn es unbedingt erforderlich ist. Das wird meist dann der Fall sein, wenn das Gefäß zu klein geworden, der Spross über den Rand hinaus wächst oder der Pflanzstoff verrottet und damit verdichtet ist. Es lässt sich deshalb nicht genau angeben, wie oft man eine *Cattleya* umpflanzen muss. Es gibt Pflanzstoffe, die bereits nach einem Jahr, andere erst nach drei Jahren verrottet sind. Nur Jungpflanzen setzt man regelmäßig um, am besten jährlich. Auch kranke Pflanzen, besonders solche mit Wurzelschäden, müssen verpflanzt werden.

Vor dem Umpflanzen wird noch einmal gut gewässert, da sich so der verrottete Pflanzstoff besser aus dem Wurzelwerk löst. Nach dem Herausnehmen aus dem Gefäß werden das verrottete Substrat und alle abgestorbenen Pflanzenteile entfernt. Bei großwüchsigen *Cattleya*-Arten oder -Hybriden reduziert man die Pflanze auf vier bis fünf beblätterte Pseudobulben an einem Leittrieb. In das neue Gefäß wird zuerst eine Dränageschicht, dann etwas Pflanzstoff eingebracht. Die Orchidee darf nicht zu tief gepflanzt werden, sondern muss sich etwa mit dem rhizomartigen Spross an der Oberfläche des Substrates befinden. Sie sollte jedoch fest im Pflanzstoff bzw. in ihrem Gefäß sitzen. Wichtig ist, dass die hintere Pseudobulbe am Topfrand steht und der Neutrieb etwa in der Mitte des Gefäßes plaziert wird. So können die Wurzeln gut in das Substrat hineinwachsen und der neue Trieb ragt nicht gleich wieder über den Rand des Gefäßes hinaus. Bei viereckigen Gefäßen setzt man die letzte bzw. älteste Bulbe in eine Ecke. Bei Blockkultur reicht es oft, wenn neuer Pflanzstoff hinzugegeben wird, ohne dass man die Pflanze von ihrer Unterlage abnimmt.

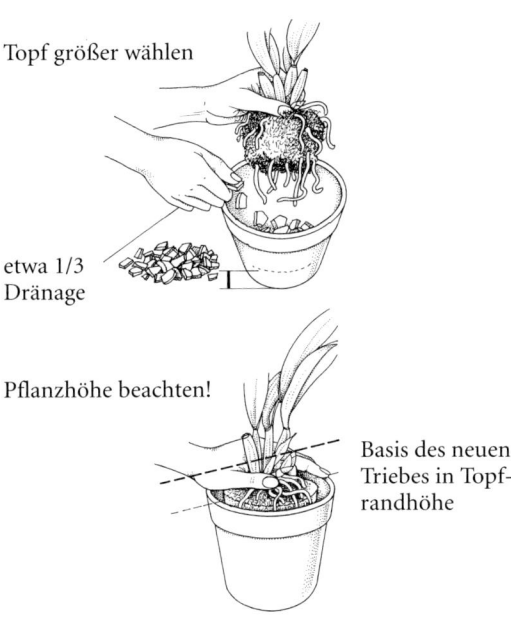

Topf größer wählen

etwa 1/3 Dränage

Pflanzhöhe beachten!

Basis des neuen Triebes in Topfrandhöhe

Pflanzstoff einfüllen

bei Rindensubstrat Topf rütteln oder Pflanzstoff mit Rundholz stopfen

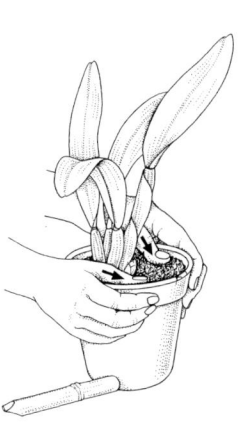

Prüfen, ob die Pflanze mit der letzten Bulbe am hinteren Topfrand in richtiger Höhe sitzt!

Anbinden, Etikett nicht vergessen!

Vermehrung

Cattleyen lassen sich, wie andere Pflanzen auch, vegetativ oder ungeschlechtlich, d.h. durch Teilung oder Meristemkultur, aber auch generativ oder geschlechtlich, durch Samen, vermehren.

Die generative Vermehrung ist schwierig und langwierig – von der Aussaat bis zur blühfähigen Pflanze vergehen vier bis sechs Jahre und mehr. Dafür ist diese Vermehrungsmethode aber meist

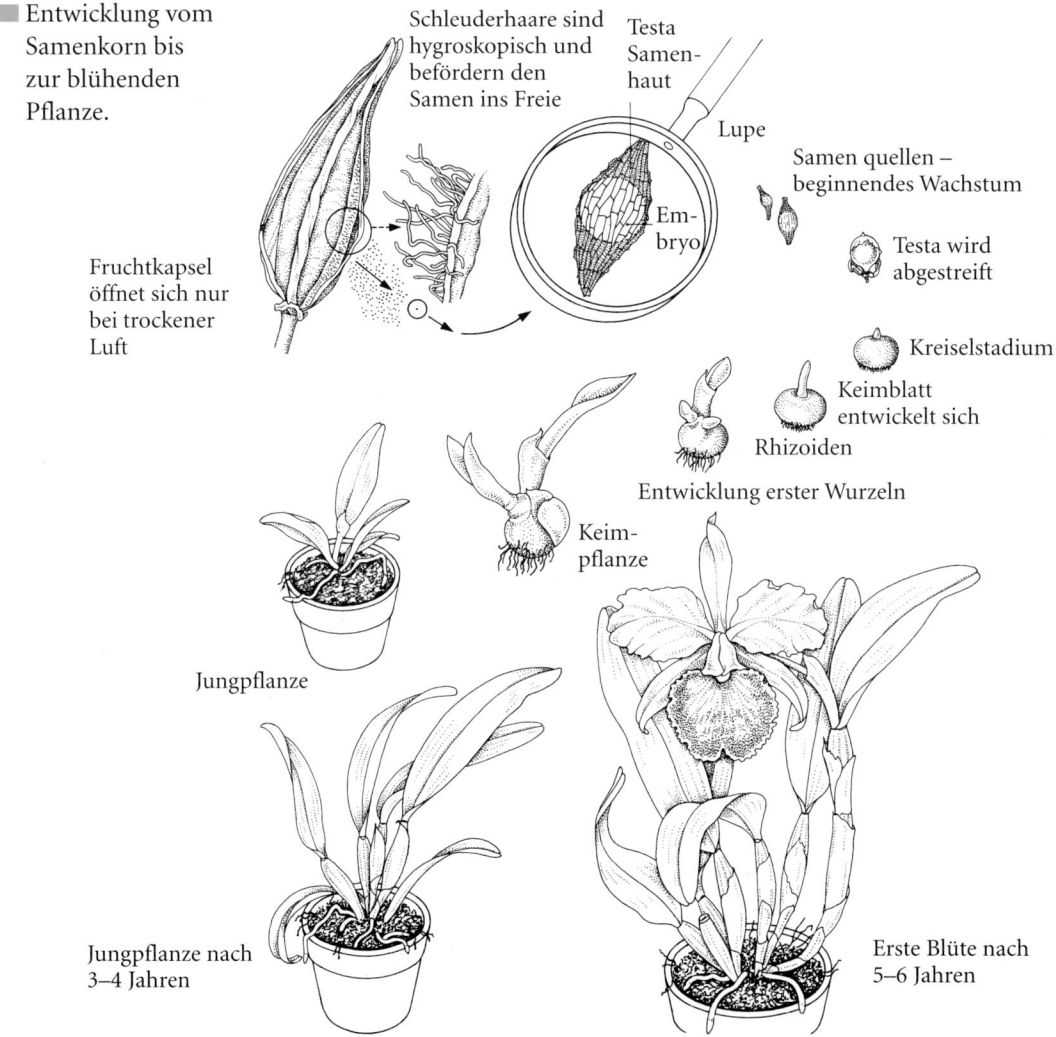

Entwicklung vom Samenkorn bis zur blühenden Pflanze.

| Anflug des Insektes | Insekt bei der Suche nach Nektar | Insekt wird beim Zurückkriechen mit Pollinien beladen und überträgt diese beim Besuch der nächsten Blüte auf die Narbe |

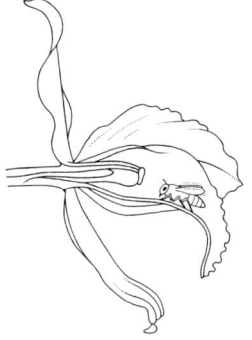 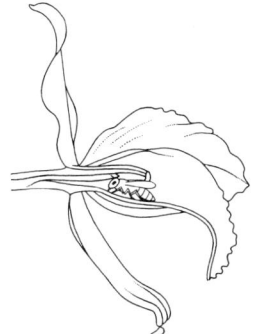 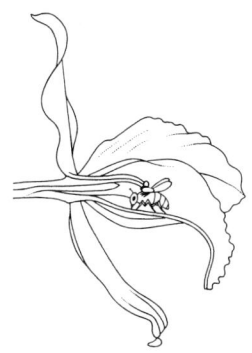

■ Pollenübertragung in der Natur.

sehr effektiv. Die vegetative Vermehrung durch Teilung ist für die meisten Orchideenfreunde die einfachste Möglichkeit, ihren Bestand zu vergrößern. Die Meristemkultur dient vorwiegend der Massenvermehrung ausgewählter Klone.

Aussaat

In der Natur leben die Orchideen in Symbiose (Gemeinschaft) mit Wurzelpilzen. Da Orchideensamen kein Nährgewebe enthalten, übernehmen Pilze schon bei der Keimung die Ernährung. Sie müssen deshalb bereits zu diesem Zeitpunkt in einer aktiven Phase vorhanden sein. Schon als man noch nichts von der Symbiose der Orchideen mit Pilzen wusste, wurde mit Erfolg auf dem Substrat größerer Pflanzen ausgesät – im Pflanzstoff war der Pilz vorhanden. Später erfolgten die Aussaaten auf mit Pilzen präparierten Substraten. Heute wird die Aussaat von Orchideen in der Regel asymbiotisch unter keimfreien Bedingungen im Labor vorgenommen. Zur Ernährung des Keimlings dient ein Nährmedium, das aus einer Trägersubstanz (Agar Agar), Zucker und Mineralstoffen (N, P, K) sowie meist Vitaminen und Hormonen besteht.

Der Aussaat gehen Bestäubung mit anschließender Befruchtung voraus. Neben der Vermehrung von Arten ist die Aussaat vor allem für die Züchtung von Hybriden unerlässlich. Dazu werden die Pollinien der „Vaterpflanze" auf die Narbe der „Mutterpflanze" übertragen. Die Reifezeit

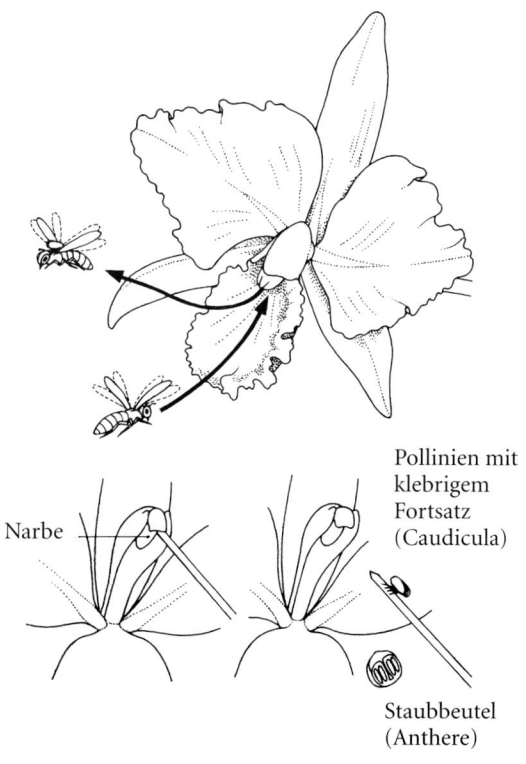

Narbe

Pollinien mit klebrigem Fortsatz (Caudicula)

Staubbeutel (Anthere)

■ Pollenübertragung in Kultur.

der Samen beträgt z.B. bei *Cattleya forbesii* etwa sechs bis sieben, bei *C. bowringiana* zehn und bei Hybriden bis 12 Monate. Zur Verkürzung der Zeit wird bei der Aussaat vielfach die so genannte Grünaussaat oder Embryokultur durchgeführt. Bei dieser kann bereits nach etwa der Hälfte der Reifezeit der Samen zur Aussaat verwendet werden, bei *C. bowringiana* sogar schon nach zweieinhalb bis drei Monaten, also nach etwa einem Drittel der erforderlichen Reifezeit.

Die vegetative Vermehrung durch Teilung

Die ungeschlechtliche Vermehrung erfolgt durch Teilung oder durch die Gewebekultur, bei einigen anderen Orchideen auch durch Adventivpflanzen, selten durch Stecklinge. Cattleyen werden am besten beim Umpflanzen geteilt. Nach der Entnahme aus dem Gefäß trennt man die Vorderstücke mit mindestens drei bis fünf Pseudobulben einschließlich Leittrieb ab. Diese Teil- oder Vorderstücke werden wie üblich eingepflanzt. Anfangs dürfen sie keiner intensiven Sonnenstrahlung ausgesetzt sein und sollten – nach dem ersten Angießen oder Tauchen – etwas trockener gehalten werden. Verbunden mit höherer Luftfeuchtigkeit durch Sprühen, fördert dies die Bildung neuer Wurzeln.

Zur vegetativen Vermehrung gehört auch die Aufzucht von Rückbulben. Der Rest der bei der Teilung angefallenen Pflanze, auch als Rückbulben bezeichnet, wird wiederum in Stücke mit zwei bis drei Pseudobulben aufgeteilt. Wichtig ist, dass zumindest die vordere Pseudobulbe an der Basis eine lebensfähige, möglichst kräftige Knospe besitzt. Seltener treiben auch kaum sichtbare, ruhende Knospen wieder aus. Gegen Fäulnis pudert man die Schittstellen mit Holzkohlepulver ein. Die Rückbulben legt man mit ihrem unteren Teil in feuchtem Moos oder Torfmull ein. Dabei können die Knospen mit diesem Material locker bedeckt sein. Sie sollten leicht schräg aufrecht stehen. Wichtig sind Wärme, gleichmäßige Feuchtigkeit, hohe Luftfeuchte

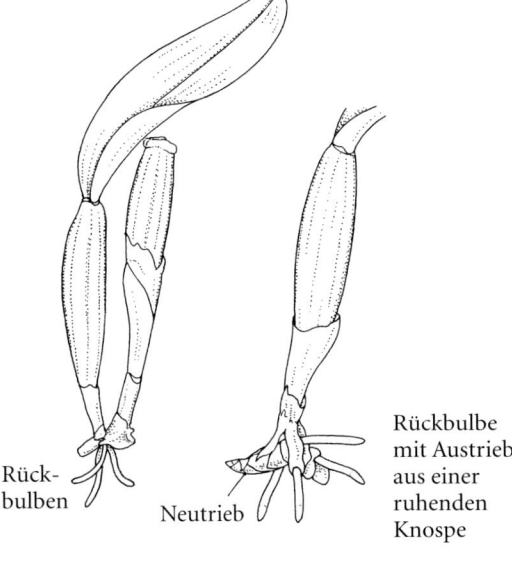

■ Rückbulben.

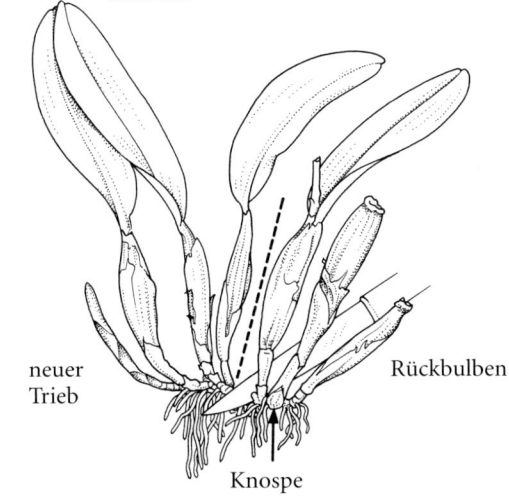

■ Vegetative Vermehrung durch Teilung.

und diffuses Licht. Für wenige Rückstücke eignet sich am besten ein durchsichtiger Folienbeutel, der zugebunden an einem mäßig hellen, warmen Platz aufgehängt wird. Zur leichten Luftzirkulation erhält der Beutel einige Löcher. Bilden sich mit dem Austrieb neue Wurzeln, werden die Rückstücke bald eingepflanzt oder aufgebunden.

Meristemkultur

Auch die Meristemvermehrung bzw. Gewebekultur gehört zur vegetativen Vermehrung. Wie die asymbiotische Vermehrung durch Samen kann auch sie nur im Labor durchgeführt werden. Es handelt sich hierbei nicht einfach um ein Verfahren zur rascheren Vermehrung, sondern um die „Vervielfältigung" einer einzelnen Pflanze. Das kann eine wertvolle Hybride, ferner eine seltene Art, Varietät oder Form sein. Aus dieser einen Pflanze können durch Meristemvermehrung unzählige erbgleiche Nachkommen (Klone) entstehen, theoretisch in unendlicher Anzahl. Diese Klone gleichen sich in allen Merkmalen, auch in Form und Farbe ihrer Blüten. Ebenso weisen alle die gleichen Eigenschaften der Ausgangspflanze auf. Ausnahmen bestätigen die Regel: Gelegentlich können Mutationen auftreten, aber auch Anomalien durch Entmischung genetisch verschiedener Gewebeschichten.

Bildungs- oder Teilungsgewebe (Meristemgewebe) befindet sich besonders in den Wachstumszonen der Pflanzen, insbesondere in der Knospe, an den Spross-, Blatt- und Wurzelspitzen. Das mittels Skalpell abgetrennte und desinfizierte Explantat – bei *Cattleya* verwendet man oftmals auch Blattspitzen – bildet in einem Nährmedium durch Zellteilung Protocorme (Keimknöllchen, Zellhaufen). Aus diesen bilden sich durch weitere Zellteilung (Proliferation) protocormartige Sprosse, die erneut immer wieder geteilt werden, bis die gewünschte Vermehrungsrate erzielt ist. Durch Differenzierung des Gewebes in Spross und Wurzel entwickeln sich am Ende neue Pflänzchen. Diese werden in ähnlicher Weise wie die Sämlinge aufgezogen und wachsen bald zu Orchideen-Jungpflanzen heran.

Krankheiten und Schädlinge

Allgemeines zum Pflanzenschutz

Regelmäßige Kontrolle, um Krankheiten oder Schädlinge frühzeitig zu erkennen, besonders bei neu in die Sammlung aufgenommenen Exemplaren, und Beobachtung der Umweltbedingungen sowie die Pflanzenhygiene sind wichtige Voraussetzungen für die Gesunderhaltung der Pflanzen. Dazu gehört auch, dass man Arbeitsgeräte und Pflanzgefäße vor der Wiederverwendung stets gründlich reinigt, bei Schnittmaßnahmen das Messer zwischendurch in Desinfektionslösung taucht und abgestorbene Pflanzenteile sofort entfernt.

Das rechtzeitige Erkennen von Krankheiten und Schädlingsbefall erleichtert ihre Bekämpfung. Gelegentlich sollte man Blätter und Bulben der Cattleyen auch mit der Lupe nach Schädlingen absuchen, wobei die Blattunterseiten und Blattachseln nicht vergessen werden dürfen. Oft helfen gegen saugende Insekten schon einfache Hausmittel wie Spiritus und Schmierseife und bei Krankheiten – nach der Beseitigung der befallenen Pflanzenteile – eine Veränderung der Umweltbedingungen oder günstigere Standorte. Zu chemischen Mitteln sollte man erst dann greifen, wenn eine manuelle Beseitigung und Hausmittel versagen oder wenn sich Pilze und Bakterien weiter ausgebreitet haben.

Für alle Pflanzenschutzmittel wie Insektizide oder Fungizide gibt es Vorschriften, die den Erwerb, die Aufbewahrung und Anwendung betreffen. Die auf der Verpackung angegebenen Vorschriften zum Umgang mit dem Mittel, zur Anwendung und zur Dosierung sind unbedingt einzuhalten. Giftige Mittel sollte man möglichst nicht in Wohnräumen einsetzen. Auf Kinder und Haustiere ist besonders zu achten. Jede nachlässige Handhabung kann schlimme Folgen haben. Eine sichere Aufbewahrung in der Originalverpackung ist selbstverständlich.

Eine biologische Schädlingsbekämpfung lässt sich im Gewächshaus, evtl. auch in geschlossenen Pflanzenfenstern oder Pflanzenvitrinen anwenden. Dazu gehören auch Insektivoren, z.B. Sonnentau (*Drosera*). Raubmilben können helfen, Spinnmilben und Thripse (Blasenfuß) zu bekämpfen. Schlupfwespen werden gegen Blattläuse, der Australische Marienkäfer gegen Woll- und Schmierläuse und parasitäre Nematoden gegen Trauermücken eingesetzt.

Krankheiten durch falsche Umweltbedingungen und Pflegefehler

Bei der Pflege von Orchideen und damit auch bei Cattleyen beruhen die meisten Fehler auf ungünstigen Wachstumsbedingungen, d.h. die Faktoren Licht, Temperatur, Feuchtigkeit und Ernährung stehen nicht miteinander im Einklang. So bewirken beispielsweise zu hohe Temperaturen und wenig Licht ein zu weiches Pflanzengewebe. Dadurch erhöht sich die Anfälligkeit für Krankheiten und Schädlinge. Zu viel Wärme führt in Verbindung mit Wassermangel und niedriger Luftfeuchtigkeit u. a. zu Trockenschäden an Blattspitzen und -rändern, bei starker Sonneneinstrahlung auch zu rötlichen Verfärbungen bis hin zu schwarzen Brandflecken.

Leider zeigt eine Orchidee ihr Unbehagen über ihr nicht zusagende Lebensbedingungen oder unsachgemäße Pflege oft erst dann an, wenn es bereits zu spät ist.

Wurzelfäule wird durch niedrige Temperaturen bei zu hoher Substratfeuchte begünstigt.

Blütenstippigkeit, kleine braune runde Flecken auf den Blütenblättern, treten bei zu hoher Luftfeuchte und „stehender" Luft auf. Luftumwälzung sowie Herabsetzung der Luftfeuchtigkeit sind erforderlich. Schrumpfen der Blätter bedeutet Wassermangel. Das heißt jedoch nicht unbedingt, dass nun mehr gegossen werden muss. Die Wurzeln können durch zu nassen Pflanzstoff bereits verfault und damit nicht mehr in der Lage sein, Feuchtigkeit aufzunehmen. Eventuell hilft in einem solchen Fall sofortiges Umpflanzen in frisches Substrat, das nur ganz wenig befeuchtet wird. Um die Luftfeuchte zu erhöhen, kann man einen Folienbeutel über die Pflanze stülpen. So kann die Orchidee auch Feuchtigkeit durch das Blatt aufnehmen und neue Wurzeln bilden.

Von großer Bedeutung ist auch die Beschaffenheit des Pflanzstoffes. Ein fortgeschrittener Verrottungsgrad sowie ein zu niedriger oder zu hoher pH-Wert können zu schweren Wurzelschäden und damit zu Störungen der Wasser- und Nährstoffaufnahme führen.

Tierische Schädlinge

Es gibt unzählige tierische Schädiger, die Orchideen befallen können, hier nur eine Auswahl der häufigsten:

Blattläuse saugen oft an jungen Blatt- und Blütentrieben. Man kann sie gut mit einem Pinsel, in Seifenlauge getaucht, vernichten. In Gewächshäusern oder geschlossenen Pflanzenfenstern helfen Florfliegen und Schlupfwespen, den Befall zu vermindern. Notfalls muss mit chemischen Mitteln (Insektiziden) gegossen oder gespritzt werden.

Schildläuse saugen an den Blättern und Pseudobulben. Ältere Tiere sind durch ein hell- bis dunkelbraunes Schild geschützt und lassen sich deshalb nicht leicht bekämpfen. Am besten hilft das Ablesen mit Hilfe eines Holzstäbchens. Anschließend sollten die Blätter mit Seifenlauge abgewaschen werden. Bei größeren Beständen oder starkem Befall muss mit ölhaltigen Insektiziden gespritzt werden. Wichtig sind mehrmalige Wiederholungen der Behandlung, um wirklich alle Läuse zu vernichten.

Wollläuse schädigen ebenfalls durch Saugen des Zellsaftes. Sie sind durch einen weißwolligen Überzug geschützt. Dabei handelt es sich um nicht benetzbare, wachsartige Ausscheidungen der besonders in den Blattwinkeln lebenden Tiere. Am besten helfen mechanisches Entfernen, evtl. mit einer Bürste oder einem Holzstäbchen, und zusätzliches Abwaschen mit Seifenlauge. Bei einer Bekämpfung mit üblichen Insektiziden sind Netzmittel zu verwenden, da sonst die Spritzbrühe von den Wachsausscheidungen ablaufen würde.

Spinnmilben vermehren sich bei zu niedriger Luftfeuchte und sitzen häufig an der Unterseite der Blätter. Durch das Aussaugen des Zellsaftes entstehen auf der Blattoberseite kleine, gelblich weiße Punkte. Zunächst sollte als Gegenmaßnahme die Luftfeuchtigkeit erhöht werden. Bei größeren Beständen kann man Raubmilben einsetzen, sonst hilft ebenfalls ein Abwaschen der Blätter mit Seifenlauge. Notfalls muss man zu handelsüblichen Insektiziden greifen. Sehr wirksam sind systemische Mittel, da diese durch die Wurzeln aufgenommen werden und somit in alle Pflanzenteile gelangen.

Trauermücken schädigen durch ihre weißlichen Larven mit schwarzem Kopf, die besonders an den Wurzeln von Jungpflanzen fressen. Hier hilft ein sofortiges Verpflanzen in neuen Pflanzstoff. Trauermücken kann man mit Insektivoren (insektenfangenden Pflanzen) bekämpfen. Deren Blätter haben Drüsenhaare, die einen klebrigen Saft ausscheiden. Die Tiere bleiben daran hängen und werden von Enzymen verdaut.

Cattleya-Fliegen (Orchideenwespen) sind recht selten und vorwiegend im Gewächshaus zu finden. Ihre Larven befallen junge Blätter und Knospen, die am Grund anschwellen und anschließend vertrocknen. Befallenen Teile müssen vernichtet werden.

Cattleya-Gallmücken befallen die Luftwurzeln. In der Nähe der Spitze bilden sich gallenartige Verdickungen, in denen sich die gelblichen Larven befinden. Die Wurzelspitzen färben sich schwarz und fallen ab.

Schnecken verursachen Fraßschäden an Wurzeln, jungen Trieben, Knospen und Blüten. Die sicherste Bekämpfung ist das Absammeln. Man kann auch flache Gefäße mit Bier aufstellen, in denen die Tiere ertrinken, oder im Handel erhältliche Köder auslegen. Die Schnecken müssen ständig entfernt werden, da die Köder oft nur Betäubungssubstanzen enthalten. Blüten schützt man gegen Schneckenfraß durch trockene Watte, die man unter dem Blütenstand anbringt.

Pilzkrankheiten

Fusarium-Pilze rufen so genannte Stammfäule hervor. Gelegentlich werden Cattleyen davon befallen. Zu niedrige Temperaturen im Wurzelbereich begünstigen die Ausbreitung. Der Befall beginnt an den Wurzeln, erkennbar durch ein dunkles Rot unter der Oberfläche und ein helleres, in Rosa übergehendes im Inneren der Wurzel. Alle befallenen Pflanzenteile sind zu vernichten. Die Pflanze wird am besten in frisches Substrat gesetzt und bei Bodenwärme gepflegt.

Brenn- oder Blattfleckenkrankheit. Verschiedene Pilzarten verursachen bei Cattleyen braune bis schwarze, scharf begrenzte Flecken an den Blättern und häufig auch an den Pseudobulben. Die Pilze bilden punktförmige Sporenlager. Sie vermehren sich rasch bei hohen Temperaturen, hoher Luftfeuchte sowie Licht- und Luftmangel.

Weichfäule tritt bei blühfähigen Cattleyen auf und macht sich durch wässrige, später schwarz werdende Flecken auf den Blättern bemerkbar. Ältere, gesunde, starke und gut ernährte Pflanzen können die Krankheit mitunter abwehren (die Pilze befallen nicht die gesamte Pflanze, sondern beschränken sich meist auf einzelne Blätter).

Vermehrungspilze sind verschiedene Erreger, welche vor allem Sämlingskulturen befallen. Das Gewebe wird am oberen Teil der Wurzeln, d.h. am Sprossansatz weich, färbt sich braun und später schwarz. Die Pflanzen fallen um und sterben ab.

Rußtaupilze siedeln sich häufig auf den klebrigen Ausscheidungen von Läusen, besonders Schildläusen an. Dadurch entsteht ein schwarzer Belag, der sich mit Seifenlauge entfernen lässt.

Bei der Bekämpfung von Pilzkrankheiten finden verschiedene Fungizide Anwendung.

Bakterien und Viren

Bei der bakteriellen **Blatt- oder Stängelfäule** dringen Bakterien in verletztes Pflanzengewebe ein und verstopfen die Leitungsbahnen. Befallene Stellen sind weißgrau bis bräunlich, später auch schwarz, schwammig und sondern eine schleimige Flüssigkeit ab. Die Bakterien werden durch saugende Insekten, Gießwasser, verseuchte Arbeitsgeräte, Pflanzgefäße und Substrate übertragen. Kranke Pflanzen vernichten!

Buntstreifigkeit ist eine Viruserkrankung, die sich durch strichförmige Farbabweichungen an Gewebeteilen und Deformierungen der Blüten zeigt. Sie wird durch saugende Insekten übertragen, aber auch durch Arbeitsgeräte, wie Scheren und Messer, beim Teilen, beim Blumenschnitt und anderen Arbeiten. Eine Bekämpfung ist nicht möglich. Befallene Pflanzen sind sofort zu vernichten.

Systematischer Teil
Bestimmungsschlüssel zu den Arten der Gattung Cattleya

1	Blüte mit acht Pollinien, von denen nur vier voll entwickelt sind, die anderen rudimentär	*C. dormaniana*
	– Pollinienzahl 4	2
2	Infloreszenz auf Kurztrieben, diese meist ohne Blatt	3
	– Infloreszenz terminal auf beblätterten Pseudobulben	4
3	Pseudobulben fast immer einblättrig, Seitenlappen die Säule nur kurz vor der Basis umfassend, Seitenlappen der Lippe kleiner als der Vorderlappen, Schlund gelblich	*C. walkeriana*
	– Pseudobulben fast immer zweiblättrig, Seitenlappen der Lippe größer als der Vorderlappen und die Säule vollkommen oder fast vollkommen bedeckend, Vorderlappen mit großem herzförmig-rhombischem gelbem Fleck	*C. nobilior*
4 (2)	Pseudobulben einblättrig (Ausnahme: siehe auch *C. kerrii*)	5
	– Pseudobulben zweiblättrig, seltener auch drei- oder mehrblättrig	26
5	Sepalen und Petalen einander gleichend oder sehr ähnlich, fast strahlenförmig angeordnet	6
	– Blüten mit schmaleren Sepalen und breiteren Petalen	9
6	Sepalen und Petalen linealisch, meist gering spatelförmig, gelblich, Lippe mit langer zurückgebogener Spitze	*C. iricolor*
	– Lippe vorn rundlich oder stumpf	7
7	Sepalen und Petalen schmal linealisch, gelbgrün, dicht unregelmäßig rotbraun gezeichnet, Seitenränder der Lippe die Säule überdeckend, tütenartig umhüllt	*C. araguaiensis*
	– Seitenränder der Lippe die Säule umfassend, sich fast oder vollkommen berührend, Sepalen länglich, Sepalen und Petalen gelb, grünlich gelb bis grünlich	8
8	Sepalen und Petalen länglich, fast von gleicher Form und Größe, Lippe ausgebreitet rund, auch rundlich bis verkehrt eiförmig	*C. luteola*
	– Sepalen länglich, Petalen schmal dreieckig, kürzer als die Sepalen, Lippe ausgebreitet rundlich bis elliptisch, schwach dreilappig	*C. mooreana*
9 (5)	Blüten blaßgelb bis goldgelb, auch ledergelb, auch mit kleinen verwaschen karminroten Flecken gezeichnet	10
	– Blüten von weißlich bis rosa, hell karminrot, amethystpurpur und purpurrot, Schlund meist unterschiedlich intensiv gelb	11
10	Blüten goldgelb, gelb bis ledergelb, auch mit kleinen verwaschenen karminroten Flecken gezeichnet, Lippe purpurrot, goldgelb geadert	

	(Lippe purpurrot, sehr stark goldgelb geadert, zum Rand zu auch fast flächig goldgelb = var. *aurea*) .... *C. dowiana*
	– Blüten creme- bis blassgelb, Lippe karminrot, Schlund gelborange, rotbraun geadert, Rand cremeweiß .... *C. rex*
11 (9)	Blüte rosa bis rosapurpur, meist heller aufblühend, Lippe reich karminrot geadert, in der Mitte mit einem länglichen, strichförmigen, gelben Mal .... *C. maxima*
	– Blüten von weißlich bis rosa, hell karminrot, amethystpurpur und purpurrot, Schlund meist unterschiedlich intensiv gelb, Lippe ohne strichförmiges gelbes Mal in der Mitte 12
12	Blütenscheide doppelt (zwei Blütenscheiden ineinander) 13
	– Blütenscheide einfach 15
13	Blüte nach der winterlichen Ruhezeit im Mai/Juni auf der vorjährigen Pseudobulbe, Vorderlappen der Lippe karminrot, Farbe meist scharf abgesetzt, Schlund gelb, dunkler geadert, Pflanze hellgrün, Heimat Nordkolumbien .... *C. mendelii*
	– Blüte mit oder kurz nach Triebabschluss im Sommer/Herbst, Ruhezeit nach der Blüte 14
14	Blüte gleich nach Triebabschluss im Sommer, meist hell karminrot, ausgebreitet bis 20 cm Durchmesser, Scheide bis zur Blüte unverändert, Heimat Brasilien: südliche Küstenstaaten, Minas Gerais, Bahia, Espírito Santo .. *C. warneri*
	– Blüte nach einer etwa ein- bis zweimonatigen Ruhezeit nach Triebabschluss, Blütezeit Herbst, Blüte blass karminrot, ± 15 cm Durchmesser, innere Scheide bis zur Blüte aus äußerer herauswachsend, Heimat Brasilien: Alagoas, Pernambuco, Paraíba, Ceará .... *C. labiata*
15	(12) Blüte an halb oder gerade ausgebildeten Pseudobulben, Ruhezeit nach der Blüte .. 16
	– Blüte nach einer ausgeprägten Ruhezeit an vorjährigen Pseudobulben 22
16	Sepalen und Petalen nicht vollkommen abgespreizt, Blüte deshalb leicht glockenförmig, meist blass karminrot, Petalen sehr breit, Lippe vorn mit karminrotem Fleck, Schlund orangegelb, braunrot genervt, Heimat Westkolumbien: Cauca-Tal .... *C. quadricolor*
	– Sepalen und Petalen gut abgespreizt 17
17	Blüte an halb ausgewachsenen Pseudobulben 18
	– Blüte an vollkommen ausgebildeten Pseudobulben 19
18	Blüte meist weißlich bis hell amethystrosa, Lippe hell karminrot, Schlund hellorange bis sepiagelb, am Eingang auf beiden Seiten weißlich, Heimat Venezuela: Anzoategui, Monagas, Sucre .... *C. gaskelliana*
	– Blüte groß, hellrosa bis karminrot, Lippe meist kräftig karminrot, am Eingang des Schlundes auf jeder Seite ein großer gelber Fleck, Heimat Nordwestkolumbien: Tal des Rio Magdalena .... *C. warszewiczii*
19 (17)	Lippe hell karminrot, Schlund fein strichförmig längs geadert, Heimat Brasilien: Süd-Bahia, Nord-Espírito Santo .... *C. silvana*
	– Lippe reinfarbig oder verwaschen geadert, aber nicht strichförmig 20
20	Pseudobulben fast zylindrisch, Schlund der Lippe groß und vorn halbrund orangegelb (parallel zum vorderen Rand der Lippe), diese hell karminrot bis karminrot, nach innen auch in eine weiße Zone übergehend, Säule vorn braun beschuppt, Heimat Brasilien: Amazonas, Pará .... *C. eldorado*

	– Pseudobulben schmal spindelförmig, Säule weiß oder weiß mit helllila Antherenkappe bzw. helllila, vorn nicht braun beschuppt, Farbübergang des Schlundes zum vorderen Teil der Lippe zu unregelmäßig 21
21	Lippe vorn oft unregelmäßig karminrot gefleckt, Eingang des Schlundes auf beiden Seiten mit einem gelben Fleck, Säule helllila oder weiß mit helllila Antherenkappe, an der Rückseite oben (vorn oben) mit breiter häutiger Zunge, an beiden Seiten mit einem dreieckigen Zahn .... *C. lueddemanniana*
	– Lippe vorn karminrot, oft verwaschen dunkler genervt, auf beiden Seiten vom Eingang des Schlundes weißlich, Schlund gelborange, braunrot genervt, Säule weiß, an der Rückseite oben (vorn oben) mit breitem gebogenem Zahn, an beiden Seiten mit einem schiefen dreieckigen Zahn .... *C. jenmanii*
22 (15)	Blüte mit kurzer Säule, etwa 1,7 bis 2,2 cm lang, Lippe mit langer Röhre, Schlund weißlich bis gelb, Lippe vorn rund, gleichmäßig durchgefärbt, Lippe ausgebreitet fast rechteckig, vorn breiter, Pseudobulben schlank .... *C. lawrenceana*
	– Blüte mit längerer Säule, 2,8 bis 3,2 cm lang und länger, Pseudobulben gedrungener 23
23	Lippe mit einem großen gelben, goldgelben oder orange gefärbten Schlundfleck ohne Aderung oder kaum geadert, Heimat Kolumbien 24
	– Lippe mit orangegelbem, auch bräunlichem Schlund, deutlich geadert, Heimat Venezuela 25
24	Blüte blass lachsrosa bis kräftig lachsrosa, Lippe vorn auch mit karminrotem Fleck, vor dem Schlund großflächig orange, Blütezeit März bis Ende April, Heimat Kolumbien: Cundinamarca, Meta, Boyaca, Casanare? .... *C. schroederae*
	– Blüte rosa bis hell karminrot, Lippe vorn auch kräftig karminrot, Schlund gelb bis goldgelb, an der Basis auch gering geadert, Rand meist rosa, Blütezeit Dezember bis Februar, Heimat Kolumbien: Cundinamarca, Tolima, Huila, Cauca .... *C. trianae*
25 (23)	Blüte purpurrosa, Lippe mit unterschiedlich intensiv purpurnem Fleck mit fleckig marmoriertem Rand oder vollkommen fleckig marmoriert, Säule etwa 3,2 cm lang, an der Rückseite oben mit einem elliptisch-eiförmigen Zahn, an jeder Seite mit einem spitzen Zahn ...... *C. mossiae*
	– Blüte hell lilapurpur, Lippe auf gelbem Grund durchsetzt mit purpurnen Längsnerven, vorn in der Mitte mit einem großen purpurbraunen Fleck, oft dunkler fleckig marmoriert, an der Rückseite oben mit einem stark gebogenen spitzen Zahn, an jeder Seite mit einem elliptisch-eiförmigen spitzen schiefen Zahn .... *C. percivaliana*
26 (4)	Pseudobulben mit knollenartig verdickter oder stielförmiger Basis 27
	– Pseudobulben schmal zylindrisch, auch oben mit geringer keulenförmiger Verdickung 30
27	Pseudobulben an der Basis knollenartig verdickt .... *C. bowringiana*
	– Pseudobulben an der Basis stielartig dünn, ohne knollenförmige Verdickung 28

28	Lippenränder aufgewölbt, aber die Säule nicht oder nicht vollkommen umfassend, Lippe vorn spitz, Blüte orangerot	*C. aurantiaca*
	– Lippenränder die Säule umfassend	29
29	Lippe mit cremeweißem Schlundeingang	*C. skinneri*
	– Lippe mit karminrotem Schlund	*C. deckeri*
30 (26)	Lippe ohne oder mit kaum erkennbaren öhrchenartigen Anhängseln	*C. bicolor*
	– Lippe mit deutlichen Seitenlappen	31
31	Seitenlappen der Lippe halbkreisförmig (ausgebreitet), kürzer als der Vorderlappen	32
	– Seitenlappen der Lippe nicht halbkreisförmig	33
32	Seitenlappen der Lippe von der dicken Säule abgespreizt, Pseudobulben etwa bis 12 cm lang, zylindrisch, leicht keulenförmig	*C. aclandiae*
	– Seitenlappen der Lippe die schlanke Säule umhüllend, Pseudobulben etwa bis 40 cm lang, dünn zylindrisch	*C. velutina*
33 (31)	Vorderlappen der Lippe von den Seitenlappen kaum oder nur durch einen kurzen Einschnitt getrennt	34
	– Lippe deutlich dreiteilig – hinterer Teil mit Seitenlappen, schmaleres Mittelteil, verbreitertes Vorderteil	38
34	Petalen breiter als die Sepalen	35
	– Petalen etwa so breit wie die Sepalen oder schmaler	37
35	Blüte nach einer kürzeren oder längeren Ruhepause, Scheide zur Blüte trocken, Vorderlappen der Lippe glatt, in der Mitte mit einer Rinne	*C. loddigesii*
	– Blüte gleich nach Ausbildung des neuen Triebes	36
36	Vorderlappen der Lippe in der Mitte mit mehreren höckerigen rinnenartigen Kielen, seitlich daneben meist mit flachen höckerigen Erhebungen, Scheide zur Blüte grün, etwa 5 cm lang, Pseudobulben etwa 40 cm lang	*C. harrisoniana*
	– Lippe in der Mitte mit flachen Kielen, Scheide rudimentär, Pseudobulben etwa 15 cm lang	*C. dolosa*
37 (34)	Blüte gelblich oder sepiagelb, Vorderlappen der Lippe von den Seitenlappen durch einen Einschnitt kaum getrennt, in der Röhre und auf den Seitenlappen (zur Säule zu) deutlich rotbraun genervt	*C. forbesii*
	– Blüte weißlich oder rosa, Vorderlappen der Lippe von den Seitenlappen durch einen Einschnitt deutlich und meist auch farblich getrennt, Seitenlappen nicht farblich geadert	*C. intermedia*
38 (33)	Mittelteil (Mesochil) der Lippe kürzer als die Breite des Vorderlappens (Epichil) oder +/- so breit wie lang	39
	– Mittelteil (Mesochil) länger als die Breite des Vorderlappens	45
39	Blüte blassrosa bis karminrot	40
	– Blüte gelboliv, auch grünoliv oder grünlich braun bis kupferfarbig	42
40	Blüte rosa, karminrot bis purpurrot gefleckt	*C. amethystoglossa*
	– Blüte hell karminrot bis violettkarminrot, auch bis lilapurpur	41
41	Blüte hell violettkarminrot, auch gepunktet, Pseudobulben dünn, einblättrig, auch zweiblättrig	*C. kerrii*
	– Blüte hell karminrot bis lilakarminrot, Pseudobulben gedrungen, zylindrisch, schwach keulenförmig, zwei- bis dreiblättrig	*C. violacea*

42 (39)	Infloreszenz meist 45 cm lang und länger, Blüte braun- bis rotkupferfarbig, nicht gefleckt, Ränder der Sepalen, besonders aber der Petalen, stark gewellt	*C. elongata*
	– Infloreszenzen kürzer	43
43	Mittelteil (Mesochil) der Lippe breiter als lang, Pseudobulben 8 bis 15 cm lang, leicht keulenförmig	*C. schilleriana*
	– Mittelteil (Mesochil) der Lippe +/- so breit wie lang, Pseudobulben sehr lang	44
44	Pseudobulben 30 bis 50 cm lang, Blüten 8 bis 11 cm im Durchmesser, Petalen länglich-lanzettlich, reich gefleckt	*C. leopoldii*
	– Pseudobulben 35 bis 40 cm lang, Blüte etwa 7,5 cm Durchmesser, Petalen schmal verkehrt eiförmig, braunoliv bis rötlich braun, kaum gefleckt	*C. tenuis*
45 (38)	Mittelteil (Mesochil) der Lippe +/- keilförmig in den Vorderlappen übergehend	46
	– Mittelteil (Mesochil) der Lippe vom Vorderlappen deutlich abgesetzt	47
46	Seitenränder des Mittelteils (Mesochil) der Lippe ganzrandig glatt, Sepalen und Petalen gefleckt	*C. guttata*
	– Seitenränder des Mittelteils (Mesochil) der Lippe fein warzig gesägt, Sepalen und Petalen ungefleckt (nur Varietät *punctulata* gefleckt)	*C. porphyroglossa*
47	Mittelteil (Mesochil) der Lippe mit aufrecht stehenden kornartigen Warzen besetzt	*C. granulosa*
	– Mittelteil (Mesochil) der Lippe mit purpurroten haarförmigen Papillen besetzt	*C. schofieldiana*

Die Arten der Gattung Cattleya

Cattleya Lindley
Collectanea Botanica t. 33, 1821(?)

Synonyme:
Maelenia, Dumortier, Nouveaux Mémoires de L'Académie Royale des Sciences et Belles-Lettred de Bruxelles 9: 13, t.10, 1834

Die Gattung *Cattleya* wurde in den letzten 100 Jahren schon mehrfach zur besseren Übersicht gegliedert. Im Jahre 1988 hat Carl L. Withner eine Klassifizierung in neun Untergattungen und sieben Sektionen für insgesamt 48 Arten in „The Cattleyas and their Relatives" geschaffen, der wir hier folgen.

Untergattung Laelioidea (Fowlie)
Withner

Typus *Cattleya dormaniana* (Rchb. f.) Rchb. f. Die zu dieser Untergattung gehörende Art entwickelt nicht vier Pollinien, sondern es werden wie bei der Gattung *Laelia* acht Pollinien ausgebildet. Von diesen sind jedoch nur vier voll entwickelt und die restlichen vier sind rudimentär, d.h. verkümmert. – Zu dieser Untergattung gehört nur eine Art: *Cattleya dormaniana* (Rchb. f.) Rchb. f. 1882.

Cattleya dormaniana (Rchb. f.) Rchb. f.
The Gardeners' Chronicle n.s. 17: 216, 1882
Synonyme:
L. dormaniana Rchb. f., The Gardeners' Chronicle n.s. 13: 168, 1880
×*Lc. dormaniana* (Rchb. f.) Rolfe, The Gardeners' Chronicle 3.s. 6: 79, 1889

Die Art trägt den Namen des Engländers Charles Dorman, bei dem sie zuerst in Europa blühte.

Apart glänzen die olivbraunen Blütenblätter dieser *Cattleya* im Kontrast zur rosaroten Lippe. **Pseudobulben** stielartig dünn, oben etwas verdickt, 20 bis 28 cm lang, meist rotbraun, zwei-, auch dreiblättrig. **Blätter** schmal elliptisch, bis etwa 15 cm lang, 4 cm breit, spitz, ledrig, dunkelgrün, im Austrieb rotbraun. **Scheide** länglich, etwa 5 cm lang, 1 cm breit, bräunlich, zur Blüte meist trocken. **Infloreszenz** 6 bis 10 cm lang, meist ein- bis zwei-, selten auch bis vierblütig. **Blüten** bis 9 cm Durchmesser. Tepalen schmal länglich-lanzettlich, spitz, etwa 4,2 bis 5,5 cm lang und 0,8 bis 1,5 cm breit, braunoliv, seltener dunkler gefleckt. Laterale Sepalen schwach sichelförmig, Petalen meist am Rand leicht gewellt. Lippe dreilappig, ausgebreitet rundlich bis elliptisch, etwa 4 cm lang, Seitenlappen die Säule umfassend, rosa, dunkler genervt, Vorderlappen

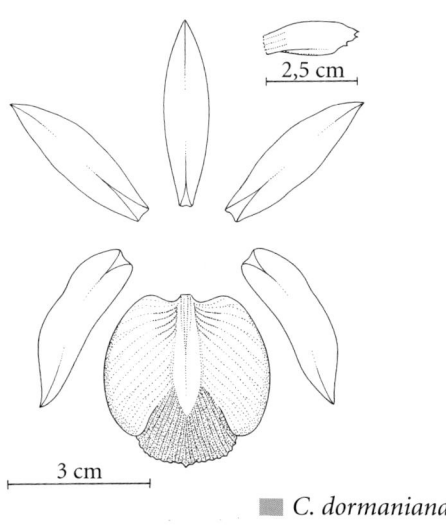

C. dormaniana.

nierenförmig, unterseits in der Mitte gekielt, vorn mit kleinem Spitzchen, kräftig dunkel karminrot, die Farbe des weißen Schlundes reicht mit einer Spitze bis in die Mitte des Vorderlappens, von der Basis bis auf den Vorderlappen in der Mitte eine flache Rinne. Säule wenig gebogen, 2,5 cm lang, dreikantig, Ränder häutig. Pollinien vier, weitere zwei oder vier sind rudimentär.

Variation: Die Pflanzen variieren vorwiegend in der Intensität der Farbe ihrer Blütenblätter, die grünlich braun oder braun sein können, sowie in der Farbintensität der Seitenlappen der Lippe. Ein Albino wurde als var. *alba* L. C. Menezes, Schlechteriana 2: 76–77, 1991, bekannt, Tepalen grün, Lippe weiß.

Heimat: Die Heimat dieser Art ist Brasilien, Rio de Janeiro, Orgelgebirge. Sie wächst epiphytisch, gelegentlich auch terrestrisch in feuchten Wäldern in Bodennähe, oft auf abgestorbenen Gehölzen in der Serra Tacquarucu auf der dem Atlantik zugewandten Seite, meist in Höhenlagen von 600 bis 1000 m.

Kultur: *C. dormaniana* wird am besten am Block oder in kleinen Körben in recht grobem Pflanzstoff gepflegt. Bei lichtem Schatten entwickelt sich der Neutrieb im späten Frühjahr. Hohe Luftfeuchtigkeit, viel frische Luft und nächtliche Temperaturabsenkung fördern ein rasches Wachstum. Im Herbst schränkt man die Wassergaben ein und gewöhnt die Pflanzen an volle Sonne. Nach einer deutlichen Ruheperiode, in der aber die Luftfeuchtigkeit nicht zu gering sein darf, öffnen sich im Spätherbst oder im frühen Winter, meist zwischen Oktober und Januar, die Blüten. Danach folgt wieder eine nicht so ausgeprägte Ruheperiode bis zum Neutrieb. Zeigen sich die ersten Wurzeln, kann verpflanzt werden. Die Blütezeit in Brasilien liegt zwischen März und April.

Züchtung: Die Art wurde wenig zur Züchtung verwendet. Dies ist wohl auf die relativ kleine

Cattleya dormaniana.

Blüte mit schmalen Sepalen und Petalen zurückzuführen. Sie vererbt vielfach diese schmalen Blütenblätter, die bei einem Teil der Hybriden aber auch vom Kreuzungspartner beeinflusst werden. Weiterhin vertieft sie die Blütenfarbe und gibt an die Nachkommen einen kräftig gefärbten, meist spatelförmigen Vorderlappen der Lippe weiter.

Primärhybriden: *Cattleya dormaniana* ×
C. luteola = *C.* Arthuriana; Dorman, 1894
C. bowringiana = *C.* Firefly; Ingram, 1896
C. dowiana = *C.* Doinii; Doin, 1906
C. labiata = *C.* Lambeauii II; Lambeau, 1906
C. aclandiae = *C.* Aclandor; Stewart Inc, 1970
C. bicolor = *C.* Trufords Cat; Bob Cole (R.F. Marsh), 1986 (als *Laeliocattleya*)
C. maxima = *C.* Sleeping Max; Bob Cole, 1998

Wissenswertes: *C. dormaniana* wurde 1879 in der Nähe von Rio de Janeiro von Henry Blunt, einem Pflanzensammler der Firma Low & Co. in Clapton bei London, entdeckt. Einige Pflanzen erhielt Richard Bullan von der Gärtnerei Woodland in Lewisham, England. Von Bullan kamen einige Exemplare zu Charles Dorman in Sydenham, London. Bei ihm blühte die Art zuerst im Frühjahr 1880. Er gab Reichenbach fil. Pflanzenmaterial. Dieser beschrieb die Art noch im gleichen Jahr in „The Gardeners' Chronicle" als *Laelia dormaniana*, diskutierte aber schon auch die Möglichkeit einer Naturhybride mit *Cattleya*. Nach weiterer Bearbeitung kam Reichenbach fil. zu dem Schluss, dass die Art zur Gattung *Cattleya* gehöre. Die meisten Merkmale und die vier fertilen Pollinien würden darauf hinweisen. Er kombinierte sie deshalb 1882, ebenfalls in „The Gardeners' Chronicle", zu *C. dormaniana* um, – mit der Bemerkung neben der Überschrift „n. hyb.; prope eadem, qua Laelia Dormaniana". Auch hier räumte er damit die Möglichkeit ein, dass es eine Naturhybride sein könnte. Rolfe betrachtete die vier fertilen und die vier rudimentären Pollinien als entscheidenden Hinweis, dass die Art zwischen den Gattungen *Cattleya* und *Laelia* steht. Er griff die Vermutung von Reichenbach fil. auf und stufte die Art im Jahre 1889 als *Laeliocattleya* ein. Warner und B. S. Williams schlossen sich 1891 in „The Orchid Album" ebenso wie Stein 1892 in „Stein's Orchideenbuch" dieser Meinung an.

Dialog: Das Problem der Gattungszugehörigkeit dieser Art ist die Anzahl der Pollinien. Von der Gattung *Cattleya* werden vier, von *Laelia* acht ausgebildet. *C. dormaniana* entwickelt jedoch außer den vier für die Gattung *Cattleya* typischen Pollinien noch zwei oder auch vier nicht voll entwickelte, rudimentäre Pollinien. Da die Gattung *Laelia* acht Pollinien aufweist, stellt sich die Frage, ob die hier behandelte Sippe als *Cattleya*, *Laelia* oder *Laeliocattleya* einzustufen ist. Für eine Einschätzung ist wichtig, dass alle Merkmale dieser Art einer *Cattleya* entsprechen. Die nicht voll entwickelten Pollinien sind sicher eine Frage der Evolution, und wir wissen nicht, ob es sich bei den rudimentären Pollinien um eine Weiter- oder Rückentwicklung handelt. So müssen wir dies notgedrungen als Gegebenheit hinnehmen.

Reichenbach fil. beschrieb diese Sippe zuerst als *Laelia*, weil die Anthere neben vier Pollinien weitere vier rudimentäre enthält. Deshalb stellte er bei der Veröffentlichung der Beschreibung auch die Vermutung an, dass es sich möglicherweise um einen Naturbastard aus *L. pumila* × *C. bicolor* handeln könne. Selbst wenn dies der Fall sein sollte, können die angenommenen Arten nicht die Eltern sein. Der von Cogniaux in „The Gardeners' Chronicle" 3.s. 28: 370, 1900, beschriebene Naturbastard *Laeliocattleya binotii* aus *L. pumila* × *C. bicolor* sieht völlig anders aus, ebenso wie die nachgekreuzte *Laeliocattleya Binotii*. Mit diesem Wissen hat der belgische Botaniker Cogniaux auch schon 1893 in „Flora Brasiliensis" die hier behandelte Art wieder als *Cattleya* anerkannt. Auch Dressler und Gillespie in „AOS-Bulletin" 29, 1960, Braem in „Die Bifoliaten Cattleyen Brasiliens" 1984 und Withner in „The Cattleyas and their Relatives" 1988 vertreten diese Meinung.

Fowlie stellt in „The Brazilian Bifoliate Cattleyas" 1977 die These auf, dass *C. dormaniana* die älteste Art der brasilianischen bifoliaten Cattleyen sei und zurückgezogen an den Felsen der Serra Tacquarucu als „Ur-Cattleya" überlebte.

Wir behandeln hier die Art als zur Gattung *Cattleya* gehörig. Sie wird heute auch allgemein als solche aufgefasst. Eine Verwechslung mit anderen Spezies ist kaum möglich und kann auch anhand der rudimentären Pollinien schnell geklärt werden. – Bei der Hybridenregistrierung in „Sander's List of Orchid Hybrids" wurde die Pflanze anfangs als *Cattleya*, seit 1972 wird sie aber als *Laeliocattleya* betrachtet.

Untergattung Rhizantha (Cogniaux)
Withner

Typus *Cattleya walkeriana* Gardn.
Die zu dieser Untergattung gehörenden zwei Arten entwickeln einen kriechenden, verlängerten rhizomartigen Spross mit kurzen, dick spindelförmig bis eirunden Pseudobulben. Die Infloreszenzen stehen auf Kurztrieben, die eigentlich Pseudobulben entsprechen, und an deren Basis sich der Innovationsspross entwickelt. Die Kurz-

triebe sind in der Regel blattlos, und nur bei guten Umweltbedingungen kann sich ein Blatt rudimentär oder auch vollkommen ausgebildet entwickeln. – Zur Untergattung gehören zwei Arten: *Cattleya nobilior* Rchb. f. 1883, *Cattleya walkeriana* Gardn. 1843.

Cattleya nobilior Rchb. f.
L'Illustration Horticole 30: 73, t. 485, 1883
Synonym:
C. walkeriana var. *nobilior* Veitch, A Manual of Orchidaceous Plants 1, Epidendreae, 1887

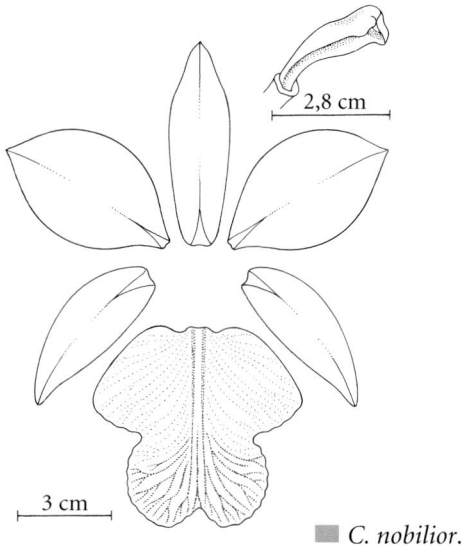
■ *C. nobilior.*

Reichenbach fil. benannte die Art nach ihren schön geformten und gefärbten Blüten, lat. nobilius = edel, vornehm.

Zwergwüchsige Pflanzen mit großen, elegant geformten Blüten. **Pseudobulben** etwa 5 bis 6 cm lang, 2,5 bis 3 cm im Durchmesser, fast immer zweiblättrig. **Blätter** eiförmig-elliptisch, etwa 8 cm lang und 5 cm breit, derb ledrig. **Scheide** eiförmig, häufig fehlend. **Infloreszenz** meist auf blattlosem Kurztrieb, der einer Pseudobulbe entspricht (diese kann aber auch – je nach Ernährung – ein zurückgebildetes oder selten ein normales Blatt tragen), kurz, meist ein- bis dreiblütig. **Blüten** bis 12 cm Durchmesser, hell karminrot, fast immer duftlos. Sepalen länglich-lanzettlich, laterale sichelförmig. Petalen aus schmaler Basis eiförmig. Lippe dreilappig, ausgebreitet breit geigenförmig, basaler Teil größer als der Vorderlappen, mit den Seitenlappen die Säule bedeckend, Vorderlappen quer elliptisch, vorn ausgerandet, Seitenränder meist stark zurückgebogen, Vorderlappen breit, karminrot, in der Mitte mit einem großen, herzförmig-rhombischen, gelben Fleck. Säule etwa 2,8 cm lang, weißlich, vorn rosa.

Variation: Die Pflanzen variieren in Form und Farbe ihrer Blüten, in der Breite ihrer Blütenblätter, in der Intensität der Farbe und in der Größe des gelben Lippenfleckes. Beschriebene Varietäten: var. *alba* L. C. Menezes, Orquidário 15 (1), 2001, Blüte reinweiß; var. *amaliae* Pabst, Bradea II(33): 229–230 (225–226 = falsche Nummerierung), 1978, Wuchs kräftiger als die Art, robust, Blüte bläulich rosa, Lippe gelb, deren Nervatur schwarzpurpur; var. *coerulea* hort. ex Whitlow, AOS-Bulletin 45: 44, 1976, mit bläulichen Blütenblättern; var. *hugueneyi* Lind., Lindenia 1, t. 5, 1885, die Seitenlappen der Lippe bedecken etwa zur Hälfte die Säule (bei der Art werden sie fast völlig bedeckt), der gelbe Fleck auf dem Vorderlappen der Lippe ist deutlich ausgebildet.

Heimat: Das Verbreitungsgebiet der Art erstreckt sich von Goiás und Mato Grosso, Brasilien, über Bolivien bis nach Paraguay, westlich des Areals von *C. walkeriana*. Die Pflanzen wachsen vorwiegend epiphytisch auf Bäumen.

Kultur: Die kleinen Pflänzchen wachsen am besten aufgebunden am Block mit wenig oder keinem Pflanzstoff. Die Luftfeuchtigkeit sollte dann jedoch möglichst hoch sein. Sie verlangen viel Licht, bei genügender Luftbewegung vertragen sie auch volle Sonne. Während der Vegetationsperiode ist eine ausreichende und möglichst gleichmäßige Luft- oder Substratfeuchtigkeit sehr wichtig. Im Winter, wenn die Pflanzen ruhen, genügen Temperaturen um 15 °C. Die Temperaturdifferenz zwischen Tag und Nacht

Cattleya nobilior.

sollte nicht zu hoch sein. Die Werte können jedoch kurzzeitig – bei relativ trockenem Substrat – auch auf 12 bis 10 °C absinken. Mit Beginn der Vegetationsperiode im Frühjahr erscheint der Neutrieb, und es werden neue Wurzeln gebildet. Jetzt kann die Pflanze neu auf einem Block montiert oder neuer Pflanzstoff gegeben werden. Sonst unterstützt man mit gering konzentrierten Düngergaben das Triebwachstum. Ist dieses beendet, werden gelegentlich bereits Ende Mai, aber oft auch erst im Juli, die Blüten entwickelt. Nach der Blüte hält man die Pflanzen für einige Zeit etwas trockener, vorausgesetzt, sie stehen nicht zu warm.

Züchtung: Bei der Registrierungsstelle für Hybriden bzw. in „Sander's List of Orchid Hybrids" wird *C. nobilior* als Varietät zu *C. walkeriana* geführt. Mögliche Kreuzungen mit *C. nobilior* sind deshalb unter *C. walkeriana* erfasst. In den letzten Jahren sind einige Kultivare von *C. nobilior* bekannt geworden.

Wissenswertes: *C. nobilior* tauchte zuerst 1883 in den Kulturen der Compagnie Continentale in Gent, Belgien, deren Direktor Jean Jules Linden war (später dessen Sohn Lucien), auf. Linden sandte eine Pflanze an Reichenbach fil., der sie auf dieser Grundlage 1885 in „L'Illustration Horticole" als *C. nobilior* beschrieb. 1887 stellte Veitch *C. nobilior* als Varietät zu *C. walkeriana*. Seine Meinung wurde vielfach von anderen Autoren übernommen. Rolfe widerlegte dies in „The Orchid Review" 13: 325, 1905, ebenso Witt in „Orchis" 12(4): 52, 1913. Beide Autoren votieren klar für eine eigenständige Art.

Dialog: *C. nobilior* weist ebenso wie *C. walkeriana* eine Besonderheit hinsichtlich ihrer Infloreszenzen tragenden Pseudobulben auf, sodass diese beiden Arten sich auch im vegetativen Zustand von allen anderen Arten der Gattung *Cattleya* unterscheiden. Ihre Infloreszenzen wachsen nicht terminal aus der Spitze der beblätterten Pseudobulben heraus. Sie entwickeln sich in der Regel terminal aus einem blattlosen Kurztrieb, der an der Basis der beblätterten Pseudobulben erscheint. Dieser Kurztrieb entspricht morphologisch jedoch einer Pseudobulbe.

In Pflanzengröße und Wuchsform ähnelt diese Art *C. walkeriana*. Sie ist jedoch fast immer zweiblättrig, während *C. walkeriana* in der Regel einblättrig ist. Ihre Pseudobulben sind noch kürzer und gedrungener als die von *C. walkeriana*. Im blühenden Zustand sind beide gut zu unterscheiden. Bei *C. nobilior* wird die Säule fast vollständig von den großen und entsprechend geformten Seitenlappen der Lippe bedeckt, bei *C. walkeriana* nur die Basis der Säule. Außerdem befindet sich auf dem Vorderlappen der Lippe von *C. nobilior* ein glänzend zitronengelber, fast rhombischer bis herzförmiger Fleck, der bei *C. walkeriana* fehlt.

Die Blüten von *C. nobilior* haben eine gewisse Ähnlichkeit mit denen von *C. dolosa*. Diese entwickelt ihre Infloreszenz jedoch stets terminal aus den „normal" beblätterten Pseudobulben. Witt stellt in „Orchis" 1913 die Theorie auf, beide Pflanzen seien identisch bzw. *C. dolosa* wäre möglicherweise eine standortbezogene Varietät zu *C. nobilior* – siehe auch Dialog *C. dolosa*!

Cattleya walkeriana Gardn.
Journal of Botany 2: 662, 1843
Synonyme:
C. bulbosa Lindl., Edwards's Botanical Register 33, t. 42, 1847 (The Gardeners' Chronicle 7: 623, 1847)
Epi. walkerianum (Gardn.) Rchb. f., Walpers' Annales Botanices Systematicae 6, 3: 416, 1862
C. gardneriana Rchb. f., The Gardeners' Chronicle 22: 1373, 1870, ad not.

Cattleya walkeriana

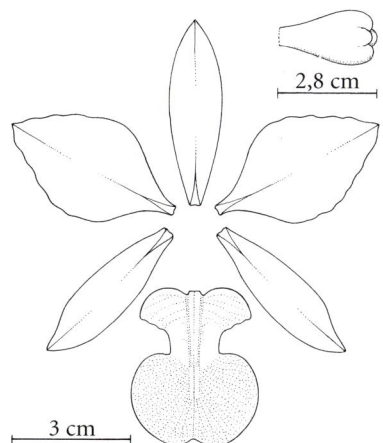

■ *C. walkeriana.*

Laeliocattleya Trick or Treat × *Cattleya walkeriana* var. *alba*.

C. princeps Barb. Rodr., Genera et species orchidearum novarum 1: 68, 1877
C. schroederiana Rchb. f., The Gardeners' Chronicle n.s. 19: 102, 1883

Gardner benannte die Art nach seinem Reisebegleiter Edward Walker, der gemeinsam mit ihm *C. walkeriana* entdeckte.

Zwergwüchsige Pflanze mit großen, duftenden Blüten. **Pseudobulben** spindelförmig-elliptisch, kurz und dick, etwa 8 bis 10 cm lang und bis 3 cm im Durchmesser, fast immer einblättrig. **Blätter** länglich-elliptisch, etwa 10 × 4,5 cm. **Scheide** schuppenförmig. **Infloreszenz** ein- bis dreiblütig, meist auf Kurztrieben an der Basis der fertig ausgebildeten Pseudobulben, die Kurztriebe entsprechen einer blattlosen Pseudobulbe. **Blüten** bis 10 cm Durchmesser, fleischig, hell karminrot, duftend. Sepalen länglich-lanzettlich, zugespitzt, Spitzen knorpelig. Petalen eiförmig bis breit lanzettlich, doppelt so breit wie die Sepalen. Lippe dreiteilig, dunkelrot mit kleinem schwachen gefächerten weißen bis zartgelblichen purpurgestreiften Mal auf dem hinteren Teil des Vorderlappens, ausgebreitet geigenförmig, Vorderlappen größer als basaler Teil, Seitenlappen abgerundet, aufrecht, nur die Basis der Säule bedeckend, Vorderlappen spatel-nierenförmig, vorn eingeschnitten. Säule 2,8 cm lang, dreikantig, nach vorn verbreitert.

Cattleya walkeriana var. *semialba* 'Corpus Christi'.

Cattleya walkeriana var. *coerulea*.

Variation: Die Art ist in der Form ihrer Pseudobulben, in der Breite der Blütenblätter und besonders in der Blütenfarbe variabel. Letztere reicht von Weiß über hell Karminrot bis hell bläulich Rot, bekannte Farbvarianten bzw. beschriebene Varietäten: var. *alba* hort., Blüten weiß, kaum in Kultur; var. *bulbosa* (Lindl.) Fowlie, The Brazilian Bifoliate Cattleyas 1977, Pflanze insgesamt kleiner mit dunkleren Blüten als die Art; var. *carnea* hort., Sepalen und Petalen weiß, Lippe fleischig und wie die Art gefärbt; var. *coerulea* hort., Blütenblätter bläulich; var. *coerulensis* hort., Blütenblätter bläulich; var. *concolor* hort., Blüte rosa (auch als var. *rosea* bekannt); var. *princeps* L. C. Menezes, Schlechteriana 4: 115, 1993, blüht aus einer beblätterten Pseudobulbe, in Brasilien im September/Oktober; var. *semialba* hort., Sepalen und Tepalen weiß, Lippe karminrot; var. *werkhauserii* hort., Sepalen und Petalen fast weiß, Lippe bläulich; weitere Farbvarianten sind als Sorten einzustufen.

Heimat: *C. walkeriana* hat ihr Verbreitungsgebiet in Brasilien in den Staaten Minas Gerais, Goiás und Mato Grosso. Dort wächst sie epiphytisch auf raurindigen Bäumen, aber auch nicht selten auf Felsen, bis in Höhenlagen von 2000 m, oft an Wasserläufen oder in Gebieten mit häufigem Nebel, teilweise auch in voller Sonne und bei hohen Temperaturen.

Kultur: Die Pflanzen pflegt man in grobem Material oder besser ohne Pflanzstoff am Block. Sie wollen möglichst lange ungestört wachsen und lieben viel Luft an den Wurzeln. Am besten hängt man sie dort hin, wo der Lichteinfall am größten ist. Während des Wachstums soll neben reichlichen Wassergaben auch die Luftfeuchte hoch sein. Wichtig sind auch genügend Frischluft, Luftbewegung und ausreichende nächtliche Temperaturabsenkung. Eine schwache Düngung fördert das Wachstum und die Blühleistung. Im Winter schaden 10 bis 12 °C bei relativ trockenem Stand nicht. Am Ende der Ruheperiode, d.h. noch vor Wachstumsbeginn, blüht die Pflanze in der Regel zwischen Dezember und März, gelegentlich auch noch im April oder Mai, in Brasilien stets im April/Mai. Leider gilt sie bei vielen Orchideenfreunden als blühfaul. Sie machen jedoch den Fehler, dass sie im Herbst, nachdem die Pflanze ihr Wachstum abgeschlossen hat, weiterhin gießen und sprühen oder sogar düngen. Die Pflanze muss aber jetzt ruhen, wenn der Trieb ausreifen soll. Man hält sie am besten ziemlich trocken und auch nicht zu warm. Wird trotzdem ein neuer Trieb gebildet, blüht die Pflanze meist nicht, da sie ihre gesamte Kraft der Ausbildung des Neutriebes widmet. Man kann dessen Entwicklung mit viel Licht, Wärme und Feuchtigkeit fördern.

Züchtung: In neuerer Zeit versucht man offensichtlich, mit *C. walkeriana* kleinwüchsige Hybriden zu erzielen, da ihr niedriger Wuchs fast dominant vererbt wird, ebenso wie ihre dicht gedrängt stehenden Pseudobulben. Weiterhin wird die gute Substanz der Blüten, aber teilweise mit unregelmäßiger Blütezeit, sowie die spatelförmige Lippe und meist eine kräftige Farbe an die Nachkommen weitergegeben. Schwierigkeiten bei der Pflege werden vom Kreuzungspartner weitgehend aufgehoben, während die Farbe der Lippe meist stark beeinflusst wird. Züchtungen mit *C. nobilior* werden unter *C. walkeriana* erfasst.

Primärhybriden: *Cattleya walkeriana* ×
C. mossiae = *C.* Eros; Veitch, 1895
C. granulosa = *C.* Leucotha; Thayer, 1902
C. harrisoniana = *C.* Heathii; Heath, 1907
C. labiata = *C.* Hecate; St. Quintin, 1915
C. mendelii = *C.* Edala; St. Quintin, 1916
C. dowiana = *C.* Egerides; St. Quintin, 1917
C. bicolor = *C.* Noble; Sander, 1950
C. trianae = *C.* Diacui; W. Silva, 1955
C. bowringiana = *C.* Edith Loomis; Loomis, 1956
C. luteola = *C.* Lutheriana; Rod McLellan Co., 1964
C. skinneri = *C.* Tiptop; Rod McLellan Co., 1965
C. aurantiaca = *C.* Orchidglade; Jones & Scully, 1976

C. warneri = *C.* Sea Breeze; Stewart Inc, 1972
C. intermedia = *C.* Walkerinter; T. Goshima (Hamasaka), 1985
C. schroederae = *C.* Russell DeMoss; R. DeMoss, 1992
C. amethystoglossa = *C.* Lavender Ice; Carole Pearson (o/u), 1993
C. warszewiczii = *C.* Interlude; Stewart Orch., 1994
C. forbesii = *C.* Ching Li Sa; Harold Johnson (o/u), 1996
C. percivaliana = *C.* Thüringen; Jürgen Röth, 1998
C. schilleriana = *C.* Memoria Hiromi Nishii; T. Nishii, 1998
C. violacea = *C.* Classic; B. Todd (o/u), 1998
C. dolosa = *C.* Tsiku Taiwan; Tsiku Taiwan Orchids, 2000
C. gaskelliana = *C.* Yukiko Furuyama; K. Yukiko, 2000

Wissenswertes: Entdeckt wurde *C. walkeriana* 1839/40 von G. Gardner und E. Walker in Brasilien, westlich von Diamantina an einem Nebenfluss des São Francisco. Gardner beschrieb die Art 1843 in „Journal of Botany". Die von Lindley 1847 in „Edwards's Botanical Register" bzw. in „The Gardeners' Chronicle" als *C. bulbosa* beschriebene Art stammte aus der Sammlung von Sigismund Rücker. Fowlie kombinierte sie 1977 in „The Brazilian Bifoliate Cattleyas" zu einer Varietät von *C. walkeriana* um. 1870 beschrieb Reichenbach fil. dieselbe Pflanze als *C. gardneriana* in „The Gardeners' Chronicle" und 1877 J. Barbosa Rodrigues als *C. princeps* in „Genera et species orchidearum novarum". 1993 in „Schlechteriana" stuft L. C. Menezes *C. princeps* als Varietät zu *C. walkeriana* ein. Diese soll aus einer normal beblätterten Pseudobulbe im brasilianischen Frühling (September/Oktober) blühen.

1883 beschrieb Reichenbach fil. in „The Gardeners' Chronicle" n.s. 19: 102 eine *C. schroederiana* als neue Art. Diese soll zweiblättrig sowie *C. bulbosa* (synonym zu *C. walkeriana*) und *C. dolosa* ähnlich sein. Nach Vergleich der lateinischen Diagnosen wäre sie synonym zu *C. walkeriana*.

Dialog: *C. walkeriana* weist ebenso wie *C. nobilior* eine Besonderheit hinsichtlich ihrer Pseudobulben tragenden Infloreszenzen auf, sodass diese beiden Arten sich auch im vegetativen Zustand von allen anderen Arten der Gattung *Cattleya* unterscheiden. Ihre Infloreszenzen stehen nicht terminal an der Spitze der beblätterten Pseudobulben, sondern auf einem meist blattlosem Kurztrieb an der Basis der beblätterten Pseudobulben. Dieser Kurztrieb entspricht morphologisch jedoch einer Pseudobulbe. In seltenen Fällen soll *C. walkeriana* auch aus einer beblätterten Pseudobulbe Blüten hervorbringen können. Ob dies genetisch bedingt ist oder durch mehr Feuchtigkeit und reichere Ernährung, ist bisher nicht geklärt worden – siehe auch Dialog zu *C. dolosa*!

Die Art *C. nobilior* wird gelegentlich auch als Varietät zu *C. walkeriana* aufgefasst und ähnelt dieser, zumindest vegetativ. *C. walkeriana* ist meist einblättrig, während *C. nobilior* fast immer an allen Trieben zweiblättrig ist. Im blühenden Zustand sind beide nicht zu verwechseln. Die Seitenlappen der Lippe sind bei *C. walkeriana* klein und so geformt, dass sie nur einen Teil der Säule verdecken, während sie bei *C. nobilior* größer und so geformt sind, dass sie fast die ganze Säule verdecken. Außerdem fehlt *C. walkeriana* der bei *C. nobilior* vorhandene große gelbe Fleck auf dem Vorderlappen der Lippe.

Untergattung Cattleya Lindley

Typus *Cattleya labiata* Lindl.
Die Pseudobulben sind schmal spindelförmig, meist etwas abgeflacht und tragen terminal ein Blatt. Ihre großen Blüten entwickeln eine elliptisch-eirunde Lippe mit einem welligen bis gekräuselten Rand. Sie ist ungeteilt, höchstens an der Spitze kurz eingeschnitten. Es ist die artenreichste Untergattung, zu ihr gehören drei Sektionen mit insgesamt 18 Arten.

Sektion Cattleya Lindley

Typus *Cattleya labiata* Lindl.
Morphologisch ähneln sich viele Arten in zahlreichen Merkmalen. Es gibt Wissenschaftler, die der Typusart *C. labiata* alle anderen Sippen als Varietäten zuordnen. Gärtner und Amateure halten den Artstatus aufrecht. Sie unterscheiden oft nach geographischer Herkunft, Blütezeit, Haltung der Blüten, Duft, Blütenfarbe, Habitus u. a. – Diese Sektion ist die umfangreichste der Gattung *Cattleya* mit 15 Arten, ihre Blüten sind rosa, karminrot bis purpurviolett: *Cattleya eldorado* Lind. ex Van Houtte 1869, *Cattleya gaskelliana* Sander ex Rchb. f. 1883, *Cattleya jenmanii* Rolfe 1906, *Cattleya labiata* Lindl. 1821, *Cattleya lawrenceana* Rchb. f. 1885, *Cattleya lueddemanniana* Rchb. f. 1854, *Cattleya mendelii* Backh. 1872, *Cattleya mossiae* Hook. 1838, *Cattleya percivaliana* (Rchb. f.) O'Brien 1883, *Cattleya quadricolor* Lindl. ex Batem. 1864, *Cattleya schroederae* (Rchb. f.) Sander 1888, *Cattleya silvana* Pabst 1976, *Cattleya trianae* Lind. ex Lind. et Rchb. f. 1860, *Cattleya warneri* T. Moore 1862, *Cattleya warszewiczii* Rchb. f. 1854.

Cattleya eldorado Lind. ex Van Houtte

Flore des Serres et des Jardins de l'Europe 18: 13, t. 1826, 1869
Synonyme:
C. virginialis Lind. et André, L'Illustration Horticole 23: 161, t. 257, 1876
C. trichopiliochila Barb. Rodr., Genera et species orchidearum novarum 1: 70, 1877
C. wallisii Lind. et Rchb. f., The Gardeners' Chronicle n.s. 17: 557, 1882
C. crocata Rchb. f., The Gardeners' Chronicle n.s. 22: 520, 1884
C. macmorlandii Nichols., The Illustrated Dictionary of Gardening 1: 282, 1885
C. labiata var. *eldorado* (Lind. ex Van Houtte) Veitch, A Manual of Orchidaceous Plants 1, Epidendreae, 1887
C. quadricolor var. *eldorado* (Lind. ex Van Houtte) E. Morr. et André DeVos, Index bibliographique de l'hortus belgicus 183, 1887

Die Art wurde benannt nach El Dorado, dem sagenhaften Goldland im nördlichen Südamerika, – oder nach dem gelborangefarbigen Lippenschlund.

Mittelgroße Pflanze mit prächtigen, angenehm duftenden Blüten in brillanter Farbzusammensetzung von Weiß, hell Karminrot und Goldgelb. **Pseudobulben** fast zylindrisch, etwa 15 bis 20 cm lang, einblättrig. **Blätter** länglich, steif aufrecht, bis 20 cm lang, 5 cm breit, ledrig, vorn rundlich. **Scheide** einfach, zur Blütezeit grün. **Infloreszenz** kurz, meist ein- bis drei-, auch bis sechsblütig. **Blüten** bis 15 cm im Durchmesser, weißlich rosa bis hell karminrot. Sepalen länglich-lanzettlich, etwa 7 cm lang, 2,6 cm breit, vorn spitz und knorpelig, grün, laterale Sepalen zur Spitze zu verstärkt rinnig (konkav). Petalen elliptisch-eiförmig, am Mittelnerv fleischig, etwa 6,5 cm lang und 4,5 cm breit, vorn rundlich, Ränder leicht gewellt. Lippe ausgebreitet schwach dreilappig, eiförmig, den größten Teil der Säule röhrenartig umfassend, etwa 7 cm lang, 5 cm breit, Schlund vorn halbrund orangegelb, auf der Lippe vorn häufig, aber nicht immer, ein unterschiedlich großer hell karminroter Fleck, Rand vorn fransig gezähnt und gewellt, meist weiß. Säule 3 cm lang, weiß, an der Spitze schwach braun beschuppt.

Variation: Die Art hat vorwiegend zartrosa gefärbte Blüten, doch kommen auch dunklere Varianten und solche mit weißlichen Blütenblättern (var. *alba*) vor, die meist als Varietäten beschrieben wurden, oft aber nur Farbvarianten darstellen; var. *crocata* (Rchb. f.) Sander, Reichenbachia 1890, etwas größere Blüten, weißliche Blütenblätter und orangegelber Schlund; var. *ornata* Rchb. f., The Gardeners' Chronicle n.s. 20: 526, 1883, Tepalen rosa, Schlund orange, Lippe dunkelrot gefleckt; var. *splendens* Linden, L'Illustration Horticole 17: 36–37, t. 7, 1870, Blütenblätter rosa, Schlund orange, Lippe purpur.

Heimat: *C. eldorado* besiedelt die nordbrasilianischen Tieflandwälder des Amazonasbeckens um Manaus mit abwechselnd heiß-feuchten und warm-trockenen Perioden (August und September), vorwiegend am Rio Negro und dessen unteren Zuflüssen bis zum Zusammenfluss mit dem Amazonas. Die Pflanzen wachsen in der Regel epiphytisch, oft auf dem „Macucu"-Baum (*Aldina heterophylla*), häufig in der Nähe von Gewässern, meist auf „Campinas", Wiesen mit mageren, sandigen Böden und kleinen verkrüppelten Bäumen.

Kultur: Für ein gutes Wachstum dieser Art sind hohe Luftfeuchtigkeit, reichliche Wassergaben bei viel Licht und Wärme erforderlich. Trotzdem ist entsprechend der klimatischen Bedingungen am heimatlichen Standort ein ausgeprägter Wechsel zwischen Trockenheit und Feuchtigkeit empfehlenswert. Im Winter während der Ruheperiode verlangt *C. eldorado* einen warmen trockenen Platz, die Temperaturen sollten um 18 °C liegen, nachts möglichst nicht unter 15 °C. Der Pflanzstoff ist in dieser Zeit relativ trocken zu halten. Direkt nach Triebabschluss im Spätsommer bis Herbst erscheinen die Blüten und bald darauf die ersten Wurzeln. Die beste Zeit zum Verpflanzen ist nach der Ruheperiode bei Triebbeginn im März/April. An ihren heimatlichen Standorten blüht die Pflanze zwischen Dezember und Februar.

Züchtung: Zur Züchtung wurde die Art relativ wenig herangezogen, da man die nahe verwandte *C. labiata* mit größeren und intensiver gefärbten Blüten als bedeutungsvoller erachtete. *C. eldorado* vererbt meist ihren aufrechten aber etwas langsamen Wuchs, während das hohe Wärme- und Lichtbedürfnis vom Kreuzungspartner gemindert wird. Weitgehend dominant vererbt werden die gute Blütensubstanz, eine etwas gespreizte Blütenform mit ziemlich schmalen Sepalen und eine lange, tütenförmige Lippe. Die Blütenfarbe, besonders der Lippe, ist mehr rezessiv.

Primärhybriden: *Cattleya eldorado* ×
C. dowiana = *C.* Lady Ingram; Ingram, 1895
C. warszewiczii = *C.* Marriottiae; Marriott, 1896
C. violacea (als *C. superba*) = *C.* Brymeriana; Low, 1896
C. labiata = *C.* Maroniae; Maron, 1899
C. bowringiana = *C.* Rothwelliae; Rothwell, 1901
C. bicolor = *C.* Iridescens; Hassall, 1909
C. maxima = *C.* Franz Joßt; Hefka, vor 1914 (n.r.)
C. loddigesii = *C.* Loddorado; Lucas, 1916
C. gaskelliana = *C.* La Nymphe; Marriot, vor 1946
C. harrisoniana = *C.* Hermione; Chamberlain, vor 1946
C. forbesii = *C.* Forbes Silver; David Sander's Orch., 1961

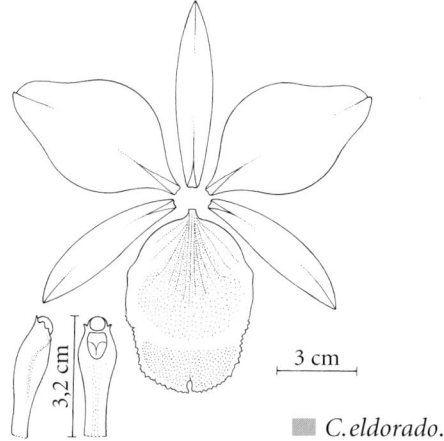

■ *C. eldorado*.

Wissenswertes: Die Art wurde 1866 in Brasilien am Rio Negro von dem bekannten Pflanzensammler Gustav Wallis aus Detmold entdeckt (oder wieder entdeckt, nachdem Lindley bereits 1853 eine Pflanze dieser Art erhalten haben soll) und zur L'Horticulture Internationale (Linden) nach Brüssel, Belgien, gesandt. Eine der ersten blühenden Pflanzen stellte Linden unter dem Namen *C. eldorado* 1867 in Paris aus. Der belgische Gärtner und Botaniker Louis van Houtte verwendete 1869 den von Linden geprägten Namen *C. eldorado* zuerst in „Flore des Serres" und bildete diese Art auf Tafel 1826 ab. – Braem lehnt diesen allgemein gebrauchten Artnamen ab, da bei dessen Veröffentlichung die Detaildarstellungen im Text bzw. auf der Abbildung nicht ausreichend seien. Er geht auf den Namen von J. Bar-

Cattleya eldorado.

bosa Rodrigues *C. trichopiliochila* zurück, unter dem dieser 1877 eine Pflanze in „Genera et species orchidearum novarum" als neue Art beschrieb. 1876 veröffentlicht A. Ducos *C. virginalis*, die ebenfalls *C. eldorado* entspricht. Er ist sich aber unsicher, ob er sie als eigene Art oder als Varietät zu *C. eldorado* ansehen soll. Hinter den Artnamen setzt er die Autoren Linden & André und gibt auch eine Beschreibung, die im Wesentlichen *C. eldorado* entspricht. Ducos bezieht sich dabei auf einen Artikel von Édouard F. André in „L'Illustration Horticole" 17: 36, 1870. Hier wird eine *Cattleya eldorado splendens* Linden, eine *C. eldorado* mit prächtigen Blüten vorgestellt. Sie entspricht in ihren Merkmalen der *C. eldorado*, wird aber als „glanzvolle" Varietät mit etwas größeren, dunkler gefärbten Blütenblättern dargestellt.

Die Art blieb nach ihrer ersten Einführung selten, bis der Pflanzensammler und Gärtner Pedro Maria Binot 1876 erneut Pflanzen nach Europa brachte. Die von Reichenbach fil. als eigene Art beschriebene und später auch von Sander als Varietät von *C. eldorado* eingestufte *C. crocata* wurde wie die Art von G. Wallis entdeckt. Eingeführt durch Sander 1881 gelangte sie bald zu R. P. Percival auf Cleveland, Southport, und zu E. G. Wrigley auf Howick-House bei Preston in England. – *C. eldorado* wurde später noch als Varietät von *C. labiata* und sogar von *C. quadricolor* eingestuft.

Dialog: *C. eldorado* gehört zum *C.-labiata*-Komplex und ähnelt einigen der Arten aus diesem Kreis wie *C. trianae*, *C. quadricolor*, *C. labiata* u. a. Die Blüten sind aber kleiner und heller gefärbt, die Blütenröhre ist schmaler, und die Blätter stehen steif aufrecht auf fast zylindrischen Pseudobulben.

C. eldorado wird hier als gültige Art anerkannt, obwohl die Auffassung von Braem, dass van Houtte sie nicht gültig beschrieb, einer Diskussion bedarf. Zunächst steht fest, dass Linden 1867 das Epithet eldorado geprägt hat. Deshalb sollte dessen Name auch mit dieser Pflanze verbunden bleiben. Van Houttes Beschreibung der *C. eldorado* ist sicher aus heutiger Sicht keine befriedigende Darstellung einer neuen Art. Er schreibt nur, dass die bei Linden kultivierte *Cattleya* durch eine mehr oder weniger deutliche unterschiedliche Lippenfärbung charakterisiert wird. Dazu gibt es jedoch eine Farbtafel Nr. 1826 mit der Bezeichnung *Cattleya eldorado* (Lind.) und eine Notiz, dass die Pflanze aus Zentralamerika stammt (Amér. centr.) und im warmen Gewächshaus kultiviert werden sollte (Serre chaude). Auf dieser Farbtafel ist die Blüte so deutlich in den Vordergrund gestellt, dass man Einzelheiten gut erkennen kann. Um den Habitus darzustellen, ist ein Schnitt durch eine Pseudobulbe angedeutet, der deutlich deren Form dokumentiert. Die Form der Blätter ist ebenso

Cattleya eldorado var. *alba*.

klar zu erkennen und auch die Darstellung einer Blüte von der Seite zeigt deutlich deren Form. Zu bemängeln wäre, dass Säule, Anthere und Pollinien nicht gezeichnet sind.

Nach unserer Meinung sagt die Zeichnung doch einiges über diese Pflanze aus. Für Wissenschaftler wie Reichenbach fil., der von frühester Jugend an mit botanischen Arbeiten vertraut war, musste eine wissenschaftliche Darstellung sowie eine lateinische Diagnose (Vorschrift erst seit 1935) selbstverständlich sein. Ob van Houtte seine Publikation als Neubeschreibung deklariert haben wollte oder nicht, sei dahingestellt. Auf jeden Fall gibt er als Erster eine klare und deutliche Darstellung dieser schönen *Cattleya*-Art.

C. virginalis Linden et André, 1876 von Ducos in „L'Illustration Horticole" beschrieben, sehen wir weder als eigene Art noch als Varietät zu *C. eldorado* an, sondern als Synonym zu dieser. Bei *C. virginalis* sind nur die Blütenblätter einschließlich Lippe etwas heller, und heller ist auch der gelborangefarbige Schlundfleck. Diese Unterschiede rechtfertigen weder eine eigene Art noch eine Varietät.

1865 wird in „La Belgique horticole" 15: 102 (Hrsg. E. Morren) eine *Laelia wallisii* Linden vom Rio Negro, entdeckt von Wallis, mit weißlich bis rosa gefärbten Blütenblättern und einem gelben Fleck auf der Lippe, beschrieben. Hier könnte es sich ebenfalls um ein Synonym zu *C. eldorado* (in diesem Fall Basionym) wie die 1882 von Linden ex Reichenbach in „The Gardeners' Chronicle" n.s. 17: 557 beschriebene *Cattleya wallisii* handeln.

Cattleya gaskelliana Sander ex Rchb. f.
The Gardeners' Chronicle n.s. 19: 243, 1883
Basionym:
C. labiata var. *gaskelliana* Anon., The Gardeners' Chronicle n.s. 19: 310, 1883

Die Art wurde Holbrook Gaskell zu Ehren benannt, der gegen Ende des 19. Jahrhunderts in Woolton, in der Nähe von Liverpool in England lebte, und dort eine umfangreiche Orchideensammlung unterhielt.

Cattleya gaskelliana var. *alba* 'Eisenheim'.

Mittelgroße Pflanze, mit großen prächtigen, hell amethystrosa gefärbten Blüten. **Pseudobulben** etwa 20 cm lang, etwas keulenförmig, schmal spindelförmig, leicht abgeflacht, einblättrig. **Blätter** schmal elliptisch, etwa 24 × 7 cm, hellgrün. **Scheide** einfach, zur Blütezeit grün, länglich-elliptisch. **Infloreszenz** etwa 10 cm lang, meist zwei- bis fünfblütig. **Blüten** etwa 16 cm Durchmesser, weißlich bis blass amethystrosa, schwach duftend. Sepalen länglich-elliptisch, Petalen stark gekrümmt, verkehrt eiförmig, vorn stumpf, Rand gewellt. Lippe gering dreilappig, mit den Seitenrändern die Säule tütenförmig umfassend, Vorderlappen karminrot, auf jeder Seite mit einem weißen Fleck, davor karminrot, vorn ausgenagt, am Rand weiß bis helllila gefärbt und stark gewellt, Schlund hellorange bis sepiagelb. Säule gerade, 3,2 cm lang, weißlich bis hellrot, oben rosa.

Variation: Die Art variiert etwas in der Wuchshöhe, besonders aber in der Blütenfarbe. Einige Farbvarianten wurden als Varietäten beschrieben oder sind im Handel, von denen es jeweils noch besonders schöne Kultivare gibt: var. *alba* Warner et Williams, The Orchid Album 8, t. 353, 1889, alle Blütenteile reinweiß, nur im Schlund der Lippe etwas gelb; var. *albens* Rchb. f., Gartenflora 37: 297–299, 1888, alle Blütenteile einheitlich blassrosa, nur im Schlund der Lippe gelb; var. *concolor* Aulisi, Monography of the Venezuelan Cattleyas and its varieties, 1989, alle Blütenteile blass rosalila, Lippe im Schlund gelb, Vorderlappen weiß, Rand weißlich rosa; var. *semialba* Aulisi, Monography of the Venezuelan Cattleyas and its varieties, 1989, Sepalen und Petalen weiß, Vorderlappen der Lippe dunkel karminrot, Schlund gelb. Auch bei ihren Varietäten ist die blasse Blütenfarbe ein typisches Merkmal von *C. gaskelliana*.

Heimat: Diese Art ist in Venezuela, in den Staaten Anzoátegui, Monagas und Sucre, beheimatet. Dort wächst sie, vorwiegend epiphytisch auf Bäumen, gelegentlich auch auf Schattenbäumen in Kaffeeplantagen, in Höhenlagen zwischen 800 und 1500 m. Die Pflanzen besiedeln meist ziemlich feuchte Gebiete mit hohen Niederschlagsmengen, oft in der Nähe von Gewässern. Besonders im Norden von Anzoátegui leben sie auch in etwas trockeneren Gebieten vorwiegend auf Felsen, zeitweise sogar in voller Sonne.

Kultur: Nach einer kühlen, recht trockenen Ruheperiode im Winter bei Temperaturen zwischen 12 und 14 °C beginnt der Neutrieb oft schon im Februar zu wachsen. Bei reichlichen Wassergaben, hoher Luftfeuchtigkeit, genügend Frischluftzufuhr und Wärme sowie an einem hellen Standort, geschützt vor zu starker Sonnenbestrahlung in den Mittagsstunden, erfolgt ein rasches Wachstum. Die Pflanze entwickelt meist bereits an den zu zwei Dritteln ausgewachsenen Pseudobulben ihre Knospen aus einer einfachen, noch grünen Blütenscheide zwischen Mai und Juli. Zu dieser Jahreszeit herrschen noch beste Wachstumsbedingungen und so beginnen häufig die Wurzeln zu treiben. Dann ist die beste Zeit zum Verpflanzen. Gelegentlich entwickelt sich auch ein zweiter Jahrestrieb und dieser kann bei kräftigen, gut ernährten Pflanzen im Herbst oder Winter blühen. – In ihren Heimatgebieten fällt die Blütezeit ebenfalls in die Frühsommer- bis Sommermonate, gelegentlich blüht *C. gaskelliana* dort ebenfalls zweimal im Jahr.

Züchtung: Bald nach der Einführung der Art begann die Züchtung. Sie erlangte bei den Primärkreuzungen um 1900 ihren Höhepunkt. *C. gaskelliana* vererbt Wüchsigkeit, Reichblütigkeit und große Blüten mit auffällig langer und breiter Lippe. Die Farbe wird weitgehend vom Kreuzungspartner verstärkt und beeinflusst.

Primärhybriden: *Cattleya gaskelliana* ×
C. dowiana = *C.* Lord Rothschild; Sander, 1893
C. warszewiczii = *C.* Harold; Cookson, 1893
C. harrisoniana = *C.* Miss Williams; Temple, 1894
C. bowringiana = *C.* Ariel; Veitch, 1898
C. violacea (als *C. superba*) = *C.* Mollis; Wigan, 1899
C. loddigesii = *C.* Mrs. Herbert Greaves; Leemann, 1899
C. maxima = *C.* Milleri; Sir Jas. Miller, 1900
C. schilleriana = *C.* Goossensiana; Peeters, 1900
C. forbesii = *C.* Winniana; Chamberlain, 1902
C. lueddemanniana = *C.* Cybele; Veitch, 1902
C. amethystoglossa = *C.* Adolphine; Peeters, 1903
C. leopoldii = *C.* Doris; R. H. Measures, 1903
C. rex = *C.* The Pearl; Sander, 1903
C. intermedia = *C.* Lady Crossley; Sander, 1904
C. velutina = *C.* Casca; Veitch, 1904
C. warneri = *C.* Mrs. Myra Peeters; Peeters, 1904
C. aclandiae = *C.* Madouxiae; Mme. Madoux, 1905
C. granulosa = *C.* Caduceus; Charlesworth, 1905
C. mossiae = *C.* Suzanne Hye; J. Hye, 1906
C. bicolor = *C.* Conspicua; Sander, 1908
C. mendelii = *C.* Blackii; Thwaites, 1910
C. labiata = *C.* Alcimeda; Charlesworth, 1911
C. percivaliana = *C.* Zora; Hassall, 1922
C. trianae = *C.* Bobbie Howarth; Duke Farms, 1937
C. eldorado = *C.* La Nymphe; Marriott, vor 1946
C. aurantiaca = *C.* Gwen Turner; George Black, 1968
C. walkeriana = *C.* Yukiko Furuyama; K. Yukiko, 2000

Wissenswertes: Die ersten Pflanzen der Art schickte der Pflanzensammler Seidl aus Venezuela zu Sander & Sons in St. Albans bei London. Dort blühten sie 1883. Sander führte die neue Art in seinem Katalog als *C. gaskelliana* auf. Mit diesem Namen wollte er Holbrook Gaskell ehren, der zu Woolton bei Liverpool eine der reichhaltigsten Orchideensammlungen seiner Zeit besaß. Reichenbach fil. erkannte den Namen an und nannte Sander in „The Gardeners' Chronicle" 19: **243**, 1883, quasi als Autor. Er schrieb sinngemäß übersetzt: „So zu Cattleya Gaskelliana, hort. Sander, habe ich eine Blüte gesehen, die in der Farbe von allen anderen, die ich bisher gesehen habe, deutlich verschieden ist."

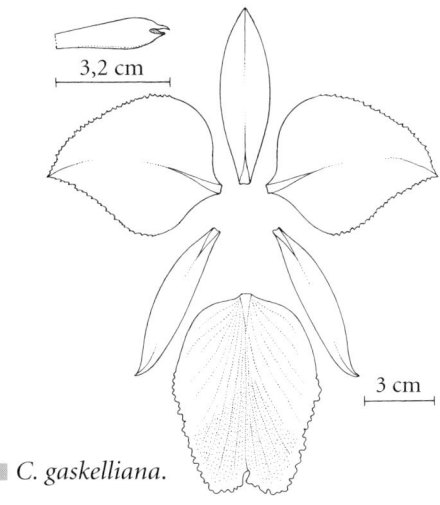

■ *C. gaskelliana.*

Die meisten Botaniker oder Autoren späterer Veröffentlichungen zu *C. gaskelliana* gehen davon aus, dass Sander die Pflanze nicht gültig beschrieben hat, und so gilt Reichenbach fil. als Autor, man schreibt: Sander ex Rchb. f. Aber auch Reichenbachs Veröffentlichung ist eigentlich weniger eine Beschreibung, sondern eher eine Bemerkung, dass er die Existenz der Art bestätigt. Braem erkennt in „Die Unifoliaten Cattleyen Brasiliens" 1986 nur Sander als Autor an, da er schreibt „… Sander beschrieb die Art zu Ehren von Holbrook Gaskell, wohl einer seiner besseren Kunden." Er zitiert dazu jedoch die Notiz in „The Gardeners' Chronicle" n.s. 19: **310**, 1883, mit der Überschrift Cattleya labiata Gaskelliana hort. Sander. Dort wird aber nur *C. gaskelliana* als Varietät zu *C. labiata* genannt. In „Schlechteriana" 4(3): 102, 1993, bezeichnet Braem den Autor Sander für *C. gaskelliana* als „einfach falsch". Er kommentiert wieder das Zitat, in dem *C. gaskelliana* als Varietät zu *C. labiata* gestellt wird und das er bereits in seinem Buch fälschlich als Zitat der Erstbeschreibung nannte. Da nach seiner Meinung offensichtlich keine gültige Beschreibung von *C. gaskelliana* zwischen 1883 und 1993 vorliegt, beschreibt er in „Schlechteriana" 4(3): 102, 1993, die Art als „spec. nov.", als neue Art *Cattleya gaskelliana* Braem.

Dialog: *C. gaskelliana* gehört in die engere Verwandtschaft von *C. labiata* und wird oft nur als sehr blasse Varietät von dieser angesehen. Die Arten aus diesem Formenkreis ähneln sich alle, es gibt jedoch auch einige Unterschiede, kaum für den Botaniker, aber um so mehr für den Gärtner. Diese beziehen sich meist auf die Blütenfarbe und auf die Blütezeit. *C. gaskelliana* und *C. labiata* unterscheiden sich jedoch schon durch ihre einfache bzw. doppelte Blütenscheide. Sehr ähnlich zu *C. gaskelliana* ist auch *C. jenmanii*. Wenn man beide nebeneinander sieht, unterscheiden sich die kleineren, dunkler gefärbten Blüten von *C. jenmanii* gut von den größeren, immer sehr blass wirkenden von *C. gaskelliana*. Auch hat Letztere nicht den etwas säuerlichen Duft von *C. jenmanii*. Im Wuchs ähnelt sie eher *C. mossiae*. Dies ist das Stichwort für *C. pallida* Lindl., die aufgrund ihrer Erstbeschreibung in „Paxton's Flower Garden" II: 51, t. 48, 1851, identisch mit *C. gaskelliana* sein könnte. Dann hätte sie jedoch die Priorität und *C. gaskelliana* wäre nur ein Synonym von *C. pallida*. Diese Pflanze soll nach Meinung ihres Entdeckers Karl Theodor Hartweg, der sie in Westmexiko gefunden haben soll (zweifelhaft), der damals bereits bekannten *C. mossiae* ähneln (*C. gaskelliana* war zu dieser Zeit noch unbekannt).

Zur Erstbeschreibung von *Cattleya gaskelliana* Sander ex Rchb. f. in „The Gardeners' Chronicle" n.s. 19: **243**, 1883, ist Folgendes zu bemerken: Sicher ist die hier getroffene Aussage von

Cattleya gaskelliana.

Cattleya gaskelliana var. *albens* 'Albescens'.

Reichenbach fil. nicht als gültige Beschreibung zu bewerten. Er erkennt jedoch die Bezeichnung *Cattleya gaskelliana* und die Autorenschaft von Sander an. In der Folgezeit nach 1883 erscheinen zahlreiche Beiträge in verschiedenen Zeitschriften und Standardwerken, die sich mit der Problematik befassen. Darunter nicht wenige, die die Pflanze als Art ansehen. Genannt seien hier z.B. du Buysson in „L'Orchidophile" 4: 290, 1884, oder B. S. Williams in „The Orchid-Grower's Manual" 5: 182, 1885. In vielen Beiträgen wird sie als Varietät zu *C. labiata* dargestellt.

Anders ist dagegen eine Veröffentlichung in „Gartenflora" 37: 297–299, 1888, zu werten. Sie ist zwar unter der Überschrift „Cattleya (labiata) Gaskelliana var. albens Rchb. f." veröffentlicht, aber Reichenbach fil. beschreibt am Anfang des Artikels noch einmal die reine Art: „Unter den zahlreichen Einführungen des Herrn F. Sander ist die der Cattleya Gaskelliana eine der wichtigsten. Die Pflanze erinnert im Wuchs meist an Cattleya Mossiae, ist mässig gross und blüht unsäglich dankbar im Herbst bis Winter. Sie hat auffallend gekrümmte Petalen, welche, wie die Lippe, stark wellig sind. Die grosse Lippe hat einen prachtvollen tief purpurnen Fleck vor ihrer Spitze. Von da bis zum Grunde ist sie gelb. Die Randgegend ist lila, meistens sehr hell. Die mächtige Säule ist hellpurpurn. So blühte die Stammpflanze am 11. Dezember 1882 zuerst. Im März 1983 sandte Herr Sander eine stark an Cattleya Mendelii streifende Blüte mit ganz tief- purpurner Vorderlippe, einigen aufrechten purpurnen Streifchen darüber, braunen schiefen Querstreifen auf gelbem Grunde gegen die Basis, einer grossen rosafarbigen Zone der Seitenlappen, begrenzt von einer weissen Zone gegen die gelbe Mittelfläche und einer anderen weissen Zone über dem rosafarbigen Vorderrand der Seitenlappen. Das Blühen im Herbst und Winter gehört mit zum Charakter. Sie scheint immer armblütig zu sein. … Es scheint, als käme mir die Autorschaft zu, obschon ich stets „Hort. Sander" setzte, da ich die Pflanze nie beschrieb. In Williams Orchid-Grower's Manual finde ich mich (1885) für Cattleya Gaskelliana pag. 182 bei voller Beschreibung als Autor, während für mich die Pflanze natürlich zunächst Cattleya labiata Gaskelliana ist." Aus diesen Zeilen wird ersichtlich, dass die Autorenschaft „Sander ex Reichenbach f." durchaus nicht unberechtigt ist. Reichenbach fil. holt hier eine Beschreibung der *C. gaskelliana* nach. Ob er sie weiterhin als Varietät zu *C. labiata* ansehen wird, lässt er durch das „zunächst" offen.

Leider war es uns nicht möglich nachzuvollziehen, ob Sander evtl. in einem seiner Kataloge eine Beschreibung oder eine Zeichnung veröffentlicht hat, aus der *C. gaskelliana* als neue Art zu erkennen ist. Offensichtlich hat Reichenbach fil. Sanders Veröffentlichung jedoch als Beschreibung anerkannt, sonst hätte er in „The Gardeners' Chronicle" 1883 nicht nur eine Notiz, sondern eine ausführliche Beschreibung veröffentlicht. – Auf jeden Fall hat Sander das Epithet *gaskelliana* geprägt, und deshalb sollte, wer auch immer als Autor gelten mag, geschrieben werden „Sander ex …"! Wir wollen hier Reichenbach beibehalten, wenn auch mit einem kleinen Fragezeichen.

Cattleya jenmanii Rolfe
Kew Bulletin 20(5): 85, 1906
Synonym:
C. guayana G. C. K. Dunsterville, 1969, nom. nud.

Cattleya jenmanii 'Rubra'.

Die Art wurde nach Georg Samuel Jenman (1845 bis 1902), dem Entdecker der Art, benannt. Jenman war Gärtner, wurde jedoch aufgrund seiner umfangreichen Kenntnisse Kurator des Botanischen Gartens in Castleton / Jamaika und später Leiter des Botanischen Gartens Georgetown / Guayana.

Kräftig wachsende Pflanze mit duftenden rosa Blüten von guter Substanz. **Pseudobulben** 15 bis 18 cm lang, schmal spindel-keulenförmig, gering abgeflacht, einblättrig. **Blätter** schmal elliptisch, etwa 20 cm lang und 7 cm breit, steif, Rand knorpelig. **Scheide** einfach, schmal verkehrt eiförmig, etwa 9 cm lang und 2,8 cm breit, grün, rotbraun überlaufen, zur Blütezeit noch grün. **Infloreszenz** bis 18 cm lang, meist bis fünfblütig. **Blüten** etwa 15 cm Durchmesser, hell bis dunkel karminrot, duftend. Sepalen länglich-lanzettlich. Petalen eiförmig bis schmal eiförmig, kurz genagelt, Nagel weißlich, Rand in der vorderen Hälfte fein gekerbt und gewellt. Lippe mit den Seitenrändern die Säule umfassend, ausgebreitet eiförmig, vorn eingeschnitten, Rand gekerbt und fein gewellt, Schlund gelb bis orangegelb, oft braunrot genervt, Vorderlappen und Rand wie die Tepalen gefärbt, vor dem Schlundfleck meist dunkler gezeichnet. Säule 3 cm lang, weiß, Klinandrium auf der Rückseite mit einem großen gebogenen Zahn, an beiden Seiten jeweils ein schiefer dreieckiger Zahn.

Variation: Die Art variiert in der Wuchshöhe, besonders aber in der Breite der Blütenblätter und deren Farbe. Beschriebene Varietäten, die meist jedoch nur Farbvarianten darstellen, sind z.B.: var. *alba* Aulisi, Monography of the Venezuelan Cattleyas and its varieties, 1989, alle Blütenteile reinweiß, Lippe im Schlund gelb; var. *aquini* Aulisi, Monography of the Venezuelan Cattleyas and its varieties, 1989, Blüten von besonders fester Textur, Sepalen und Petalen lilarosa, an den Spitzen dunkler gefärbt, Vorderlappen der Lippe dunkelrosa bis hell karminrot, Schlund blassgelb; var. *concolor* Aulisi, Monography of the Venezuelan Cattleyas and its varieties, 1989, Sepalen und Petalen rosa, Lippe heller ohne rote Adern, Schlund blassgelb; var. *delicata*, Aulisi, Monography of the Venezuelan Cattleyas and its varieties, 1989, Sepalen, Petalen und

Cattleya jenmanii.

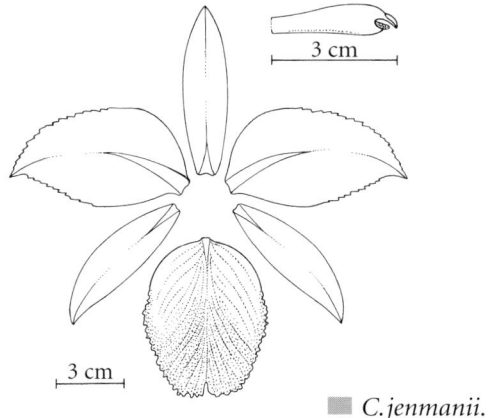

C. jenmanii.

Lippe hellrosa, Lippe auf dem Vorderlappen mit wenigen purpurnen Adern; var. *semialba* Aulisi, Monography of the Venezuelan Cattleyas and its varieties, 1989, Sepalen und Petalen weiß, Vorderlappen der Lippe lila-karminrot geadert, Rand weiß, Schlund gelb; var. *coerulea* Aulisi, Monography of the Venezuelan Cattleyas and its varieties, 1989, Sepalen und Petalen weißlich, graublau überhaucht, Lippe violettblau mit wenig Gelb im Schlund. Von allen gibt es noch Farbsorten, die als Kultivare bezeichnet und beschrieben wurden.

Heimat: *C. jenmanii* kommt in Höhenlagen von etwa 400 bis 1200 m in Guayana sowie im Süden des Staates Bolivar in Venezuela, nahe der brasilianischen Grenze, vor. Die Pflanzen wachsen epiphytisch in dichten und feuchten Wäldern, die von sandigen Savannen durchsetzt bzw. begrenzt werden. Die Temperaturen in diesen Gebieten liegen bei Werten um 15 bis 23 °C. Am Waramasén Tepui (Tafelberg) wurde *C. jenmanii* auch an steinigen Felsabhängen in voller Sonne gefunden. Ihr Wuchs ist hier wesentlich kompakter und gedrungener als bei den Pflanzen der feuchten Wälder, und es werden weniger Blüten ausgebildet. Außerdem entwickeln die im Norden des Verbreitungsgebietes vorkommenden Pflanzen größere, mehr geschlossene Blüten von hellpurpurner Farbe, die weiter im Süden verbreiteten besitzen kleinere, intensiver gefärbte Blüten.

Kultur: Die Pflanze blüht nach raschem Wachstum während des Sommers, meist zwischen Juli und Anfang September, und kann nach nur mäßiger Ruheperiode erneut austreiben und nochmals im Frühjahr Blüten hervorbringen. Dadurch erzielt man rasch große Pflanzen. Bei schwachen Exemplaren jedoch kann dies zur Entkräftung führen. Oft ist deshalb eine winterliche Ruheperiode bei geringen Wassergaben und Temperaturen um 12 °C günstiger. *C. jenmanii* ist zwar relativ leicht zu kultivieren, reagiert jedoch auf zu viel Nässe an den Wurzeln rasch mit Fäulnis. Man sollte deshalb erst wieder Wasser geben, wenn das Substrat fast trocken ist. – In den Heimatgebieten der *C. jenmanii* erreichen die Temperaturen am Tag häufig 28 °C und mehr, nachts kühlt es nur leicht ab. Die Pflanzen brauchen deshalb auch in Kultur keine so ausgeprägte nächtliche Temperaturabsenkung wie z. B. *C. percivaliana* oder *C. mossiae*. In Venezuela liegt die Hauptblütezeit in der Regel zwischen Juli und September.

Züchtung: *C. jenmanii* ist selten für Kreuzungen verwendet worden. Der Grund dafür mag ihre relativ späte Erstbeschreibung im Jahr 1906 sein. Dann galt sie lange als verschollen und wurde erst 1969 wieder entdeckt. Wahrscheinlich wurde sie auch als *C. labiata* kultiviert. – Neben einem guten Wachstum werden die Blütengröße, und besonders die Farbe der Blüte und Lippe vererbt.

Primärhybride: *Cattleya jenmanii* × *C. percivaliana* = *C.* David Sander; Sander, 1954

Wissenswertes: *C. jenmanii* wurde um 1906 von G. S. Jenman am Fluss Mazarani in Guayana (damals Britisch-Guiana) entdeckt. Offensichtlich kamen die Pflanzen zu Sander, der sie aber nur einmal erfolgreich zur Kreuzung verwendete. Danach gingen sie wohl langsam zugrunde. Rolfe beschrieb *C. jenmanii* 1906 zu Ehren ihres Entdeckers.

Erst 1969 wurden Pflanzen dieser Art von Dr. Juan Baumgartner in Venezuela im Süden des

Staates Bolivar und Federal Amazonas Territory wieder gefunden. Er gab einige Pflanzen an Victor Obregon in Santa Teresa del Tuy. Von diesem erhielt sie Victor Brito, bei dem sie auch zuerst blühten. Von Brito wiederum und Pablo Anduze erhielt G. C. K. Dunsterville blühende Pflanzen zur Bestimmung. Gemeinsam mit Brito und Carlo Aulisi A. bestimmte er sie als *C. jenmanii*. Dies bestätigte 1970 auch Leslie Garay vom Orchid Herbarium of Oakes Ames, Cambridge/USA.

Ebenfalls 1969 wurde die Art auch von H. Graf in Venezuela in der Gran Sabana gefunden. Davon bekam 1973 Mrs. M. Crocker in Miami/USA Pflanzen, die schönste wurde durch Selbstung vermehrt. H. Graf zog in Caracas Jungpflanzen auf, die 1984 erstmals blühten, aber aufspalteten, d. h. sie brachten äußerst unterschiedliche Blütenfarben hervor.

Dialog: *C. jenmanii* gehört zum *C.-labiata*-Typ und weist dementsprechend geringe Unterschiede zu den Arten dieses Formenkreises auf. Die Unterschiede beziehen sich vorwiegend auf die geographische Verbreitung, den Habitus, die Blütengröße, die Blütezeit und deren Dauer sowie auf den Duft. Die Art erinnert sehr an *C. gaskelliana*, mit ihr hat sie den Duft gemeinsam, wobei der von *C. jenmanii* etwas säuerlicher ist. Rolfe schreibt 1906 in „Kew Bulletin", dass die Blätter von *C. jenmanii* breiter als die von *C. gaskelliana* und die Blüten kleiner und etwas anders geformt sind. Diese Aussage lässt sich bestätigen, aber nur wenn man beide Arten nebeneinander sieht. Außerdem verwischen sich die Merkmale durch die hohe Variabilität aller *C.-labiata*-Verwandten. Auch an ihren Blütezeiten sind beide kaum zu unterscheiden, da sich diese teilweise überschneiden. Das geographische Vorkommen ist unterschiedlich. Das Verbreitungsgebiet von *C. gaskelliana* liegt mehr als 600 km weiter nördlich als das von *C. jenmanii*. Ein typisches Merkmal, das *C. jenmanii* von allen anderen venezuelanischen Arten unterscheidet, ist ihre – ausgebreitet – ovale Lippenform. Bei *C. gaskelliana* ist die Lippe unregelmäßig ei-

förmig und vorn eingekerbt. Von *C. labiata*, der sie ebenfalls sehr ähnlich ist, unterscheidet sich die Art durch ihre einfache Blütenscheide. Bekannt ist, dass *C. jenmanii* zu den kräftig wachsenden Cattleyen gehört. Oft bilden sich gleichzeitig zwei Triebe an einer Pseudobulbe verbunden mit einer starken Wurzelbildung.

Cattleya labiata Lindl.
Collectanea Botanica t. 33, 1821(?)
Synonyme:
C. lemoniana Lindl., Edwards's Botanical Register 32, t. 35, 1846
Epi. labiatum (Lindl.) Rchb. f., Walpers' Annales Botanices Systematicae 6, 2: 313, 1861
C. labiata var. *vera* Veitch, A Manual of Orchidaceous Plants 1, Epidendreae, 1887
C. labiata var. *autumnalis* L. Lind., Lindenia 3: 35, t. 112, 1887
C. warocqueana L. Lind. ex Kerch., Journal des Orchidées 1: 219, 1890
C. labiata var. *warocqueana* (L. Lind. ex Kerch.) Rolfe, The Gardeners' Chronicle 3.s. 7: 735, 1890

Lindley gab dieser Art den Namen wegen ihrer schön geformten und gefärbten Lippe (lat. *labium* = die Lippe).

Mittelgroße bis großwüchsige Pflanze mit zarten, großen, exzellenten Blüten, die in Form und Farbe sehr variabel sein können. **Pseudo-**

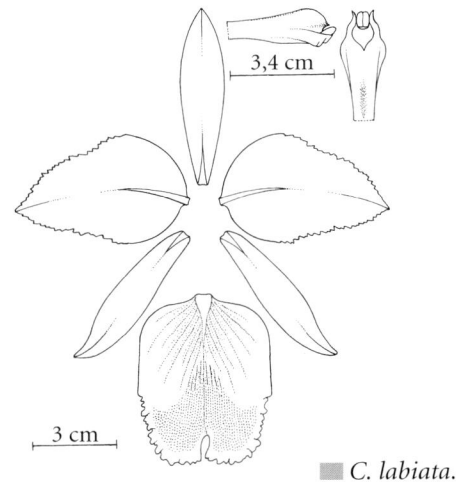

■ *C. labiata*.

bulben schwach spindelförmig, etwas abgeflacht, bis 30 cm lang, einblättrig. **Blätter** länglich, bis 25 cm lang und etwa 6 cm breit, vorn stumpf. **Scheide** doppelt. **Infloreszenz** meist zwei- bis fünfblütig. **Blüten** bis 15 cm Durchmesser, hellrosa bis hell karminrot. Dorsales Sepalum länglich, zurückgebogen, laterale Sepalen länglich-lanzettlich. Petalen eiförmig, stumpf, am Rand gewellt. Lippe groß, tütenförmig die Säule umfassend, vorn eingeschnitten, Schlund gelb bis orange, dunkel, meistens bräunlich geadert, Lippe vorn karminrot, Rand gezähnelt und gewellt, rosa. Säule weiß, keulenförmig, Ränder häutig.

Variation: Die Art variiert besonders in der Blütenfarbe, von Reinweiß bis Karminrot und bläulich, meist mit kräftig dunkler Lippe. Zahlreiche Farbvarianten wurden schon bald nach ihrer Entdeckung mit Namen belegt, viele werden auch heute mit Namen gehandelt und auf Ausstellungen präsentiert. Von *C. labiata* gibt es unzählige beschriebene Varietäten (eigentlich Farbvarianten), die sich oft kaum voneinander unterscheiden lassen, hier eine Auswahl: var. *alba* Linden et Rodigas, Lindenia 8, t. 370, 1892, Sepalen und Petalen reinweiß, Lippe weiß, im Schlund zartgelb; var. *candida* Lindl., Paxton's Flower Garden t. 24, 1850, Sepalen und Petalen reinweiß, Lippe karmesinrot; var. *foleyana* H. Williams, The Orchid-Grower's Manual 7: 170, 1894, Sepalen und Petalen weiß, Lippe rosenrot gefleckt; var. *picta* Lindl., Paxton's Flower Garden t. 24, 1850, Petalen ungewöhnlich breit, Sepalen und Petalen lilarosa, karmesinrot gefleckt, Lippe dicht karmesinrot gefleckt, Rand weiß; var. *peetersii* Rolfe, The Orchid Review II: 78, 1894, alle Blütenblätter dunkelpurpur, Lippe heller, dunkelpurpur geadert, Schlund zartgelb, gleichmäßig und dicht dunkelpurpur geadert; var. *purpurea* H. Williams, The Orchid-Grower's Manual 7: 170, 1894, Sepalen und Petalen intensiv dunkelrot, Lippe ebenso mit noch dunklerem Zentrum, Schlund tiefgelb.

Heimat: *C. labiata* besitzt ein relativ großes Verbreitungsgebiet in den nordostbrasilianischen Küstenländern Alagoas, Pernambuco, Paraíba und Ceará. Sie wächst meist epiphytisch auf Bäumen, aber auch lithophytisch auf mit Moos bewachsenen Felsen, oft in der Nähe von Gewässern.

Kultur: Die Pflanze liebt einen hellen, vor direkter Sonne geschützten Standort mit hoher Luftfeuchte, ausreichender nächtlicher Temperaturabsenkung, reichlich Wasser während des Wachstums und viel frischer Luft. Nach Triebabschluss ruht sie etwa vier bis acht Wochen und blüht dann zwischen September und November.

Cattleya labiata var. *semialba* 'Cooksoniae'.

Brassocattleya Menda (1913) (*Brassocattleya* Digbyano-Mossiae × *C. labiata*).

Cattleya labiata.

Nach der Blüte im Herbst setzt die Ruhezeit ein. Um einen guten Blütenflor zu erreichen, sollte diese streng eingehalten werden. Der Pflanzstoff darf nur mäßig feucht und kann gelegentlich fast trocken sein, die Temperaturen sollten um 12 bis 14 °C liegen. Verpflanzt wird entweder im Februar/März vor Triebbeginn oder im Juli/August bevor die neue Pseudobulbe ganz ausgewachsen ist. Letzteres sollte aber die Ausnahme sein.

Züchtung: *C. labiata* ist unzählige Male für Kreuzungen verwendet worden. Sie vererbt ihren raschen kräftigen Wuchs, ebenso die Blütenform, besonders aber ihre große breite Lippe mit relativ geringer Substanz und eine kräftige Lippenfarbe. Der Kreuzungspartner beeinflusst den Habitus, etwas die Anzahl der Blüten sowie deren Größe und Farbe.

Primärhybriden: *Cattleya labiata* ×
C. loddigesii = *C.* Mastersoniae; Veitch, 1878
C. mossiae = *C.* Oenone; Veitch, 1893
C. dowiana = *C.* Fabia; Veitch, 1894
C. aclandiae = *C.* Eurydice; Veitch, 1895
C. bowringiana = *C.* Portia; Veitch, 1897
C. lawrenceana = *C.* Mars; Sander, 1897
C. eldorado = *C.* Maroniae; Maron, 1899
C. bicolor = *C.* Clarkiae; Clark, 1900
C. elongata = *C.* Rembrandt; Maron, 1901

C. harrisoniana = C. Bertii; Bert, 1904
C. warszewiczii = C. Amabilis; Sander, 1904
C. schilleriana = C. Neptune; Sander, 1904
C. velutina = C. Lesueurii; Lesueur, 1906
C. dormaniana = C. Lambeauii; Lambeau, 1906
C. intermedia = C. Angela; Cookson, 1908
C. trianae = C. Veriflora; Sander, 1908
C. amethystoglossa = C. Capra; Charlesworth, 1910
C. gaskelliana = C. Alcimeda; Charlesworth, 1911
C. schroederae = C. Jucunda; Sander, 1911
C. mendelii = C. Gudrun; Karthaus, 1912
C. warneri = C. Purity; R. Ahsworth, 1913
C. lueddemanniana = C. General Pau; Sander, 1914
C. percivaliana = C. Lord Derby; Dixn, 1915
C. walkeriana = C. Hecate; St. Quintin, 1915
C. forbesii = C. Alvim; Orq. Catariense, 1965
C. skinneri = C. Blue Bonnet; C. Jones & Scully, 1976
C. luteola = C. Brazilian Gem; N. Cheung (Equilab), 1998

Wissenswertes: C. labiata wurde von Mr. William Swainson bei einer Reise durch Brasilien, offensichtlich nördlich des Orgelgebirges, entdeckt. Er sandte um 1818 Pflanzen nach London zu Lindley und Hooker, auch an Mr. William Cattley, der damals eine bedeutende Orchideensammlung in Barnet bei London besaß. Dort soll sie im November 1818 zum ersten Mal geblüht haben. Nach einem Exemplar von Cattley zeichnete Curtis C. labiata, und Lindley gab der Gattung den Namen Cattleya, um Mr. Cattley zu ehren. Die Art C. labiata beschrieb Lindley 1821 in „Collectanea Botanica" gleichzeitig mit C. loddigesii. Seit etwa 1830 – in diesem Jahr gab es den vorläufig letzten Import durch den Liverpooler Kaufmann Horsfall – galt C. labiata als verschollen; zumindest in der Form der von Swainson gefundenen Pflanzen, die noch den geheimnisvollen Zusatznamen „vera" bekamen. Erst 1882 gelangten wieder Pflanzen nach London und 1885 auch nach Russland, St. Petersburg. Von Bedeutung für die Wiederentdeckung von C. labiata war jedoch die Weltausstellung 1889 in Paris. Dort wurde man auf Pflanzen aufmerksam, die der altbekannten C. labiata „vera" entsprachen. Es kam zu erneuten Importen zur Firma L'Horticulture Internationale von Linden, die sie aber unter der Bezeichnung C. waroqueanum in den Handel brachte. Sander berichtet, dass 1889 Herr Moreau aus Paris, ein Entomologe, einen Sammler nach Zentral- und Nordbrasilien geschickt hätte, Insekten zu sammeln. Da Moreau auch Orchideenliebhaber war, soll ihm sein Sammler 50 Pflanzen geschickt haben, die Sander anlässlich eines Besuches in Paris als die lange gesuchte Art erkannt habe. Nach Schlechter „Die Orchideenflora der südamerikanischen Kordillerenstaaten, in Fedde: Repertorium specierum novarum regni vegetabilis. Beihefte, IV Peru" soll auch der Pflanzensammler Erich Bungeroth C. labiata um 1890 in Nordostbrasilien wieder entdeckt haben. – Das Fragezeichen hinter dem Zitat der Erstveröffentlichung resultiert aus der Tatsache, das das genaue Herausgabedatum der „Collectanea Botanica" nicht bekannt ist (siehe auch Kapitel „Zur Geschichte" der Gattung Cattleya).

Dialog: C. labiata ist die Typusart der Untergattung Cattleya, zu der drei Sektionen mit insgesamt 18 Arten gehören. Sie ist auch gleichzeitig die Typusart der Sektion Cattleya, die umfangreichste Sektion der Gattung Cattleya mit 15 Arten. Man spricht deshalb auch vom Formenkreis um C. labiata, dessen Arten sich alle mehr oder weniger ähneln. Die Unterschiede zwischen den einzelnen Arten sind oft so gering, dass sie von einigen Autoren nur als Varietäten eingestuft werden. In der vorliegenden Arbeit werden die Arten getrennt behandelt.

Es gibt zwar eine große Anzahl gemeinsamer Merkmale, aber doch auch einige Unterschiede. Die meisten Unterschiede beziehen sich auf die Form und Farbe der Blüten, weitere finden sich in den verschiedenen Verbreitungsgebieten und in den daraus resultierenden differenzierten Blütezeiten. Ein genetisches Merkmal ist die Ausbildung der Blütenscheide. Diese ist bei C. labiata immer doppelt, aber auch C. warneri und *C. mendelii* haben doppelte Blütenscheiden. *C. warneri* steht *C. labiata* wohl am nächsten. Man kann sie jedoch gut an der Blütezeit erkennen. *C. labiata* blüht im Herbst nach einer relativ kurzen Ruheperiode, *C. warneri* bereits im Spätsommer. Betrachtet man beide Pflanzen nebeneinander, so erkennt man *C. warneri* an den größeren Blüten und an den etwas nach unten gerichteten, mehr gebogenen, seitlichen inneren Blütenblättern, die bei *C. labiata* in der Regel fast waagerecht stehen.

Cattleya lawrenceana Rchb. f.
The Gardeners' Chronicle n.s. 23: 338, 1885
Synonyme:
C. mossiae Schomb., Reisen in British-Guiana, Band 3: 1068, 1847/48
C. pumila Schomb., Reisen in British-Guiana, Band 3: 1068, 1847/48

Reichenbach fil. benannte die Art nach Sir Trevor Lawrence, England, der in dieser Zeit Präsident der Royal Horticultural Society (RHS) war.
Mittelgroße Pflanze mit hell karminroten Blüten und langer röhrenförmiger Lippe. **Pseudobulben** etwa 25 cm lang, länglich, schlank, schwach spindel-keulenförmig, abgeflacht, einblättrig. **Blätter** länglich-lanzettlich, etwa 20 bis 25 cm lang und 4,5 cm breit, grün, meist karminrot überlaufen. **Scheide** einfach, schmal länglich, etwa 9 cm lang, hart, fast ledrig, zur Blütezeit trocken. **Infloreszenz** kurz, kräftig, mit drei bis acht, selten bis 12 Blüten. **Blüten** etwa 12 cm im Durchmesser, hell karminrot. Sepalen länglich, etwas lanzettlich, mit aufgesetztem Spitzchen, etwa 7 cm lang, 1,8 cm breit. Petalen elliptisch-eiförmig bis fast rhombisch, Rand gewellt, etwa 7 cm lang und bis 4,5 cm breit. Lippe ausgebreitet elliptisch, etwa 6 cm lang, 4,3 cm breit, vorn verbreitert, die Seitenränder die Säule lang röhrenartig umfassend, hell karminrot, dunkler geadert, Schlund weißlich bis gelb, Vorderteil der Lippe rundlich und kräftig karminrot, vorn ausgerandet, Rand gewellt. Säule gebogen, schwach keulenförmig, etwa 2 cm lang, weiß.

Variation: Die Art variiert in der Blütenfarbe und wenig in der Pflanzengröße, beschriebene Varietäten bzw. Farbvarianten: var. *alba* hort., alle Blütenteile weiß, blaßgelb im Schlund der Lippe; var. *concolor* hort., alle Blütenteile rosa, mit wenig Gelb auf der Lippe; var. *coerulea* hort., alle Blütenteile rosa, bläulich überhaucht, Lippe dunkel violettblau, Schlund cremeweiß; var. *rosea-superba* hort. ex Veitch, A Manual of Orchidaceous Plants 1, Epidendreae, 1887, alle Blütenteile hellrosa, Lippe mit weißen Adern, Schlund cremeweiß; var. *semialba* hort., Sepalen und Petalen weiß, Lippe rosa, Schlund weißlich gelb.

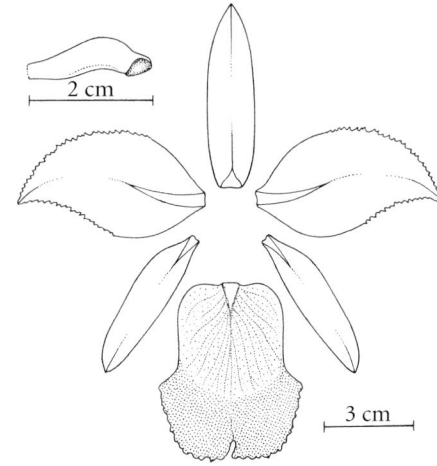

■ *C. lawrenceana.*

Heimat: *C. lawrenceana* ist in Venezuela, im Staat Bolivar und im Federal Amazonas Territory sowie in Guayana (Roraima-Tafelberg), aber auch (nach Pabst und Dungs in „Orchidaceae Brasiliensis") im nordbrasilianischen Staat Roraima verbreitet. Die Pflanzen wachsen epiphytisch, vorwiegend in der Nähe von Gewässern, in schattigen Wäldern, aber auch auf Felsen in voller Sonne und in Höhenlagen von 400 bis etwa 1800 m. Sie gedeihen noch in ziemlich kühlen Gebieten, wenn sie genügend Sonne bekommen.

Kultur: Die Pflanze wächst am besten temperiert bis warm, paßt sich aber auch einer etwas

Brassocattleya Mary (1907)
(*C. lawrenceana* × *Brassavola nodosa*).

Cattleya lawrenceana.

kühleren Pflege gut an. Auf den im Vorjahr ausgebildeten Pseudobulben entwickelt sich im Frühjahr zwischen Ende März und Anfang Juni der Blütenstand aus einer bereits eingetrockneten Scheide. Gleich nach der Blüte wächst rasch der neue Trieb heran. Die Pflanzen bevorzugen nun einen hellen, vor direkter Sonne geschützten Standort bei hoher Luftfeuchtigkeit und Frischluft bzw. Luftumwälzung. Nach dem Abblühen oder wenn die Triebe noch nicht ihre volle Größe erreicht haben, ist die beste Zeit zum Verpflanzen. Nun können die neuen Wurzeln das Substrat durchwachsen. Während der Ruhezeit im Winter soll bei geringer Substratfeuchte die Temperatur nur kurzzeitig unter 14 °C absinken.

Züchtung: *C. lawrenceana* vererbt ihre Wuchseigenschaften, ihren Blütenreichtum und die Lippenfärbung, vom Kreuzungspartner werden besonders die Form, die Farbe und die Größe der Blüten beeinflusst.

Primärhybriden: *Cattleya lawrenceana* ×
C. mendelii = *C.* William Murray; Cookson, 1893
C. trianae = *C.* Cecilia; Ingram, 1895
C. percivaliana = *C.* Sedenii; Ingram, 1896
C. lueddemanniana = *C.* Triumph; Ingram, 1896
C. warszewiczii = *C.* Jupiter; Ingram, 1896
C. mossiae = *C.* Lawre-Mossiae; White, 1896
C. labiata = *C.* Mars; Sander, 1897
C. schilleriana = *C.* Firebrand; Ingram, 1899
C. schroederae = *C.* Jussieu; Maron, 1902
C. amethystoglossa = *C.* Lawreglossa; Chamberlain, 1905
C. dowiana = *C.* Alfred Dimmock; Clem. Moore, 1911

Wissenswertes: Entdeckt wurde die Art in Britisch-Guiana (heute Guayana) am Fuß des Roraima-Tafelberges von den Brüdern Schomburgk, Sir Robert Hermann (1804 bis 1865) und Sir Richard Moritz (1811 bis 1891), aus Freyburg a. d. Unstrut. Vorausgegangen waren Reisen von Robert Hermann Schomburgk im Auftrag der Königlichen Geographischen Gesellschaft in London mit dem Ziel, Vermessungsarbeiten am Grenzverlauf zwischen Britisch-Guiana, Brasilien und Venezuela auszuführen. Als Naturforscher interessierte ihn der Roraima-Tepui (Tafelberg) so sehr, dass er gemeinsam mit seinem Bruder Richard Moritz, dem späteren Direktor des Botanischen Gartens Adeleide in Australien und Verfasser des Buches „Reisen in British-Guiana", eine neue Reise unternahm. Dabei entdeckten sie 1842 eine ungewöhnliche, schöne Orchidee. Schomburgk nahm an, dass es *C. mossiae* sei, später glaubte er,

C. pumila (heute *Laelia pumila*) vor sich zu haben. F. Sander schreibt in seiner „Reichenbachia", dass er bei der Durchsicht der Zeichnungen im Britischen Museum, die von den gefundenen Pflanzen auf der Schomburgk'schen Reise angefertigt worden waren, eine unbekannte *Cattleya* entdeckt hätte. Die angebliche *C. mossiae* wäre jedoch bisher nur in Venezuela gefunden worden. Daraufhin wurde der Pflanzensammler E. Seidl mit der Suche beauftragt und dieser fand die Pflanzen 1884 am Fuße des Roraima. Die erste Sendung nach Endland ging verloren, die nächste gelangte wohlbehalten an. Sir Trevor Lawrence, der damalige Präsident der RHS, kaufte einige Exemplare und brachte sie zur Blüte. Von ihm erhielt Reichenbach fil. Material und beschrieb die Art 1885 als *C. lawrenceana*. Nach L. Duval blühte sie in Frankreich zuerst 1885 bei M.E. Fould in Ignauval bei Le Havre. – Bei der Erfassung der Züchtungen mit *C. lawrenceana* wurde diese anfangs als eigenständige Art aufgefasst, später aber als Synonym zu *C. labiata* gestellt. Ab Mai 1984 wird *C. lawrenceana* in „Sander's List of Orchid Hybrids" wieder als Art anerkannt.

Dialog: *C. lawrenceana* gehört zum Typ von *C. labiata*, ist aber an der schmalen langen Lippe, die röhrenförmig die Säule umgibt, mit fast kreisrundem Vorderteil gut zu unterscheiden. Eine ähnliche Blütenform bzw. eine ähnlich gestaltete Lippe haben *C. bowringiana* und *C. skinneri*, doch deren Blüte ist wesentlich kleiner und die Pseudobulben sind zwei- oder dreiblättrig. – *C. lawrenceana* erinnert auch an *C. mossiae*; dafür hielt sie bereits Schomburgk in seiner Publikation „Reisen in British-Guiana". Beide Arten unterscheiden sich jedoch in wesentlichen Merkmalen. *C. lawrenceana* besitzt eine schmale lange Lippe, deren Seitenlappen die gekrümmte Säule lang röhrenförmig umfassen. Der Vorderlappen der Lippe erscheint rund und ist breiter als die Lippenbasis. Bei *C. mossiae* ist der Vorderlappen der Lippe elliptisch bis verkehrt breit-eiförmig und schmaler als die Lippenbasis, die Säule ist nicht gekrümmt.

Cattleya lueddemanniana Rchb. f.
Xenia Orchidacea 1: 29, 1854
Synonyme:
Epi. labiatum var. *lueddemannianum* (Rchb. f.) Rchb. f., Walpers' Annales Botanices Systematicae 6, 2: 315, 1861
C. dawsoniana Warner, Select Orchidaceous Plants 1, t. 16, 1862
C. speciosissima hort., The Gardeners' Chronicle p. 404, 1868
C. speciosissima var. *lowii* Anderson, The Gardeners' Chronicle p. 404, 1868
C. labiata var. *dawsoniana* (Warner) Du Buysson, L'Orchidophile 240, 1878
C. speciosissima var. *buchmanniana* hort., The Orchid Album 6, t. 261, 1882–97
C. roezlii Rchb. f., The Gardeners' Chronicle n.s. 18: 457, 1882
C. labiata var. *roezlii* Rchb. f., The Gardeners' Chronicle n.s. 18: 457, 1882
C. labiata var. *lueddemanniana* (Rchb. f.) Rchb. f., The Gardeners' Chronicle n.s. 19: 243, 1883
C. malouana Lind., Lindenia 1: 90, 99, t. 47, 1885 (Neuauflage S.151)
C. labiata var. *wilsoniana* Rchb. f., The Gardeners' Chronicle 3.s. 2: 460, 1887

Cattleya lueddemanniana 'Cäcilia'.

C. bassettii hort., A Manual of Orchidaceous Plants 1, Epidendreae, 1887
C. mossiae var. *autumnalis* hort., A Manual of Orchidaceous Plants 1, Epidendreae, 1887

Reichenbach fil. benannte die Art nach dem elsässischen Obergärtner Lüddemann, der die berühmte Orchideensammlung von Pescatore, St. Cloud, Paris, betreute.

Pflanze mit großen, prächtigen, nach Maiglöckchen duftenden Blüten. **Pseudobulben** bis 25 cm lang, etwas spindelförmig und abgeflacht, einblättrig. **Blätter** länglich-elliptisch, 15 bis 20 cm × 5,0 bis 5,5 cm. **Scheide** einfach, schmal verkehrt eiförmig, etwa 7 cm lang und 2,5 cm breit, zur Blütezeit grün. **Infloreszenz** bis 20 cm lang, meist zwei, seltener und nur bei optimaler Kultur bis vierblütig. **Blüten** bis 20 cm Durchmesser, hell karminrot. Sepalen länglich-lanzettlich, dorsale Sepale etwa bis 10 cm lang und 3 cm breit, laterale Sepalen 9 cm lang und 3 cm breit. Petalen eiförmig, etwa 9,5 cm lang und 8 cm breit, Rand vorn gewellt, der Küstentyp der Art hat etwas größere rundliche Blüten, während diese beim Lara-Typ (siehe Heimat) kleiner, schmal und länglich sowie intensiver gefärbt sind. Lippe etwa 9,5 cm lang und 5,5 cm breit, ausgebreitet fast rechteckig, an beiden Seiten des Mittelnerves mit einer flachen fleischigen Erhebung, mit den Seitenrändern die Säule tütenförmig umfassend, Schlund weißlich bis gelb mit violettroten Nerven, Lippe vorn unregelmäßig karminrot gefleckt, an den Seiten mit zwei großen, meist am Rand etwas verwaschenen gelben, selten weißlichen Flecken, die beim Lara-Typ stets intensiver als beim Küstentyp gefärbt sind, Rand karminrot. Säule 3,2 cm lang, keulenförmig, helllila oder weiß mit helllila Antherenkappe, Klinandrium auf der Rückseite mit breiter häutiger Zunge, an beiden Seiten mit dreieckigem Zahn.

Variation: Die Pflanze variiert etwas in Wuchshöhe und Reichblütigkeit, besonders aber in der Blütenfarbe. Hier eine Auswahl der zahlreichen beschriebenen Varietäten: var. *alba* hort. ex Godefroy, L'Orchidophile, 365, 1886, Blüte weiß, Schlund gelb; var. *aquini* Aulisi, Monography of the Venezuelan Cattleyas and its varieties, 1989, Spitzen der seitlichen Petalen dunkel karminrot gefärbt; var. *coerulea* hort., alle Blütenblätter blassbläulich, Lippe violett; var. *concolor* Aulisi, Monography of the Venezuelan Cattleyas and its varieties, 1989, Blüte gleichmäßig hell karminrot, Mittelteil der Lippe gelb, im Schlund hell karminrot geädert; var. *lowii* J. Anderson, The Gardeners' Chronicle 28: 404, 1868, breitere rosafarbige Blütenblätter, Lippe wie bei der Art, aber dunkler, Adern blass bläulich-violett; var. *malouana* (Linden) Fowlie, Orchid Digest, 35: 233, 1971, Sepalen und Petalen hellrosa, Lippe wie bei der Art, aber Grundfarbe rosa mit dunkel karminroten Adern; var. *semialba* hort., Blüte weiß, Lippe wie bei der Art. – Von allen Varietäten werden außerdem noch zahlreiche Kultivare unterschieden.

Heimat: Venezuela, Dep. Federal, Aragua, Carabobo, Yaracuy, Lara, auch in Miranda. Die Art besiedelt zwei voneinander getrennte Areale. Man unterscheidet zwischen der Küstenrasse „Raza Costeha" von der Nordseite der Küstenkordillere und der „Raza Larense" aus dem Westen der Staaten Lara und Yaracuy. Das Flachland ist trocken und meist sehr heiß. Am Tage herrschen mehr als 30, nachts 18 bis 25 °C. Hier wachsen die Pflanzen vorwiegend an den dem Meer zugewandten Nordhängen der Berge von der Seehöhe bis in etwa 500 m Höhenlage. Dagegen kommen sie in Lara in Höhenlagen von 400 bis 700 m vor. Sie wachsen epiphytisch, seltener lithophytisch in relativ lichten, meist ziemlich trockenen Wäldern, in xerophilen Dornstrauchformationen mit kleinen, meist Laub abwerfenden Bäumen und Sträuchern, gelegentlich auch auf Agaven, Säulenkakteen und anderen Sukkulenten sowie in Galeriewäldern an Flüssen im heißen Tiefland.

Kultur: Um sicher zu blühen, benötigen die Pflanzen viel Wärme, möglichst um 18, aber nicht unter 15 °C und viel Licht. Der neue Trieb entwickelt sich etwa ab März/April und schließt sein Wachstum mit der Blüte im Herbst ab. Wichtig für die Gesunderhaltung ist eine nicht zu starke nächtliche sowie winterliche Temperaturabsenkung. Das Substrat sollte nur periodisch feucht sein, d. h., es muss vor einer erneuten Wassergabe gut abgetrocknet sein, Letzteres vor allem während der Ruhezeit. Starke Wassergaben führen rasch zur Ausbildung neuer Triebe, die bei optimalen Umweltbedingungen auch zu anderen Jahreszeiten Blüten entwickeln – die aber auch die Pflanzen schwächen können. Die Hauptblütezeit liegt in unseren Breiten etwa zwischen Juli und September, während sie in ihrem Heimatland Venezuela unterschiedlich von Liebhabern, Gärtnern und Botanikern angegeben wird. Dort soll sie in Kultur zwischen Januar und April, gelegentlich – nicht bei allen Exemplaren – noch ein zweites Mal zwischen August und Oktober und an den natürlichen Standorten zwischen Dezember und März blühen.

Züchtung: Die Art vererbt ihre Ansprüche an viel Licht und Wärme sowie ihre unregelmäßige Blütezeit, aber auch große Blüten, die jedoch nicht von fester Substanz sind, sowie eine kräftig gefärbte große Lippe. Die Blütenfarbe ist meist rezessiv.

Primärhybriden: *Cattleya lueddemanniana* ×
C. loddigesii = *C.* Manglesii; Veitch, 1866
C. mossiae = *C.* Gravesiana; Pitcher & Manda, 1893
C. dowiana = *C.* Kienastiana; Sander, 1894
C. velutina = *C.* Miss Measures; Sander, 1895
C. lawrenceana = *C.* Triumph; Ingram, 1896
C. amethystoglossa = *C.* Thorntonii; Thornton, 1898
C. intermedia = *C.* Claradiana; Lager, 1899
C. trianae = *C.* Princess; Veitch, 1899
C. bicolor = *C.* Leander; Charlesworth, 1902
C. schilleriana = *C.* Claudian; Charlesworth, 1902
C. gaskelliana = *C.* Cybele; Veitch, 1902
C. warszewiczii = *C.* Carmen; Veitch, 1905
C. granulosa = *C.* Minnie; Wellesley, 1907

C. mendelii = *C.* Mendelissima; McBean, 1913
C. labiata = *C.* General Pau; Lambeau, 1914
C. schroederae = *C.* Phyllis; Fowler, 1915
C. warneri = *C.* Lady Veitch; Sander, 1915
C. rex = *C.* Courtrai; Sander, 1922
C. percivaliana = *C.* Percilued; o/u, nach 1945, aber vor 1961

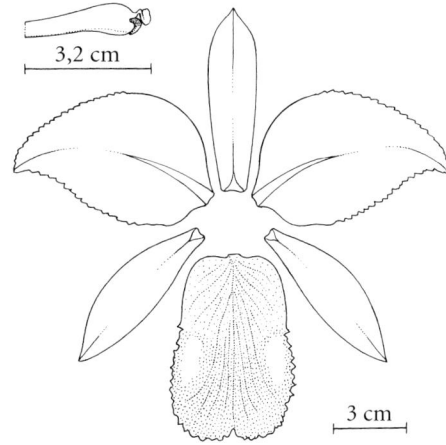

■ *C. lueddemanniana*.

Wissenswertes: Bei der Überprüfung der Orchideensammlung von Pescatore in St. Cloud, Paris, erkannte Reichenbach fil. eine als *C. maxima* ausgewiesene Pflanze als neue Art. Diese soll um 1850 von Pescatore eingeführt worden sein. Reichenbach fil. benannte sie 1854 zu Ehren des dortigen Obergärtners Lüddemann als *C. lueddemanniana*. In den Sammlungen in England wurden die Pflanzen knapp zehn Jahre später durch die Firma Hugh Low & Co. aus Venezuela eingeführt. Warner benannte die Art aus der Sammlung von Dawson zu Meadow Bank bei Glasgow als *C. dawsonana*, – und gleichzeitig aus der Bassett'schen Sammlung in Clapham als *C. bassettii*. 1882 beschrieb Reichenbach fil. sie als *C. roezlii* bzw. *C. labiata* var. *roezlii* und 1887 als *C. labiata* var. *wilsoniana*. In „Lindenia" erscheint sie 1885 gar als *C. malouana*. In Europa wurde die Art seit 1868 vorwiegend unter dem Namen *C. speciosissima* hort. geführt. Dieser Name ist auch heute noch im Heimatland von *C. lueddemanniana*, in Venezuela, gebräuchlich.

Dort wird sie gelegentlich auch noch als Maiblume, „Flor de Mayo" bezeichnet, obwohl dieser Name für *C. mossiae*, die Nationalblume Venezuelas, vergeben wurde. Umgangssprachlich bezeichnen sie die venezuelanischen Gärtner und Züchter häufig auch als „Speciosa".

C. lueddemanniana gehört wegen ihrer attraktiven großen Blüten zu den beliebtesten Orchideen in Venezuela, trotzdem sich diese – verglichen mit anderen Cattleyen – aufgrund der geringen Substanz und Festigkeit nicht ganz so lange an der Pflanze halten. Der Bestand in der Natur ist – wie bei anderen Arten auch – stark gefährdet. In einigen Gegenden sind die Pflanzen so gut wie nicht mehr auffindbar.

Dialog: *C. lueddemanniana* gehört zur Untergattung *Cattleya* und ähnelt den dazugehörenden Arten. Man kann sie am besten durch die großen Blüten mit schmaler Lippe, die doppelt so lang als breit ist, und durch die in der Regel großen gelben Flecken auf beiden Seiten des Lippenschlundes erkennen. Typisch sind auch die flachen Erhebungen am Mittelnerv der Lippe. Die Art besiedelt ein relativ geschlossenes Verbreitungsgebiet in Venezuela. Von den anderen venezuelanischen Arten unterscheidet sie sich durch die keulenförmige Säule, die vorn stets am Klinandrium auf der Rückseite eine breite häutige Zunge und an beiden Seiten jeweils einen dreieckigen Zahn besitzt. Charakteristisch ist auch der artspezifische frische, fast maiglöckchenähnliche Duft, der sie auch von der eher unangenehm riechenden *C. percivaliana* und der nach Honig duftenden *C. mossiae* unterscheidet.

Cattleya mendelii Backh. f.
Floral Magazine n.s. t. 32, 1872
Synonyme:
C. labiata var. *bella* Rchb. f., The Gardeners' Chronicle n.s. 17: 700, 1882
C. labiata var. *mendelii* Rchb. f., Reichenbachia 1.s. 1: 35, t. 15, 1888
C. cupidon hort., Lindenia 10: 19, t. 44, 1894

Die Art trägt ihren Namen zu Ehren von Samuel Mendel sen., Gartenkunst- und Orchideenliebhaber aus Manley Hall, Manchester, zu seiner Zeit bekannt als „Cotton God".

Kräftig wachsende Pflanzen mit riesengroßen und doch zart wirkenden, duftenden Blüten von guter Substanz. **Pseudobulben** etwa bis 20 cm lang, schwach spindelförmig, etwas abgeflacht, einblättrig. **Blätter** etwa 23 cm lang, hellgrün, vorn rundlich. **Scheide** doppelt. **Infloreszenz** zwei- bis dreiblütig, seltener bis fünfblütig und mehr. **Blüten** ausgebreitet bis 24 cm Durchmesser, zartrosa bis hell karminrot, duftend. Sepalen länglich-lanzettlich, spitz, Spitzen meist zurückgebogen. Petalen eiförmig-elliptisch, Rand in der vorderen Hälfte gesägt und gewellt. Lippe die Säule tütenförmig umfassend, Schlund gelb, dunkler geadert, Vorderlappen groß, breit elliptisch, scharf karminrot abgesetzt, vorn eingekerbt, Rand gesägt und gewellt, meist weißlich. Säule gering gebogen, bis 3,0 cm lang, weiß.

Variation: *C. mendelii* hat viele Erscheinungsformen, variiert aber vorwiegend in der Blütengröße und -form. Zahlreiche Ausleseformen mit Kultivarnamen sind in Kultur. Die hier aufgeführten Beispiele für beschriebene Varietäten unterscheiden sich kaum von der Art, es sind eigentlich nur Farbvarianten: var. *measuresiana*

Cattleya lueddemanniana var. *semialba* 'Aquinada'.

Cattleya mendelii

■ *C. mendelii.*

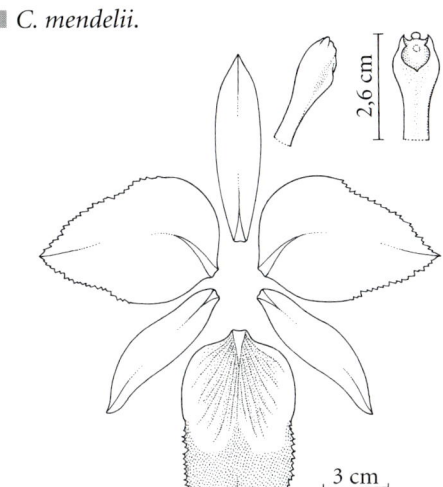

Cattleya mendelii.

hort. ex Rolfe, The Gardeners' Chronicle 3.s. 3: 14, 1887 (subvar.), Sepalen und Tepalen rosa, Lippe oft weiß mit etwas Gelb im Schlund, aber auch mit einem tief purpurroten Fleck auf dem Vorderlappen; var. *bella* Warner et Williams, The Orchid Album 5, t. 225, 1886, Sepalen und Petalen weiß, rosalila überhaucht, Lippe purpurrot mit hellen cremegelben Adern, Schlund gelb; var. *grandiflora* Williams et T. Moore, The Orchid Album 1, t. 3, 1882, sehr große Blüten, Sepalen und Petalen weiß, Lippe magentarosa, Rand weiß, Schlund zitronengelb mit cremeweißen Adern; var. *jamesiana* Warner et Williams, The Orchid Album 4, t. 178, 1885, Sepalen und Petalen rötlich, Petalen mit einem hellen magentarosa Streifen, Lippe amethystfarben, Schlund gelb, rot geadert.

Heimat: Die Art ist in Nordkolumbien beheimatet. Dort wächst sie an den Abhängen der Ostkordilleren in Höhenlagen bis 1600 m, meist an Wasserläufen, epiphytisch, aber auch häufig auf steil abfallenden Felsen. In diesem Gebiet herrschen Temperaturen von tags etwa 30 und nachts 14 bis 15 °C.

Kultur: Die Pflanze liebt einen hellen, vor direkter Sonne geschützten Platz, hohe Luftfeuchte, nächtliche Temperaturabsenkung und Luftbewegung. Rasch entwickelt sich der junge Trieb in den frühen Sommermonaten und ist im Herbst voll ausgebildet. Bei mäßigen Temperaturen, die jedoch nicht lange unter 12 °C absinken sollen, und geringer Substratfeuchte hat sie bis zum Frühjahr ihre Ruheperiode. Die Blüten, deren Scheide mit dem Knospenansatz sich bereits im Herbst nach dem Ausreifen der Pseudobulbe manchmal schon schwach erkennen lässt, erscheinen meist zwischen Mai und Juni des folgenden Jahres. Verpflanzt wird am besten sofort

Cattleya mendelii var. *semialba.*

nach der Blütezeit, noch vor dem beginnenden Wachstum des neuen Triebes.

Züchtung: Für eine direkte Einkreuzung wurde *C. mendelii* vorwiegend zwischen 1880 und 1915 verwendet. Sie vererbt einen kräftigen, etwas steifen Wuchs und Blüten mit guter Substanz. Auch ihre große, intensiv rosa gefärbte Lippe gibt die Art stets an ihre Nachkommen weiter. Die Form und Farbe der anderen Blütenblätter ist rezessiv und wird vorwiegend vom Kreuzungspartner beeinflusst. Die Hybriden von *C. mendelii* entwickeln jedoch häufig weiße Tepalen bei farbiger Lippe.

Primärhybriden: *Cattleya mendelii* ×
C. intermedia = *C.* Suavior; Veitch, 1887
C. leopoldii = *C.* Harrisii; Miss Harris, 1887
C. lawrenceana = *C.* William Murray; Cookson, 1893
C. warszewiczii = *C.* Armainvillierensis; E. Rothschild, 1896
C. forbesii = *C.* Melpomene; Veitch, 1897
C. dowiana = *C.* Octave Doin; Maron, 1899
C. granulosa = *C.* Weedoniensis; Thornton, 1899
C. guttata = *C.* La Fontaine; Maron, 1899
C. aclandiae = *C.* Niobe; Veitch, 1900
C. rex = *C.* Halevy; Maron, 1900
C. loddigesii = *C.* Clarissa; Chamberlain, 1902
C. schroederae = *C.* Unique; Ingram, 1906
C. schilleriana = *C.* Mc. Mastersiae; Colman, 1906
C. bicolor = *C.* Alcestis; E. V. Low, 1910
C. gaskelliana = *C.* Blackii; Thwaites, 1910
C. mossiae = *C.* Stuartii; Low, 1910
C. aurantiaca = *C.* Salmoniolor; P. Wolter, 1911
C. warneri = *C.* Queen Mary; J. J. Holden, 1911
C. labiata = *C.* Gudrun; Karthaus, 1912
C. velutina = *C.* Farfaset; Marcoz, 1912
C. lueddemanniana = *C.* Mendelissima; McBean, 1913
C. skinneri = *C.* Julienne; McBean, 1916
C. walkeriana = *C.* Edala; St. Quintin, 1916
C. trianae = *C.* Atlantic; Low, 1927
C. harrisoniana = *C.* G. Roebling; Roebling, vor 1946

Wissenswertes: *C. mendelii* wurde 1870 entdeckt und kam vom Rio Magdalena in Nordkolumbien zuerst zu Hugh Low & Co. nach Clapton (London) und kurz darauf zur Firma Backhouse & Son in York. Man nahm an, dass die Pflanze zuerst 1872 bei Mendel geblüht hätte, und so bekam sie ihren Namen. Später stellte sich jedoch heraus, dass sich die erste Blüte bereits ein Jahr zuvor bei John Day in Tottenham geöffnet hatte, der sie auch zeichnete. Backhouse plädierte für eine eigenständige Art, die er 1872 in „Floral Magazine" als *C. mendelii* beschrieb. Reichenbach fil. stufte die Pflanze jedoch 1888 in Sanders „Reichenbachia" als *C. labiata* var. *mendelii* ein. Er fügte aber hinzu: „Backh. pro spec. in Will. Orch. Grow. Manual 5: 124, 1877, sine auctore, auctore allato in 6: 190." Das bedeutet, Backhouse sollte der Autor in Williams' „The Orchid-Grower's Manual" sein, wurde aber in der 5. Auflage nicht genannt, sondern erst in der 6. Auflage. 1882 hatte Reichenbach fil. die gleiche Pflanze schon einmal als *C. labiata* var. *bella* in „The Gardeners' Chronicle" beschrieben.

C. mendelii war bereits kurze Zeit nach ihrer Entdeckung durch die starke Nachfrage in Europa und Nordamerika und die dementsprechenden Einfuhrmengen in ihren Heimatgebieten selten geworden. Auch heute findet man sie nicht sehr oft in Kultur bzw. in den Sammlungen.

Dialog: Die vegetativen Pflanzenteile, vor allem die Blätter, sind bei *C. mendelii* auffallend hellgrün. Daran ist sie in der Regel leicht zu erkennen. Sie ähnelt in Form und Farbe ihrer Blüten jedoch allen Arten, die zum Verwandtschaftskreis von *C. labiata* gehören. Von den anderen kolumbianischen Arten wie *C. trianae, C. quadricolor, C. schroederae* und *C. warszewiczii* unterscheidet sie sich durch ihre doppelte Blütenscheide. Im Farbenspiel der Blüten steht sie *C. trianae* am nächsten. Sieht man beide nebeneinander, sind die Unterschiede zwar klar erkennbar, aber doch schwierig zu beschreiben. Die Lippe von *C. mendelii* ist in der Regel nur auf dem Vorderlappen dunkel karminrot gefärbt. Diese Farbe ist stets auffallend scharf abgesetzt, während bei *C. trianae* die Lippenfarben eher weich ineinander fließen.

Cattleya mossiae Hook.
Curtis's Botanical Magazine 65, t. 3669, 1838
Synonyme:
C. labiata var. *mossiae* (Hook.) Lindl., Edwards's Botanical Register 26, t. 58, 1840
C. labiata var. *atropurpurea* Lindl. et Paxt., Paxton's Magazine of Botany 7: 73, 1844
C. labiata var. *picta* Lindl. et Paxt., Paxton's Flower Garden 1: 117, t. 24, 1850
C. labiata var. *candida* Lindl. et Paxt., Paxton's Flower Garden 1: 118, t. 24, 1850
Epi. labiatum var. *mossiae* (Hook.) Rchb. f., Walpers' Annales Botanices Systematicae 6, 2: 314, 1861
Epi. labiatum var. *pictum* (Lindl. et Paxt.) Rchb. f., Xenia Orchidacea 2: 30, 1862
C. edithiana Warner ex Williams, The Orchid-Grower's Manual (3. ed.) 88, 1868
C. carrieri Houllet, Revue Horticole 48: 350, 1876
C. aliciae Lind., Lindenia 11: 31, t. 494, 1895

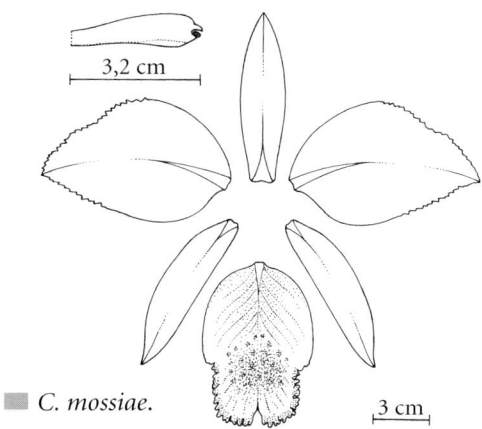

■ *C. mossiae.*

Die Art wurde nach Mrs. Moss, die im 19. Jahrhundert in England (Otterpool) lebte, benannt. Sie malte die Orchideen der umfangreichen Sammlung ihres Mannes.

Kleine bis mittelgroße Pflanze mit sehr großen, angenehm nach Honig duftenden Blüten, die sich aufgrund ihrer festen Textur etwa drei Wochen an der Pflanze halten. **Pseudobulben** schmal zylindrisch, abgeflacht, 18 bis 25 cm lang, einblättrig. **Blätter** derb und hart, schmal länglich-lanzettlich, bis 20 cm lang und 5 cm breit. **Scheide** einfach, etwa 7 cm lang, zur Blütezeit trocken. **Infloreszenz** meist zwei- bis fünfblütig, terminal. **Blüten** ausgebreitet bis 18 cm Durchmesser, lila-amethystfarbig bis purpurrosa. Sepalen länglich-lanzettlich, etwa 9 cm lang und 2,3 cm breit, laterale etwas kürzer, gering sichelförmig. Petalen eiförmig, Spitze oft ausgezogen, Rand gewellt. Lippe eiförmig-elliptisch, mit den Seitenrändern die Säule umfassend, Vorderlappen elliptisch bis verkehrt breit eiförmig, mit unterschiedlich intensiv purpurnem Fleck, oft fleckig marmoriert, Rand gewellt und fein gesägt, vorn ausgerandet, fleckig marmoriert. Säule keulenförmig, kaum gekrümmt, etwa 3,2 cm lang, Klinandrium auf der Rückseite mit elliptisch-eiförmigem Zahn, an jeder Seite mit einem spitzen Zahn.

Variation: *C. mossiae* ist vorwiegend in der Blütengröße, der Blütenfarbe und zum Teil auch etwas in der Blütenform variabel. H. Williams führt 1894 in der 7. Auflage von „The Orchid-Grower's Manual" bereits 39 Varietäten auf, die Fa. L'Horticulture Internationale (Linden) in Brüssel konnte 1898 bereits 42 Farbvarietäten mit Namen anbieten. Pflanzen mit einem grauen oder lila Schimmer auf den Blüten und einer violett gefärbten Lippe wurden meist als var. *coerulea*, solche mit zartrosa Farbtönen und wenig Gelb auf der Lippe als var. *concolor* geführt. Eine gewisse Bedeutung erlangten die Varietäten *wageneri* und *reineckeana*. Erstere beschrieb Reichenbach fil. in Bonplandia 2: 21, 1854 als Art zu Ehren des Entdeckers Hermann Wagener (1823 bis 1877), der die Pflanze in 1200 m Höhe in Venezuela in den Bergregionen um Caracas fand. Später wurde sie mehrfach von verschiedenen Autoren als Varietät zu *C. mossiae* gestellt. Es handelt sich bei dieser Pflanze um einen echten Albino (ohne rotvioletten Farbstoff im Zellsaft) mit reinweißen Blütenblättern und goldgelben strahlenförmigen Adern auf der Lippe. Bereits Anfang des 20. Jahrhunderts war die Nachfrage so groß, dass *C. mossiae* var. *wageneri* in der Orchideengärtnerei Karthaus in Potsdam durch Obergärtner Robert Bloßfeld aus Samen gezogen wurde.

Die Varietät *reineckeana*, eine Semialba-Form, erwähnte zuerst Reichenbach fil. in Bonplandia 4: 327, 1856, als *C. labiata* (*Mossiae*) *Reineckeana*. Sie wurde von dem deutschen Naturforscher und Botaniker H. Karsten zwischen 1848 und 1856 bei Caracas entdeckt, blühte zuerst in der Sammlung des Oberhofbuchdruckers Rudolph Decker in Berlin und wurde zu Ehren von dessen Obergärtner Julius Reinecke benannt. Die Pflanze besitzt ebenfalls reinweiße Blütenblätter, die Lippe ist jedoch auf gelbem Grund amethystblau bis dunkel weinrot geadert, nur der gewellte Rand bleibt weiß. 1883 wurde sie als Varietät von *C. mossiae* von O'Brien in The Gardeners' Chronicle n.s. 22: 372 beschrieben.

Heimat: Die Art ist in Venezuela von Lara im Norden der Andenkordillere bis Miranda an den Südhängen in Höhenlagen von 800 bis 1500 m verbreitet. Die Pflanzen wachsen epiphytisch meist auf hohen Bäumen, auch auf Schattenbäumen der Kaffeeplantagen. In diesen Baumkronen erhalten sie bei voller Sonne sehr viel, aber nur indirektes Licht. Die Temperaturen variieren zwischen 12 und 28 °C, bei reicher Taubildung und Luftzirkulation auch während der Trockenperiode. Besiedelt werden vorwiegend Nebelwälder und angrenzende Gebiete.

Kultur: *C. mossiae* beginnt mit der Entwicklung ihres neuen Triebes in der Regel gleich nach der Blüte. Bei viel frischer Luft, ausreichenden Wassergaben und leichtem Schatten wächst er rasch heran. Gelegentliche Düngergaben unterstützen das Wachstum. Anschließend geht die Pflanze in eine ausgeprägte Ruheperiode über. Deshalb sollten die Temperaturen im Spätherbst und Winter nachts nur um 14 und nicht über 18 °C am Tag betragen. Bei zu warmem Stand wird *C. mossiae* häufig von Läusen befallen. Wichtig ist auch während der Ruhezeit eine gute Luftumwälzung und nur mäßig feuchter Pflanzstoff. *C. mossiae* verträgt keine warme trockene Luft. Das heißt, an heißen trockenen Sommertagen sowie bei trockener Heizungsluft im Winter fühlt sich die Pflanze nicht wohl. Wichtig ist eine ausreichende nächtliche Temperaturabsenkung. Auch auf zu nasses Substrat reagieren die Pflanzen relativ schnell mit Wurzelschäden. Vor allem, wenn die neuen Triebe voll ausgewachsen sind, aber auch nach der Blüte sollte man sehr wenig gießen.

Es wurde beobachtet, dass die Pflanzen bei ständiger künstlicher Belichtung von mehr als 16 Stunden am Tag schlechter blühen, als wenn sie bei natürlichem Kurztag im Winter mit weniger als zehn Stunden Tageslicht gehalten werden. Die Blüteninduktion erfolgt dann mit zunehmender Tageslänge im Frühjahr. Die Hauptblütezeit der Art liegt zwischen den Monaten April und Juni. Weiß blühende Exemplare und andere Farbvarianten kommen meist etwas später zur Blüte, in der Regel zwischen Mai und Juli, oft auch erst im Herbst.

Cattleya mossiae 'Harlachinger Geheimnis'.

Züchtung: Die Züchtung mit *C. mossiae* setzte relativ spät ein, wurde aber nach 1880 und besonders am Anfang des 20. Jahrhunderts intensiviert. Die Art vererbt einen kräftigen Wuchs, der jedoch meist bei Kreuzungen mit zweiblättrigen Arten von diesen beeinflusst wird. Dominant sind wenigblütige Infloreszenzen, die Lippengröße und meist die Blütenfarbe, mehr rezessiv ist dagegen die Blütengröße.

Primärhybriden: *Cattleya mossiae* ×
C. schilleriana = *C.* Miss Harries; Miss Harries, 1887
C. violacea (als *C. superba*) = *C.* Gertrude; Veitch, 1889
C. aclandiae = *C.* Apollo; Veitch, 1890
C. iricolor = *C.* Philo; Veitch, 1892
C. labiata = *C.* Oenone; Veitch, 1893
C. lueddemanniana = *C.* Gravesiana; Pitcher & Manda, 1893
C. walkeriana = *C.* Eros; Veitch, 1895
C. lawrenceana = *C.* Lawre-Mossiae; White, 1896
C. forbesii = *C.* Heloise; Mantin, 1897
C. warneri = *C.* Intertexta; Veitch, 1897
C. warszewiczii = *C.* Enid; Veitch, 1898
C. granulosa = *C.* Dallemagneae; Dallemagne, 1900
C. harrisoniana = *C.* Highburiensis; Chamberlain, 1903
C. leopoldii = *C.* Cyane; Veitch, 1903
C. rex = *C.* Goodsoniae; Tracy, 1904
C. gaskelliana = *C.* Suzanne Hye; J. Hye, 1906
C. intermedia = *C.* Undine; Holford, 1906
C. schroederae = *C.* Jocasta; Charlesworth, 1909
C. maxima = *C.* Milo; Sander, 1910
C. mendelii = *C.* Stuartii; Low, 1910
C. velutina = *C.* Versicolor; Sander 1911
C. percivaliana = *C.* Peregrine; Sander, 1925
C. luteola = *C.* Amber Queen; Cholet, 1938
C. dowiana = *C.* Empress Frederick; Veitch, vor 1946
C. trianae = *C.* Trimos; Low, vor 1946
C. guttata = *C.* Zabelle; Asder, 1948
C. aurantiaca = *C.* Sunrise; Fennell, 1949
C. loddigesii = *C.* Crispette; Stewart Inc, 1960
C. skinneri = *C.* Kiwanda; Bonniewood, 1971

Cattleya mossiae var. *semialba*.

Wissenswertes: Im September 1836 erhielten George Green in Liverpool, England, und einige andere Orchideenliebhaber Pflanzen von *C. mossiae* aus La Guayra, Venezuela. Nach Angaben von Dr. Adolfo Ernst, einem deutschen Naturwissenschaftler und Forscher der Flora Venezuelas, soll Mr. Ward der Absender gewesen sein. Nach anderen Angaben schickte auch Isabel S. Alderson Pflanzen nach England zu Thomas Moss in Otterpool bei Liverpool, dessen Frau die Pflanzen zeichnete. Um Mrs. Moss zu ehren, beschrieb Hooker 1838 die neue Art als *C. mossiae* in „Curtis's Botanical Magazine". Der Name soll eigentlich von einem Mr. Parker vorgeschlagen worden sein, der als erster *C. mossiae* importierte. Wenn weitere Nachforschungen dies bestätigen sollten, müsste die Art als *C. mossiae* Parker ex Hook. bezeichnet werden. Lindley stufte die Art zwei Jahre später in „Edwards's Botanical Register" als Varietät zu *C. labiata* zurück. Einige Jahre darauf beschrieb er sie gleich dreimal gemeinsam mit Paxton in „Paxton's Flower Garden" als *C. labiata* var. *atropurpurea*, var. *picta* und var. *candida*. Weiterhin erhielt sie 1868 von Williams (nach Warner) den klangvollen Namen *C. edithiana*, 1876 von Houllet *C. carrieri* und 1895 von Linden *C. aliciae* – heute alles Synonyme zu *C. mossiae*.

C. mossiae ist seit 1951 die Nationalblume Venezuelas und wird dort auch als Maiblume (Flor de Mayo) bezeichnet. Trotz ihres relativ großen Verbreitungsgebietes ist sie in freier Natur wie fast alle ihre Verwandten selten geworden.

Dialog: Die Art gehört zum engeren Verwandtschaftskreis von C. labiata, wird von Botanikern meist als deren Varietät betrachtet und ähnelt den dazugehörenden Arten. Nicht zuletzt anhand der vielen Synonyme, die C. mossiae seit ihrer Erstbeschreibung 1836 erhielt, kann man feststellen, dass sich die Pflanze in Form und Farbe ihrer Blüten äußerst variabel darstellt. Sie ähnelt C. lueddemanniana ebenso wie C. percivaliana, von denen sie sich aber am Duft und an der Blütezeit unterscheiden lässt. C. lueddemanniana duftet frisch nach Maiglöckchen, C. percivaliana unangenehm nach Blattwanzen, während C. mossiae einen süßlichen honigartigen Duft verströmt. Dass sie auch an C. lawrenceana erinnert, bekundete bereits Schomburgk, der diese in seiner Publikation „Reisen in British-Guiana", 3: 1068, 1848, für C. mossiae hielt. Beide Arten unterscheiden sich jedoch in einigen Merkmalen. So ist z.B. C. lawrenceana an der langen Röhre ihrer Lippe gut zu erkennen, bei C. mossiae ist diese Röhre wesentlich kürzer (siehe auch Dialog zu C. lawrenceana).

Ebenso wie bei C. gaskelliana (siehe dort) kann C. pallida Lindl. synonym zu C. mossiae sein. C. pallida soll von Karl Theodor Hartweg, der für die Royal Horticultural Society (RHS) Pflanzen sammelte, im Westen von Mexiko bei Tepic gefunden worden sein. Dies dürfte jedoch nicht stimmen. Lindley beschreibt deren Blüten in „Paxton's Flower Garden" II: 51, t. 48, 1851, danach sollen diese C. mossiae ähnlich sein.

Weiterhin existieren unterschiedliche Auffassungen, ob die weißen Varietäten wie *alba, semialba* oder *alba plena* als Synonyme zur Varietät *wageneri* bzw. *reineckeana* betrachtet werden sollten oder eigenständig sind. Letztere wurden beide gültig beschrieben, wobei es unbedeutend ist, ob als eigenständige Art, ob als Varietät von C. mossiae oder als Subvarietät von C. labiata.

Entscheidend ist ihre erste Erwähnung und dass es sich stets um die gleiche Pflanze handelt. Lassen wir einfach Reichenbach fil. zu Wort kommen. Er schreibt in „Garten-Zeitung, Wochenzeitschrift für Gärtner und Gartenfreunde" 1: 11, 1882: „Die formenreiche Cattleya labiata zeigt sich in Venezuela als die liebliche Cattleya Mossiae. In der Regel lila-amethystfarbig mit tiefpurpurnen Strahlen vorn auf der Lippe ist sie auch in zwei schneeweißen Abarten erschienen. Die eine hat nur etwas gelbe Farbe auf der Lippe. Diese ist meine var. Wageneri, die ich einst, bethört durch das Zureden meines hochverdienten verstorbenen lieben Freundes Wagener für eine eigene Art ansah. (Xenia I. Tab. 13. S. 28). Die andere hat schöne kurze Strahlen auf der Lippe, von denen die vorderen tiefpurpurn, die äußeren und inneren tiefgelb sind. Ich nannte sie nach dem verewigten Obergärtner Reinecke, der sie zuerst in Blüte brachte, Cattleya labiata Mossiae Reineckeana. (Seemann, Bonplandia IV. 327. Xenia II. S. 30)."

Cattleya percivaliana (Rchb. f.) O'Brien
The Gardeners' Chronicle n.s. 20: 404, 1883
Basionym:
C. labiata var. *percivaliana* Rchb. f., The Gardeners' Chronicle n.s. 17: 796, 1882.

Die Art wurde nach R. P. Percival, begeisterter Orchideenliebhaber auf Birkdale Southport, England, benannt.

Mittelgroße Pflanze mit einem ausgeprägten Wurzelsystem und zarten Blüten mit prächtig gefärbter Lippe, die einen schwachen eigenartigen Duft verströmen. **Pseudobulben** schmal spindelförmig, abgeflacht, etwa 15, auch bis 20 cm lang, einblättrig. **Blätter** ledrig hart, schmal länglich-lanzettlich, etwa 23 cm lang und 5 cm breit. **Scheide** einfach, schief eiförmig-elliptisch, etwa 7 bis 9 cm lang und 3 cm breit, zur Blütezeit grün. **Infloreszenz** bis 20 cm lang, meist zwei-, auch bis fünfblütig. **Blüten** etwa 12 cm Durchmesser, hell lilapurpur, von zarter weicher Textur, schwach, jedoch unangenehm nach Blattwanzen duftend, hell karminrot. Sepalen länglich-lanzettlich. Petalen elliptisch-eiförmig, etwas dunkler gefärbt, Rand gewellt. Lippe breit länglich bis breit elliptisch, mit den Seitenrändern tütenförmig die Säule umfassend, Vorderlappen vorn eingeschnitten, auf gelbem Grund mit purpurnen Längsnerven und mit großem purpurbraunem Fleck, Schlund goldgelb, zuweilen purpurrot genervt, Rand fein gewellt, kurz gefranst, rosa bis hell karminrot. Säule etwa 3 cm lang, weiß, Fortsatz an der Spitze purpurn, Klinandrium auf der Rückseite mit stark gebogenem spitzem Zahn, an jeder Seite mit elliptisch-eiförmigem, spitzem schiefem Zahn.

Variation: Die Pflanze variiert in der Wuchshöhe, besonders aber in der Blütenfarbe. Hier einige der vielen beschriebenen Varietäten (oft nur Farbvarianten): var. *alba* hort. ex Williams, The Orchid Album 3, sub t. 131, 1884, Blüte weiß, Schlund orangegelb; var. *bella* Rchb. f., The Gardeners' Chronicle 3.s. 3: 362, 1888, Petalen sehr breit, Sepalen, Petalen und Lippe dunkelrot gefleckt; var. *coerulense* Aulisi, Monography of the Venezuelan Cattleyas and its varieties, 1989, Blütenblätter weißlich bis hell rosabläulich, Schlund dunkel orangegelb bis fast zum weißen Rand der Lippe, im Zentrum mit einem großen dunkelroten Fleck, dieser nach vorn blau auslaufend; var. *reichenbachii* Lind. et Rodig., Lindenia t. 39, 1885, Sepalen und Petalen magentarot, Lippe magenta-karmesinrot, Rand weiß, Schlund und Seitenlappen gelb, magentarot geädert; var. *semialba* Aulisi, Monography of the Venezuelan Cattleyas and its varieties, 1989, Blütenblätter weiß, Lippe wie bei der Art. – Von allen Varietäten existieren noch mehrere Kultivare. Die Varietät *grandiflora* hort. ist offensichtlich polyploid, sie hat Blüten bis 18 cm Durchmesser.

Heimat: *C. percivaliana* ist in Venezuela, in Trujillo, Merida, Tachira und Lara sowie in Kolumbien, Departamento Santander (hier aber wahrscheinlich verwildert) in Höhenlagen zwischen 1000 und 2000 m verbreitet. Die Pflanzen wachsen teilweise epiphytisch in feuchten Bergwäldern und ab 1600 m in Nebelwäldern, meist jedoch auf bemoosten Felsen vorwiegend in der Nähe von Gewässern, oft an steilen Abhängen in östlichen Lagen. In den Heimatgebieten der Pflanze herrschen häufig am Tag Temperaturen von mehr als 30 und nachts etwa 10 °C, sodass durch Kondensation bzw. Taubildung stets ausreichend Feuchtigkeit zur Verfügung steht.

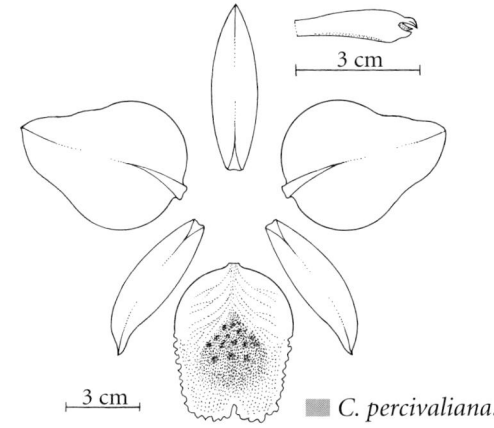

C. percivaliana.

Kultur: Für ein gutes Wachstum ist stets feuchte frische Luft und eine ausreichende nächtliche Temperaturabsenkung erforderlich. Trockene Luft und Heizungswärme verträgt die Pflanze nicht. Auch keine ständige Nässe. *C. percivaliana* benötigt einen recht hellen, aber vor brennend heißer Sonnenstrahlung geschützten Standort. Reicht das Licht nicht aus, blüht die Pflanze kaum. Nach der Ausbildung des Triebes im Herbst macht sie bei hellem Stand und fast trockenem Substrat eine strenge und längere Ruheperiode bis zur Blüte im Frühjahr, etwa März/April, durch. Während dieser Zeit genügen Nachttemperaturen um 12 °C. Zur Blütezeit kann wieder mäßig gegossen werden. Nach dem Abblühen ruhen die Pflanzen erneut, bis sich meist im Mai der Neutrieb zu entwickeln beginnt. Dies ist der beste Zeitpunkt zum Verpflanzen. Durch reichliche Wasser- und schwache Düngergaben, Temperaturen über 20 °C und einer leichten Beschattung wird das Wachstum gefördert. Aber Vorsicht, wenn die Pflanze nach

Cattleya Thüringen (1998)
(*C. percivaliana* × *C. walkeriana*).

Brassocattleya Vesta (1908)
(*C. percivaliana* × *Brassavola glauca*).

dem Gießen nicht wieder richtig abtrocknet, kann dies zum Faulen von Wurzeln führen. – An den natürlichen Standorten liegt die Blütezeit etwa zwischen September und Dezember, die Hauptblütezeit Anfang November.

Züchtung: Die Art wurde wegen ihrer Blüte im Winter/Frühjahr überaus häufig zu Kreuzungen verwendet. Sie vererbt bei reicher Verzweigung einen raschen kräftigen Wuchs und ihre Blühwilligkeit. Dominant sind weiterhin ihre mittelgroßen Blüten mit ausgeprägter Lippe von guter Substanz in kräftigen Farben und die winterliche Blütezeit. Die Blütenform wird meist deutlich vom Kreuzungspartner beeinflusst.

Primärhybriden: *Cattleya percivaliana* ×
C. lawrenceana = *C.* Sedenii; Ingram, 1896
C. trianae = *C.* Adela; Veitch, 1898
C. dowiana = *C.* Leda; Maron, 1900
C. intermedia = *C.* Brunoyensis; Maron, 1900
C. quadricolor = *C.* Knightii; Laeken Gardens, 1903
C. harrisoniana = *C.* Cyril; Holford, 1907
C. schilleriana = *C.* Evadne; Armstrong & Brown, 1907
C. granulosa = *C.* Pletzii; Franke, 1909
C. maxima = *C.* Percimax; Clark, 1913
C. bicolor = *C.* Crates; Armstrong & Brown, 1914
C. labiata = *C.* Lord Derby; Dixon, 1915
C. gaskelliana = *C.* Zora; Hassall, 1922
C. schroederae = *C.* Percivaederae; Colman, 1924
C. mossiae = *C.* Peregrine; Sander, 1925
C. warszewiczii = *C.* Mrs. W. R. Coe; W. R. Coe, 1928
C. lueddemanniana = *C.* Percilued; unbekannt (o/u), 1945
C. jenmanii = *C.* David Sander; Sander, 1954
C. warneri = *C.* Perci-Warner; Stewart Inc, 1977
C. guttata = *C.* Percy King; W. A. King, 1986
C. walkeriana = *C.* Thüringen; Jürgen Röth, 1998

Wissenswertes: Wilhelm Arnold, ein Pflanzensammler der Firma Sander, St. Albans bei London, entdeckte die Art 1881 in Trujillo, Venezuela, in Höhenlagen von etwa 1200 m. Er fand sie auf Felsen in voller Sonne wachsend. Diese Mitteilung an Frederic Sander wurde bis in die neueste Zeit in der Fachliteratur oft als Standort von *C. persivaliana* angegeben. Reichenbach fil. betrachtete sie als Varietät von *C. labiata* und beschrieb sie 1882 in „The Gardeners' Chronicle" als *C. labiata* var. *percivaliana* zu Ehren von R. P. Percival. Dabei beklagte Reichenbach fil., dass er nicht die Geduld der Gärtner hätte, um die nächste Blüte zu erwarten. Diese würde dann selber anzeigen, welche Rangstufe die neue Sippe

Cattleya percivaliana.

erhalten muss. Ein Jahr später stufte O'Brien sie jedoch in der gleichen Zeitschrift als eigenständige Art ein.

Dialog: *C. percivaliana* gehört zum *C.-labiata*-Typ und entspricht in vielen Merkmalen dieser Sammelart. Vielfach und mit Berechtigung wird sie von den Botanikern als Varietät zu *C. labiata* gestellt, so wie es auch Reichenbach fil. tat, als er die Pflanze zum ersten Mal sah. Ihre Blüten stehen meist zu zweit auf der Infloreszenz. Sie gehören zu den kleinsten der *C.-labiata*-Gruppe. Weitere Unterscheidungsmerkmale sind die Blütezeit und das Vorkommen oberhalb der Grenze von 1200 m. Von *C. lueddemanniana* und *C. mossiae*, die nach Maiglöckchen bzw. Honig duften, unterscheidet sich *C. percivaliana* auch durch ihren für die meisten Menschen unangenehmen, aas- bzw. blattwanzenartigen Duft. Dieser soll nach Berichten venezuelanischer Kultivateure am Nachmittag schwächer werden oder sich gar in einen angenehmeren Geruch umwandeln. Nach einer Theorie von Orchideenexperten aus Venezuela kann dies mit den Bestäubern zusammenhängen. Der unangenehme Aasgeruch soll unerwünschte Insekten abwehren, während

der wohl auch für die Tiere angenehmere Duft diejenigen Bestäuber anziehen würde, die erst am Nachmittag fliegen. Es wäre auch möglich, dass der unterschiedliche Duft vormittags und nachmittags zwei verschiedene Bestäuber anlocken soll, um eine sichere Bestäubung zu gewährleisten.

Cattleya quadricolor Lindl. ex Batem.
The Gardeners' Chronicle 19: 269, t. 5504, 1864
Synonyme:
C. chocoensis Lind. et André, L'Illustration Horticole 20: 43–44, t. 120, 1873
C. labiata var. *trianae* subvar. *chocoensis* Veitch, A Manual of Orchidaceous Plants 1, Epidendreae, 1887
C. candida (Kunth) Lem., The Gardeners' Chronicle 3.s. 18: 466, 1895 (Basionym *Cym. candidum* Kunth, 1816)
C. caucaensis Roezl ex Ballif., Le Moniteur d'Horticulture 229, 1896

Die Art wurde nach den vier Farben der Lippe, hell Karminrot, Purpurbraun, Goldgelb und Weiß, benannt (*quadricolor* = vierfarbig).

Mittelgroße Pflanzen mit relativ großen, leicht glockenförmigen, duftenden Blüten, die sich im frühen Winter öffnen. **Pseudobulben** schmal spindelförmig, einblättrig, 18 bis 28 cm lang. **Blätter** schmal, länglich-lanzettlich, etwa

Cattleya quadricolor.

20 cm lang. **Scheide** sehr breit, etwa 10 cm lang, zur Blütezeit grün. **Infloreszenz** meist zwei-, auch bis fünfblütig. **Blüten** 12 bis 14 cm Durchmesser, meist duftend. Tepalen nicht vollkommen abgespreizt, cremeweiß bis blass karminrot. Sepalen, länglich-lanzettlich. Petalen eiförmig-rundlich, am Rand gewellt und gezähnelt. Lippe schwach dreiteilig, mit den Seitenrändern die Säule tütenförmig umfassend, Schlund purpurbraun geädert, am Schlundeingang gelb, Vorderlappen vorn fast immer mit einem unterschiedlich großen karminroten Fleck, Rand meist weißlich. Säule 3,2 cm lang.

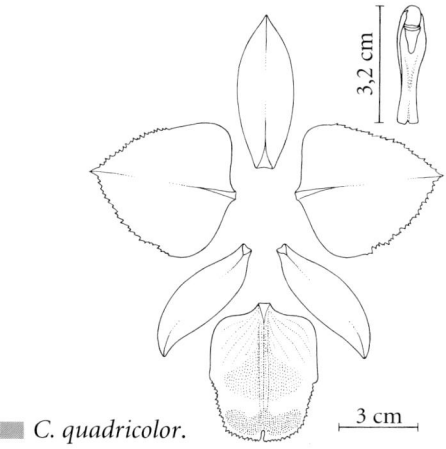

■ *C. quadricolor.*

Variation: Neben einer weiß blühenden Farbvariante gibt es andere Abweichungen in der Blütenfarbe, besonders in der Lippenzeichnung. Man unterscheidet auch Semialba-, Carnea- und Caerulea-Formen bis hin zur um 1990 entdeckten Farbform *flammea*.

Heimat: *Cattleya quadricolor* wächst in Westkolumbien, im Valle del Cauca, aber auch weiter nördlich im Verwaltungsbezirk Risaralda, epiphytisch in Wäldern und in sumpfigen Gebieten in Höhenlagen von 600 bis 1500 m.

Kultur: Mit Beginn des Wachstums im Frühjahr werden die Pflanzen bereits vor zu intensiven Sonnenstrahlen geschützt und bei hoher Luftfeuchte, viel frischer Luft und ziemlich feuchtem Substrat gepflegt. Mit Triebabschluss wird das Substrat etwas trockener gehalten. In dieser Zeit können die Temperaturen kurzzeitig bis auf 10 bis 12 °C absinken. *C. quadricolor* öffnet ihre Blüten etwas früher als *C. trianae*, meist zwischen Spätherbst und Winter. Nach der Blüte ruht die Pflanze noch für einige Zeit. Am Ende der Ruhezeit, etwa mit Beginn des Wurzelwachstums, kann verpflanzt werden.

Züchtung: Die Art vererbt gut eine volle runde Blütenform mit heller, fast weißer, porzellanähnlicher Farbe, oft mit Semialba-Charakter. Bei der Hybriden-Registrierung in „Sander's List of Orchid Hybrids" wird die Art unter ihrem Synonym *C. chocoensis* geführt.

Primärhybriden: *Cattleya quadricolor* ×
C. leopoldii = *C.* Mitchelii; Dr. Ainsworth, 1876
C. percivaliana = *C.* Knightii; Laeken Gardens, 1903
C. dowiana = *C.* Mme. Jeanne Doin; Doin, 1911
C. harrisoniana = *C.* Mrs. Percy Bigland; Hanbury, 1913
C. trianae = *C.* Madonna; St. Quintin, 1913
C. intermedia = *C.* Enchantress; Mansell & Hatcher, 1914
C. warneri = *C.* Camilla; St. Quintin, 1915
C. warszewiczii = *C.* Annette; McBean's Orchides, 1919
C. araguaiensis = *C.* White Trumpet; Orq. Del Valle, 1998

Wissenswertes: Die ersten Pflanzen kamen um 1850 (wahrscheinlich von dem tschechisch/österreichischen Forschungsreisenden Benedict Roezl) nach England, West Hill, Wandsworth, zu Rucker, dessen Gärtner Junkermann sie zum Blühen brachte. Lindley erwähnte daraufhin den Namen *C. quadricolor* in „Paxton's Flower Garden" 1: 6, 1850, und schrieb dazu, dass er die Pflanze im Besitz von Mr. Rucker noch zu wenig kenne, um zu sagen, welche Unterschiede zu *C. labiata* bestünden. Eine gültige Beschreibung erfolgte erst 1864 durch Bateman in „The Gardeners' Chronicle". Die erste farbige Abbildung erschien 1865 in „Curtis's Botanical Magazine". Das Typusexemplar befindet sich in London im Kew-Herbarium und besteht aus zwei Blüten ohne vegetative Organe. Die einzige Anmerkung lautet: „C. quadricolor Rucker Feb. leg."

Bekannt ist die Art auch als *C. chocoensis.* Diese ist jedoch ein Synonym zu *C. quadricolor* und wurde 1873 von Linden und Èdouard F. André in „L'Illustration Horticole" beschrieben. 1896 vermerkt Otto Ballif in „Le Moniteur d'Horticulture" (nach Informationen von Roezl), dass der Name *C. chocoensis* nicht richtig wäre. Die Pflanze müsste *C. caucaensis* heißen, weil sie nicht am Rio Choco, sondern entlang des Rio Cauca in Kolumbien vorkommt.

Dialog: *C. quadricolor* gehört zur *C.-labiata*-Verwandtschaft und ähnelt deshalb den anderen Arten dieses Formenkreises. Besonders erinnert sie an *C. trianae*, ist jedoch schlanker im Wuchs, die Pseudobulben sind dünner, die Blätter nicht so hart und die Tepalen sind nicht flach abgespreizt, sondern bilden meist eine flach glockenförmige Blüte. Bateman sagt zu dieser Art in „L'Illustration Horticole" 8: 56–57, 1866, übersetzt: „Ich habe unter den zahlreichen Einfuhren der Société d'Horticole und in anderen Sammlungen noch niemals eine Cattleya mit solch schmalen (geschlossenen), dachziegelartigen Blüten gesehen, auch nicht mit solch langen Pseudobulben und langen Infloreszenzen, schmal und aufgerichtet …" Trotzdem rechtfertigen diese Unterschiede kaum den Status als selbstständige Art. Vielfach wird sie auch als geographische Variante von *C. trianae* angesehen. Dagegen erkennen heute Orchideenspezialisten und Botaniker, u. a. aus Brasilien und Kolumbien, in neueren Publikationen, z.B. Oliveira in „Boletim CAOB" 4: 5, 1992, und Ortiz in „Orquideologia" 19(2): 64, 1994, *C. quadricolor* als eigene Art an. – Wir behandeln sie hier ebenfalls als eigenständige Spezies, analog zu den anderen Arten des Formenkreises um *C. labiata*. Von *C. labiata* unterscheidet sie sich durch die einfache Blütenscheide und durch den, wenn auch leichten Duft ihrer Blüten.

Cattleya schroederae (Rchb. f.) Sander
The Gardeners' Chronicle 3.s. 4: 94, 1888
Basionym:
C. trianae var. *schroederae* Rchb. f., The Gardeners' Chronicle 3.s. 1: 512, 1887
Synonym:
C. labiata var. *schroederae* (*alba*) Sander, Reichenbachia 2.s. 1: 37, t. 17, 1892

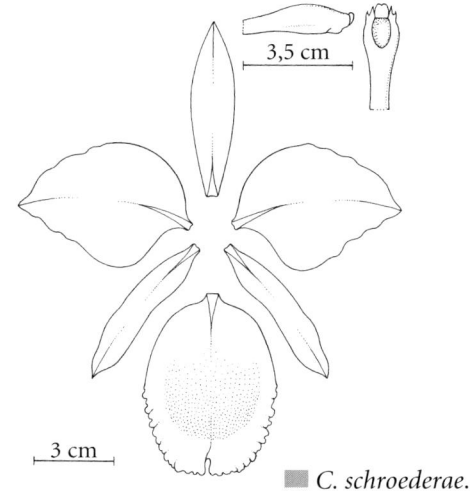

■ *C. schroederae.*

Die Pflanze wurde nach Baronin von Schröder, The Dell, Egham, England, benannt.

Es sind relativ hochwüchsige Pflanzen mit schönen, in sich geschlossenen lachsrosa Blüten, die ein wenig nach bitteren Mandeln duften. **Pseudobulben** bis 25 cm lang, im oberen Teil gering verdickt, abgeflacht, graugrün, einblättrig. **Blätter** schmal elliptisch, bis 26 × 7 cm. **Scheide** länglich-elliptisch, bis 12 cm lang, häutig. **Infloreszenz** bis 15 cm lang, meist zweiblütig. **Blüten** etwa 14 cm Durchmesser, duftend, lachsrosa, Sepalen schmal länglich, spitz. Petalen aus schmaler Basis eiförmig, Rand fein gezähnelt und leicht gewellt. Lippe ausgebreitet breit elliptisch, mit den Seitenrändern die Säule umfassend, rosa bis lachsrosa, Lippe vorn tief eingeschnitten, schwach zweilappig, mit großem orangegelbem Schlundfleck, davor auch karminrot, Rand fein gezähnt. Säule 3,5 cm lang, schwach gebogen, Basis karminrot, nach vorn in Weiß übergehend.

Cattleya schroederae

Cattleya schroederae.

Variation: Die Art variiert etwas in der Wuchshöhe, aber relativ wenig in der Blütenfarbe. Wir erwähnen hier nur die Varietät *alba* – *C. labiata* var. *schroederae* (*alba*) Sander – Reichenbachia 2.s. 1: 37, t. 17, 1892, Blütenblätter reinweiß, Schlundfleck goldgelb. Andere Varietäten bzw. gering abweichende Farbvarianten wie *albescens, coerulea, lilacina* sind gelegentlich in Gartenbau-Katalogen ohne Autor (hort.) erwähnt. Berühmte Kultivare sind: 'The Baron', 'Queen Alexandra' und 'Princess Ena'.

Heimat: Die Art ist in Kolumbien verbreitet und besiedelt die Abhänge der Ostkordilleren zum Orinoco zu. Sie wächst epiphytisch, oft auf hohen Bäumen, in Höhenlagen von 500 bis 1000 m, gelegentlich auch bis 1600 m, vorwiegend in der Nähe von Gewässern.

Kultur: *C. schroederae* wächst am besten an warm-temperierten Standorten bei viel Licht, aber geschützt vor heißer Mittagssonne. Sie liebt viel frische Luft und eine mäßige nächtliche Temperaturabsenkung. Nach der Blüte im Frühjahr, von Ende Februar bis April, entwickelt sich nach einer kurzen Ruheperiode der Neutrieb, der im Spätherbst voll ausgewachsen ist. Die Wassergaben werden nun langsam reduziert und ab Dezember kann der Pflanzstoff verhältnismäßig trocken sein. Gelegentliches Sprühen reicht aus. Während der deutlichen Ruheperiode genügen nachts Temperaturen um 12 bis 14 °C bei höherer Luftfeuchte und Luftumwälzung, bis sich die Blüten entwickeln. Mit beginnendem Neutrieb im späten Frühjahr kann ein erforderliches Umpflanzen erfolgen.

Züchtung: Die Art wurde zur Erzielung von Hybriden in erster Generation um 1900 bis etwa 1920 verstärkt eingesetzt. *Cattleya schroederae* vererbt dominant ihre gute Form und ihre relativ große Blüte bei weniger Einzelblüten. Der Kreuzungspartner beeinflusst die Wuchsform und die Blütenfarbe.

Primärhybriden: *Cattleya schroederae* ×
C. aclandiae = *C.* St. Benoit; Lawrence, 1898
C. leopoldii = *C.* Gauthieriana; Duval, 1899
C. intermedia = *C.* Thayeriana; Thayer, 1900
C. warszewiczii = *C.* H. S. Leon; Leon, 1900
C. dowiana = *C.* Zephyr; Ingram, 1901
C. lawrenceana = *C.* Jussieu; Maron, 1902
C. trianae = *C.* Cappei; Cappe, 1902
C. warneri = *C.* Katherinae; Thayer, 1903
C. skinneri = *C.* Suavis; Sander, 1904
C. schilleriana = *C.* Robert de Wavrin; Wavrin, 1906
C. mendelii = *C.* Unique; Ingram, 1906
C. aurantiaca = *C.* Wolteriana; Wolter, 1909
C. mossiae = *C.* Jocasta; Charlesworth, 1909
C. labiata = *C.* Jucunda; Sander, 1911
C. harrisoniana = *C.* Domitian; Armstrong & Brown, 1914
C. lueddemanniana = *C.* Phyllis; Fowler, 1914
C. percivaliana = *C.* Perivoederae; Colman, 1924
C. loddigesii = *C.* Monte Jaraguá; Doering, 1951
C. amethystoglossa = *C.* Schroder's Lilac; Stewart Inc (J. W. Hanes), 1967
C. walkeriana = *C.* Russell DeMoss; R. DeMoss, 1992

Wissenswertes: Erste Pflanzen der Art kamen um 1885 zu Sander in St. Albans, der Reichenbach fil. davon verständigte. Dieser zögerte jedoch mit einer Neubeschreibung. Offensichtlich war er sich nicht sicher, ob er die Pflanze als eigene Art beschreiben sollte. Erst als er von Baron Schröder und gleichzeitig von Dr. Wallace (1885 oder 86, nach „L'Orchidophile" 7: 227, 1887) eine blühende Pflanze erhielt, beschrieb er sie 1887 als Varietät von *C. trianae* in „The Gardeners' Chronicle". Sander war damit offensichtlich nicht einverstanden und erhob sie ein Jahr später ebenfalls in „The Gardeners' Chronicle" in den Rang einer Art.

Die *C. trianae* var. *schroederiana* (Rchb. f.) Sander, die in der „Reichenbachia" 1.s. 1: 105, 1888, auf Tafel 46 abgebildet ist, hat mit der hier vorgestellten Art nichts zu tun. Sie ist eindeutig eine Varietät von *C. trianae* und wurde nicht wie diese nach Baroness von Schröder, sondern nach dem Baron J. H. W. von Schröder benannt. In seinem Text weist Sander ausdrücklich auf die Zugehörigkeit zu *C. trianae* hin. – Überdies beschrieb Reichenbach fil. bereits 1883 in „The Gardeners' Chronicle" n.s. 19: 102 eine *C. schroederiana* als neue Art, die jedoch zweiblättrig und *C. dolosa* oder *C. walkeriana* ähnlich sein soll. Nach Vergleich der Diagnosen wäre sie synonym zu *C. walkeriana*.

Dialog: Die Art gehört zum Verwandtschaftskreis von *C. labiata*, steht *C. trianae* nahe und wird oft zu dieser als Synonym, aber noch häufiger als Varietät gestellt, auch mit ihr verwechselt. Hier ist es wie bei vielen anderen Arten der Sektion *Cattleyae*, morphologisch lassen sich kaum Unterschiede beschreiben.

Es gibt jedoch vom gärtnerischen Standpunkt eindeutige Unterschiede in der Blütezeit und auch im jährlichen Wuchsrhythmus. Befragt man einen Gärtner, der sich ein halbes Leben mit diesen Pflanzen beschäftigt hat, wird er antworten: *C. schroederae* hat im Unterschied zu *C. trianae* deutlich mehr geschlossene Blüten, ihre Blätter und Pseudobulben sind graugrün gefärbt, die Blüten mehr lachsrosa mit nur manchmal dunklerer Lippenzeichnung. Außerdem riechen die Blüten ein wenig nach bitteren Mandeln.

Cattleya silvana.

Cattleya silvana Pabst
Bradea 2(12): 68, 1976

Die Art erhielt ihren Namen zu Ehren des Entdeckers Edmundo Ferreira da Silva, der auch das Typusexemplar hinterlegte.

Große Pflanze mit großen offenen rosa Blüten und karminroter Lippenfärbung. **Pseudobulben** spindelförmig abgeflacht, nicht selten bis 30 cm lang, einblättrig. **Blätter** elliptisch, bis 15 cm lang und etwa 5 cm breit. **Scheide** einfach, länglich, bis 20 cm lang. **Infloreszenz** mehr als 10 cm lang, meist drei- bis sechsblütig. **Blüten** etwa 14 cm im Durchmesser, rosa. Dorsales Sepalum länglich-elliptisch, 8 cm lang, 1,6 cm breit, seitliche Sepalen länglich-lanzettlich, spitz, 7,5 cm lang, 1,6 cm breit. Petalen schmal elliptisch-eiförmig, 7,5 cm lang, 3,5 cm breit, Rand gewellt. Lippe kurz genagelt, elliptisch, gering dreilappig, mit den Seitenrändern die Säule umfassend, vorn hell karminrot, Schlund fein strichförmig längs geadert, Lippe vorn ausgerandet, Rand weiß, gewellt. Säule 2,5 cm lang, nach oben wenig verbreitert.

Heimat: *C. silvana* besiedelt ein begrenztes Gebiet in Brasilien im Staat Bahia zwischen 500 und 800 m Höhe (nach Menezes) entlang des

Rio Pardo gemeinsam mit *C. warneri, C. amethystoglossa* und *Laelia grandis*.

Kultur: Die Pflanze ist in Europa noch recht selten in Kultur. Sie blüht im brasilianischen Spätsommer, d. h. im Februar/März. Bei uns blüht sie meist im Spätherbst. Importierte Pflanzen aus brasilianischen Gartenbaubetrieben blühen hier oft erst im zeitigen Frühjahr. Nach längerer Eingewöhnung kann sich die Blütezeit verschieben. Nach dem Ausreifen der neu gebildeten Pseudobulbe ruht die Pflanze für etwa sechs bis acht Wochen, indem sie etwas trockener gehalten wird. Danach blüht die Pflanze. Setzt im Frühjahr das Triebwachstum ein, gibt man mehr Wasser und gelegentlich eine schwach konzentrierte Düngerlösung. Die Pflanzen vertragen viel Sonne und hohe Temperaturen. Während der Ruhezeit sollten sie nicht zu trocken und bei etwa 15 °C stehen.

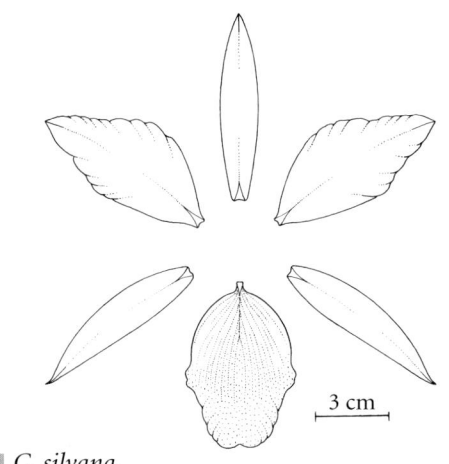

■ *C. silvana*.

Wissenswertes: Die Pflanze wurde von Edmundo Ferreira da Silva entdeckt und 1976 von G. F. J. Pabst in „Bradea" beschrieben. Er sagt dazu: Die Art sei *C. labiata* ähnlich, aber kleiner im Wuchs und mit schmaleren Blütenblättern, die Lippe sei ähnlich wie die von *Laelia lobata* gefärbt. Pabst vermerkt am Schluss, dass die neue Art auf den ersten Blick an eine Hybride mit *L. lobata* erinnert, insbesondere der rötliche Vorderlappen der Lippe mit dunklen Adern,

und dass der abgeschiedene Standort auf einen Entwicklungsprozess von *C. labiata* hinweisen könnte.

Wie L. C. Menezes während einer Exkursion im Oktober 1988 in diesem Gebiet festgestellt hat, kommt *C. silvana* gemeinsam mit *Laelia grandis* (nicht *L. lobata*) und *C. warneri* vor. Sie schreibt in „Orchid Digest" 56(2): 91–92, man könne nicht ausschließen, dass es sich bei *C. silvana* um einen Naturbastard zwischen *C. warneri* und *L. grandis* handelt, der sich im Laufe der Evolution als Art stabilisiert habe. Menezes erwähnt in diesem Zusammenhang die 1893 von Rolfe in „The Gardeners' Chronicle" beschriebene *Laeliocattleya* ×*albanensis*. Diese Hybride wurde in „Sander's List of Orchid Hybrids" als Naturhybride zwischen *C. warneri* und *L. grandis* erfasst sowie 1956 als künstliche Hybride (Züchter unbekannt) mit den gleichen Eltern bekannt. Sie ist *C. silvana* ähnlich, unterscheidet sich jedoch durch ihre sechs Pollinien.

Dialog: *C. silvana* gehört zur Sektion *Cattleya*, d. h. zum Formenkreis um *C. labiata*. Ihre Blüten ähneln einigen Vertretern dieser Sektion wie *C. warneri* und *C. labiata*. Sie erinnert in ihrem Habitus durch die großen schlanken Pseudobulben jedoch eher an eine *Laelia* der Untergattung *Crispae*, Sektion *Crispae*, als an eine *Cattleya*. Eine gewisse Ähnlichkeit besteht auch zur oben erwähnten Naturhybride zwischen *C. warneri* und *L. grandis*. Entscheidend für eine Zugehörigkeit zur Gattung *Cattleya* sind jedoch die vier Pollinien der *C. silvana* (*Laelia* hat acht, *Laeliocattleya* meist sechs). – Withner behandelt *C. silvana* synonym zu *C. warneri*. Die beiden Arten unterscheiden sich jedoch durch ihre unterschiedlichen Blütezeiten, *C. silvana* blüht im Herbst (nach einer etwa zweimonatigen Ruhezeit) und *C. warneri* im Sommer, aber auch durch ihre Blütenscheide. Diese ist bei *C. silvana* einfach, bei *C. warneri* doppelt.

Das Zitat der Erstveröffentlichung von *C. silvana* wird von L. C. Menezes in „Orchid Digest" versehentlich mit „Bradea" vol. II, Seite 68, 1975, angegeben. Die Seite 68 mit der Originalbeschreibung von *C. silvana* befindet sich jedoch im Heft Nr. 12 vom 1. Mai 1976. Interessant ist nur, wie sich dieser Schreibfehler in nachfolgenden Publikationen über *C. silvana* fortgesetzt hat!

Cattleya trianae Lind. ex Lind. et Rchb. f.
Botanische Zeitung 18: 74, 1860
Synonyme:
C. labiata var. *trianae* (Lind. et Rchb. f.) Duchartre, Journal de la Societe Imperiale et Centrale d'Horticulture 6: 369, t. 13, 1860
Epi. labiatum var. *trianae* (Lind. et Rchb. f.) Rchb. f., Walpers' Annales Botanices Systematicae 6, 2: 315, 1861
C. bogotensis Lind. ex E. Morr., La Belgique Horticole 15: 102, 1863
C. kimballiana L. Lind. et Rodig., Lindenia 2: 85, t. 89, 1887
C. labiata trianae var. *schroederiana* Rchb. f., Reichenbachia l.s. 1: 105, t. 46, 1888

Die Art wurde zu Ehren von Dr. José Jerónimo Triana, Botaniker und Naturforscher in Bogotá, Kolumbien, benannt.

C. trianae öffnet ihre großen, zarten, hell karminrot gefärbten Blüten schon zeitig im Jahr. **Pseudobulben** schmal spindelförmig, abgeflacht, etwa 20 cm lang, einblättrig. **Blätter** länglich-lanzettlich, etwa 28 cm lang und 7 cm breit, vorn stumpf, meist steif aufrecht. **Scheide** einfach, zur Blütezeit grün. **Infloreszenz** etwa 30 cm lang, ein- bis drei-, auch bis fünfblütig. **Blüten** bis 18 cm Durchmesser, rosa bis hell karminrot. Sepalen länglich-lanzettlich, spitz, Spitze zurückgekrümmt. Petalen aus schmaler Basis eiförmig, stumpf, Rand gewellt und vorn fein gezähnelt. Lippe groß, die Säule tütenförmig umfassend, Schlund gelb bis goldgelb ohne Aderung, Vorderlappen kräftig karminrot, vorn eingeschnitten, Rand meist rosa und fein gewellt. Säule schwach gebogen, 3,5 cm lang.

Variation: *C. trianae* variiert besonders in der Blütenfarbe. Es gibt unzählige beschriebene Varietäten, die aber oft nur Farbvarianten darstellen, z.B.: var. *alba* hort., The Gardeners' Chronicle n.s. 17: 222, 1882, Blütenblätter weiß, Schlund der Lippe gelb; var. *backhouseana* hort., The Gardeners' Chronicle n.s. 23: 309, 1885, Sepalen und Petalen rosa, Petalenspitzen und Lippe kräftig rot, im Schlund blassgelb; var. *er-*

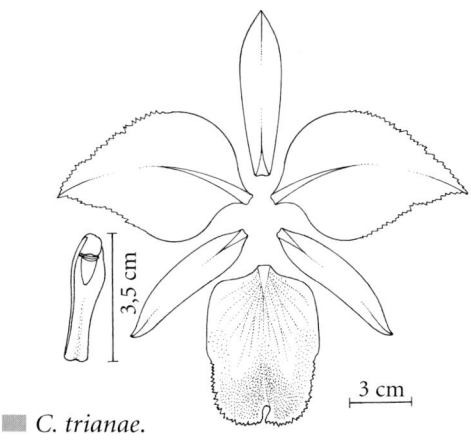

■ *C. trianae.*

nesti Rchb. f. (Sander), Reichenbachia l.s. 1: 99, t. 43, 1888, Pseudobulben dünn, Blütenblätter mit unregelmäßigen karminroten Flecken; var. *mariae* hort., Dictionaire Iconographique des Orchidées II: 45, 1896, Sepalen und Petalen reinweiß, Lippe karminrot bis violett; var. *massangeana* Rchb. f., The Gardeners' Chronicle n.s. 19: 242, 1883, Sepalen und Petalen blass rosarot, rötlich längs geadert, Lippe rosarot, dunkler geadert, Schlund gelborange, blassrosa geadert; var. *reginae* Williams, The Orchid Album 10, t. 466, 1893, Sepalen und Petalen reinweiß, Lippe magentarot, Rand weiß, Schlund blassgelb; var. *schroederiana* (Rchb. f.) Sander, Reichenbachia l.s. 1: 105, t. 46, 1888, Sepalen und Petalen breiter als bei der Art, weiß, Lippe magentarot, Schlund blassgelb; var. *splendidissima* Williams et Moore, The Orchid Album 4, t. 150, 1885, Blüte weiß, Lippe leuchtend karminrot.

Heimat: Die Art wächst im nördlichen Kolumbien, in den Departamentos Cundinamarca, Tolima, Huila und Cauca, in Galeriewäldern der Dornstrauchvegetation, auch in der Nähe von Gewässern in 800 bis 1500 m Höhenlage. Es sind

Cattleya trianae.

in der Regel Epiphyten, seltener auch Lithophyten.

Kultur: Die Pflanzen lieben einen temperierten bis warmen Platz bei guter Frischluftzufuhr, nächtlicher Temperaturabsenkung und Schutz vor zu heißer Sonne, besonders bei zu geringer Luftumwälzung. Nach der Blütezeit, die etwa zwischen Dezember und Februar liegt, haben die Pflanzen nochmals eine kurze Ruheperiode. Sobald sich der Neutrieb zeigt, meist im April/Mai, wird verpflanzt. Mit einsetzendem Wurzelwachstum wächst die neue Pseudobulbe bei reichlicher Feuchtigkeit und höherer Luftfeuchte rasch heran und schließt ihr Wachstum nach Ausbildung der Pseudobulbe im Herbst ab. Die Pflanze geht nun langsam in eine deutliche Ruheperiode bei fast trockenem Substrat und mäßigen Temperaturen um 12 bis 14 °C über. Der Pflanzstoff wird erst wieder feuchter gehalten, wenn die Knospen die Scheide durchwachsen haben. Wird dies nicht beachtet, können sie schwarz werden und absterben. Für ein gutes Gedeihen ist also eine strenge Ruhezeit vor der Blüte und eine mäßige danach bis zum Austreiben einzuhalten.

Züchtung: *C. trianae* wurde mit fast allen anderen Arten der Gattung und mit sehr vielen Hybriden gekreuzt. Vererbt werden ein kräftiger Wuchs, eine Blütezeit vorwiegend im Winter und große Blüten mit langer Lippe bei relativ geringer Substanz, aber guter Haltbarkeit. Die Blütenfarbe ist rezessiv und wird vom Kreuzungspartner stark beeinflusst.

Primärhybriden: *Cattleya trianae* ×
C. dowiana = *C.* Maggie Raphael; Leon, 1889
C. warszewiczii = *C.* Ballantineana; Sander, 1889
C. harrisoniana = *C.* Dubiosa; Maron, 1890

Cattleya trianae 'Dutrembley'.

Cattleya trianae var. *alba.*

C. lawrenceana = *C.* Cecilia; Ingram, 1895
C. schilleriana = *C.* Elvina; Veitch, 1896
C. intermedia = *C.* Olivia; Veitch, 1897
C. amethystoglossa = *C.* Miranda; Veitch, 1897
C. percivaliana = *C.* Adela; Veitch, 1898
C. luteola = *C.* Flavescens; Maron, 1898
C. lueddemanniana = *C.* Princess; Veitch, 1899
C. bicolor = *C.* Pandora; Veitch, 1900
C. loddigesii = *C.* Prince Albert; Vincke, 1900
C. aclandiae = *C.* Lottie; Charlesworth, 1901
C. bowringiana = *C.* Barbara; Leon, 1902
C. leopoldii = *C.* Zeo; Charlesworth, 1902
C. schroederae = *C.* Cappei; Cappe, 1902
C. granulosa = *C.* Alfred Fowler; Fowler, 1904
C. rex = *C.* Fallieri; H. Schuster, 1906
C. velutina = *C.* Wildemannii; Wavrin, 1906
C. labiata = *C.* Veriflora; Sander, 1908
C. quadricolor = *C.* Madonna; St. Quintin, 1913
C. maxima = *C.* Shinjik; Tokyo Botanical Gardens, 1923
C. mendelii = *C.* Atlantic; Low, 1927
C. aurantiaca = *C.* Confetti; L. de Rothschild, 1935
C. gaskelliana = *C.* Bobbie Howarth; Duce Farms, 1937
C. mossiae = *C.* Trimos; Low, vor 1946
C. guttata = *C.* Zeno; Sander, vor 1946
C. walkeriana = *C.* Diacui; W. Silva, 1955
C. skinneri = *C.* Eva's Sugar Candy; Orquideas Eva, 1998

Wissenswertes: Um 1850 erhielt Jean J. Linden Pflanzen von Dr. Triana aus Bogotá, Kolumbien, und gab ihnen, diesen zu Ehren, die Bezeichnung *C. trianai*. Erwähnt wurde sie das erste Mal in seinem Katalog Nr. 9, Seite 9 von 1854. Linden war anfangs der Meinung, dass die Pflanzen mit der 1854 in „Bonplandia" von Reichenbach fil. beschriebenen *C. warszewiczii* identisch seien. Dieser Meinung folgte wohl Reichenbach fil. zuerst ebenfalls, da er sie in seiner „Xenia Orchidacea" 1855 zu *C. warszewiczii* stellte. Im Januar 1860 erhielt er jedoch aus den Sammlungen von Thibaud und Ketelaer in Paris Pflanzenmaterial, auf dessen Grundlage er gemeinsam mit Linden 1860 in „Botanische Zeitung" *C. trian**aei*** beschrieb. Er verwendete diesen Namen, da er die Übereinstimmung mit den früher von Linden eingeführten Pflanzen erkannte, wandelte die Endung jedoch in **-aei** um. Da Linden die Bezeichnung *C. trian**ai*** bereits als Handelsnamen verwendet hatte und Reichenbach fil. bei der Erstbeschreibung Linden mit als Autor aufführt, schreiben wir heute als Autoren Lind. ex Lind. et Rchb. f. hinter den Artnamen. In der Originalbeschreibung erwähnt Reichenbach fil. außerdem,

Cattleya Remy Chollet (1926) (*C.* Monarch × *C. trianae*).

dass sich die frühere Vermutung von Linden, die Pflanze sei identisch mit *C. warszewiczii*, nicht bestätigt hätte.

Pierre Duchartre stellte die Art kurze Zeit nach ihrer Erstbeschreibung als Varietät zu *C. labiata*, während Linden und Édouard Morren sie

1863 in „La Belgique Horticole" als *C. bogotensis* beschrieben. Sie erkannten nicht, dass es sich um *C. trianae* handelte. 1887 beschrieb der Sohn von Jean J. Linden, Lucien Linden, in „Lindenia" gemeinsam mit dem belgischen Botaniker Èmile Rodigas eine *C. kimballiana,* die ebenfalls *C. trianae* entspricht. – Um 1900 wurden auf einer Ausstellung in Brüssel 15 Abarten von *C. trianae* gezeigt. Die Preise betrugen zwischen 6000 und 10 000 Mark für eine Pflanze. Die besonders schöne Form 'Imperator' brachte 600 Guineen, etwa 12 000 Mark. Cogniaux nennt Ende des 19. Jahrhunderts bereits 116 Farbvarianten.

Wir schreiben heute nicht mehr *C. trian**ei**,* sondern *C. trian**ae**,* da nach dem Internationalen Code für Botanische Nomenklatur (ICBN) die ursprüngliche Schreibweise eines Namens geändert werden sollte, wenn sie – wie in diesem Fall – nicht die passende lateinische Endung erhalten hatte. Wir berufen uns hier auf den Tokyo-Code 1994, Rec. 60 C. 1. (a), der besagt, dass bei mit -a endenden Namen ein -e die angemessene Endung ist. In der Originalbeschreibung von Reichenbach fil. „Botanische Zeitung" 18: 74, 1860, heißt es zwar *C. trian**ei**,* aber Reichenbach fil. schrieb die Art in seinen späteren Veröffentlichungen selber häufig ohne das Endungs-i, und so sollten wir den Empfehlungen des Code folgen und schreiben *C. trianae*!

Dialog: Die Art gehört zur Verwandtschaft von *C. labiata* und ähnelt den dazugehörenden Arten, insbesondere *C. labiata, C. warszewiczii, C. eldorado.* Von *C. labiata* unterscheidet sie sich durch ihre einfache Blütenscheide. Sehr ähnlich ist auch *C. quadricolor,* die von vielen Autoren als Synonym, teilweise auch als geographische Variante von *C. trianae* betrachtet wird. Morphologische Unterschiede sind schwer darzustellen. Meist wird *C. quadricolor* an der flach glockenförmigen Gestalt ihrer Blüten erkannt. Eine Trennung beider Arten ist vom gärtnerischen Standpunkt aufrechtzuerhalten. Für den Orchideenliebhaber ist die Trennung ebenfalls sinnvoll, da einige Kreuzungen mit *C. quadricolor* (unter ihrem Synonym *C. chocoensis*) existieren. *C. schroederae* wird ebenfalls als enge Verwandte, gelegentlich als eine Varietät zu *C. trianae* angesehen. Auch mit ihr gibt es zahlreiche Kreuzungen.

C. trianae ist in der Form und Farbe ihrer Blüten sehr variabel und teilweise auch kontrastreich gefärbt. Dagegen weisen *C. quadricolor* und *C. schroederae* definierbare Farbmerkmale auf. *C. schroederae* ist stets mehr oder weniger intensiv rosa mit ebenfalls unterschiedlich intensivem Schlundfleck. *C. quadricolor* ist weißlich bis zartrosa bis hell karminrot und hat außerdem fast immer einen purpurroten Fleck auf dem Vorderlappen ihrer Lippe.

Cattleya warneri T. Moore
Select Orchidaceous Plants 1, t. 8, 1862
Synonyme:
C. trilabiata Barb. Rodr., Genera et species orchidearum novarum 1: 69, 1877
C. labiata var. *warneri* Veitch, A Manual of Orchidaceous Plants 1, Epidendreae, 1887

Thomas Moore benannte die Art nach dem englischen Orchideenzüchter und Herausgeber von „The Orchid Album" sowie „Select Orchidaceous Plants" Robert Warner (1816 bis 1896) aus Broomfield, Chelmsford, Essex, bei dem sie erstmalig in Kultur zur Blüte kam.

Mittelgroße Pflanze mit zarten, sehr großen Blüten, die in Form und Farbe oft erheblich voneinander abweichen. **Pseudobulben** schmal spindelförmig, abgeflacht, etwa bis 28 cm lang, einblättrig. **Blätter** länglich-lanzettlich, bis 28 cm lang und 7 cm breit. **Scheide** doppelt, zur Blütezeit meist grün. **Infloreszenz** drei- bis sechsblütig. **Blüten** von feiner Struktur, ausgebreitet bis 20 cm Durchmesser, hell karminrot, Lippe dunkel karminrot, Schlund hell- bis goldgelb. Sepalen länglich-lanzettlich, stumpf. Petalen elliptisch-eiförmig, Rand vorn fein gekerbt und gewellt. Lippe mit den Seitenrändern die Säule tütenförmig umfassend, Vorderlappen groß, vorn in der Mitte eingekerbt, Rand fein gesägt und gewellt. Säule 3,4 cm lang.

Variation: *C. warneri* zeigt sich sehr variabel in der Färbung ihrer Blüten und in deren Form und Größe. Die Farbpalette reicht von Weiß über Rosa bis Purpurrot und bläulich. Hier einige der beschriebenen Varietäten (eigentlich größtenteils Farbvarianten): var. *alba* hort. ex Cogn., Dictionaire Iconographique des Orchidées 1896, alle Blütenteile weiß, Lippe im Schlund gelb mit dunkelgelben Adern; var. *albescens* hort. ex L. C. Menezes, Orchid Digest 56: 71, 1992, Sepalen und Tepalen zartrosa getönt, Lippe weiß mit gelbem Schlundfleck; var. *amoena* L. C. Menezes, Orchid Digest 56: 71, 1992, Blütenblätter weiß, Lippe weiß, Vorderlappen fleischfarben-rosa, Seitenlappen weißlich, Schlund gelb; var. *caerulea* L. C. Menezes, Orchid Digest 56: 89, 1992, Sepalen und Petalen leicht bläulich getönt, Lippe tiefviolett, Schlund hellgelb mit goldgelben Adern; var. *concolor* hort. ex L. C. Menezes, Orchid Digest 56: 71, 1992, Blütenblätter rosalila, Lippe weißlich rosa; var. *semi-alba* L. C. Menezes, Orchid Digest 56: 71, 1992, Blütenblätter weiß, Lippe rot geadert.

Heimat: *C. warneri* ist in Brasilien in den südlichen küstennahen Staaten Minas Gerais, Bahia (im Süden) und Espírito Santo beheimatet. Sie wächst in Höhenlagen von 200 bis 800 m, vorwiegend epiphytisch auf Bäumen, seltener lithophytisch im lichten Schatten.

Kultur: Die Pflanzen wachsen am besten unter temperierten bis warmen Bedingungen, bei hoher Luftfeuchtigkeit, guter Frischluftzufuhr und viel Licht, aber vor zu starker Sonne geschützt. Letzteres gilt vor allem während der Blütezeit, denn die zarten Blüten vertragen keine zu intensive Sonneneinstrahlung. Während der langen Ruheperiode im Winter werden die Pflanzen nur mäßig feucht und relativ kühl gehalten. Die Temperaturen sollten jedoch nicht für längere Zeit unter 12 °C absinken. Im zeitigen Frühjahr setzt das Triebwachstum ein, die Pflanzen werden wieder stärker gegossen und auch die Luftfeuchtigkeit sollte jetzt nicht zu niedrig sein. Nach Abschluss des Triebwachstums erscheinen

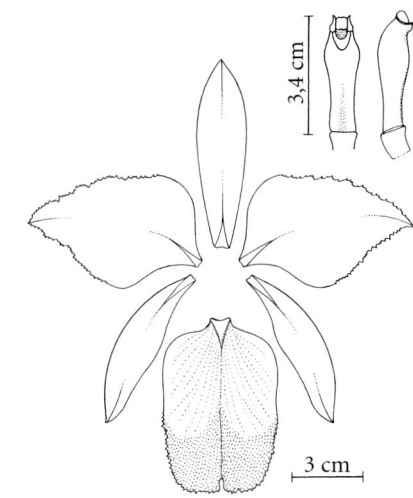

■ *C. warneri*.

die Blüten, meist in den späten Sommermonaten. Nach der Blüte entwickeln sich oft neue Wurzeln, dies ist die beste Zeit zum Verpflanzen.

Züchtung: *C. warneri* wurde erst verhältnismäßig spät nach ihrer Einführung zur Züchtung eingesetzt, dann aber recht häufig. Sicher spielten ihre großen Blüten eine wichtige Rolle. Ihr kräftiger, rascher Wuchs sowie die Blütengröße werden meist gut weitergegeben und vom Kreuzungspartner nur wenig beeinflusst. *C. warneri* vererbt außerdem die Farbe ihrer Blüten, aber auch deren recht geringe Substanz, weiterhin die große Lippe sowie die Lippenform und -farbe.

Primärhybriden: *Cattleya warneri* ×
C. mossiae = *C.* Intertexta; Veitch, 1897
C. velutina = *C.* Paynterii; Rev. Paynter, 1899
C. bowringiana = *C.* Chapmanii; R. I. Measures, 1900
C. dowiana = *C.* Comet; Bradshaw, 1903
C. schroederae = *C.* Katherinae; Thayer, 1903
C. gaskelliana = *C.* Mrs. Myra Peeters; Peeters, 1904
C. skinneri = *C.* Susanniae; Thayer, 1905
C. warszewiczii = *C.* Dupreana; Lambeau, 1906
C. intermedia = *C.* Holdenii; J. J. Holden, 1911
C. mendelii = *C.* Queen Mary; J. J. Holden, 1911

Cattleya warneri var. *caerulea*.

Cattleya warneri.

C. *granulosa* = C. Nobilis; Sander, 1912
C. *labiata* = C. Purity; R. Ashworth, 1913
C. *quadricolor* = C. Camilla; St. Quintin, 1915
C. *lueddemanniana* = C. Lady Veitch; Sander, 1915
C. *trianae* = C. Cholame; Armacost & Royston, 1941
C. *loddigesii* = C. Valentine; Lager, vor 1946
C. *walkeriana* = C. Sea Breeze; Stewart Inc, 1972
C. *percivaliana* = C. Perci-Warner; Stewart Inc, 1977
C. *aclandiae* = C. Samba Crush; R. Agnes (Aranda Oquideas), 2000

Wissenswertes: Die Art wurde zuerst von P. M. Binot gesammelt und zu Hugh Low & Co. nach Clapton (London) gesandt. Ein bestimmer Fundort wurde nicht angegeben. 1860 blühte die erste Pflanze in der Sammlung von Robert Warner. Beschrieben wurde C. *warneri* 1862 von Thomas Moore in „Select Orchidaceous Plants", eine Publikation, die Warner, gemeinsam mit B. S. Williams, herausgab. Deshalb findet man als Autoren von C. *warneri* gelegentlich auch Moore ex Warner. – C. *warneri* wird oft auch als Varietät zu C. *labiata* Lindl. gestellt, der sie sehr nahe steht. Die 1976 von Pabst beschriebene C. *silvana* wird von Withner synonym zu C. *warneri* angesehen.

Dialog: C. *warneri* ist sehr eng mit C. *labiata* verwandt und von dieser nur schwer zu unterscheiden. Taxonomisch lässt sich der Artstatus kaum aufrechterhalten. Wegen ihrer Bedeutung für den Gartenbau wird C. *warneri* jedoch als selbstständige Art behandelt. Gärtnerisch betrachtet, lassen sich schon einige Unterschiede nachweisen. Ihre Blüten sind meist etwas größer und auch etwas anders geformt als die von C. *labiata*, wobei sich die Unterschiede erst erkennen lassen, wenn man beide Pflanzen nebeneinander sieht. Durch die große Variationsbreite verwischen sich jedoch die Unterscheidungsmerkmale häufig. Unterschiede zwischen den beiden Arten gibt es im heimatlichen Vorkommen, in den Blütezeiten und bei den Blütenscheiden.

Das Verbreitungsgebiet von C. *warneri* beschränkt sich vorwiegend auf die südlichen Küstengebiete Brasiliens, insbesondere in den Staaten Minas Gerais, Espírito Santo und Bahia (Süden), während C. *labiata* in den nördlichen Küstenländern Alagoas, Pernambuco, Paraíba und Ceará vorkommt. Daraus ergibt sich die Auffassung, C. *warneri* als eine geographische Variante von C. *labiata* zu betrachten.

Durch die unterschiedlichen Wachstums- und Ruhezeiten infolge der verschiedenen Bedingungen in den einzelnen Regionen ergeben sich differenzierte Blütezeiten in der Natur.

Diese können sich in Einzelfällen, insbesondere in Kultur bei gemeinsamer Pflege der beiden Arten, auch überschneiden. In unseren Breiten blüht C. warneri vorwiegend im Sommer, C. labiata im Herbst.

Nach Beobachtungen von Érico de Freitas Machado entwickelt C. warneri eine doppelte Blütenscheide, die sich bis zur Blüte nicht verändert. Bei C. labiata dagegen wächst die innere Scheide bis zur Hälfte ihrer Größe aus der äußeren Scheide heraus.

Cattleya warszewiczii Rchb. f.
Bonplandia 2: 112, 1854
Synonyme:
Epi. labiatum var. warszewiczii (Rchb. f.) Rchb. f., Walpers' Annales Botanices Systematicae 6, 2: 315, 1861
C. gigas Lind. et André, L'Illustration Horticole 20: 70, 1873 (Abb. t. 178, 874)
C. labiata var. warszewiczii (Rchb. f.) Rchb. f., The Gardeners' Chronicle n.s. 19: 243, 1883
C. gloriosa Carr., Revue Horticole 18: 333, 1885
C. imperialis hort. ex Veitch, A Manual of Orchidaceous Plants 1, Epidendreae, 1887
C. sanderiana Rchb. f., Gardeners' Chronicle 18: 8, 1882

Reichenbach fil. benannte die Art zu Ehren ihres Entdeckers, des polnischen Orchideensammlers Jòzef v. Warszewicz (1812 bis 1866), der nach seinen Reisen in Mittel- und Südamerika Garteninspektor des Botanischen Gartens in Krakau geworden war.
C. warszewiczii ist eine Pflanze von recht unterschiedlicher Wuchshöhe mit sehr großen, prächtigen, rosa bis hell karminrot gefärbten Blüten. **Pseudobulben** etwa 22 bis 28 cm lang, gering spindelförmig, gefurcht, einblättrig. **Blätter** etwa 30 cm lang und 5 cm breit, länglich, etwas lanzettlich, vorn stumpf. **Scheide** länglich, etwa 10 cm lang, einfach. **Infloreszenz** etwa 18 cm lang, drei- bis fünf-, auch bis siebenblütig. **Blüten** bis 18 cm, gelegentlich bis 22 cm Durchmesser, hellrosa bis hell karminrot. Sepalen länglich-lanzettlich, spitz. Petalen eiförmig-elliptisch, Rand gewellt, vorn stumpf. Lippe angedeutet dreilappig, mit den Seitenrändern die Säule tütenartig umfassend, Vorderlappen rundlich bis eiförmig, Rand gewellt, vorn eingekerbt, karminrot, am Eingang des Schlundes auf jeder Seite meist mit einem großen gelben Fleck. Säule gebogen, 3 cm lang, hell karminrot, Ränder häutig.

Variation: Die Art variiert in der Wuchshöhe, in der Größe ihrer Blüten und besonders in deren Farbe, auch in Form und Zeichnung der Lippe. Es gibt einige beschriebene Varietäten, die jedoch ausnahmslos Farbvarianten darstellen. Auch einige ihrer Synonyme können als Varietäten oder geographische Varianten von C. warszewiczii aufgefasst werden. Als Beispiele seien genannt: var. delicata T. Moore, Proceedings Royal Horticultural Society 2: 121, 1862, Sepalen und Petalen weiß, Lippe mit gelbem Zentrum, rosa

Cattleya warszewiczii.

getönt, Rand weiß; var. *rochellensis* Rchb. f., The Gardeners' Chronicle 3.s. 4: 533, 1888, alle Blütenblätter weiß, manchmal mattrosa überhaucht, Lippe mit gelbem Fleck.
C. imperialis hort. ex Veitch, A Manual of Orchidaceous Plants 1, Epidendreae, 1887, Blüten größer und dunkler als bei der Art sowie angeblich blühwilliger. *C. sanderiana* Rchb. f., Gardeners' Chronicle, 18: 8, 1882, seit 1882 im Handel, gefunden in den Bergen östlich des Rio Magdalena, noch intensiver gefärbt als die vorige Art. – Die bis heute unvergessene und wohl berühmteste Semialba-Form von *C. warszewiczii*, 'Frau Melanie Beyrodt', ist nicht als Varietät beschrieben worden, sie stammt jedoch ebenfalls aus der Natur und stellt eine so genannte Ausleseform dar. Ihre Blütenblätter sind reinweiß, die Lippe karmin- bis purpurrot mit gelben Schlundflecken. Sie wurde benannt nach der Gattin des Besitzers der altbekannten Berliner Gärtnerei Beyrodt. Otto Beyrodt war von 1916 bis 1923 Vorsitzender der Orchideenabteilung der Deutschen Gartenbau-Gesellschaft.

Heimat: Die Art kommt in Nordwestkolumbien im Tal des Rio Magdalena, wohl vorwiegend in Höhenlagen zwischen 800 und 1500 m, aber auch um 2500 m, vor. Sie wächst epiphytisch, meist in den Kronen hoher Bäume und erhält dort viel Licht.

Kultur: Für ein gesundes Wachstum benötigt die Pflanze viel Licht, fast volle Sonne, und Wärme, eine deutliche nächtliche Temperaturabsenkung, hohe Luftfeuchte und viel frische Luft. In ihrer Heimat erreichen die Temperaturen, auch in höheren Lagen, stellenweise Werte bis 27 °C und können bis auf 5 °C sinken. Dort blüht *C. warszewiczii* im April. Klimatisch bedingt, entwickelt sich oft im Oktober ein zweiter Trieb, vorausgesetzt, es wird keine Frucht ausgebildet. In unseren Breiten beginnt das Wachstum des neuen Triebes im zeitigen Frühjahr. Die Blütenknospen zeigen sich in der Regel an den jungen, noch nicht voll ausgewachsenen Pseudobulben oft bereits im Frühsommer, aber auch erst im Spätsommer. Nach dem Abblühen setzt die lange Ruheperiode ein. Während dieser Zeit sollte der Pflanzstoff relativ trocken sein. Günstig sind Temperaturen bei etwa 15 °C, nachts etwas darunter. Da die Ruhezeit häufig in den Sommermonaten beginnt, ist es schwierig, diese Werte einzuhalten. Durch die höheren Temperaturen muss mehr gegossen werden und so kann sich gelegentlich ein zweiter Neutrieb entwickeln, den man wachsen lässt oder ausbricht (siehe auch Kapitel „Wachstumsrhythmus"). – *C. warszewiczii* wächst am besten im Korb. Ihr Standort sollte möglichst selten gewechselt werden.

Züchtung: *C. warszewiczii* wurde anfangs sehr oft zur Erzielung von Primärhybriden eingesetzt und danach, etwa bis 1940, häufiger zur Weiterentwicklung von Hybriden verwendet. Später entstanden fast nur noch Kreuzungen mit höher entwickelten Hybriden, die diese Art enthalten. *C. warszewiczii* vererbt dominant ihren starken Wuchs, ihre großen Blüten mit typischer Lippe und reine Blütenfarben sowie meist ihre beiden goldgelben, ausgeprägten Schlundflecken.

Primärhybriden: *Cattleya warszewiczii* ×
C. trianae = *C. Ballantineana*; Sander, 1889
C. loddigesii = *C. Minucia*; Veitch, 1892
C. gaskelliana = *C. Harold*; Cookson, 1893
C. leopoldii = *C. Atalanta*; Veitch, 1984
C. bowringiana = *C. Wendlandiana*; Veitch, 1894
C. harrisoniana = *C. Ashtonii*; Lewis & Co., 1894
C. eldorado = *C. Mariottiae*; Marriott, 1896
C. violacea (als *C. superba*) = *C. Euphrasia*; Veitch, 1896
C. mendelii = *C. Armainvillierensis*; E. Rothschild, 1896
C. lawrenceana = *C. Jupiter*; Ingram, 1896
C. aclandiae = *C. Fernand Denis*; Maron, 1896
C. mossiae = *C. Enid*; Veitch, 1898
C. bicolor = *C. Ella*; Veitch, 1898
C. schroederae = *C. H. S. Leon*; Leon, 1900
C. rex = *C. Clymene*; Linden, 1901
C. schilleriana = *C. Prince Edward*; Sander, 1902
C. intermedia = *C. Intermedia-Gigas*; Colman, 1904

C. labiata = *C.* Amabilis; Sander, 1904
C. lueddemanniana = *C.* Carmen; Veitch, 1905
C. maxima = *C.* Adrienne de Wavrin; Wavrin, 1906
C. warneri = *C.* Dupreana; Lambeau, 1906
C. velutina = *C.* Wincqxiana; Peeters, 1906
C. granulosa = *C.* Wavriniana; Peeters, 1916
C. quadricolor = *C.* Annette; McBean's Orchids, 1919
C. percivaliana = *C.* Mrs. W. R. Coe; W. R. Coe, 1928
C. walkeriana = *C.* Interlude; Stewart Orch., 1994

Wissenswertes: Der Pflanzensammler Jòzef v. Warszewicz entdeckte die Art 1848 im Norden der Provinz Medellin in Kolumbien. Auf dem Transport nach Europa gingen fast alle Orchideen bei einem Schiffbruch auf dem Rio Magdalena verloren. Einige der geretteten Pflanzen erreichten Europa und davon gelangte ein Exemplar (von Gireaud) zu Herrn Rucker (Sigismund Rücker) England, West Hill, Wandsworth. Eine weitere Sendung ging an die Gärtnerei Linden, gesandt von Dr. Triana aus Kolumbien. Reichenbach fil. beschrieb die Art 1854 nach dem Entdecker als *C. warszewiczii*. Unter dieser Bezeichnung wurde die Art lange Zeit in den Sammlungen geführt. Bis Gustav Wallis 1868 und Benedict Roezl 1870 größere Mengen nach Europa schickten, war sie jedoch vergleichsweise selten in Kultur.

Sieben Jahre nach seiner Erstbeschreibung stufte Reichenbach fil. die Art zu einer Varietät von *C. labiata* zurück und stellte sie im Rahmen seiner Umkombination von *Cattleya* zu *Epidendrum* in „Walpers' Annales Botanices Systematicae" zur Gattung *Epidendrum*. Wenige Jahre später behandelte er sie wieder als *Cattleya*.

Nach einem Bericht von Wallis, der sich rühmte, die Art nach 20 Jahren wieder entdeckt zu haben, schickte dieser 1868 Pflanzen an Linden, jedoch aus einem anderen Bezirk, etwa 130 km entfernt von der Gegend, an der die Art 1848 von Warszewicz entdeckt worden war. Roezl soll (nach Wallis) 1871 ebenfalls Pflanzen an Linden geschickt haben, jedoch von dem Standort nördlich von Medellin, wo sie von Warszewicz zuerst fand. Linden beschrieb die „neu" entdeckten Pflanzen gemeinsam mit E. François André 1873 wegen ihrer großen Blüten als *C. gigas*. Die Pflanzen von Wallis wurden im Handel auch als *C. imperialis* (1887 Veitch) angeboten, da sie angeblich blühwilliger wären, als die nördlich von Medellin gesammelten. Der Name *C. gigas* wird auch heute noch häufig verwendet, obwohl er, 19 Jahre später geprägt, eindeutig ein Synonym zu *C. warszewiczii* darstellt.

C. warszewiczii wurde im 19. Jahrhundert zu Tausenden nach Europa gebracht und ist heute an ihrem Entdeckungsstandort kaum noch zu finden. Sie kann wohl als großblumigste unter den *Cattleya*-Arten bezeichnet werden und wurde seit Ende des 19. Jahrhunderts bis in die sechziger Jahre des 20. Jahrhunderts in großen Mengen als Schnittblume gepflegt.

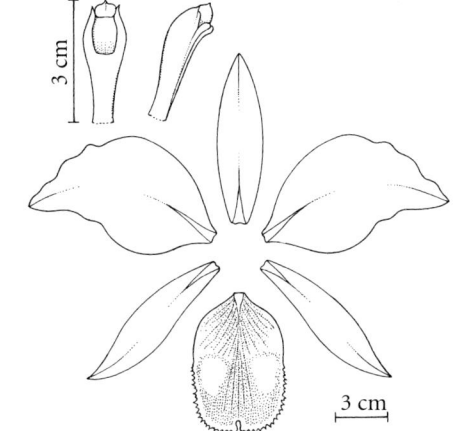

■ *C. warszewiczii*.

Dialog: *C. warszewiczii* gehört zum *C.-labiata*-Komplex und ähnelt den dazugehörenden Arten. Von *C. trianae*, der sie wohl am nächsten steht, unterscheidet sie sich durch ihre zwei typischen, in der Regel getrennten gelben Flecken auf der Lippe. Außerdem blüht *C. warszewiczii* an halb ausgewachsenen Pseudobulben im Sommer/Spätsommer, während *C. trianae* nach einer ausgeprägten Ruhezeit ihre Blüten bereits im Januar oder Februar öffnet. Einige Orchideenfreunde berichten, dass die Blüten von *C. warszewiczii* süßlich duften.

Wie bei manchen anderen Arten auch, unterscheiden sich die Pflanzen, die an feuchten schattigen Standorten, z.B. auf dicht belaubten Bäumen, vorkommen, von denen, die an sonnigen Stellen wachsen. Erstere besitzen in der Regel längere und dünnere Bulben und blühen meist nicht regelmäßig.

Sektion Xantheae Withner

Typus *Cattleya dowiana* Batem.
Blüten blassgelb, gelb oder goldgelb. – Die Sektion umfasst zwei Arten: *Cattleya dowiana* Batem. 1866, *Cattleya rex* O'Brien 1890.

Cattleya dowiana Batem.
The Gardeners' Chronicle 26: 922, 1866
Synonyme:
C. labiata var. *dowiana* (Batem.) Veitch, A Manual of Orchidaceous Plants 1, Epidendreae, 1887
C. aurea Linden, L'Illustration Horticole 28, t. 80, 1881
C. lawrenceana Warszewicz fide Rchb. f., The Gardeners' Chronicle 19: 243, 1883

Ihren Namen erhielt die Art nach Kapitän J. Dow vom American Packet Service, der die Pflanzen 1864 nach England brachte.

Cattleya dowiana bringt prächtige gelbe, besonders morgens duftende Blüten mit rubinroter, golden geaderter Lippe hervor. **Pseudobulben** schmal spindel- bis keulenförmig, abgeflacht, bis 20 cm lang, einblättrig. **Blätter** länglich-elliptisch, etwa 23 cm lang und 6 cm breit, hellgrün. **Scheide** länglich, etwa 8 cm lang, zur Blüte grün. **Infloreszenz** etwa 12 cm lang, zwei- bis drei-, seltener bis fünfblütig. **Blüten** etwa 14 cm Durchmesser, gelb bis ledergelb, auch mit kleinen verwaschen karminroten Flecken. Sepalen länglich-lanzettlich, etwa 7,5 cm lang und 2 cm breit, Ränder zurückgebogen. Petalen rhombisch bis verkehrt eiförmig, etwa 7,5 cm lang und 6 cm breit, Rand gewellt. Lippe schwach dreilappig, mit den Rändern die Säule umfassend, aber oben diese meist nicht ganz bedeckend, purpurrot, goldgelb geadert, Rand gewellt, gezähnt, vorn eingeschnitten. Säule etwa 3,5 cm lang, gebogen.

Variation: Die Pflanze variiert besonders in der Intensität ihrer Blütenfarbe bzw. in der Lippenzeichnung. Die reizvolle Varietät *aurea* (Linden)

Cattleya dowiana var. *aurea*.

Cattleya Goldener Traum, n.r.
(*C.* Sundyana × *C.* Barres) × *C. dowiana*.

Williams et T. Moore, The Orchid Album 2, t. 84, 1883, besitzt zitronengelbe Blüten, ihre Lippe ist purpurrot, sehr stark goldgelb geadert, zum Rand zu auch fast flächig goldgelb. Weitere mit Namen belegte Farbvarianten weichen besonders in der Lippenzeichnung ab, bei var. *rosita* ist die Blüte rot überlaufen, Young's Variety hat eine goldgelbe Lippe mit dunkel purpurrotem Rand, Schlund und Vorderteil der Lippe sind in der Mitte dunkel purpurrot, goldgelb geadert. Sie sind kaum noch in Kultur.

Heimat: *C. dowiana* kommt aus Costa Rica. Dort wächst sie epiphytisch, oft auf großen Bäumen über Gewässern, bei hoher Luftfeuchte auf der dem Atlantik zugewandten Seite der Kordillere bis in 1400 m Höhenlage. Nach Dressler soll sie auch in Panama (Darien) vorkommen. Die Varietät *aurea* wächst in Kolumbien im Bezirk Antiquoa, ebenfalls auf hohen Bäumen in Höhenlagen von 500 bis 1000 m.

Kultur: Die Art und auch ihre Varietät lieben einen recht warmen bis temperierten, hellen, aber im Frühjahr und Sommer vor heißer Sonne geschützten Platz. Auch hohe Luftfeuchte und gute Luftumwälzung sind für das Wohlbefinden der Pflanzen ebenso wichtig wie reiche Wassergaben während des Wachstums. Schon während der Blütezeit sollte die Luftfeuchtigkeit gesenkt werden, da sonst leicht Schwarzfäule auftritt. In der folgenden Ruhezeit ist der Pflanzstoff ziemlich trocken zu halten. Im Winter dürfen die Nachttemperaturen nicht für längere Zeit unter 16 °C absinken. Die Blüten erscheinen gleich nach Triebabschluss, meist zwischen Juli und Oktober.

Züchtung: Zur Züchtung wurde die Art häufig verwendet, wohl in der Hoffnung, großblütige gelb blühende Hybriden zu erzielen. Diese Farbe wird jedoch rezessiv vererbt und setzt sich nur bei wenigen Kombinationen mit anderen Arten durch. In der Regel tritt durch *C. dowiana* eine Vertiefung der rosa und karminroten Farbe ein. Der Habitus und die hohen Ansprüche an Licht

Cattleya dowiana var. *aurea*.

und Wärme werden zum Teil vom Kreuzungspartner beeinflusst. Mehrblütigkeit, Blütenform und meist eine über der Säule offene Lippe sowie deren gelbe Aderung auf dem Vorderlappen werden von *C. dowiana* dominant vererbt.

Primärhybriden: *Cattleya dowiana* (var. *aurea*) × *C. leopoldii* = *C.* Chamberlainiana; Veitch, 1881
C. trianae = *C.* Maggie Raphael; Leon, 1889
C. gaskelliana = *C.* Lord Rothschild; Sander, 1893
C. bowringiana = *C.* Mantinii; Mantin, 1894
C. labiata = *C.* Fabia; Veitch, 1894
C. lueddemanniana = *C.* Kienastiana; Sander, 1894

C. eldorado = C. Lady Ingram; Ingram, 1895
C. velutina = C. Maronii; Maron, 1898
C. maxima = C. Vestalis; Veitch, 1899
C. mendelii = C. Octave Doin; Maron, 1899
C. percivaliana = C. Leda; Maron, 1900
C. schilleriana = C. F. W. Wigan; Wigan, 1900
C. bicolor = C. Iris; Charlesworth, 1901
C. forbesii = C. Fulfescens; Charlesworth, 1901
C. schroederae = C. Zephir; Ingram, 1901
C. aclandiae = C. Princess Clementine; Laeken Gardens, 1902
C. schofieldiana = C. Pittiana; Pitt, 1902
C. harrisoniana = C. Mrs. Pitt (syn. C. Sappho; Peeters, 1903); Pitt, 1902
C. warneri = C. Comet; Bradshaw, 1903
C. amethystoglossa = C. Rosa Leemann; Charlesworth, 1904
C. rex = C. Triumphans; Maron, 1904
C. luteola = C. Aurora; Appleton, 1905
C. elongata = C. Appletonii; Appleton, 1905
C. violacea (als C. superba) = C. Cleopatra; Charlesworth, 1906
C. dormaniana = C. Doinii; Doin, 1906
C. quadricolor (als C. chocoensis) = C. Mme. Jeanne Doin; Doin, 1911
C. lawrenceana = C. Alfred Dimmock; Clem. Moore, 1911
C. walkeriana = C. Egerides; St. Quintin, 1917
C. mossiae = C. Empress Frederick; Veitch, vor 1946
C. guttata = C. Taboo; Hawkes, 1954
C. intermedia = C. Cora Menezes; W. Silva, 1958
C. aurantiaca = C. Rubencito; Ruben, 1972

Wissenswertes: Die Art wurde 1850 von Warszewicz in Costa Rica entdeckt, doch alle Pflanzen gingen auf dem Transport nach Europa verloren. Allgemein wurde die Entdeckung einer so prächtig gelb blühenden *Cattleya* als Fabel angesehen, zumal kein Beleg vorhanden war, da auch der Herbarbogen verloren ging. F. Sander schreibt in seiner „Reichenbachia": „Höhnische Bemerkungen wurden gemacht, das die Existenz einer derartigen Cattleya in das Reich der Märchen gehöre und stolz priesen sich die Orchideenzüchter es vorhergesehen zu haben, daher

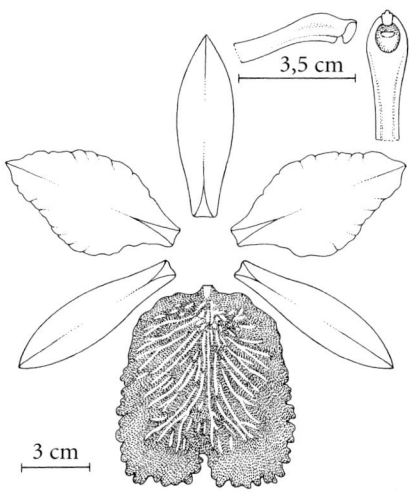

C. dowiana.

kam es, das Warszewicz nebst seiner wundervollen Cattleya bald darauf ganz und gar vergessen wurde. Für volle fünfzehn Jahre nach seiner Entdeckung wurde von Cattleya Dowiana nichts mehr gehört und gesehen." M. Acre, der für G. Ure Skinner Pflanzen sammelte, fand 1864 die Art erneut – eine Genugtuung für Warszewicz. Von diesem kamen Pflanzen zu Veitch & Sons in Exter bei London. Sie blühten 1865, und Bateman beschrieb sie ein Jahr später in „The Gardeners' Chronicle". Veitch stellte C. dowiana 1887 in „A Manual of Orchidaceous Plants" als Varietät zu C. labiata.

Die Varietät *aurea* entdeckte Gustav Wallis 1868 in Kolumbien nahe der Stadt Frontino auf einer Sammelreise für Linden/Brüssel. Sie ist bereits 1873 in Linden's „Catalogue des Plantes Nouvelles" erwähnt und wurde von Linden 1881 in „L'Illustration Horticole" als Art beschrieben und auf Tafel 493 abgebildet. Im Jahre 1883 stellten Williams und T. Moore diese Sippe in „The Orchid Album" als Varietät zu C. dowiana. Später, 1890, fand Butler die Varietät ebenfalls im gleichen Gebiet und schickte Pflanzen zu seiner Auftragsfirma Backhouse in York/England. – Die Varietät wurde teilweise als eigenständige Art behandelt, vorwiegend bedingt durch das spezifische Areal. Withner führt sie

1988 in „The Cattleyas and their Relatives" als Art. Kreuzungen mit dieser Sippe sind in „Sander's List of Orchid Hybrids" unter *S. dowiana* registriert.

Dialog: Beide Varietäten sind einander sehr ähnlich, aber schon an der Blüte gut zu unterscheiden. Die Tepalen von var. *aurea* sind rein zitronengelb, bei var. *dowiana* aber gelb bis ledergelb, oft mit verwaschenen purpurroten Flecken und vielfach auf der Rückseite der Sepalen verwaschen karminrot überhaucht. Bei var. *dowiana* ist die Lippe purpurrot und in der Mitte sowie auf den Seitenlappen schön goldgelb geadert. Demgegenüber herrscht auf der Lippe von var. *aurea* großflächig das Gelb vor. Der vordere Teil der Lippe und ein Streifen in der Mitte bis in den Schlund hinein sowie der unterschiedlich breite Rand sind ebenso wie die Seitenlappen prächtig purpurrot und meistens goldgelb geadert. Weiterhin sind die unterschiedlichen Areale in Costa Rica und in Kolumbien zu nennen, worauf vorwiegend die Einstufung als eigenständige Arten begründet wird.

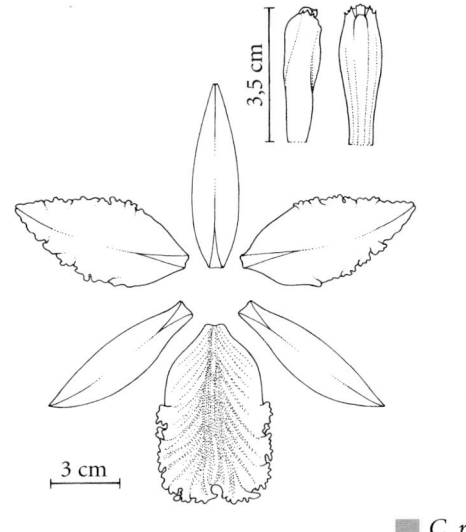

■ *C. rex.*

Cattleya rex O'Brien
The Gardeners' Chronicle 3.s. 8: 684, 1890
Synonym:
C. labiata var. *rex* Stein, Stein's Orchideenbuch 131, 1892

Die prächtigen Blüten waren Anlass zur Namenswahl (rex = der König), königliche Blüte.
Geheimnisumwittert ist die Geschichte der Entdeckung dieser großblütigen *Cattleya*-Art. **Pseudobulben** schmal spindelförmig, gering abgeflacht, etwa 23, auch bis 30 cm lang, gering keulenförmig, einblättrig. **Blätter** länglich-elliptisch, etwa 25 cm lang und 7 cm breit, hell gelblich-grün, vorn meist stumpf. **Scheide** doppelt, länglich, etwa 10 cm lang, 2,5 cm breit. **Infloreszenz** kurz, mit meist drei bis fünf, auch bis acht Blüten. **Blüten** bis 15 cm im Durchmesser, cremeweiß bis gelblich. Sepalen länglich-lanzettlich, etwa 7,5 cm lang, 2 cm breit, Ränder und Spitzen oft nach hinten gebogen. Petalen elliptisch bis rhombisch, etwa 7,5 cm lang, 4,5 cm breit, am Mittelnerv zur Basis zu fleischig, Rand zur Spitze zu fein gekerbt-gesägt und gewellt. Lippe ausgebreitet etwa 7 cm lang, 5 cm breit, mit den Seitenrändern die Säule tütenförmig umfassend, Schlund gelborange, rotbraun geadert, nach vorn karminrot schwach marmoriert, zum Rand zu hell karminrot, Rand cremeweiß, Lippe fast rechteckig, vorn eingeschnitten, gekerbt-gesägt und fein gebuchtet, wellig, kräftig karminrot. Säule 3,5 cm lang, weiß, Basis purpurrot, vorn an beiden Seiten mit einem kleinen gezähnten Öhrchen, Anthere weiß.

Variation: *C. rex* variiert in der Blütengröße und besonders in der -form, in der Lippenzeichnung und der Intensität der cremegelben Blüten.

Heimat: Die Heimat dieser prächtigen Art ist Peru. Nach Bechtel, Cribb, Launert „Orchideen-Atlas" (3. Aufl.) 1993 soll sie auch in Kolumbien gefunden worden sein. Die Pflanzen leben in feuchten Bergwäldern an der östlichen Kordillere in Höhenlagen zwischen 500 und 1350 m, epiphytisch auf hohen Bäumen. Nach Rauh in „Die Orchidee" kommt die Art auch im Regenwald in Zentralperu bei Tarapoto und in Südperu im Tal von Quillabamba vor.

Kultur: *C. rex* liebt während der Vegetationsperiode viel Licht, Temperaturen zwischen 20 und 24 °C, auch höher, höhere Luftfeuchtigkeit, ausreichende Frischluftzufuhr sowie eine mäßige nächtliche Temperaturabsenkung von etwa 5 °C. In der winterlichen Ruheperiode sollten die Temperaturen etwa 16 °C betragen, aber nicht für längere Zeit stark absinken. Bei zu kühler Pflege werden meist nur wenige Blüten ausgebildet. Der Standort muss hell und der Pflanzstoff ziemlich trocken sein. Die beste Zeit zum Verpflanzen ist gleich nach der Blüte, auch zeitig im Frühjahr, etwa Ende Februar/Anfang März, mit einsetzendem Trieb- und Wurzelwachstum. Die Blüten öffnen sich unmittelbar nach Abschluss des Triebwachstums, meist zwischen Juli und September, in den Heimatgebieten gewöhnlich zwischen Dezember und März.

Züchtung: Im Verhältnis zu anderen Arten wurden relativ wenige Primärhybriden mit *C. rex* erzielt. Die Art vererbt einen kräftigen Wuchs, Mehrblütigkeit und trotzdem ziemlich große, substanzreiche Blüten mit ausgeprägter Lippe. Die Blütenfarbe wird bei Kreuzungspartnern mit farbigen Blüten meist wesentlich dunkler.

Cattleya Sister John Karen (1973) (*C. rex* × *C. forbesii*).

Primärhybriden: *Cattleya rex* ×
C. mendelii = *C.* Halevy; Maron, 1900
C. granulosa = *C.* Shakespeare; Dallemagne, 1901
C. warszewiczii = *C.* Clymene; Linden, 1901
C. gaskelliana = *C.* The Pearl; Sander, 1903
C. bicolor = *C.* Tankervilliae; Stanley & Co., 1903
C. dowiana (var. *aurea*) = *C.* Triumphans; Maron, 1904
C. mossiae = *C.* Goodsoniae; Tracy, 1904
C. loddigesii = *C.* Marie-Henriette de Wavrin; Wavrin, 1905
C. trianae = *C.* Fallieri; H. Schuster, 1906
C. lueddemanniana = *C.* Courtrai; Sander, 1922
C. velutina = *C.* Xanthoroda; Sander, vor 1946
C. guttata = *C.* Manteca; Rod McLellan Co., 1960
C. forbesii = *C.* Sister John Karen; Burton's (o/u), 1973

Wissenswertes: *Cattleya rex* soll nach Angaben in „Lindenia" 6: 53, t. 265, 1891, zuerst von J. Linden im letzten Jahr seiner Reisen durch Südamerika von 1835 bis 1844 entdeckt worden sein. Etwa dreißig Jahre später wäre es G. Wallis gewesen, der erneut die Art gefunden habe. Beiden war es jedoch nicht möglich, lebende Pflanzen nach Europa einzuführen. Erich Bungeroth sammelte Ende der achtziger Jahre des 19. Jahrhunderts Pflanzen für die L'Horticulture Internationale in Brüssel (Linden). Er entdeckte die Art in den Anden des nördlichen Peru und sandte 1888 oder 1889 einige Pflanzen an diese Firma. Die ersten Blüten entwickelten sich offensichtlich 1890. O'Brien erhielt Blüten und eine Zeichnung, wonach er die Neubeschreibung als *C. rex* in „The Gardeners' Chronicle" vornahm. Zuvor war er selbst im Herbst 1890 in Brüssel bei Linden, um die blühenden Pflanzen beurteilen zu können. Einige Pflanzen gelangten bald auch in andere Gärten. So wurde ein blühendes Exemplar im Juli 1892 der Royal Horticultural Society (RHS) in London vorgestellt und erhielt ein First Class Certificate (FCC). – Nach einem Bericht vom Anfang des Jahres 1892 in „Journal des Orchidées" hatte der Sammler Ellner, offenbar den Spuren Bungeroths folgend, 1890/91 ebenfalls *C. rex* in Peru gesammelt. Von

Cattleya rex.

Cattleya rex.

Brassocattleya Jürgen Röth (1982) (*Brassavola tuberculata* × *C. rex*).

ihm erhielt Linden in Brüssel etwa 200 Pflanzen. – Auf einer weiteren Sammelreise gelangte E. Bungeroth erneut im Sommer 1892 von Kolumbien kommend in das nördliche Peru. Er fand *Cattleya*-Pflanzen, die er anfangs als *C. warszewiczii* ansah, später aber als *C. rex* erkannte. Die zum Sammeln von Pflanzen angeheuerten Indianer waren kaum zu bewegen die oft 25 m hohen Bäume zu erklettern. So mussten die Urwaldriesen gefällt werden, wodurch viel Schaden entstand. Die wertvollen *C. rex* wurden dann mit anderen Orchideen zum nächsten Amazonashafen transportiert, da ein Übersteigen der Anden mit den Pflanzen unmöglich war. Die Anstrengungen dieser Märsche bei brütender Hitze und beginnender Regenzeit sind unvorstellbar. Mit dem Boot ging es in 20-tägiger Fahrt auf dem Amazonas nach Maunas, wo die Pflanzen verladen wurden – zum Transport über den Ozean. Mögliche Interessenten in vielen Ländern Europas wurden durch Post und Telegraphen vom Eintreffen der wertvollen Pflanzen benachrichtet und zum Kauf aufgefordert. Es war mittlerweile November (1892) geworden. Die Käufer fanden jedoch zu ihrer Bestürzung keine Pflanzen vor. Was war geschehen? Die Kisten waren nach Ankunft in eine Frachthalle gebracht worden. Die folgende Novembernacht mit ungewöhnlich starkem Frost vernichtete alles, was mühselig in den vergangenen Monaten unter größten Strapazen zusammengetragen worden war. Nur im Inneren der Kisten waren einige (etwa 12) Pflanzen mit noch grünen Pseudobulben am Leben geblieben. Das war das Ende der Sammelreisen des schwer enttäuschten und nun fast mittellos gewordenen Bungeroth.

Später, um 1915, sammelte Overluys in Peru etwa 100 Pflanzen von *C. rex* für eine belgische Firma. Alle Pflanzen gingen auf dem Transport verloren. Gleiches Pech hatten die Pflanzensammler Oberlein, Kromer und Forseille. Da seit dieser Zeit *C. rex* kaum noch in Kultur war, plante 1934 Robert Bloßfeld eine Sammelreise nach Peru. Er hatte von Bungeroth wichtige Aufzeichnungen vieler Orchideenstandorte in Südamerika erhalten. Sein Sohn Harry Bloßfeld besaß in São Paulo eine Gärtnerei und unternahm in Südamerika weite Sammelreisen. Er konnte nun auf dieser Grundlage gezielt die Wuchsorte der Pflanzen aufsuchen. Statt den mühsamen Weg durch Urwaldgebiete zu nehmen, erfolgte seine Reise per Flugzeug nach Peru 1935 in das Gebiet von *C. rex* zu einer Goldmine, die in der Nähe des Vorkommens lag. Beim Sammeln traten jedoch die gleichen Schwierigkeiten wie bei Bungeroth auf. Da *C. rex* vorwiegend riesige Urwaldbäume besiedelt, mussten diese gefällt werden, um nur einige Pflanzen zu erlangen. So konnten in etwa zwei Monaten 800 Exemplare zusammengebracht werden. Die kleineren gingen mit dem Flugzeug direkt, die größeren mit dem Dampfer durch den Panamakanal nach São Paulo. Letztere kamen nach drei Monaten mit 40 % Verlust an. – Auf einer weiteren Reise nach Peru 1940 sammelte H. Bloßfeld nicht nur *C. rex*, sondern entdeckte eine ihm unbekannte Art, die spätere *C. blossfeldiana* und heutige *C. mooreana*.

Als Entdeckungsjahr von *C. rex* wird gelegentlich das Jahr 1892 angegeben. Das dies nicht stimmt, beweist die Erstbeschreibung aus dem Jahr 1890. Offensichtlich wurde der spektakuläre zweite Import wesentlich bekannter als der erste. H. Bloßfeld hat in „Orchid Digest" 35 (6), 1971, diesen zweiten Import ausführlich geschildert, einschließlich der Entdeckung der *C. rex*. Er hatte dabei offensichtlich nicht auf das Datum der Originalbeschreibung geachtet und verfasste seine Veröffentlichung auf der Grundlage der Aufzeichnungen von Bungeroth, die seinerzeit sein Vater, Robert Bloßfeld, erhielt. Diese waren wohl nicht vollständig oder enthielten nicht die erste Sammelreise mit der Entdeckung der Art.

Dialog: In der Wuchsform ähnelt *C. rex* den Arten aus der Verwandtschaft von *C. labiata*. Zu erkennen ist sie durch die etwas schlankeren Pseudobulben und die meist längeren Blätter, die ein helles Grün aufweisen. Die Blüte kann durch ihre cremegelbe Farbe, den fast rechteckigen kräftig karminroten Vorderlappen der Lippe mit goldgelber Längsaderung im Schlund und mit stark gekräuseltem cremeweißem Rand nicht mit anderen Arten verwechselt werden.

Sektion Maximae Withner

Typus *Cattleya maxima* Lindl.
Die Lippe ist in der Mitte durch einen linienartigen gelben Längsstrich gezeichnet. – Zur Sektion gehört nur eine Art: *Cattleya maxima* Lindl. 1831.

Cattleya maxima Lindl.
The Genera and Species of Orchidaceous Plants 116, 1831
Synonyme:
Epi. maximum (Lindl.) Rchb. f., Walpers' Annales Botanices Systematicae 6, 2: 316, 1861
C. maxima var. *malouana* Lind. et Rodig., Lindenia 2, t. 211, 1888–1891

Lindley gab der Art den Namen *C. maxima* wahrscheinlich wegen ihrer großen Blüten.

Große Pflanze mit schön gezeichneten großen Blüten. **Pseudobulben** selten nur 15, oft fast bis 35 cm lang, gering keulenförmig, leicht abgeflacht, einblättrig. **Blätter** länglich bis länglich-elliptisch, 15 bis 25 cm lang, etwa 7 cm breit, vorn rundlich, eingekerbt, dickledrig. **Scheide** schmal länglich, etwa 10 bis 12 cm lang, zur Blüte noch grün. **Infloreszenz** aufrecht, etwa 18 cm lang, meistens drei- bis sechsblütig, auch bis zehn- und mehrblütig. **Blüten** weißlich rosa aufblühend, mit zunehmendem Alter sich intensiver färbend, rosa bis kräftig rosapurpur, schwach duftend. 10 bis 13 cm, ausgebreitet etwa 15 cm Durchmesser. Sepalen schmal länglich-lanzettlich, 6 bis 8 cm lang, etwa 1,6 cm breit, Spitze meist zurückgebogen, Seitenränder nach hinten gekrümmt. Petalen schmal eiförmig, etwa 6,5 bis 8 cm lang und 3,5 bis 4,5 cm breit, Ränder oft nach hinten gebogen, leicht gewellt. Lippe ausgebreitet elliptisch-rechteckig, oft schwach dreilappig, etwa 6 bis 7,5 cm lang und etwa 4,3 cm breit, tütenartig die Säule umfassend, Vorderlappen elliptisch, rosarot, dunkler netzadrig genervt, im Zentrum mit länglichem gelbem Längsstreifen, Rand gewellt, fein gezähnelt und meist weißlich. Säule fast gerade, etwa 2,8 cm lang, im Querschnitt stumpf dreikantig, weiß, vorn mit drei Spitzen und meist hellrot.

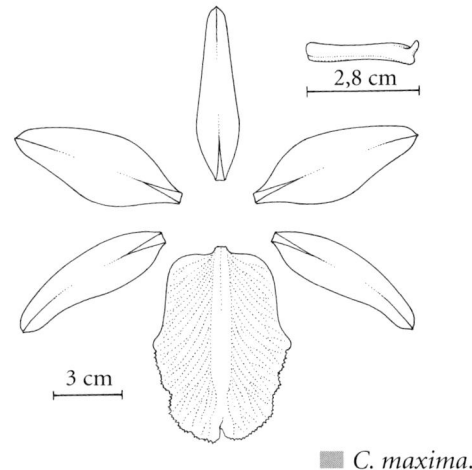

■ *C. maxima*.

Variation: *C. maxima* variiert relativ stark, besonders in der Wuchshöhe und der Intensität ihrer Blütenfarbe sowie in deren Zeichnung. Es werden zwei Rassen unterschieden, die Tiefland- und die Hochlandform. Die Tieflandform ist großwüchsig und wird bis zu 60 cm hoch. Etwa 12 rosa bis hell karminrot gefärbte Blüten können an einer Infloreszenz stehen. Hierher gehört der von Lindley beschriebene Typus der Art. Die Hochlandform wächst gedrungener. Die steif aufrechten Pflanzen werden etwa 35 bis 45 cm hoch, sind oft rot überhaucht und entwickeln am Blütenstand meist nur drei bis sechs wesentlich dunklere, intensiv gefärbte Blüten.

Als Farbvarianten wurden u. a. beschrieben: var. *alba* hort. nec. Veitch, Blüte weiß, Lippenzentrum gelb; var. *alba* Veitch, A Manual of Orchidaceous Plants 1, Epidendreae, 1887, syn. var. *virginalis* L. Linden, Lindenia 12, t. 558, 1896, Blüte weiß, Lippe rot genervt, Zentrum gelb; var. *aphlebia* Rchb. f., The Gardeners' Chronicle n.s. 22: 394, 1884, Lippe ohne purpurne Nervatur, Zentrum gelb, purpurn umrandet; var. *backhousei* Rchb. f., The Gardeners' Chronicle n.s.

Cattleya maxima, intensiv gefärbte Hochlandform.

21: 624, 1883, Pseudobulben gedrungen, Blätter steif aufrecht, Blüte dunkel karminrot; var. *doctoris* Rchb. f., The Gardeners' Chronicle n.s. 21: 624, 1883, Blüte rosa bis hell karminrot, hochwachsend; var. *floribunda* Linden, Lindenia 1, t. 12, 1885, Blüten kräftig dunkel karminrot; var. *marchettiana* Williams, The Orchid Album 9, t. 404, 1891, Blüte besonders groß, karminrot, heller gestreift und gefleckt, Lippenrand stark gewellt, weiß.

Heimat: Die Heimatländer dieser Art sind Kolumbien, Ekuador und Peru. In Südkolumbien wächst sie vorwiegend in immergrünen Wäldern in der Nähe von Gewässern. In Ekuador kommen die Pflanzen von der Küste bis in 1400 m Höhenlage in periodisch trockenen Wäldern, ebenfalls in der Nähe von Gewässern oder in nebelreichen Wäldern sowie in Regenwäldern und immergrünen Nebelwäldern der Küstenkordillere vor. In Peru besiedeln sie immergrüne Regen-, aber auch Trockenwälder bis in Höhenlagen von 1400 m.

Kultur: *C. maxima* gedeiht am besten an einem hellen, warm bis temperierten, vor heißer Mittagssonne geschützten Platz mit hoher Luftfeuchtigkeit und Frischluftzufuhr. Im Frühjahr entwickelt sich relativ spät der neue Trieb. Jetzt ist die beste Zeit zum Verpflanzen. Dies kann man aber auch noch durchführen, wenn die neue Pseudobulbe bereits halb ausgewachsen ist. Zu diesem Zeitpunkt werden meist neue Wurzeln gebildet. Die Pflanze öffnet ihre Blüten in der Regel nach der Ausbildung des neuen Triebes im Herbst, meist zwischen September und Dezember. Während der winterlichen Ruhezeit genügen nachts Temperaturen um 14 °C bei recht trockenem Substrat und nicht zu geringer Luftfeuchtigkeit.

Züchtung: *C. Dominiana* aus *C. maxima* × *C. intermedia* gehört neben *C. Hybrida* aus *C. loddigesii* × *C. guttata*, die 1859 bei Veitch entstand, zu den ersten künstlichen *Cattleya*-Hybriden. Die Art vererbt ihre Wüchsigkeit und ihre hohen kräftigen, aber relativ dünnen Pseudobulben, ihre Reichblütigkeit, ihre Blütengröße und -haltbarkeit, die Form der Lippe und deren Zeichnung, doch oft auch die schmalen Sepalen. *C. maxima* wurde mit vielen anderen Arten gekreuzt, aber die erzielten Hybriden fanden wenig Verwendung für weitere Züchtungen.

Primärhybriden: *Cattleya maxima* ×
C. intermedia = *C. Dominiana*; Veitch, 1859
C. bowringiana = *C. Chloris*; Veitch, 1893
C. skinneri = *C. Eclipse*; Ingram, 1895
C. loddigesii = *C. Miss Endicott*; Chamberlain, 1897
C. dowiana = *C. Vestalis*; Veitch, 1899
C. gaskelliana = *C. Milleri*; Sir Jas. Miller, 1900

Blütezeit ist variabel und liegt in Europa in Kultur meist zwischen März und Juni. In den Heimatgebieten blüht die Art im Januar/Februar.

Züchtung: *C. iricolor* wurde kaum zur Züchtung verwendet, zumal sie lange verschollen war. Sie vererbt ihren aufrechten Wuchs, ihre offene Blütenform mit den etwas schmalen Segmenten und vertieft eine hell karminrote Blütenfarbe der Kreuzungspartner.

Primärhybriden: *Cattleya iricolor* ×
C. mossiae = *C.* Philo; Veitch, 1882
C. luteola = *C.* My Special Angel; *C.* Pearson, 1988
C. aurantiaca = *C.* Sunkist Bouquet; D. Hadfield (Hausermann), 1994

Wissenswertes: Um 1870 erwarb die Firma Veitch & Sons auf einer Versteigerung von Orchideen bei Mr. Stevens, Besitzer eines Auktionshauses in London, eine *Cattleya* mit außergewöhnlichen Proportionen zwischen den Pseudobulben und den auffallend langen schmalen Blättern. Die Pflanze wurde ohne Namen und ohne Angaben ihres heimatlichen Vorkommens angeboten. Reichenbach fil. erhielt von ihr Blüten und beschrieb sie 1874 als neue Art in „The Gardeners' Chronicle". John Day malte bei Veitch am 20. Mai 1884 die Pflanze für sein Scape Book (Nr. 42, Seite 63) und fertigte eine Beschreibung an.

Lange war es die einzige Pflanze in Europa. Wahrscheinlich fand keine Vermehrung statt oder sie erfolgte nur durch Teilung. Im Jahre 1893 wurde in der Sammlung des Baron von Schröder zu The Dell, Surrey in England, noch ein Exemplar gepflegt. Es diente Hooker als Vorlage für eine Abbildung in „Curtis's Botanical Magazine" 1893, Tafel 7287. Offensichtlich ging diese Pflanze bald verloren. Im gleichen Jahr berichtet Rolfe jedoch von der ersten Hybride *C.* Philo und *C.* Philo 'Albiflora' aus *C. mossiae* × *C. iricolor*, eine Kreuzung von Veitch & Sons, die bereits 1892 zum ersten Mal blühte. Später galt die Art als verschollen.

Cattleya iricolor.

Erst 1962 entdeckte der Salesianer-Missionar Pater Angel Andreetta aus Cuenca in Ekuador sie erneut in den Schluchten des Pastaza- und Upano-Flusses in der Nähe von Puyo in Höhenlagen zwischen 900 und 1000 m in den östlichen Anden. Die ersten Pflanzen erhielt José Strobel in Cuenca zum Verkauf. Die Wiedereinfuhr der ersten Pflanzen in Europa erfolgte 1973 durch L. Brummitt, Banbury in England. Anfangs wurden sie als eine neue, noch nicht bekannte *Laelia* angesehen.

Dialog: *C. iricolor* gleicht in der Form und Farbe ihrer Blüten, in ihren Tepalen, ihrer Lippe, aber auch durch ihre schmalen Blätter keiner anderen *Cattleya*-Art und kann deshalb nicht verwechselt werden. Lediglich die in Peru vorkommende Variante hat etwas kleinere Blüten mit im Verhältnis breiteren Sepalen und Petalen. Die Art war bereits nach ihrer ersten Beschreibung wenig bekannt, es existierten kaum Abbildungen. – Reichenbach fil. wurde häufig kritisiert, weil er auf der Grundlage von nur einer Pflanze, von der weder die Herkunft noch der Sammler in der

Natur bekannt war, die vorliegende Art als neu beschrieb. Heute wissen wir, dass er ein gutes Gespür für die Eigenständigkeit dieser Spezies hatte.

Cattleya luteola Lindl.
The Gardeners' Chronicle 13: 774, 1853
Synonyme:
C. meyeri Regel, Index Seminum Hort. Petrop. 17, 1855
C. modesta Meyer, ad not. Regel, Gartenflora 5: 116, 1856
C. flavida Klotzsch, Allgemeine Gartenzeitung 24: 73, 1856; auch fälschlich als *C. florida* zitiert
C. epidendroides hort., ad not. Rchb. f., Xenia Orchidacea 1: 209, 1856
C. urselii hort. Schiller, ad not. Rchb. f., Xenia Orchidacea 1: 209, 1856
C. holfordii hort., ad not. Rchb. f., Xenia Orchidacea 1: 209, 1856
Epi. luteolum (Lindl.) Rchb. f., Walpers' Annales Botanices Systematicae 6, 2: 313, 1861
C. sulphurea hort., The Gardeners' Chronicle n.s. 24: 10, 1885

Die Art trägt ihren Namen nach der gelben Blütenfarbe (luteolus = gelblich).

Die kleinwüchsigen Pflanzen entwickeln reizvolle kleine gelbe Blüten. **Pseudobulben** dicht stehend, 8 bis 15 cm lang, spindelförmig, länglich-elliptisch, etwas keulenförmig, abgeflacht, einblättrig. **Blätter** länglich-lanzettlich 8 bis 12 (16) cm lang, etwa 4 cm breit, Rand knorpelig, vorn stumpf, auch eingekerbt, derb ledrig. **Scheide** zur Blütezeit trocken. **Infloreszenz** kürzer als das Blatt, meist drei- bis siebenblütig. **Blüten** ausgebreitet bis etwa 6 cm Durchmesser, zitronengelb bis grünlich gelb, oft duftend. Sepalen länglich, bis 3 cm lang und 1 cm breit, vorn spitz, Spitzen knorpelig und oft grün, seitliche Sepalen sichelförmig. Petalen länglich bis schmal elliptisch, etwa 3 cm lang und 1 cm breit, vorn stumpf, Rand teilweise leicht gewellt. Lippe ausgebreitet rundlich bis breit elliptisch, auch verkehrt eiförmig, etwa 2,5 bis 3,5 cm lang und 2 bis 2,5 cm breit, Basis oft genagelt, orangegelb, am Rand heller bis weißlich, einfarbig gelb oder im Schlund strichförmig rot und auf der Spitze des Vorderlappens hell karminrot gezeichnet, Seitenränder die Säule umfassend, Vorderlappen in der Mitte papillös-kurzhaarig, am Rand leicht gewellt und fein gesägt-gekerbt. Säule 1,4 cm lang, gebogen, Rand häutig, weiß, Basis gelblich, oben oft mit einem roten Streifen, Anthere weiß.

Variation: *C. luteola* variiert in der Pflanzen- und in der Blütengröße, besonders in der Länge der Lippe und in deren Form, in der Blütenfarbe von Gelb bis gelblich Apfelgrün und in der oft roten Zeichnung auf der Lippe. Beschrieben wurden u. a.: var. *fastuosa* Rchb. f., Xenia Orchidacea 1: 209, t. 83, 1858, Blüten relativ groß, Sepalen schmaler als die Petalen, Lippe weißlich, Vorderlappen gelb mit großem Purpurfleck auf jeder Seite; var. *lepida* Rchb. f., Xenia Orchidacea 1: 209, t. 83, 1858, seit 1852 bekannt, Sepalen und Petalen von gleicher Breite, Blüte blassgelb, Lippe weißlich, Schlund orange, beiderseits mit purpurnen Strichen; var. *roezlii* Rchb. f., The Gardeners' Chronicle n.s. 15: 782, 1881, Peru, Blüte leuchtend gelb, Lippe mit zwei großen purpurnen Flecken, die von weißen Nerven durchzogen sind, Schlund orangefarbig. Unterschieden werden auch der „Peru-Typ" mit roter Zeichnung am Lippenschlund und der „Brasilien-Typ" mit insgesamt kleineren Pflanzen und gelben Blüten, ohne rote Zeichnung auf der Lippe.

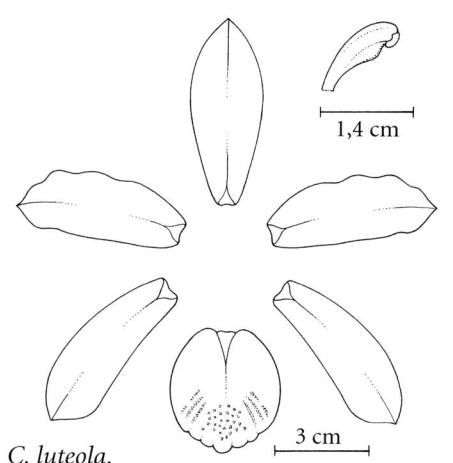

C. luteola.

Heimat: *C. luteola* ist in Ekuador, Peru, Bolivien und in den brasilianischen Staaten Pará und Amazonas beheimatet. Sie wächst in tropischen feuchten Wäldern in Höhenlagen von 100 bis 1200 m, nach W. Rauh gelegentlich auch in Bergwäldern bis 2000 m, epiphytisch, gern auf heimischen Nussbäumen und auf Avocado sowie in der Nähe von Gewässern bei hoher Luftfeuchte, meist schattig und bei Temperaturen bis 32, die nachts bis auf etwa 16 °C sinken, selten lithophytisch zwischen Moosen.

Kultur: Die Pflanze wird am Block oder in kleinen Gefäßen warm (*Phalaenopsis*-Haus) bis temperiert bei hoher Luftfeuchte gepflegt. Vor brennend heißer Mittagssonne ist sie zu schützen. Nach der Blütezeit im Frühjahr erscheint der Neutrieb, wenig später werden neue Wurzeln gebildet. Jetzt ist die beste Zeit zum Verpflanzen. Während der Wachstumszeit im Sommer ist reichlich zu wässern, im Spätherbst, wenn die neuen Triebe gut ausgebildet sind, wieder etwas weniger. In der anschließenden Ruheperiode soll der Pflanzstoff ziemlich trocken sein. Die Temperaturen dürfen nur kurzzeitig unter 15 °C absinken. Oft blüht die Pflanze auch schon im Spätherbst und entwickelt dann schon sehr zeitig im Frühjahr ihren Neutrieb. An ihren hei-

Cattleya luteola (Peru-Typ).

matlichen Standorten, insbesondere in Peru, blüht die Art meist zwischen Juli und September.

Züchtung: *C. luteola* vererbt ihren kleinen Wuchs mit dicht stehenden Pseudobulben, die gute Substanz ihrer Blüten, teilweise deren Form und Farbe sowie meist eine ziemlich kleine Lippe. Vom Kreuzungspartner wird vorwiegend die Blütengröße und besonders die Lippenfarbe beeinflusst. Um kleinwüchsige Hybriden zu erzielen, die auch für die Fensterbank geeignet sind, versucht man verstärkt seit 1960 *C. luteola* zur Züchtung einzusetzen. Dieses Ziel wurde bis jetzt jedoch nur bedingt erreicht.

Primärhybriden: *Cattleya luteola* ×
C. dormaniana = *C.* Arthurianum; Dorman, 1894
C. trianae = *C.* Flavescens; Maron, 1898
C. dowiana = *C.* Aurora; Appleton, 1905
C. mossiae = *C.* Amber Queen; Cholet, 1938
C. bicolor = *C.* Baby Kay; Keller, 1963
C. guttata = *C.* Lutata; Rod McLellan Co., 1963
C. walkeriana = *C.* Luteriana; Rod McLellan Co., 1964
C. granulosa = *C.* Margaret Morrison; D. Morrison, 1971
C. aurantiaca = *C.* Helen Jarzab; Jarzab, 1972
C. aclandiae = *C.* Small World; Rod McLellan Co., 1975
C. velutina = *C.* Bless Pat; Stevenson, 1975

Cattleya luteola ×
(*Laeliocattleya* Sonja × *C. forbesii*).

C. *intermedia* = C. Little Bit; Small, 1982
C. *forbesii* = C. Luteous Forb; Kokusai Ny. Co. Ltd., 1982
C. *violacea* = C. Angelito del Cafetal; W. S. Murray (Rod McLellan Co.), 1983
C. *loddigesii* = C. Tin Roof; Rod McLellan Co., 1984
C. *iricolor* = C. My Special Angel; C. Pearson, 1988
C. *schilleriana* = C. Harem Girl; Fordyce, 1988
C. *labiata* = C. Brazilian Gem; N. Cheung (Equilab), 1998

Wissenswertes: Schon vor ihrer Beschreibung durch John Lindley 1853 wurden Pflanzen der Art in den Sammlungen von Backhouse in York, England, bei der Fa. Booth & Söhne in Hamburg und bei Rollison in Tooting, England, gepflegt. Es ist anzunehmen, dass sie alle aus dem gleichen Import vom oberen Amazonasgebiet stammten. Reichenbach fil. kannte die Art aus der Kultur schon seit 1852 und erhielt Pflanzen der später von ihm beschriebenen Varietät *lepida* aus den Gewächshäusern des Senators Schiller sowie von der Fa. Booth & Söhne, Hamburg. Dagegen bekam er seine var. *fastuosa* von Senator Jenisch, ebenfalls in Hamburg, kultiviert von Obergärtner Kramer. Lindley erhielt 1853 von Backhouse in York eine reingelb blühende Pflanze, die aus Brasilien stammte, vermittelt durch Robert Hanbury. Nach dieser benannte er die Art im Dezember des gleichen Jahres in „The Gardeners' Chronicle" nach ihrer Blütenfarbe, die er mit *Laelia flava* vergleicht, als C. *luteola*. Die von E. Regel 1855 beschriebene C. *meyeri* (C. *modesta* Meyer ad not. Regel, „Gartenflora" 1856) im Botanischen Garten St. Petersburg hatte dieser direkt aus Brasilien erhalten. Sie weist ebenso wie die von Klotzsch benannte C. *flavida*, bezogen von Konsul Schiller, Hamburg – die Pflanze wurde bereits 1856 bei Allardt in Berlin kultiviert – eine rote Zeichnung im Lippenschlund auf. Dieselbe Zeichnung ist auch bei den von Reichenbach fil. beschriebenen Varietäten vorhanden. Nach einem zeitgenössischen Bericht von E. S. Rand kamen sie aus dem Gebiet des oberen Amazonas vom Fluss Solimoens, des heutigen Maranon in Peru, und über Brasilien nach Europa. – Leider wird der Entdecker von C. *luteola* in keiner einschlägigen Literatur genannt. Zu dieser Zeit sammelte aber Jósef v. Warszewicz im Gebiet des oberen Amazonas bzw. am Maranon Pflanzen. Deshalb kann vermutet werden, dass die Einführung durch ihn erfolgte.

Dialog: Die Pflanze ist von allen Arten durch ihren kleinen Wuchs und ihre kleinen gelben Blüten mit fast gleich geformten Sepalen und Petalen und der kleinen reingelben Lippe, oft mit roter Zeichnung im Lippenschlund, von allen anderen Arten leicht zu unterscheiden. John Lindley weist bei der Erstbeschreibung auf die reingelbe Farbe der Blüte hin. Sie entspreche der von *Laelia flava*. Auch die papillöse Behaarung auf der Lippe stellt er als besonderes Merkmal heraus. Offensichtlich handelt es sich bei dem von ihm beschriebenen Typus um den so genannten „Brasilien-Typ". Lindley gibt nicht die oft als typisch angesehene rote Zeichnung auf beiden Seiten des Lippenschlundes und den hell karminrot gefärbten Fleck auf der Lippenspitze an („Peru-Typ").

C. *epidendroides* hort., C. *urselii* hort. und C. *holfordii* hort. werden meist so zitiert, als hätte Reichenbach fil. die Art C. *luteola* 1856 unter diesen im Gartenbau bzw. bei den Amateuren gebräuchlichen Namen in „Xenia Orchidacea" 1: 209 beschrieben. Dem ist aber nicht so, sondern er hat unter der Überschrift *Cattleya luteola* Lindley diese Namen nur als in den Gärten verwendete Synonyme aufgeführt. Lediglich C. *urselii* versah er mit der Bezeichnung hort. Schiller, weil die Art in der berühmten Orchideensammlung von Konsul Schiller in Hamburg, Elbchaussee, in dessen Sammlung und Bestandskatalog unter diesem Namen aufgeführt wurde. Andere in den Gärten für die Art gebräuchliche Namen sind um 1855 noch C. *salmon concolor* und *Epidendrum Cattleyae* Hook. Der Name C. *epidendroides* stammt aus der Sammlung von Rollinson in Tooting, England.

Cattleya mooreana Withner, Allison et Guenard
The Cattleyas and their Relatives 1: 95, 1988
Synonym:
C. blossfeldiana Krackowitzer, Orchis 22: 1, 1944, nom. nud.

Die Art wurde nach dem Wiederentdecker der Art, Lee Moore, benannt.

Cattleya mooreana ist die bislang letzte allgemein bekannt gewordene Art der Gattung. **Pseudobulben** schmal zylindrisch, schwach keulenförmig, abgeflacht, etwa 15 bis 20 cm lang, 2,5 cm breit, einblättrig. **Blätter** steif aufrecht, dickledrig, länglich-lanzettlich bis schmal elliptisch, etwa 18 bis 22 cm lang, 5, seltener bis 7 cm breit. **Scheide** länglich, etwa 6 bis 8 cm lang, einfach, zur Blütezeit noch grün, bald vergilbend. **Infloreszenz** kürzer als die Blätter, aufrecht, Schaft fleischig, etwa 1 cm Durchmesser, meist zwei- bis fünf-, seltener bis achtblütig. **Blüten** ausgebreitet 10 cm Durchmesser, sich scheinbar nicht ganz öffnend. Sepalen länglich, etwa 4,5 cm lang, 1 bis 1,2 cm breit, vorn stumpf, länger als die Petalen, gelblich grün, laterale Sepalen sichelförmig und etwas breiter. Petalen ungleich schmal eiförmig-dreieckig, etwa 4,1 cm lang, vorn rundlich bis stumpf, hell olivgelb, aufrecht, zur Spitze zu nach außen gebogen. Lippe ausgebreitet rundlich bis breit quer rundlich-elliptisch, etwa 3,1 cm lang und 3,6 cm breit, mit den Seitenrändern die Säule röhrenartig umfassend, Lippe vorn cremegelb, vorm Schlund streifig bräunlich rot, Rand stark gewellt, Spitze zurückgebogen, spitz, cremeweiß, Schlund cremegelb, vorn goldgelb, teilweise auf beiden Seiten fast bis zur Basis strichartig bräunlich rot gezeichnet. Säule gebogen, 1,6 cm lang, weiß, vorn hell karminrot. Fruchtknoten auffallend kräftig.

Variation: Die Blüte variiert etwas in ihrer Größe, besonders die Lippe kann unterschiedlich groß sein. Die Blütenfarbe ist ebenfalls veränderlich, bei den Sepalen reicht die Vielfalt von gelblichem Grün bis zu Apfelgrün.

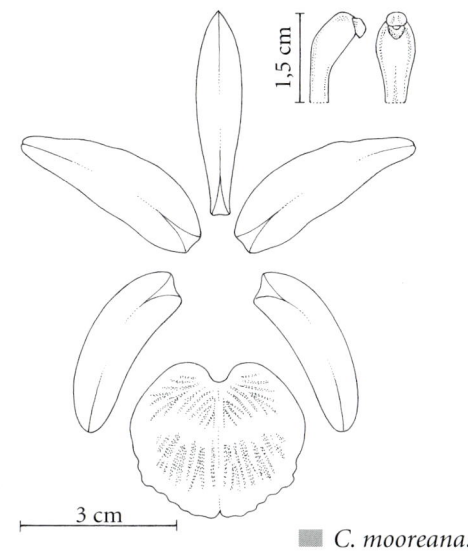

C. mooreana.

Heimat: *C. mooreana* kommt aus Peru, im Nordosten aus dem Departement San Martin bei Moyobamba (gemeinsam mit *C. rex* und *C. luteola*) und weiter südlich aus dem Departement Junín bei Satipo. Sie wächst epiphytisch, besonders auf hohen Bäumen an warmen und hellen Standorten in der Nähe von Gewässern, häufig in Galeriewäldern, auch in feuchten Bergwäldern auf niedrigen Bäumen, in Höhenlagen von etwa 600 bis 2000 m.

Cattleya mooreana.

Kultur: Die Pflanze liebt viel Licht, in der Wachstumszeit Temperaturen zwischen 18 und 24 °C, auch mehr, sowie nachts eine leichte Temperaturabsenkung. Günstig für ein gesundes Wachstum wirkt sich eine monatliche Düngung aus. Auch die Luftfeuchtigkeit darf nicht zu gering sein und während der Ruheperiode im Winter nicht zu stark absinken. Die Temperaturen sollten in dieser Zeit bei mäßiger Substratfeuchte um 15 °C betragen. Nach Abschluss des Wachstums der neuen Pseudobulbe beginnt die Blütezeit, meist im August oder September. Am heimatlichen Standort blüht die Art in der Regel zwischen Juni und September.

Wissenswertes: Lee Moore aus Florida lebte lange Zeit in Peru als Reiseleiter und sammelte gleichzeitig Pflanzen. Er schickte ein Exemplar einer ihm unbekannten *Cattleya* zum Brooklyn Botanic Garden, USA. Moore glaubte, es sei eine neue Art und bat Carl L. Withner, sie zu beschreiben und wenn er wolle, nach ihm zu benennen. Die Pflanze, die später nach ihm benannte *Cattleya mooreana*, blühte im Jahre 1958, ging aber bald nach der Entwicklung von zwei Blüten ein, ohne dass ein Beleg angefertigt wurde. Eine Beschreibung als neue Art war deshalb nicht möglich. Die Pflanze wurde lediglich fotografiert. Während eines Aufenthaltes in Peru wollte C. L. Withner 1962 mit Hilfe des Bildes erneut Pflanzen dieser *Cattleya* finden. Alle Bemühungen blieben jedoch ohne Erfolg. Später bemühten sich die lange in Peru lebenden Kanadier David Allison und seine Frau, Freunde von Withner, um die Wiederentdeckung dieser *Cattleya*. Sie sammelten Orchideen und pflegten sie in einem Gewächshaus in Lima. Nach langer Zeit fanden sie endlich einige Exemplare der Gattung *Cattleya*, die sich deutlich im Habitus und in der Blüte von *C. luteola* unterschieden, und die ihnen unbekannt waren. Es war jedoch die gesuchte Art! Sie kam am 2.9.1987 zur Blüte und wurde von Withner, Allison und Guenard 1988 gültig publiziert als *C. mooreana*, benannt nach Lee Moore. Herbarmaterial befindet sich im Ames-Herbarium im Botanischen Museum der Harvard-Universität, Cambridge, Massachusetts, USA.

Die Art wurde möglicherweise bereits im Jahr 1892 bei der zweiten Aufsammlung von *C. rex* durch den bekannten Pflanzensammler Erich Bungeroth entdeckt. Nach seinen Aufzeichnungen fand er u. a. großblütige Pflanzen von *C. luteola*, möglicherweise die heutige *C. mooreana*. Aus Altersgründen übergab Bungeroth seine Aufzeichnungen einschließlich die von der Entdeckung der *C. rex* an Robert Bloßfeld, Berlin. Dieser war der Vater des Botanikers und Gärtners Harry Bloßfeld in São Paulo, Brasilien. Die Aufzeichnungen dienten H. Bloßfeld als Grundlage für eine Sammelreise nach Peru im Jahr 1935 zur Wiedereinführung von *C. rex*. Auf einer weiteren Reise 1940 nach Peru entdeckte Bloßfeld eine ihm unbekannte *Cattleya* und brachte einige Pflanzen mit in seine Gärtnerei nach São Paulo. Ferdinand Krackowitzer beschrieb sie 1944 als neue Art nach ihrem Entdecker als *C. blossfeldiana* und schickte die Beschreibung mit einigen Fotos zur Veröffentlichung nach Hamburg an Ernst Bohlmann, Leiter der Orchideenabteilung der Deutschen Gartenbau-Gesellschaft. Dieser veröffentlichte den Beitrag in der Zeitschrift „Orchis" 22: 1, 1944, im Orchideenbrief I/44, in deutscher Sprache. Bedingt durch den Krieg konnten die Bilder nicht gedruckt werden. Hier die Beschreibung: „*Cattleya blossfeldiana*, Krackowitzer nov. spec. Gehört zur Labiata-Gruppe und wurde 1940 im Amazonas-Distrikt in Peru gefunden, östlich des Rio Maranon. Im selben Bezirk wurde *Cattleya rex* gesammelt, welcher diese Art im blütenlosen Zustand ähnelt, sie lassen sich indessen unterscheiden durch die dünneren und längeren Bulben und die feineren und schmäleren Blätter. In der Blüte ähnelt die Art etwas *Laelia xanthina*. Infloreszenzen von 5–7 Blüten, auf starken kurzen Stielen sitzend. Die Blütenscheide ist einfach und beginnt bereits gelb zu werden, wenn sich die Blüten öffnen. Die Sepalen haben 45 mm Länge und 8–12 mm Breite, die obere ist fast lineal und etwas schmäler, die beiden unteren sind nach der Lippe zu gebogen, alle von gelblich grüner Färbung. Die Petalen sind länglich und enden in eine fast dreieckige abgerundete Spitze. Sie besitzen einen ausgeprägten Mittelnerv. Die unteren Ränder derselben berühren sich fast, so den Eindruck erweckend, als sei die Blüte noch nicht ganz geöffnet. Die Petalen sind schwefelgelb mit einer Sepiatönung. Die Lippe umschließt die Kolumne und hat einen stark gekräuselten Rand. Der Rand ist cremefarbig, nach dem Schlunde zu zieht sich eine Reihe purpurvioletter Streifen, unterbrochen durch einen großen goldgelben Fleck. Die Säule ist weiß, ziemlich kurz und endet in eine rosafarbige Spitze, welche die Pollinien bedeckt."

Cattleya mooreana.

Vorliegende Fotos aus dem Nachlass von Harry Bloßfeld zeigen eindeutig, dass *C. blossfeldiana* Krackowitzer mit *C. mooreana* Withner, Allison et Guenard identisch ist. Die obige Beschreibung mit der Namengebung zu Ehren des Entdeckers Harry Bloßfeld durch F. Krackowitzer ist jedoch ungültig, da sie in deutscher Sprache und nicht in Latein abgefasst wurde (Vorschrift seit 1. Januar 1935). Somit stellt *C. blossfeldiana* ein nomen nudum dar. Auch ein Herbarbeleg konnte trotz aller Bemühungen bisher nicht gefunden werden. Die seinerzeit in Peru gesammelten und in der Gärtnerei von H. Bloßfeld in São Paulo kultivierten Pflanzen von *C. blossfeldiana* erfroren offensichtlich alle bei einem Kälteeinbruch in der Nacht zum 1. August 1955 bei 4 °C unter null. Interessant ist noch, dass der von Krackowitzer angegebene Fundort seiner *C. blossfeldiana*, im Amazonas-Distrikt in Peru östlich des Rio Maranon, unweit des nördlichen Fundortes von *C. mooreana*, im Norden von San Martin bei Moyobamba, liegt.

Die Angabe bei Carl L. Withner in „The Cattleyas and their Relatives" 1988, dass *C. blossfeldiana* ein Naturbastard zwischen *C. rex* und *C. luteola* sei, ist offensichtlich nur eine Vermutung. D. E. Bennett sowie E. A. Christenson berichten in „Icones Orchidacearum Peruvianum" 1993 zu Tafel 13 von dem reichen Vorkommen dieser Art und dass bereits 1984 in der Rioja-Moyobamba-Region an nur drei Tagen von sechs Personen mehr als 2800 Exemplare gesammelt wurden.

Von anderer Seite wird mitgeteilt, dass die Pflanzen an ihren natürlichen Wuchsorten recht selten sind und nur an abgelegenen Einzelstandorten vorkommen. Da nach Bennett und Christenson die Aufsammlung einige Jahre vor der Beschreibung von *C. mooreana* erfolgte, liegt der Gedanke nahe, dass auch der Typus von dieser stammt, zumal dessen Wuchsort bis heute unbekannt geblieben ist. Durch Samenvermehrungen wurden inzwischen Nachzuchten erzielt, wodurch heute genügend Pflanzen zur Verfügung stehen.

Dialog: Weder in der Pflanzengröße noch im Habitus ähneln sich *C. mooreana* und *C. luteola*, jedoch besteht zu *C. iricolor* in den vegetativen Merkmalen gewisse Übereinstimmung. Typisch für *C. mooreana* sind die steif aufrecht stehenden Pseudobulben und Blätter, die länglichen, zur Basis zu verbreiterten dorsalen Sepalen, die schmalen, schief eiförmig-dreieckigen Petalen, die ausgebreitet rundliche bis rundlich-elliptische, in natürlicher Haltung recht schmale Lippe mit starker Wellung des Randes und die plötzlich gebogene, vorn verbreiterte Säule.

Obwohl Withner in der Originalbeschreibung ausdrücklich auf die Unterschiede der Art zu *C. luteola* hinweist, betrachtet Braem in „Schlechteriana" 3/1993 *C. mooreana* lediglich als eine geographische Variante von dieser. Von anderen Autoren (D. E. Bennett und E. A. Christenson 1993 in „Icones Orchidacearum Peruvianum", S. A. A. de Oliveira 1993 in „Boletim CAOB") wird jedoch der Artstatus von *C. mooreana* anerkannt, teilweise aber auch auf Beziehungen zu *C. iricolor* verwiesen. So könnte man noch an einen Naturbastard aus *C. iricolor* und *C. luteola* denken. Anfangs wurde *C. mooreana* auch als ein solcher eingeschätzt. Aber die Petalen sind bei dieser Art schmal dreieckig und nicht länglich. Sie haben auch eine ganz andere Haltung als bei *C. luteola* und *C. iricolor*. Vergleicht man weiterhin die Größenverhältnisse, besonders der Petalen und der Lippe, so ist unerklärlich, wie aus schmaleren Details breitere Formen bei einer Hybride entstehen sollen. Nach Untersuchungen von B. Bergstroem in „Orchid Digest" 53(4): 185– 190, 1989, haben außerdem beide Arten ein voneinander getrenntes Verbreitungsgebiet, und dies schließt eine Bastardierung aus. Bergstroem wollte trotzdem Klarheit haben und ließ einen DNA-Test anfertigen. Dadurch wurde die Einschätzung von *C. mooreana* als Art durch Withner bestätigt.

Untergattung Circumvolva Withner

Typus *Cattleya skinneri* Batem.
Die Pflanzen mit kräftigen Pseudobulben bilden terminal zwei Blätter aus. Die Lippe umhüllt die Säule. – Zur Untergattung gehören zwei Sektionen mit insgesamt vier Arten.

Sektion Aurantiacae Withner

Typus *Cattleya aurantiaca* (Batem. ex Lindl.) P. N. Don
Die gesamte Blüte ist lachs- bis gelborange gefärbt, die Lippe ist spitz. – Zu dieser Sektion wird nur eine Art gerechnet: *Cattleya aurantiaca* (Batem. ex Lindl.) P. N. Don 1840.

Cattleya aurantiaca.

Cattleya aurantiaca (Batem. ex Lindl.) P. N. Don
Floral Journal 185, 1840
Basionym:
Epi. aurantiacum Batem. ex Lindl., Edwards's Botanical Register 24: 8, 1838
Synonyme:
Bro. aurea Lindl., Edwards's Botanical Register 26, misc. 22, 1840
Epi. aureum (Lindl.) Lindl., Folia Orchidacea 1, part. 3, No.10, 1853

Cattleya aurantiaca var. *flava*.

Die Art erhielt ihren Namen nach ihrer Blütenfarbe (aurantiacus = orangerot).

Wüchsige Pflanzen mit vielen lachsorangerot gefärbten Blüten von fester, fast wachsartiger Substanz. **Pseudobulben** spindel- bis schwach keulenförmig, an der Basis stielförmig, etwa 0,5 cm, oben 1,5 cm im Durchmesser, bis 40 cm lang, meist sechsgliedrig, zweiblättrig. **Blätter** schmal elliptisch bis eiförmig, ungleich lang, das längere etwa bis 17 cm lang und 6 cm breit, das andere etwas kleiner. **Scheide** doppelt, schmal länglich, 7 cm lang, zur Blütezeit meist trocken. **Infloreszenz** etwa 15 cm lang, meist reichblütig. **Blüten** 2,5 bis 3,5 cm im Durchmesser, oft nur halb geöffnet, lachsorangerot. Sepalen breit lanzettlich, zugespitzt, 1,7 bis 2,7 cm lang und 0,5 bis 0,7 cm breit, die lateralen etwas breiter als das dorsale Sepalum. Petalen breit lanzettlich, 1,7 bis 2,5 cm lang und 0,6 bis 0,7 cm breit. Lippe ausgebreitet eiförmig, vorn spitz, etwa 2,2 cm lang und 1 cm breit, Ränder aufgewölbt, die Säule nicht bedeckend, dunkel orangerot bis braunrot punkt- und strichartig gezeichnet. Säule gerade, 0,8 cm lang, gelblich.

Variation: *C. aurantiaca* variiert vor allem in der Blütengröße und -farbe von Gelbrot bis zu dunklem Orangerot, sehr selten gelb oder weiß, mit unterschiedlich intensiver Lippenzeichnung. Weiterhin gibt es eine so genannte Tieflandform mit etwas längeren dickeren Pseudobulben und fast immer gut geöffneten Blüten sowie eine Hochlandform mit schwächeren Pseudobulben und häufig kleistogamen Blüten. Die Tieflandform hat meist mehr, nicht selten über zehn, und etwas kleinere und dunkler gefärbte Blüten als die Hochlandform (etwa fünf bis acht). Die Blüten der Tieflandform besitzen oft eine mehr geschlossenere Lippe, d.h. die Ränder der Seitenränder berühren sich fast, die Lippe der Hochlandform erscheint offener, die Seitenränder berühren sich nicht.

Heimat: Die Heimatgebiete dieser Pflanze erstrecken sich über Südmexiko, Guatemala, El Salvador, Honduras und Nicaragua. Sie wächst epiphytisch, seltener lithophytisch in lichten Wäldern, auch in Kaffeeplantagen, in der temperierten, noch warmen Zone mit ausgeprägter Ruhezeit. Man kann diese Art im Tiefland, d.h.

Laeliocattleya Barbara Belle (1964)
(*C.* Barbara Kirch × *Lc.* Edgard van Belle).

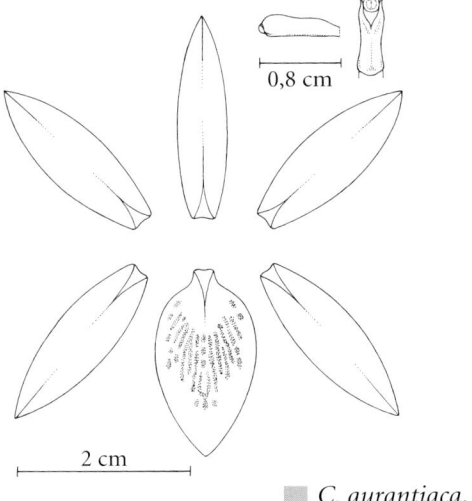

C. aurantiaca.

von der Küste bis in Höhenlagen von etwa 1000 m, finden (Tieflandform), aber auch im Hochland von 1000 bis 2000 m (Hochlandform).

Kultur: Die Pflanze ist leicht zu pflegen, sie ist recht wüchsig und überaus blühwillig. Der Neutrieb beginnt seine Entwicklung im Frühsommer. Lichter Schatten, hohe Luftfeuchtigkeit, Frischluftzufuhr und nächtliche Temperaturabsenkung, die aber während der Triebentwicklung nicht zu stark ausgeprägt sein sollte, sind für ein gesundes Wachstum erforderlich. Im Herbst schränkt man die Wassergaben langsam ein, und die Pflanze steht während der Ruhezeit fast trocken bei etwa 16, nachts um 12 °C, aber bei hoher Luftfeuchtigkeit. Am Ende der Ruheperiode, etwa zwischen März und April (in den Heimatgebieten meist im Januar) kommt die Pflanze zur Blüte.

Züchtung: Die Art wurde wegen ihrer kleinen Blüte erst ziemlich spät zur Züchtung eingesetzt, verstärkt in den letzten Jahrzehnten. Sie vererbt einen kräftigen Wuchs und fast immer zwei Blätter, weiterhin reichblütige Infloreszenzen, eine lachsrosa bis orange Blütenfarbe und deren gute Substanz. Der Kreuzungspartner beeinflusst besonders die Blütengröße und die Lippenform.

Primärhybriden: *Cattleya aurantiaca* ×
C. schroederae = *C.* Wolteriana; Wolter, 1909
C. mendelii = *C.* Salmonicolor; Wolter, 1911
C. trianae = *C.* Confetti; L. de Rothschild, 1935
C. intermedia = *C.* Aurantimedia; Thayer, vor 1946
C. mossiae = *C.* Sunrise; Fennell, 1949
C. bowringiana = *C.* Barbara Kirch; Woodlawn, 1952
C. loddigesii = *C.* Loddiaca; Stewart, Inc., 1962
C. granulosa = *C.* Delightful; Rapella, 1963
C. bicolor = *C.* Glabrissima; Wallbrunn, 1964
C. guttata = *C.* Chocolate Drop; Stewart Inc, 1965
C. gaskelliana = *C.* Gwen Turner; George Black, 1968
C. dowiana = *C.* Rubencito; Ruben, 1972
C. luteola = *C.* Helen Jarzab; Jarzab, 1972
C. aclandiae = *C.* Robin Colleen; Rope (Vagner), 1973
C. velutina = *C.* Charlotte Goddard; F. Caroline (Wallbrunn), 1973
C. schilleriana = *C.* Duchess of Colima; Orchid Spec. (W. J. Rybaczyk), 1975
C. walkeriana = *C.* Orchidglade; C. Jones & Scully, 1976
C. forbesii = *C.* Pippin; Dr. J. E. Binnie (o/u), 1984
C. amethystoglossa = *C.* Aurantiglossa; New Riv. Orch. (McKinnon), 1987
C. iricolor = *C.* Sunkist Bouquet; D. Hadfield (Hausermann), 1994

Wissenswertes: Die Blüten dieser schönen *Cattleya*-Art sind zwar nicht sehr groß, bringen aber einen lebhaften und bei Orchideen recht seltenen orangeroten Farbton in die Sammlungen. Außerdem lassen sie uns gelegentlich eine bei dieser Pflanzenfamilie wenig bekannte Besonderheit beobachten, die Selbstbestäubung (Kleistogamie) der Blüten. Dabei öffnen sich diese nicht vollständig. Umweltbedingungen wie Licht und Temperatur sollen eine Rolle spielen. Offensichtlich ist bei derartigen Pflanzen das Rostellum sehr kurz und das Pollinium wächst direkt in die Narbenhöhle. Die Blüte bleibt dann in der Regel geschlossen, das leichte Anschwellen des Fruchtknotens zeigt an, dass die Befruchtung beginnt. Die Blüte hat nun ihren eigentlichen Zweck erfüllt, ihre Blütenblätter öffnen sich nicht mehr vollständig und welken bald ab.

Die Art wird 1835 fast gleichzeitig von W. Karwinsky v. Karwin in Oaxaca in Südmexiko, epiphytisch auf *Cupressus disticha* wachsend, und von Ure Skinner in Guatemala entdeckt und in England eingeführt. Bateman berichtet Lindley davon und überreicht ihm Pflanzenmaterial. Lindley beschreibt die Pflanze 1838 in „Edwards's Botanical Register" als *Epidendrum aurantiacum*. Er hatte ein blühendes Exemplar mit 14 Blüten an einer Pseudobulbe und eine schöne Zeichnung von Sir Chas. Lemon erhalten, bei dem sie in Knypserley gepflegt wurde. Den Habitus der Pflanze vergleicht Lindley mit *Epidendrum clavatum*. Der englische Orchideenspezialist Patrick N. Don, Gärtner bei Bateman, stellt sie 1840 in „Floral Journal" zur Gattung *Cattleya*.

Im gleichen Jahr beschreibt Lindley die Art erneut in „Edwards's Botanical Register", diesmal jedoch als *Broughtonia aurea*. Fünf Jahre später berichtet er wiederum über diese Pflanze und teilt mit, dass die in Südmexiko und in Guatemala auf Felsen wachsenden Pflanzen extremen Bedingungen wie Hitze und starker Abkühlung ausgesetzt sind. Einige Jahre später findet Barker bei Valladolid, ebenfalls in Südmexiko, eine Pflanze, die Lindley 1853 in „Folia Orchidacea" als *Epidendrum aureum* beschreibt. Später stellt sich heraus, dass diese ebenfalls mit *Cattleya aurantiaca* identisch ist.

Dialog: Wegen ihrer charakteristischen Blütenfarbe ist die Art mit den kleinen wachsartigen Blütenblättern im blühenden Zustand nicht mit anderen Cattleyen zu verwechseln. – *Cattleya aurantiaca* wächst in ihren Heimatgebieten gemeinsam mit *C. skinneri*, gelegentlich findet man beide sogar auf einem Baum. Bastarde zwischen diesen beiden Arten sind daher nicht selten. T. Moore beschrieb diese in „Floral Magazine" 1: t. 61, 1861 als *C. ×guatemalensis*. Insbesondere durch mehrmalige Rückkreuzungen dieser Hybriden mit *C. aurantiaca* kann es vorkommen, dass solche Pflanzen dann eine gewisse Ähnlichkeit zu *C. aurantiaca* aufweisen.

Sektion Moradae Withner

Typus *Cattleya skinneri* Batem.
Die Blüten haben eine purpurrote rundliche Lippe. – Dieser Sektion gehören drei Arten an: *Cattleya bowringiana* Veitch ex O'Brien 1885, *Cattleya deckeri* Klotzsch 1855, *Cattleya skinneri* Batem. 1838.

Cattleya bowringiana Veitch ex O'Brien
The Gardeners' Chronicle n.s. 24: 683, 1885
Synonyme:
C. autumnalis hort. Veitch ex O'Brien, The Gardeners' Chronicle n.s. 24: 683, 1885
C. skinneri Batem. var. *bowringiana* (Veitch ex O'Brien) Kraenzl., Xenia Orchidacea 3: 82, t. 245, 1892

Die Art wurde nach dem englischen Orchideenliebhaber J. C. Bowring, Forest Farm bei Windsor, benannt.

Die großen Pflanzen entwickeln kräftige Infloreszenzen mit vielen schönen Blüten. **Pseudobulben** bis 60 cm lang, etwas abgeflacht, Basis knollenartig verdickt, nach oben etwas verdickt, zwei- bis dreiblättrig. **Blätter** schmal elliptisch,

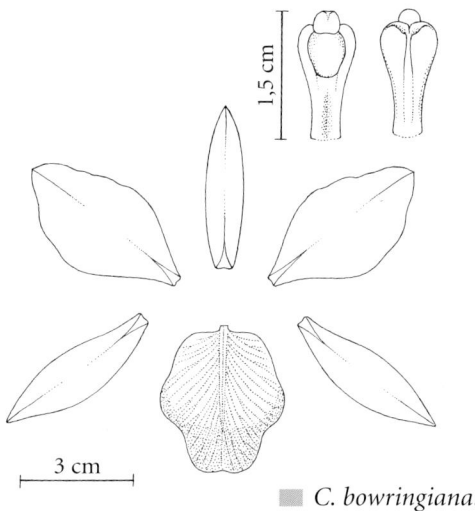

■ *C. bowringiana.*

Cattleya bowringiana.

16 bis 20 cm lang und etwa 6 cm breit, dickledrig, dunkelgrün, graublau bereift, vorn rundlich bis ausgerandet. **Scheide** länglich, etwa 10 cm lang, doppelt. **Infloreszenz** kräftig, bis 35 cm lang, meist bis 18-, auch bis 28-blütig. **Blüten** 4 bis 7 cm, ausgebreitet bis 9 cm Durchmesser, hell violettrosa. Sepalen länglich-lanzettlich, laterale etwas asymmetrisch, bis 4,3 cm lang und 1,3 cm breit. Petalen lanzettlich-eiförmig, etwa 4,2 cm lang und 2,5 cm breit. Lippe breit elliptisch, schwach dreilappig, vorn gestutzt bis leicht ausgerandet, mit den Seitenrändern die Säule tütenförmig umfassend, hell karminrot, Schlund cremeweiß, davor violettpurpurn, Rand heller. Säule 1,5 cm lang, gering geflügelt, weiß, Basis karminrot.

Variation: *C. bowringiana* variiert etwas in der Pflanzen- und Blütengröße, besonders aber in der Intensität der Blütenfarbe. Einige Farbabweichungen werden in den Kulturen meist als Varietäten beschrieben und als Klone vermehrt, wie var. *alba* hort., Blüte reinweiß, selten in Kultur; var. *albescens* hort. Blüte weiß, Lippe hell karminrot überhaucht; var. *coerulea* hort., syn. *violacea* hort., Blüte lila- bis lavendelblau, wichtiger Kreuzungspartner zur Erzielung blaublütiger Cattleyen; var. *lilacina* hort., Blüte lila-karminrot; var. *splendens* hort., Blüte groß mit breiten Petalen, kräftig karminrot, offensichtlich tetraploid.

Heimat: Die Art kommt in Guatemala und Belize vor. Sie wächst häufig an Felsen in feuchten Schluchten und in der Nähe von Gewässern bei hoher Luftfeuchtigkeit. An ihren Standorten ist die Luft oft fast mit Wasserdampf gesättigt.

Kultur: Die Pflanze wird an hellen, nicht voll sonnigen Standorten gepflegt, verträgt jedoch recht hohe Temperaturen bei feuchtem Pflanzstoff und hohe Luftfeuchtigkeit. Trotzdem sollen die Pflanzgefäße nicht zu groß und die Dränage gut sein. Auch schwache Pflanzen bringen, bedingt durch die Blühwilligkeit der Art, meist schon einige Blüten hervor. Mit zunehmender Größe nimmt ihre Zahl immer mehr zu. Die beste Zeit zum Verpflanzen ist im Mai mit beginnendem Wachstum des neuen Triebes und der Wurzeln. Die Entwicklung geht schnell voran und endet mit der Ausbildung des Blütenstandes im späten Herbst. Nach der Blüte wollen die Pflanzen etwas kühler stehen. Nachts reichen

Cattleya Portia (1897) 'Coerulea'
(*C. bowringiana* × *C. labiata*).

Cattleya Wendlandiana (1894)
(*C. bowringiana* × *C. warszewiczii*).

Temperaturen um 14 °C bei ziemlich hoher Luftfeuchtigkeit und mäßig feuchtem Substrat.

Züchtung: Die Art wurde bald nach ihrer Einfuhr zur Züchtung eingesetzt, aber auch bis zur Gegenwart immer wieder zu Kreuzungen verwendet. Bei *Cattleya*-Primärhybriden fällt auf, dass *C. bowringiana* fast stets als Samenträger eingesetzt wurde. Ähnlich, aber nicht so deutlich ausgeprägt, sind die Verhältnisse bei Kreuzungen mit *Cattleya*-Hybriden, *Brassocattleya*, *Epidendrum* (*Encyclia*) und *Epicattleya*. Bei Kreuzungen mit Laelien und Laeliocattleyen erlangten beide Elternteile die gleiche Bedeutung. Neben einem kräftigen Wuchs vererbt *C. bowringiana* besonders Reichblütigkeit und Blühwilligkeit, eine intensive Blütenfarbe, eine gute Blütenform mit mäßig langer Lippe, aber auch eine etwas schwache Substanz der nur meist mittelgroßen Blüten. Der Kreuzungspartner beeinflusst vorwiegend die Blütengröße und die Lippenform.

Primärhybriden: *Cattleya bowringiana* ×
C. maxima = *C.* Chloris; Veitch, 1893
C. warszewiczii = *C.* Wendlandiana; Veitch, 1894
C. dowiana = *C.* Mantinii; Mantin, 1894
C. bicolor = *C.* Chloe; Veitch, 1896
C. dormaniana = *C.* Firefly; Ingram, 1896
C. labiata = *C.* Portia; Veitch, 1897
C. gaskelliana = *C.* Ariel; Veitch, 1898
C. loddigesii = *C.* Minerva; Veitch, 1899
C. velutina = *C.* Clytie; Sir Jas. Miller, 1900
C. warneri = *C.* Chapmanii; R. I. Measures, 1900
C. guttata = *C.* Bactia; Veitch, 1901
C. eldorado = *C.* Rothwelliae; Rothwell, 1901
C. trianae = *C.* Barbara; Leon, 1902
C. violacea (als *C. superba*) = *C.* Charlesworthii; Charlesworth, 1902
C. schilleriana = *C.* Lucida; Peeters, 1903
C. forbesii = *C.* Meadii; Mead, 1904
C. harrisoniana = *C.* Browniae; Sander, 1904
C. granulosa = *C.* Hopkinsii; Wellesley, 1906
C. elongata = *C.* Julius von Payer; Hefka, vor 1914 (n.r.)

C. aurantiaca = *C.* Barbara Kirch; Woodlawn, 1952
C. walkeriana = *C.* Edith Loomis; Loomis, 1956
C. skinneri = *C.* Hail Storm; Ainsworth, 1961
C. aclandiae = *C.* Maria Theresa Vagner; Mid-Florida Orchids (R. Vagner), 1970
C. elongata = *C.* Elbowri; Thornton's (Fredk. L. Thornton), 1980
C. intermedia = *C.* Chris McHenry; A. Mochizuki, 1999

Wissenswertes: Der Entdecker dieser Art ist v. Türckheim, der in Britisch-Honduras, dem heutigen Belize, wohnte. Er führte die Pflanzen auch in Europa ein. Sein Hauptsammelgebiet war die Alta Verapaz in der Umgebung von Cobán in Guatemala. Dort entdeckte er auch *C. bowringiana*. Später wurde die Art auch in Britisch-Honduras gefunden, beide Vorkommen befinden sich auf der atlantischen Seite. Die Firma Veitch & Sons in Exeter bei London erhielt als erste im Jahr 1884 lebende Pflanzen. Schon ein Jahr später beschrieb sie O'Brien in „The Gardeners' Chronicle" als *C. bowringiana*. Am 31.10.1885 stellte Veitch eine blühende Pflanze unter dem Namen *C. autumnalis* der Royal Horticultural Society vor und erhielt ein First Class Certificate (FCC). Wenig später entsandte die Firma Sander in St. Albans bei London ihren Sammler Oversluys in die bis dahin noch unbekannten Landesteile von Britisch-Honduras, um weitere Pflanzen zu sammeln. Durch ihn kam 1887 die erste größere Sendung nach England. So war es möglich, dass *C. bowringiana* bald in viele Sammlungen aufgenommen werden konnte. Im Jahr 1891 sollen bei Sander im trüben November mehr als 500 Exemplare geblüht haben – ein wahrscheinlich einmaliger Anblick.

Dialog: *C. bowringiana* steht *C. skinneri* nahe, ist aber schon vegetativ leicht am Wuchs und der knollenartigen Basis der Pseudobulben (manchmal vom Substrat verdeckt) zu erkennen. Die nahe verwandte *C. deckeri* ist am dunklen Lippenschlund der Blüte gut zu unterscheiden. Der deutsche Botaniker Kränzlin stellte in „Xenia Orchidacea" 1892 *C. bowringiana* als Varietät zu *C. skinneri*. Er war der Meinung, dass alle Details bis auf drei kleine Abweichungen bei beiden Arten übereinstimmen und deshalb *C. bowringiana* nur als Varietät von *C. skinneri* anzusehen sei. Er begründet dies durch den höheren Wuchs, die Blütezeit im November statt im zeitigen Frühjahr und hauptsächlich durch die vorn gestutzte bzw. ausgerandete Lippe bei *C. bowringiana*. Über diese drei Punkte diskutiert er sehr ausführlich, vergisst hier jedoch das typische Merkmal unserer Art, die knollenartige Verdickung an der Basis der Pseudobulbe. Daran ist *C. bowringiana* auch im nicht blühenden Zustand leicht und sicher zu erkennen. Dies führt auch Kränzlin am Anfang seiner Beschreibung der Pflanzen an. Seine Einstufung konnte sich nicht durchsetzen.

Cattleya deckeri Klotzsch
Allgemeine Gartenzeitung 23: 81, 1855
Synonyme:
C. skinneri var. *parviflora* Lindl., Curtis's Botanical Magazine 82, t. 4916, 1856
Epi. huegelianum var. *parviflora* Rchb. f., Walpers' Annales Botanices Systematicae 6, 1: 312, 1861
C. patinii Cogn., Dictionaire Iconographique des Orchidées t. 25, 1900
C. skinneri var. *patinii* (Cogn.) Schltr., Die Orchideen 227, 1915
C. skinneri var. *autumnalis* P. H. Allen, Annales of the Missouri Botanical Garden 29: 345, 1942

Der Autor widmete die Art dem Andenken ihres Besitzers. Dieser war Geheimer Oberhofbuchdrucker Rudolph Decker, Berlin.

Die mittelgroßen Pflanzen bringen hell karminrote Blüten mit dunkel karminrotem Schlund hervor. **Pseudobulben** länglich-keulenförmig, fast stielartig mit dünner Basis, abgeflacht, glatt, etwa 25 cm lang, zweiblättrig. **Blätter** schmal länglich-elliptisch, derb ledrig, 15 cm lang und 5 cm breit. **Scheide** doppelt, innere klein. **Infloreszenz** etwa 15 bis 25 cm lang, meist 4- bis 12-blütig. **Blüten** ausgebreitet etwa 8 cm

Durchmesser, hell karminrot. Sepalen länglich, spitz. Petalen eiförmig-elliptisch, spitz. Lippe fast eiförmig-elliptisch, an der Basis kurz genagelt, mit den Seitenrändern die Säule tütenartig umfassend, kräftig karminrot, noch intensiver vorn und im Schlund, Rand des Vorderlappens gewellt, vorn spitz. Säule etwa 1,4 cm lang, gerade, vorn löffelartig verbreitert, dunkel purpurrot, an der Spitze weiß.

Variation: Die Art variiert in der Farbe ihrer Blüten sowie in der Intensität der Lippenfarbe; var. *alba* hort., Blüte reinweiß, Schlund gelb.

Heimat: *C. deckeri* kommt in Zentralamerika und auch in Kolumbien vor. Sie wächst vorwiegend epiphytisch, seltener auf Felsen oder terrestrisch in der Nähe von Gewässern, von der Küste bis in Höhenlagen von 900 m.

Kultur: Der Neutrieb entwickelt sich etwa ab April und schließt sein Wachstum mit der Ausbildung des Blütenstandes im Herbst, manchmal auch erst im Winter, ab. Bei kühler Pflege kann sich die Blütezeit bis Februar verschieben. Nach der Blüte beginnt die Ruhezeit bei mäßig feuchtem Pflanzstoff und Temperaturen um 14 °C. Während der Vegetationszeit im Sommer benötigen die Pflanzen ausreichende Substrat- und Luftfeuchtigkeit und viel Frischluft. Der Pflanzstoff sollte vor dem nächsten Gießen gut abgetrocknet sein. Wenn sich, meist mit Triebbeginn, die ersten neuen Wurzeln zeigen, kann verpflanzt werden.

Züchtung: Mit *Cattleya deckeri* ist züchterisch zwar nicht gearbeitet worden, man hat sie aber möglicherweise doch als intensiv gefärbte „*C. skinneri*" bzw. „*C. bowringiana*" zu Kreuzungen verwendet. Dies scheint z.B. bei der von A. Hefka, Wien, vor 1910 gezüchteten *C. Schoenbrunnensis* (*C. bowringiana* × *C. maxima* var. *floribunda*) mit sehr dunklem Schlund der Lippe der Fall zu sein. *C. bowringiana* hat einen hellen Schlund, und hätte Hefka diese Art eingesetzt, müsste der Schlund von Schönbrun-

nensis ebenfalls hell sein. Übrigens wurde die Kreuzung *C. bowringiana* × *C. maxima* bereits 1893 von Veitch durchgeführt und *C. Chloris* genannt.

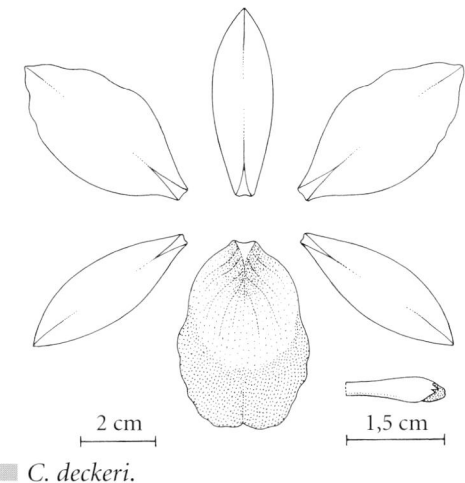

■ *C. deckeri*.

Wissenswertes: Die Art wurde von Carl Ehrenberg, deutscher Pflanzensammler aus Delitzsch in Sachsen, zu Rudolph Decker nach Berlin eingeführt. Dort gelangte sie unter der Obhut von Obergärtner Reinecke 1855 zur Blüte. Reinecke gab die Pflanze an Johann Friedrich Klotzsch, Kustos am Botanischen Museum in Berlin, der sie in „Allgemeine Gartenzeitung" im gleichen Jahr zu Ehren des Besitzers Rudolph Decker beschrieb. *C. deckeri* wurde als Art lange verkannt und oft als Synonym von *C. skinneri*, teilweise wohl auch als *C. bowringiana* behandelt. Lindley stellte 1856 in „Curtis's Botanical Magazine" *C. deckeri* als Varietät *parviflora* zu *C. skinneri* und Reichenbach fil. folgte 1861 in „Xenia Orchidacea" dieser Auffassung. Rolfe widerlegte dies in „The Orchid Review" 1900, ebenso wie auch Schlechter 1922 in „Beiträge zur Orchideenkunde von Zentralamerika" in Fedde: „Repertorium specierum novarum regni vegetabilis; Beihefte, Band 17". *C. patinii*, evtl. ein Synonym von *C. deckeri*, wurde als „*C. Patini*" nach ihrem Entdecker, M. Patin, belgischer Vizekonsul in Medellin, von Cogniaux in „Dictionaire Iconographique des Orchidées" 1900 als Art beschrieben und das Typusexemplar im Belgian

National Herbarium in Brüssel hinterlegt. Nach Meinung von Rolfe 1900 und Schlechter 1922 war es die südlich bis Kolumbien vorkommende *C. deckeri*, die Cogniaux als *C. patinii* beschrieb. In seinem Buch „Die Orchideen" 1915 behandelt Schlechter *C. patinii* jedoch noch als Varietät zu *C. skinneri*. 1959 wird *C. deckeri* von Dunsterville und Garay in „Venezuelan Orchids" ebenfalls als *C. skinneri* var. *patinii* geführt. 1998 legt Dressler in „Lindleyana" 13 (3): 219 einen Neotypus – Skizze Reichenbach fil. – von *C. deckeri* fest.

Dialog: *C. deckeri* wurde häufig mit *C. skinneri* verwechselt bzw. synonym zu dieser Art gestellt. Erstere ist aber schon an der Blüte im Herbst (*C. skinneri* im Frühjahr) und dem karminroten Schlund der Lippe leicht zu erkennen. Bei *C. skinneri* ist der Lippenschlund weißlich bis cremegelb und nur die Basis karminrot. Die Säule wird bei *C. deckeri* von den Seitenrändern der Lippe enger umfasst als bei *C. skinneri*. In der Originalbeschreibung von *C. deckeri* wird ausgesagt, dass die Art *C. skinneri* verwandt sei, sich aber deutlich durch ungefurchte Pseudobulben, breitere und dickere Blätter, kleinere aufrechte und mehr Blüten, schmalere und fein zugespitzte Blütenblätter sowie durch eine verkehrt eiförmige, dunkel lilafarbene, fein zugespitzte Lippe, durch eine längere Säule und durch einen größeren Fruchtknoten unterscheidet.

Auch die Identität von *C. deckeri* wird gelegentlich angezweifelt. Nach Lindley und Fitch, der die Art zeichnete, sollen ihre Pollen verkümmert sein. Die Anzahl vier weist jedoch auf eine eigenständige Art hin, und nicht auf eine Hybride mit *C.* × *guatemalensis*, *C. skinneri* oder *C. aurantiaca*. Klotzsch hat die Pollen unter dem Mikroskop untersucht und fand sie zwar klein, aber doch normal ausgebildet. Lindley jedoch schreibt in „Curtis's Botanical Magazine" 1856, dass die Verkümmerung der Pollen kein hinreichendes Merkmal sei, sie für einen Bastard auszugeben, bevor man nicht wichtigere Beweise für das Vorliegen einer Hybride habe.

Dressler wirft 1995 in „Orchid Digest" noch einmal die Frage auf, ob *C. deckeri* und *C. patinii* identisch seien, während Withner dies in einem Artikel über *C.* × *guatemalensis* 1999 in „Orchid Digest" bestätigt. Wir behandeln hier *C. patinii* synonym zu *C. deckeri*, denn letztere wurde bereits 1855 beschrieben, besitzt also die Priorität. Nicht auszuschließen ist jedoch, dass die als *C. patinii* bezeichnete Pflanze eine geographische Variante im nördlichen Südamerika bis Costa Rica von *C. deckeri* ist.

Oft wird auch die Meinung vertreten, dass die Naturhybride zwischen *C. skinneri* und *C. aurantiaca*, *C.* × *guatemalensis*, identisch mit *C. deckeri* sei. Dass dies nicht der Fall ist, beweisen schon die Größenunterschiede und die herbst-/winterliche Blütezeit von *C. deckeri* gegenüber der im Frühjahr blühenden Naturhybride.

Cattleya skinneri Batem.
Orchidaceae of Mexico and Guatemala, misc. 83, t. 13, 1838
Synonym:
Epi. huegelianum Rchb. f., Walpers' Annales Botanices Systematicae 6, 2: 312, 1861

Die Art wurde zu Ehren von Georg Ure Skinner (1804 bis 1867) benannt, der sie 1836 in Guatemala entdeckte.

Cattleya deckeri.

Cattleya skinneri.

Cattleya skinneri var. *albescens*.

Mittelgroße Pflanze mit fast einheitlich hell karminrot gefärbten Blüten und cremeweißem Schlund der Lippe. **Pseudobulben** etwa 30 cm lang, lanzettlich-keulenförmig, längs gefurcht und abgeflacht, an der Basis stielartig, stets zweiblättrig. **Blätter** ledrig hart, fleischig, schmal elliptisch, etwa 16 cm lang, 4,5 cm breit, vorn rundlich. **Scheide** doppelt, länglich, bis 8 cm lang. **Infloreszenz** bis 12-blütig. **Blüten** 7,5 bis 9 cm im Durchmesser, rosa bis hell karminrot. Sepalen schmal elliptisch. Petalen schmal eiförmig, am Rand leicht gewellt. Lippe ausgebreitet etwa 4,5 bis 5 cm lang und 4 cm breit, mit den Seitenlappen die Säule weit umfassend, Lippe breit elliptisch, vorn flach ausgerandet, an der Spitze eingekerbt, karminrot, Schlund cremeweiß mit karminroter Basis. Säule gerade, abgeflacht, etwa 1,2 cm lang, weiß.

Variation: Die Art weicht in der Blütenfarbe geringfügig ab. Beschrieben wurden die Farbvarietäten: var. *alba* Rchb. f., The Gardeners' Chronicle 7, 1879, Blüte reinweiß, Lippenschlund gelb; var. *albescens* hort., Sepalen und Petalen weiß, Lippe weiß, im Schlund karminrote Zeichnung; var. *coerulescens* hort., Blütenblätter bläulich karminrot.

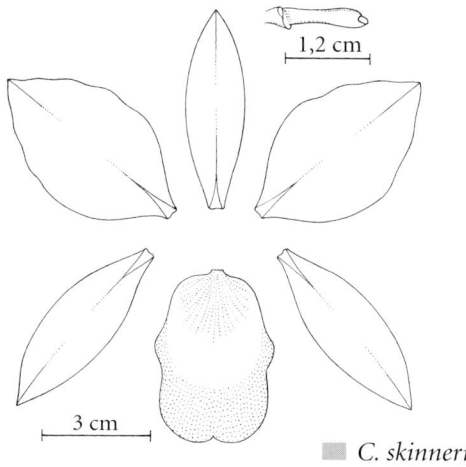

C. skinneri.

Heimat: Das Verbreitungsgebiet von *C. skinneri* erstreckt sich von Mexiko, Chiapas, über Guatemala, Belize, El Salvador, Honduras bis nach Costa Rica (südlich bis zum Rio Parrito). Die Pflanze wächst epiphytisch in periodisch feuchten Wäldern oder lithophytisch auf Granitfelsen, von der Küste bis in Höhenlagen von etwa 1200 m.

Kultur: Kurz nach der Blütezeit, von März bis Mai/Juni, entwickelt sich der Neutrieb. Dieser wächst bei ausreichenden Wassergaben, ziemlich hoher Luftfeuchtigkeit und leichtem Schatten rasch heran, sodass Ende September die Pseudobulbe meist gut ausgewachsen ist. Nun sollte sie bei viel Licht, luftigem Stand und verringerter Substratfeuchte ausreifen können. Wichtig für diese Art ist, dass der Pflanzstoff nach dem Gießen wieder gut abtrocknen kann. Während ihrer Ruhezeit im Winter reichen der Pflanze Temperaturen von 14 bis 15 °C. Entsprechend den Bedingungen am heimatlichen Standort (Trockenzeit), sollte sie dann hell und mit fast trockenem Pflanzstoff, aber bei höherer Luftfeuchtigkeit stehen. In den Heimatgebieten blüht *C. skinneri* oft schon im Januar/Februar, meist im März, aber auch noch im April.

Züchtung: Offensichtlich wurde zur Züchtung *C. bowringiana* mit stärkerem Wuchs und intensiverer Blütenfarbe der nahe verwandten und in gewissen Merkmalen ähnlichen *C. skinneri* vorgezogen. Auch bis zur Gegenwart fand sie keine häufige Verwendung. Dies ist kaum verständlich, denn die Art vererbt neben Blütenreichtum auch ihre gute Wüchsigkeit. Allerdings wird ebenso eine etwas weniger feste Substanz sowie eine geringere Blütengröße mit relativ kleiner Lippe vererbt. Diese Eigenschaften werden nur wenig vom Kreuzungspartner beeinflusst. Die Blütenfarbe ist meist einheitlich und klar.

Primärhybriden: *Cattleya skinneri* ×
C. maxima = *C.* Eclipse; Ingram, 1896
C. intermedia = *C.* Belairensis; Mantin, 1897
C. loddigesii = *C.* Astraea; Maron, 1897
C. schroederae = *C.* Suavis; Sander, 1904
C. warneri = *C.* Susanniae; Thayer, 1905
C. mendelii = *C.* Julienne; McBean Orchids, 1916
C. bowringiana = *C.* Hail Storm; Ainsworth, 1961
C. walkeriana = *C.* Tiptop; Rod McLellan Co., 1965
C. mossiae = *C.* Kiwanda; Bonniewood, 1971
C. labiata = *C.* Blue Bonnet; Jones & Scully, 1976
C. aclandiae = *C.* Equilab's Constellation; N. Cheung (Equilab), 1998
C. trianae = *C.* Eva's Sugar Candy; Orquideas Eva, 1998

Wissenswertes: Entdeckt wurde die Art 1836 durch Ure Skinner nahe der pazifischen Küste in Guatemala, wenig später durch A. S. Oerstedt in Nicaragua und durch Jòzef v. Warszewicz in Costa Rica. Die weißblütige Variante entdeckte Enders und führte sie um 1877 zu Veitch & Sons ein. Bateman beschrieb die Art 1838 in „Orchidaceae of Mexico and Guatemala". Er ehrte damit den Kaufmann Skinner, der in Guatemala Pflanzen für ihn und später auch für Veitch &

Sons sammelte. – Reichenbach fil. beschrieb die gleiche Pflanze 1861 in „Walpers' Annales Botanices Systematicae" als *Epi. huegelianum*.

C. skinneri ist unter dem Namen Guaria Morada die Nationalblume von Costa Rica.

Dialog: In der Wuchsform und in der Blüte ist die Art *C. deckeri* ähnlich. Sie unterscheidet sich von dieser jedoch durch die Blütezeit im Frühjahr und durch den weißlichen bis cremegelben Schlundeingang ihrer Lippe. Ihre Säule wird von den Seitenrändern der Lippe weniger eng umfasst als bei *C. deckeri*. *C. skinneri* besitzt außerdem gefurchte, an der Basis stilartige Pseudobulben, schmalere Blätter und etwas größere Blüten, deren Tepalen breiter und rundlicher erscheinen. Sehr nahe zu *C. skinneri* steht auch *C. bowringiana*. Im dritten Band der „Xenia Orchidacea", der nach Reichenbachs Tod von F. Kränzlin fortgesetzt wurde, stellt dieser *C. bowringiana* als Synonym zu *C. skinneri*. Er sagt demnach aus, dass beide Arten identisch seien. *C. bowringiana* ist jedoch gut an der knollenartigen Basis ihrer Pseudobulben zu erkennen, die bei *C. skinneri* eher stielartig geformt sind.

Untergattung Aclandia Withner

Typus *Cattleya aclandiae* Lindl.
Die Pflanzen entwickeln zylindrische Pseudobulben von harter Konsistenz und tragen terminal zwei Blätter. Die Seitenlappen der Lippe sind klein und stets rundlich. Sie lassen die Säule weitgehend frei. – Zu dieser Untergattung werden zwei Arten gerechnet: *Cattleya aclandiae* Lindl. 1840, *Cattleya velutina* Rchb. f. 1870.

Cattleya aclandiae Lindl.
Edwards's Botanical Register 26, t. 48, 1840
Synonym:
Epi. acklandiae (Lindl.) Rchb. f., Walpers' Annales Botanices Systematicae 6, 2: 312, 1861

Die Pflanze wurde zu Ehren von Lady Acland auf Killerton / Devonshire, einer englischen Orchideenliebhaberin des 19. Jahrhunderts, benannt.

Kleine Pflanze mit verhältnismäßig großen und auffällig gefärbten Blüten, die einen intensiven angenehmen Duft verströmen. **Pseudobulben** zylindrisch bis dünn keulenförmig, 8 bis 14 cm lang, zwei- seltener dreiblättrig. **Blätter** länglich-elliptisch, etwa 6 bis 8 × 2,5 bis 3 cm, derb, fleischig, dunkelgrün, oft rot gezeichnet. **Scheide** klein, schuppenartig. **Infloreszenz** kurz, meist ein- bis zweiblütig. **Blüten** kurz gestielt, 7 bis 10 cm Durchmesser, fleischig, Segmente gelblich oliv, auch gelblich grün bis grünlich orange, grob dunkel rotbraun bandartig quer gefleckt, zur Spitze zu meist dichter. Sepalen verkehrt länglich-eiförmig. Petalen schmal elliptisch, Rand grob gewellt. Lippe groß, dreilappig, ausgebreitet geigenförmig, Seitenlappen klein, flach halbkreisförmig, von der Säule abgespreizt, Lippe von der Basis bis zum Vorderlappen mit zwei flachen Rippen, rosa, Vorderlappen breit nierenförmig, in der Mitte vorn tief ausgerandet, hell karminrot, dunkler geädert, Rand fein gezähnelt und leicht gewellt. Säule breitlänglich, vorn breiter, 2,4 cm lang, 1,4 cm breit, rosa bis purpurrot, an der Basis heller.

Variation: Die Art variiert in der Größe ihrer Blüten, in der Breite ihrer Tepalen sowie in deren Grundfarbe und Intensität der Fleckung.

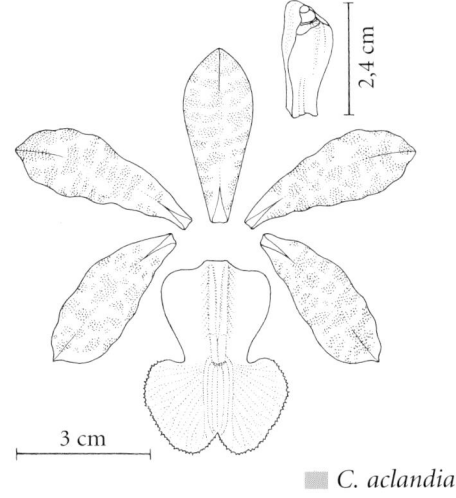

C. aclandiae.

Cattleya aclandiae.

Viele verschiedene Formen und Farbvarianten sind beschrieben worden, die meisten waren nicht lange in Kultur. Besonders für die Züchtung hatten sie eine gewisse Bedeutung. Die meisten Farbvarianten wurden als Varietäten bzw. als Kultivare beschrieben: var. *alba* hort. ex Fowlie, The Brazilian Bifoliate Cattleyas, 1977, Tepalen grünlich, nicht gefleckt, Lippe weiß; var. *coerulea* hort. ex Fowlie, The Brazilian Bifoliate Cattleyas, 1977, Tepalen magentarot, wenig gefleckt, Lippe blau geadert; var. *maxima* hort. ex Lind., Lindenia 9: 77, 1893, Tepalen groß, gelbgrün mit großen dunkel rotbraunen Flecken; var. *nigrescens* hort., Tepalen fast durchgehend dunkel rotbraun; var. *salmonea* hort. ex Rolfe, Lindenia 9: 399, 1893, Grundfarbe der Blüte Lachsrot.

Heimat: Die Heimat dieser Art ist Brasilien, hauptsächlich Bahia. Dort wächst sie epiphytisch, oft gemeinsam mit Tillandsien, im lichten Schatten des unteren Bereiches raurindiger, meist kleiner Bäume in der heißen und sonnigen Catinga, besonders nahe der Küste bis in Höhenlagen von 400 m.

Kultur: Die Art wächst am besten am Block oder in kleinen Gefäßen in grobem Pflanzstoff und guter Dränage, warm, wenig beschattet und bei hoher Luft- sowie gleichmäßiger Substratfeuchte. Bevor erneut gewässert wird, soll der Pflanzstoff jedoch gut abgetrocknet sein. In der Ruhezeit im Winter steht die Pflanze fast vollkommen trocken, bei Temperaturen nicht oder nur wenig unter 14 °C. Im Frühjahr erscheint der Neutrieb, dessen Wachstum man mit Wärme, Licht, genügend Feuchtigkeit und Nährstoffen unterstützt. Nach dem Ausreifen des Triebes, gelegentlich bereits im April/Mai, meist jedoch erst im Juni/Juli oder auch August/September, erscheinen die faszinierenden Blüten. *C. aclandiae* treibt in manchen Jahren zwei Neutriebe nacheinander, woraus sich zu verschiedenen Jahreszeiten eine Blüte entwickeln kann. In Brasilien blüht sie im Dezember. Durch ihre geringe Größe kann die Pflanze in kleinen Kulturräumen gepflegt werden. Bei aufmerksamer Pflege gedeiht sie auch im Zimmer auf der Fensterbank.

Züchtung: *C. aclandiae* wurde ihrer reizvollen Blüten wegen häufig zur Züchtung eingesetzt, in neuerer Zeit besonders zur Erzielung kleinwüchsiger, aber großblütiger Hybriden mit substanzreichen, intensiv gefärbten und gefleckten Blüten. Die Art vererbt ihren niedrigen Wuchs, leider auch eine geringere Blütenanzahl an der Infloreszenz, aber eine gute Substanz, häufig auch gefleckte Blüten, während deren Größe und Farbe weitgehend vom Kreuzungspartner beeinflusst werden.

Primärhybriden: *Cattleya aclandiae* ×
C. loddigesii = *C.* Brabantiae; Veitch, 1863
C. forbesii = *C.* Quinquecolor; Veitch, 1865
C. intermedia = *C.* Calummata (syn. *C.* Incland); Bleu, 1883
C. mossiae = *C.* Apollo; Veitch, 1890
C. labiata = *C.* Eurydice; Veitch, 1895
C. warszewiczii = *C.* Ferdinand Denis; Maron, 1897
C. schroederae = *C.* St. Beniot; Lawrence, 1898
C. mendelii = *C.* Niobe; Veitch, 1900
C. bicolor = *C.* Fascelis; Veitch, 1900
C. granulosa = *C.* Memoria Bleuii; Bleu, 1900

C. trianae = *C.* Lottie; Charlesworth, 1901
C. violacea (als *C. superba*) = *C.* H. G. Selfridge; Sander, 1902
C. dowiana = *C.* Princess Clementine; Laeken Gardens, 1902
C. maxima = *C.* Rooseveltiae; Roebling, 1903
C. harrisoniana = *C.* Olenus; Doin, 1904
C. gaskelliana = *C.* Madouxiae; Mme. Madoux, 1905
C. schilleriana = *C.* Peckhaviensis; Marriott, 1910
C. guttata = *C.* Landate; Rod McLellan Co., 1966
C. amethystoglossa = *C.* Little Leopard; Matatics (Redlinger), 1967
C. bowringiana = *C.* Maria Theresa Vagner; Mid-Florida Orch. (R. Vagner), 1970
C. aurantiaca = *C.* Roben Coolen; Raupe (Vager), 1973
C. luteola = *C.* Small World; Rod McLellan Co., 1975
C. velutina = *C.* Acvel; E. J. Allen (o/u), 1988
C. schofieldiana = *C.* Fabulous Cheetah; N. Cheung (Equilab), 1998
C. skinneri = *C.* Equilab's Constellatio; N. Cheung (Equilab), 1998
C. warneri = *C.* Samba Crush; R. Agnes (Aranda Oquideas), 2000

Wissenswertes: Die Pflanze wurde zuerst 1839 von Marineleutnant James in Bahia, Brasilien, auf kleinen verstreut wachsenden Bäumen in Küstennähe entdeckt und nach England gebracht. Bei Sir Thomas Acland auf Killerton brachte dessen Gärtner Craggs sie im Juli 1840 zur Blüte. Lindley beschrieb die Art im August 1840 in „Edwards's Botanical Register" zu Ehren der Frau des Besitzers als *C. aclandiae*. Mrs. Acland malte die Vorlage zur Farbtafel in „Edwards's Botanical Register" für die Neubeschreibung der Art. Reichenbach fil. stellte sie, wie viele andere Cattleyen, 1861 in „Walpers' Annales Botanices Systematicae" zur Gattung *Epidendrum*. – Später wurden Pflanzen auch von dem englischen Konsul J. Wetherall zu Paraíba in Bahia gefunden und in England eingeführt.

Dialog: *C. aclandiae* erinnert im Habitus und in der Wuchsgröße an *C. schilleriana*, ist aber blühend leicht durch die von der Säule abgespreizten flach halbrunden Seitenlappen ihrer Lippe zu erkennen.

Cattleya velutina Rchb. f.
The Gardeners' Chronicle 30: 140, t. 1373, 1870
Synonyme:
C. fragrans Barb. Rodr., Genera et species orchidearum novarum 1: 72, 1877
C. alutacea Barb. Rodr., Genera et species orchidearum novarum 2: 157, t. 244, 1882

Cattleya Brabantiae (1863) 'Uschi'
(*C. loddigesii* × *C. aclandiae*).

Cattleya Fascelis (1900)
(*C. aclandiae* × *C. bicolor*).

C. velutina var. *alutacea* (Barb. Rodr.) Cogn., Flora Brasiliensis 4: 200, 1901

Die Art erhielt ihren Namen nach der samtartigen Behaarung des Vorderlappens der Lippe, vorwiegend der Nerven (velutinus = samtartig, franz. velouté = samtartig aussehen, velours = Samt, von lat. villosus).

Die Pflanze mit ihren auffallend schönen Blüten ist recht selten in Kultur. **Pseudobulben** dünn, zylindrisch, 25 bis 40 cm lang, zwei- bis dreiblättrig, grün, oft rot überhaucht. **Blätter** eiförmig-lanzettlich, meist spitz, etwa 12 bis 15 cm lang und bis 4,5 cm breit, ledrig. **Scheide** länglich, 6 cm lang, zur Blüte meist trocken. **Infloreszenz** zwei- bis fünfblütig, seltener bis 10-blütig, Schaft kurz. **Blüten** etwa 6, ausgebreitet bis 9 cm Durchmesser, substanzreich, oft würzig duftend. Sepalen und Petalen orangebraun, auch gelblich, verschieden groß braun bis purpur gepunktet. Sepalen länglich-lanzettlich, spitz, Spitze zurückgebogen, fast eingerollt, dorsales Sepalum 5 bis 6 cm lang und etwa 1,5 cm breit, laterale Sepalen kleiner und sichelförmig gebogen. Petalen verkehrt schmal eiförmig, etwa 4,8 cm lang, 2,6 cm breit, Rand wellig. Lippe dreilappig, Seitenlappen relativ klein, etwa 2 cm lang, weiß, die Säule röhrenartig umfassend, Vorderlappen rundlich bis eiförmig, etwa 3,5 cm breit und 4,5 cm lang, weißlich, karminrot genervt, Oberseite besonders auf den Nerven papillös-kurzhaarig, Rand gewellt und fein gezähnelt, wie der Schlund breit gelb, Lippe von der Basis bis auf den Vorderlappen mit einer schmalen Rinne. Säule 2 cm lang, gebogen, weiß, Spitze und Antherenkappe karminrot.

Variation: Die Blüten variieren in ihrer Größe, der Intensität der Farbe sowie der Fleckung. Im östlichen Teil des Verbreitungsgebietes sind die Blüten heller und mehr gelb gefärbt. Sie blühen vor der westlichen Rasse mit mehr orangebraunen Blüten. Zahlreiche Farbvarianten wurden als Varietäten beschrieben, z.B.: var. *coerulescens* hort., Lippe graublau genervt; var. *lietzei* Regel, Acta Horti Petropolitani 10: 368, 1887, Blüte blass ledergelb, fein purpurn gepunktet; var. *paulistana* hort., Blüte groß, Lippe reinweiß; var. *punctata* Regel, Acta Horti Petropolitani 10: 369, 1887, Blüte bräunlich orangegelb, purpurbraun gepunktet; var. *schilleriana* Rchb. f. ex Fowlie, Blüte intensiv gefleckt, Schlund orange, Aderung der Lippe stark samtartig behaart; var. *superba* L. Lind., Lindenia 4: 202, 1893, Blüte orangegelb, purpur gefleckt, Seitenlappen der Lippe cremeweiß, purpurn gestreift.

Heimat: *C. velutina* ist in Brasilien in den Staaten Espírito Santo, Rio de Janeiro und São Paulo, meist in Höhenlagen zwischen 400 und 800 m verbreitet. Sie wächst epiphytisch in sumpfigen Gebieten oder in der Nähe von Gewässern, oft an sonnigen Standorten auf zerstreut stehenden Sträuchern und kleinen Bäumen in Moospolstern auf schräg wachsenden Ästen. Teilweise kommt sie gemeinsam mit *C. bicolor* in küstennahen Bergen vor. Heute gilt sie jedoch in der Natur fast als ausgestorben.

Kultur: Die Pflanzen wachsen am besten am Block oder in kleinen Körben in grobem Pflanzstoff. Sie lieben einen warmen hellen Standort, jedoch vor heißer Mittagssonne geschützt, gute Frischluftzufuhr, hohe Luftfeuchtigkeit und eine deutliche nächtliche Temperaturabsenkung. Während der Ruhezeit im Winter reichen bei recht trockenem Substrat 12 bis 15 °C aus. Verpflanzt wird vor dem Austrieb, notfalls nach der Blüte.

Die Blüten erscheinen nach Wachstumsabschluss der Pseudobulbe, meist zwischen Juli und Oktober.

Züchtung: *C. velutina* wurde relativ spät, aber bis in die heutige Zeit zur Erzielung neuer *Cattleya*-Hybriden eingesetzt. Sie vererbt dominant ihren hohen, etwas langsamen Wuchs und nur teilweise die Merkmale ihrer Blüten, aber deren Substanz, Haltbarkeit und die breit spatelförmige große Lippe. Mitunter vererbt sie auch ihre Blütenfarbe (Bronze). Bei der Weiterzüchtung wurde fast immer *C. velutina* als Vaterpflanze, die andere *Cattleya*-Art bzw. -Hybride als Samenträger eingesetzt. Ähnlich liegen die Verhältnisse bei der Züchtung mit Brassolaeliacattleyen. Bei *Laelia* und *Laeliocattleya*, aber auch bei *Epidendrum* wurde dagegen *C. velutina* fast immer als Samenträger verwendet.

Primärhybriden: *Cattleya velutina* ×
C. lueddemanniana = *C.* Miss Measures; Sander, 1895
C. forbesii = *C.* Juno; Roebling, 1895
C. dowiana = *C.* Maronii; Maron, 1898
C. warneri = *C.* Paynterii; Rev. Paynter, 1899
C. bicolor = *C.* Frasquita; Maron, 1900
C. bowringiana = *C.* Clytie; Sir Jas. Miller, 1900
C. schofieldiana = *C.* Greyae; Wigan, 1900
C. gaskelliana = *C.* Casca; Veitch, 1904
C. labiata = *C.* Lesueurii; Lesueur, 1906
C. trianae = *C.* Wildemanii; Wavrin, 1906
C. warszewiczii = *C.* Wincqxiana; Peeters, 1906
C. mossiae = *C.* Versicolor; Sander, 1911
C. mendelii = *C.* Farfadet; Marcoz, 1912
C. rex = *C.* Xanthoroda; Sander, vor 1946
C. guttata = *C.* Whimsy; Stewart Inc, 1964
C. aurantiaca = *C.* Charlotte Goldard; Fort Caroline (Wallbrunn), 1973
C. luteola = *C.* Bless Pat; Stevenson, 1975
C. violacea = *C.* Velacea; Rod McLellan Co., 1981
C. aclandiae = *C.* Acvel; E. J. Allen (o/u), 1988

Wissenswertes: Pflanzen von *C. velutina* gelangten 1870 mit anderen Orchideen aus dem Gebiet von Rio de Janeiro in Brasilien zu Joseph Broome nach Didsbury bei Manchester in England und blühten dort noch im gleichen Jahr. Eine Blüte erhielt Thomas Moore, nach der Reichenbach fil. noch im gleichen Jahr in „The Gardeners' Chronicle" die Art als *C. velutina* beschrieb. Dabei vergleicht er sie in der Blütengröße mit *C. bicolor*. In der Lippenform, besonders der Seitenlappen, soll sie *C. walkeriana* sowie *C. schilleriana* wegen der ähnlich gewellten Sepalen und Petalen, aber auch *C. guttata* ähneln. Gleichzeitig diskutiert er über die Möglichkeit, ob es ein Naturbastard seien könne. Wenig später sah Reichenbach fil. bei Konsul

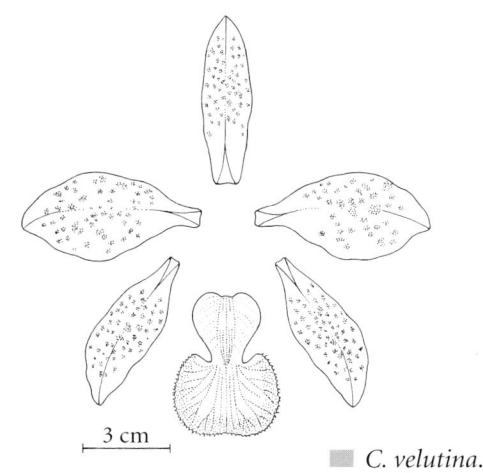

C. velutina.

Schiller in Hamburg eine Pflanze dieser Art, aber mit schöneren Blüten. In einem Nachtrag zur Originalbeschreibung, ebenfalls in „The Gardeners' Chronicle", berichtet Reichenbach fil. im gleichen Jahr über diese besonders schöne Variante. Er weist darauf hin, dass der Wuchs ähnlich *C. bicolor* sei, und diskutiert wieder, wenn es eine Hybride sei, würde sie aus dieser und *C. schilleriana* oder *C. walkeriana* entstanden sein. Nur zwei Jahre später, 1872, schrieb Reichenbach fil. über die dritte bekannt gewordene Pflanze, die unter der Pflege von C. Kemmery in der Orchideensammlung von E. G. Wrigley auf Broad Oaks in Lancashire, England, blühte. Diese würde weitgehend der zuerst beschriebenen Pflanze, also dem Typus, ähnlich sein. Gleichzeitig veröffentlichte Reichenbach fil. zu diesem Bericht, wiederum in „The Gardeners' Chronicle", die erste Abbildung von *C. velutina* mit einer stark gefleckten Blüte als Holzschnitt. Dabei schreibt er, dass eine Pflanze etwa den gleichen Wert habe wie einige Dutzend von *C. forbesii*, die recht häufig in Brasilien vorkommt und ebenfalls im Wuchs ähnlich sei.

Im Jahr 1887 wurden erneut Pflanzen durch den Sammler C. Lietze aus Brasilien von der der Küste vorgelagerten Insel St. Caterine zum Botanischen Garten in St. Petersburg, Russland, geschickt. Diese weichen in der Blütenfarbe, deren Form und Zeichnung von der typischen Art ab.

Cattleya velutina.

Nachdem er Reichenbach fil. konsultiert hatte, beschrieb sie Eduard Regel in „Acta Horti Petropolitani" 1887 und nochmals in „Gartenflora" 1888 als var. *lietzei* und var. *punctata*. – In Brasilien blüht die Art am Ende der Sommerzeit im Februar/März. In ihrem westlichen Verbreitungsgebiet blüht *C. velutina* etwas später, und auch ihre Blüten haben eine andere Form und eine dunklere Farbe.

Dialog: In der Literatur wird zum Teil angegeben, so auch bei Withner „The Cattleyas and their Relatives" 1988, dass Reichenbach fil. *C. velutina* bei der Neubeschreibung 1870 als Naturbastard einschätzte. Als Eltern soll er *C. walkeriana* und *C. schilleriana* angegeben haben, nach anderen Autoren waren es aber *C. bicolor* und *C. guttata*. Reichenbach fil. hat jedoch hinter den Namen *Cattleya velutina* eindeutig spec. nov. – neue Art – geschrieben. Er diskutiert zwar über die Möglichkeit, dass es ein Naturbastard sein könne, wohl weil ihm nur wenig Material – eine Blüte – vorlag. Bei seinen Vergleichen geht er auf den ähnlichen Habitus von *C. bicolor* ein, während er an der Lippe der Blüte keine Ähnlichkeit zu *C. guttata* findet. Dagegen vertritt Veitch 1887 in „A Manual of Orchidaceous Plants" die Meinung, dass *C. velutina* eine Naturhybride, wahrscheinlich aus *C. bicolor* und einer *C.-guttata*-Form sei, zumal sie gemeinsam mit diesen Arten eingeführt wurde. Er korrigiert sich aber kurz vor dem Druck des Buches dahingehend, dass *C. velutina* im Verbreitungsgebiet viel häufiger vorkomme als es von Naturhybriden zu erwarten sei, und erkennt den Artstatus an.

C. velutina kann durch die Form und Farbe ihrer Blüten mit keiner anderen Art verwechselt werden. Auch nicht mit *C. schofieldiana*, mit der sie am gleichen Standort wächst, und auch nicht mit *C. bicolor*, deren Lippe keine Seitenlappen entwickelt. *C. schilleriana*, die ebenfalls im gleichen Gebiet vorkommt, ist schon an den viel kürzeren Pseudobulben zu erkennen.

Untergattung Intermedia (Cogniaux)
Withner

Typus *Cattleya forbesii* Lindl.
Die zylindrischen Pseudobulben der Pflanzen sind verhältnismäßig lang, ihre zwei Blätter an der Spitze stumpf. Das dorsale Sepalum und die Petalen sind nahezu von gleicher Gestalt. – Diese Untergattung umfasst sechs Arten: *C. dolosa* (Rchb. f.) Rchb. f. 1876, *Cattleya forbesii* Lindl. 1826, *Cattleya harrisoniana* Batem. ex Lindl. 1836, *Cattleya intermedia* Grah. 1828, *Cattleya kerrii* Brieger et Bicalho 1976, *Cattleya loddigesii* Lindl. 1826.

Cattleya dolosa (Rchb. f.) Rchb. f.
The Gardeners' Chronicle 5: 430, 1876
Basionym:
Epi. dolosum Rchb. f., Xenia Orchidacea 2: 224, 1874
Synonyme:
C. eximia Barb. Rodr., Genera et species orchidearum novarum 1: 70, 1877
C. walkeriana var. *dolosa* Veitch, A Manual of Orchidaceous Plants 1, Epidendreae, 1887

Reichenbach fil. gab der Art den Namen *dolosa*, weil die Blüten seiner Meinung nach denen von *C. walkeriana* täuschend ähnlich sind (lat. dolosus = trügerisch, täuschend).

Die niedrigen Pflanzen mit großen Blüten sind in Europa ziemlich selten in Kultur. **Pseu-**

Haltbarkeit. Die Lippenfarbe ist fast immer rezessiv.

Primärhybriden: *Cattleya forbesii* ×
C. aclandiae = *C.* Quinquecolor; Veitch, 1865
C. velutina = *C.* Juno; Roebling, 1895
C. violacea = *C.* Super-Forbesii; Chypher, 1896
C. mossiae = *C.* Heloise; Mantin, 1897
C. mendelii = *C.* Melpomene; Veitch, 1897
C. dowiana = *C.* Fulvescens; Charlesworth, 1901
C. gaskelliana = *C.* Winniana; Chamberlain, 1902
C. bowringiana = *C.* Meadii; Mead, 1904
C. granulosa = *C.* Priscilla Ward; Woodlawn, 1954
C. eldorado = *C.* Forbes Silver; Davis Sander Orchids, 1961
C. labiata = *C.* Alvim; Orq. Catarinense (Alvim Seidel), 1965
C. bicolor = *C.* Tom Mays; Jay Rogers (Furrow), 1968
C. rex = *C.* Sister John Karen; Burton's (o/u), 1973
C. luteola = *C.* Luteous Forb; Kokusai Ny. Co. Ltd., 1982
C. aurantiaca = *C.* Pippin; Dr. J. E. Binnie (o/u), 1984
C. maxima = *C.* Martina Wolff; M. Wolff, 1994
C. walkeriana = *C.* Ching Li Sa; Harold Johnson (o/u), 1996
C. amethystoglossa = *C.* Tessloo; R. van Roy, 1996
C. skinneri = *C.* Memoria Frank McNally; Lion's Den, 1998

Wissenswertes: Lindley beschrieb die Art in „Collectanea Botanica", deren Lieferung mit der Tafel 37, auf der *C. forbesii* abgebildet ist, wahrscheinlich im Januar 1826 erfolgte. Das genaue Veröffentlichungsdatum dieses Werkes ist nicht bekannt (siehe auch Kapitel „Zur Geschichte der Gattung *Cattleya*"). Die Pflanze muss dem brasilianischen Botaniker Vellozo (auch Velloso) schon sehr viel früher bekannt gewesen sein, denn er beschrieb sie 1790 als *Epi. pauper* in seiner „Florae Fluminensis". Da das Werk jedoch erst 1829 (Atlas 1835) veröffentlicht wurde, ist der von ihm gegebene Name als Synonym zu *C. forbesii* Lindl. zu betrachten. Die Art gehört zu den ersten Cattleyen, die in Europa bekannt wurden. Reichenbach fil. stellt sie 1861 in „Walpers' Annales Botanices Systematicae" zur Gattung *Epidendrum*, und Carlos Stellfeld kombiniert sie in *Cattleya pauper* um, verwendete also das Epithet der Vellozo'schen Veröffentlichung, da er (wie viele andere zu dieser Zeit) glaubte, sie sei 1790 erfolgt.

Dialog: Die Blüten dieser Art ähneln in keiner Weise denen anderer *Cattleya*-Spezies. *C. forbesii* var. *rosea* wächst nach Dungs im Staat Rio de Janeiro in 600 m Höhenlage, während Fowlie der Meinung ist, es handelt sich um Nachkommen der Naturhybride *C.* × *venosa* (= *C. forbesii* × *C. harrisoniana*), die durch wiederholte Kreuzungen mit *C. forbesii* entstanden seien, da sie die roten Farbstoffanteile von *C. harrisoniana* in ihren Blüten haben.

Cattleya harrisoniana Batem. ex Lindl.
Edwards's Botanical Register 22, sub t. 1919, 1836
Synonyme:
C. harrisoniae Batem., Paxton's Magazine of Botany 4: 247, 1838
C. harrisonii P. N. Don, Floral Journal 183, 1840

Cattleya harrisoniana.

C. intermedia var. *variegata* Hook., Curtis's Botanical Magazine t. 4085, 1844
C. papeiansiana C. Morr., Annales de la Societé Royale d'Agriculture et de Botanique de Gand 1: 57, t. 5, 1845
Epi. harrisonianum (Batem. ex Lindl.) Rchb. f., Walpers' Annales Botanices Systematicae 6, 2: 317, 1861
C. loddigesii var. *harrisoniae* (Batem.) Veitch, A Manual of Orchidaceous Plants 1, Epidendreae, 1887

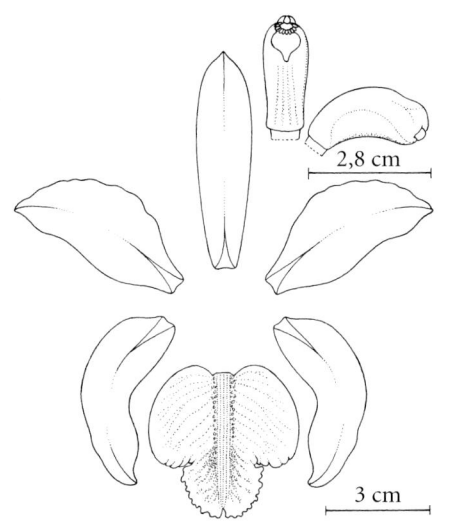

■ *C. harrisoniana.*

John Lindley benannte die Art nach Mr. Harrison. Dieser führte sie gemeinsam mit seinen zwei Brüdern zuerst in England ein.

Die substanzreichen Blüten von *C. harrisoniana* entwickeln sich im Spätsommer willig. **Pseudobulben** schmal zylindrisch, 40, auch bis 50 cm lang, zwei-, auch dreiblättrig. **Blätter** schmal elliptisch, bis 20 cm lang, Rand knorpelig, dunkelgrün. **Scheide** länglich, etwa 5 cm lang, zur Blütezeit grün. **Infloreszenz** bis 28 cm lang, zwei- bis sechsblütig. **Blüten** 7 bis 10 cm im Durchmesser, hell bis kräftig karminrot. Sepalen länglich, etwa 6 cm lang, 1,8 cm breit, Spitzen knorpelig, grün, laterale sichelförmig. Petalen elliptisch-verkehrt eiförmig, etwa 5,5 cm lang, 2,2 cm breit, am Mittelnerv fleischiger, Rand leicht gewellt. Lippe dreilappig, mit den Seitenlappen die Säule umfassend, Seitenlappen vorn rund, stark aufgewölbt, Rand meist gesägt, Vorderlappen gewellt, gelblich, Zentrum oft orange, auch rosa überlaufen, Rand gesägt und oft hell karminrot überhaucht, Kallus mehrkielig, fast von der Basis bis auf den Vorderlappen reichend, seitlich neben den Längskielen oft höckerig. Säule länglich, bis 3 cm lang, gering gebogen, weißlich, vorn oft rosa.

Variation: Die Art variiert vorwiegend in der Pflanzenhöhe, der Blütengröße, der Anzahl ihrer Blüten sowie in der Farbintensität. Die Farbvarianten, auch fast rosafarbene und so genannte blau blühende Variationen wurden bekannt, hat man meist als Varietäten bzw. Unterarten beschrieben: var. *alba* Beer, Praktische Studien an der Familie der Orchideen, 1854, Sepalen und Tepalen reinweiß, Lippe helllila, Schlund gelblich; var. *regnieriana* Rchb. f., The Gardeners' Chronicle 3.s. 4: 264, 1888, entspricht fast der Art, Sepalen und Petalen heller, fast orangerot gefärbt; var. *violacea* hort. ex Williams, The Orchid-Grower's Manual 7, 1894, Blüte kräftig dunkel karminrot, Lippe in der Mitte gelb.

Heimat: *C. harrisoniana* kommt aus den brasilianische Staaten São Paulo, Rio de Janeiro, Espírito Santo und Minas Gerais. Die Art wächst epiphytisch in feucht-warmen Gebieten, in sumpfigen Wäldern oder in der Nähe von Gewässern, oft auf bemoosten Hartlaubgehölzen, und meist im leichten Schatten. Das Vorkommen erstreckt sich auf einen schmalen Streifen nahe der Küste bis in Höhenlagen von 750 m. Durch die Nähe der Gewässer ist auch in der Trockenperiode die Luftfeuchtigkeit recht hoch.

Kultur: Während der Entwicklung des neuen Triebes erfolgt die Pflege temperiert bis warm und bei möglichst hoher Luftfeuchte. Bei viel Licht färben sich die Blüten besonders intensiv. Der Standort sollte jedoch vor praller Mittagssonne geschützt sein. Bei ausreichender Frischluftzufuhr und Luftumwälzung bleibt die

Pflanze gesund und widerstandsfähig. In der Ruhezeit genügen Temperaturen um 12 °C, das Substrat sollte ziemlich trocken und die Luftfeuchtigkeit nicht zu gering sein. Nach Abschluss des Triebwachstums, etwa zwischen Juli und Oktober, öffnen sich die Blüten. Am heimatlichen Standort in Brasilien blüht die Pflanze meist zwischen November und Februar. Wenn sich die ersten Wurzeln zeigen, meist im Februar/März, kann verpflanzt werden.

Züchtung: *C. harrisoniana* wurde um 1900 besonders zur Erzielung von Primärhybriden herangezogen und in das Sortiment eingekreuzt. Sie vererbt Blühwilligkeit, eine gute Substanz und Haltung der Blüten, doch bedecken in der ersten Generation die Seitenränder der Lippe vorn die Säule nicht immer vollkommen. Die Blütengröße und besonders die Farbe der Lippe werden fast immer dominant von den Kreuzungspartnern beeinflusst. – Seit 1963 erfolgt die Registrierung von Züchtungen mit *C. harrisoniana* unter dem Namen *C. loddigesii*.

Primärhybriden: *Cattleya harrisoniana* ×
C. trianae = *C. Dubiosa*; Maron, 1890
C. gaskelliana = *C. Miss Williams*; Temple, 1894
C. warszewiczii = *C. Ashtonii*; Lewis & Co., 1894
C. granulosa = *C. Mary Gratrix*; Gratrix, 1897
C. dowiana = *C. Mrs. Pitt* (syn. *C. Sappho*; Peeters, 1903); Pitt, 1902
C. mossiae = *C. Highburiensis*; Chamberlain, 1903
C. aclandiae = *C. Olenus*; Doin, 1904
C. labiata = *C. Bertii*; Bert, 1904
C. maxima = *C. Hester*; Charlesworth, 1904
C. walkeriana = *C. Heathii*; Heath, 1907
C. percivaliana = *C. Cyril*; Holford, 1907
C. quadricolor (als *C. chocoensis*) = *C. Mrs. Percy Bigland*; Hanbury, 1913
C. schroederae = *C. Domitian*; Armstrong & Brown, 1914
C. eldorado (als *C. wallisii*) = *C. Hermione*; Chamberlain, vor 1946
C. mendelii = *C. C. G. Roebling*; Roebling, vor 1946

Wissenswertes: William Harrison schickte 1836 Pflanzen dieser Art aus Brasilien an seine Brüder Arnold und Richard in Liverpool, bei denen sie auch zuerst blühten. Bateman erhielt von ihnen Material zur Bestimmung, leitete es aber an Lindley weiter. Dieser gab der neuen Art den Namen *C. harrisoniana*, nach einem der drei Brüder Harrison. Zwei Jahre später beschreibt Bateman in „Paxton's Magazine of Botany" die Art, und zwar als *C. harrisoniae*. Er stellte dabei auch die Unterschiede der Pflanze und ihrer Blüten zu *C. loddigesii* in einer Zeichnung dar und weist darauf hin, dass er diese Art seit einigen Jahren als Varietät von *C. loddigesii* kultiviert habe. Nun stufe er sie jedoch in den Rang einer Art ein, weil sie deutlich verschieden von *C. loddigesii* sei. Hooker beschrieb 1844 ebenfalls die Art, aber als Varietät *variegata* von *C. intermedia* in „Curtis's Botanical Magazine" und bildete die Pflanze auf Tafel 4085 ab. Diese offensichtliche Fehleinschätzung beruht möglicherweise auf den zweiblättrigen Pseudobulben und der Blütengröße. Charles Morren benannte diese Spezies 1845 nach ihm vorliegenden Material als *C. papeiansiana*, ebenfalls ein Synonym.

Dialog: *C. harrisoniana* ähnelt *C. kerrii*. Diese bildet nur an kräftigen Pflanzen zwei Blätter aus, hat jedoch sonst fast immer einblättrige Pseudobulben. Auch haben die Seitenlappen der Lippe von *C. kerrii* eine schmal dreieckige Form und sind nicht vorn rund und stark aufgewölbt. Weiterhin ist *C. harrisoniana* mit *C. loddigesii* verwandt und wird teilweise auch als deren Unterart bzw. Varietät angesehen. In ihrer Heimat haben beide unterschiedliche Areale, die sich aber im jeweils südlichen Teil überlappen. *C. harrisoniana* hat gegenüber *C. loddigesii* eine mehr offene Blütenform, schmalere Blütenblätter und eine hell bis kräftig karminrote Farbe. Sie ist nicht gepunktet, hat einen mehrkieligen, fast von der Basis bis auf den Vorderlappen reichenden Lippenkallus und seitlich daneben oft fleischige Höcker. Ihre Blätter sind mehr elliptisch, der Wuchs ist etwas höher und die Blüte entwickelt sich gleich nach Abschluss des neuen

Triebes. Außerdem ist die Scheide zur Blütezeit von *C. harrisoniana* saftig und grün, bei *C. loddigesii* jedoch trocken. Bereits bei der Neubeschreibung von *C. harrisoniana* wies Lindley darauf hin, dass beide Arten nahe miteinander verwandt sind. In den Sammlungen wurden sie immer wieder verwechselt. Sicher wurden auch Pflanzen der einen Art mit dem Namen der anderen versehen, weil man meistens nur eine von beiden pflegte und so keine Vergleichsmöglichkeit hatte. Stehen aber Pflanzen von beiden Arten nebeneinander, sind die Unterschiede leicht zu erkennen, und eine Zuordnung zur jeweiligen Art ist ohne Schwierigkeit möglich. Dies war aber offensichtlich nur in seltenen Fällen möglich, da in der Regel nur Exemplare einer Herkunft vorhanden waren und der mitgeteilte Name als richtig angenommen wurde.

Veitch versucht das Problem in „A Manual of Orchidaceous Plants" 1887 zu lösen, indem er die hier behandelte Art als Varietät zu *C. loddigesii* stellt. Rolfe verdeutlicht dies 1889 in „The Gardeners' Chronicle". Zehn Jahre später bemüht sich C. Alfred Cogniaux in „Dictionaire Iconographique des Orchidées" t. 17, die Verwirrungen zu beseitigen. Trotzdem sind immer wieder Pflanzen mit falschen Namen in den Sammlungen zu finden. So wird auch heute noch *C. harrisoniana* oft als Synonym oder als Varietät zu *C. loddigesii* betrachtet.

In „Sander's List of Orchid Hybrids" sind ab 1963 die Züchtungen mit *C. harrisoniana* unter *C. loddigesii* registriert. Da beide Arten ähnliche Merkmale aufweisen, werden diese bei der Züchtung auch in gleicher Weise dominant vererbt. Hinzu kommen falsche Angaben der Züchter, die unwissentlich durch Verwechslung der Arten entstanden sind. Rückwirkend ist eine Klärung nicht mehr möglich, und so ist die Zusammenfassung beider Arten bei der Registrierung sicher eine Lösung, ob in jedem Fall die beste, bleibt offen.

Cattleya harrisoniana × *Laeliocattleya* 'Schöne von Crimmitschau'.

Cattleya intermedia Graham
Curtis's Botanical Magazine 2.s. 2, t. 2851, 1828
Synonyme:
C. ovata Lindl., Edwards's Botanical Register 22, sub t. 1919, 1836
C. maritima Lindl., Edwards's Botanical Register 22, sub t. 1919, 1836
C. amethystina C. Morr., Annales de la Societé Royale d'Agriculture et de Botanique de Gand 4: 217, t. 201, 1848
C. loddigesii var. *amethystina* Lem., Le Jardin fleuriste 4, sub t. 379, 1853
Epi. intermedium Rchb. f., Walpers' Annales Botanices Systematicae 6, 2: 318, 1861
C. amabilis Lindl. ex Du Buysson, L'Orchidophile 232, 1878
C. aquinii Barb. Rodr., Plantas Novas Cultivadas no Jardim Botanico do Rio de Janeiro 1: 23, t. 4, 1891

Der Artname besagt, dass die Pflanze in ihren Merkmalen zwischen zwei Arten steht (lat. inter = zwischen, medius = in der Mitte befindlich). Da bisher nur *C. labiata*, *C. loddigesii* und *C. forbesii* bekannt bzw. von Lindley in „Collectanea Botanica" beschrieben worden waren, konnte Graham seine Pflanze nur mit diesen drei Arten vergleichen. Er befand, dass Aufbau, Wuchsform

Cattleya intermedia var. *concolor* 'Maria Fuceira'.

Cattleya intermedia var. *mirabilis*.

Cattleya intermedia var. *aquinii*.

Laeliocattleya Intermedioflava (1894)
(*C. intermedia* × *Laelia flava*).

Cattleya intermedia 'Orlata-Typ'.

Cattleya Margaret Degenhardt (1964)
(*C. intermedia* var. *aquinii* × *C.* Bob Betts).

und Blütenmerkmale zwischen denen von *C. labiata* und *C. loddigesii* liegen.

Mittelgroße Pflanze mit ansehnlich geformten, haltbaren, äußerst variablen Blüten. **Pseudobulben** bis 40 cm lang, zylindrisch, schwach keulenförmig, zwei-, auch dreiblättrig. **Blätter** länglich-eiförmig, vorn stumpf, 15 cm lang und 5 cm breit, Rand knorpelig. **Scheide** länglich, bis etwa 8 cm lang. **Infloreszenz** etwa 15 cm lang, zwei- bis siebenblütig. **Blüten** etwa 10 cm Durchmesser, leicht duftend, weißlich rosa bis hell karminrot, auch reinweiß, auch mit hell karminroter Lippe. Sepalen länglich, schwach lanzettlich, Spitzen knorpelig, grünlich, laterale sichelförmig. Petalen länglich-lanzettlich, stumpf. Lippe dreilappig, mit den Seitenlappen die Säule umfassend, von der Basis bis kurz vor dem Vorderlappen mit flachen rippenförmigen Kielen, Vorderlappen von den Seitenlappen durch einen Einschnitt deutlich und meist auch farblich getrennt, rundlich bis nierenförmig, vorn eingeschnitten, karminrot, oft mit purpurnem Mittelnerv in die Lippenröhre hineinragend. Säule schwach gebogen, bis 3 cm lang, weiß, Spitze oft rosa.

Variation: *Cattleya intermedia* variiert in der Pflanzenhöhe, im Verhältnis Blattbreite zu Blattlänge, besonders aber in der Blütenfarbe und -form. Es gibt mehr als 35 beschriebene Farbvarianten und viele Kultivare, die oft kaum voneinander zu unterscheiden sind. Am bekanntesten ist wohl die Varietät *aquinii*, die Barbosa Rodrigues 1891 in „Plantas Novas Cultivadas no Jardin Botanico do Rio de Janeiro" als eigenständige Art beschrieb. Rolfe kombinierte sie neun Jahre später als *C. intermedia* var. *aquinii* um. Ihre elliptischen bis rundlichen inneren Blütenblätter sind an den Spitzen lippenähnlich dunkel karminrot. Dieser Aquinii-Effekt wird, mehr oder weniger deutlich ausgeprägt, über mehrere Generationen vererbt.

Häufig in Kultur sind: var. *amethystina* (Morr. ex Lem.) Fowlie, The Brazilian Bifoliate Cattleyas, 1977, Lippe vorn blassviolett; var. *pallida* (von Tweedie 1834 in Buenos Aires gesammelt, Herbarium Hook.), Edwards's Botanical Register 22, t. 1919, 1836, Blüten weiß mit karminrotem Anflug; var. *parthenia* Rchb. f., The Gardeners' Chronicle 3.s. 4: 178, 1888, syn. var. *alba* hort. ex Williams 1894, Blüte reinweiß; var. *punctatissima* Sander, Reichenbachia 2.s. 1: 51, 1892, Blüten rosa, rötlich gepunktet; var. *vinicolor* hort., Blüten weiß, Lippe und Spitzen der Seitenlappen weinrot.

Heimat: *C. intermedia* ist in den brasilianischen Staaten Rio de Janeiro, São Paulo, Paraná, Santa Catarina und Rio Grande do Sul, aber auch in Paraguay und Uruguay beheimatet. Sie wächst meist epiphytisch auf Bäumen oder lithophytisch auf felsigem Untergrund, aber auch terrestrisch auf Sandböden. Man kann sie häufig in der Nähe von Gewässern oder in Küstennähe beobachten, auch in voller Sonne und in Höhenlagen bis zu 300 m. – Am Cap Frio im Staat Rio de Janeiro soll es eine eigenständige geographische Rasse geben.

Kultur: Die Pflanze wächst willig im Korb, im Topf oder am Block im temperierten Bereich. Sie bevorzugt einen sehr hellen, nur im Frühjahr und Sommer vor praller Mittagssonne geschützten Standort. Wichtig sind eine nicht zu geringe Luftfeuchte, reiche Wassergaben während des Wachstums, ausreichende Frischluftzufuhr und Luftumwälzung. *C. intermedia* verträgt keine ständige feucht-warme Gewächshausluft ohne ausreichende Lüftung. Ihre Hauptwachstumszeit liegt im Frühjahr und Sommer, meist blüht sie zwischen April und Juni. Kräftige Pflanzen blühen teilweise nochmals zwischen August und Oktober, in Brasilien im September. Während der nicht sehr ausgeprägten Ruhezeit genügen bei mäßig feuchtem Substrat Temperaturen um 14 °C, nachts um 12 °C. Verpflanzt wird nach der Blütezeit in grobkörniges Substrat mit ausreichender Dränageschicht. – Bei höherer Wärme entwickelt *C. intermedia* nach der Ausbildung ihres Jahrestriebes oft einen zweiten Spross. Beide können dann gemeinsam oder auch nacheinander blühen.

Züchtung: Die Art vererbt ihre Wüchsigkeit, meist zweiblättrige Triebe, eine gute Haltung der Blütenblätter, die Substanz und Haltbarkeit ihrer Blüten, aber auch die ziemlich schmale Lippenform. Vom Kreuzungspartner wird weitgehend die Blütenfarbe bestimmt. *C. intermedia* var. *aquinii* vererbt die Farbe ihrer Petalenspitzen recht gut über mehrere Generationen.

Primärhybriden: *Cattleya intermedia* ×
C. maxima = *C.* Dominiana; Veitch, 1859
C. guttata = *C.* Picturata; Veitch, 1877
C. aclandiae = *C.* Calummata (syn. *C.* Incland); Bleu, 1883
C. violacea (als *C. superba*) = *C.* Porphyrophlebia; Veitch, 1885
C. mendelii = *C.* Suavior; Veitch, 1887
C. skinneri = *C.* Belairensis; Mantin, 1897
C. trianae = *C.* Olivia; Veitch, 1897
C. lueddemanniana = *C.* Claradiana; Lager, 1899
C. schilleriana = *C.* Bertheuana; Duval, 1900
C. percivaliana = *C.* Brunoyensis; Maron, 1900
C. schroederae = *C.* Thayeriana; Thayer, 1900
C. amethystoglossa = *C.* Interglossa; Thayer, 1902
C. gaskelliana = *C.* Lady Crossley; Sander, 1904
C. warszewiczii = *C.* Intermedia-Gigas; Colmann, 1904
C. mossiae = *C.* Undine; Holford, 1906
C. labiata = *C.* Angela; Cookson, 1908
C. warneri = *C.* Holdenii; J. J. Holden, 1911
C. quadricolor (als *C. chocoensis*) = *C.* Enchantress; Mansell & Hatcher, 1914
C. aurantiaca = *C.* Aurantimedia; Thayer (vor 1946)
C. dowiana = *C.* Cora Menezes; W. Silva, 1958
C. bicolor = *C.* Batalinii; (o/u), 1960
C. granulosa = *C.* Mem. Darta; Weeki Wachee, 1962
C. luteola = *C.* Little Bit; Small, 1982
C. walkeriana = *C.* Walkerinter; T. Goshima (A. Hamsaka), 1985
C. bowringiana = *C.* Chris McHenry; A. Mochizuki, 1999

Wissenswertes: *C. intermedia* wurde 1824 von Kapitän Graham nach England gebracht. Er

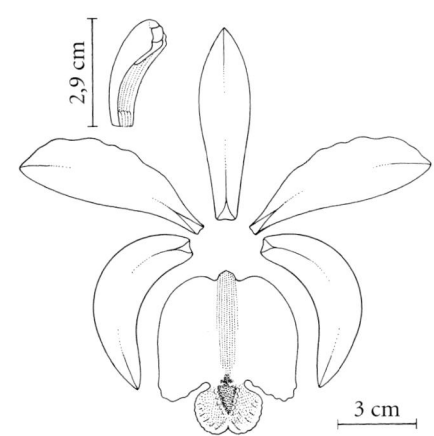

C. intermedia.

hatte die Pflanze von Mr. Harris (oft als Mr. Harrison angegeben) aus Rio de Janeiro bekommen. Im Botanischen Garten Glasgow blühte sie erstmalig in Europa im Frühjahr 1826. Sir William Jackson Hooker beschrieb sie 1828 in dem von ihm herausgegebenen „Curtis's Botanical Magazine" unter dem Namen von Graham – möglicherweise nur nach dessen Notizen. Gelegentlich wird deshalb auch Hooker als Mitautor angegeben (Graham ex Hook.).

Die beiden Synonyme *C. ovata* und *C. maritima* werden von Lindley in „Edwards's Botanical Register" als eigenständige Arten betrachtet. Er schreibt, dass Mr. Tweedie, der Herbarbelege von *C. intermedia* nach Europa sandte, angeblich mehrere Arten als *C. intermedia* zusammenfassen würde. Die an der Küste vorkommenden schmalblättrigen Formen benennt Lindley als *C. maritima* und diejenigen mit eiförmigen Blättern als *C. ovata*. In „Xenia Orchidacea" Bd. 2, Seite 32 stellt Reichenbach fil. *C. ovata* und *C. maritima* als Synonyma zu *C. loddigesii*. Rolfe bezeichnet in „Reichenbachia" sowohl Lindleys als auch Reichenbachs Auffassung als Irrtum, da die Originalexemplare von Lindley dagegen sprechen würden und eindeutig zu *C. intermedia* gehören.

Dialog: *C. intermedia* kann zur Blütezeit kaum mit einer anderen Art verwechselt werden.

Cattleya kerrii var. *punctata* 'Liege Fregona'.

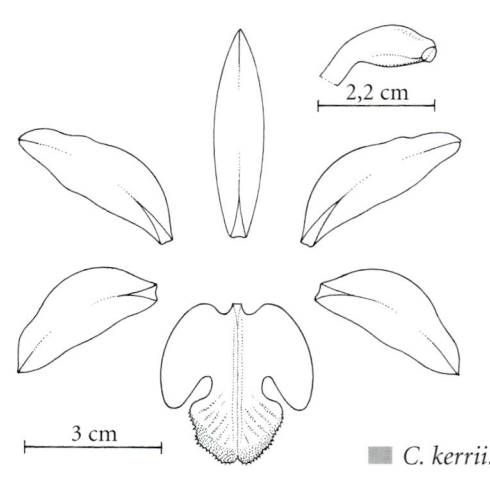

■ *C. kerrii*.

Trotzdem gab es aufgrund ihrer großen Variabilität immer wieder Anlass zu Irrtümern hinsichtlich der Beschreibung neuer Arten, die sich später jedoch stets als Varianten oder Synonyme von *C. intermedia* herausstellten. Sie erinnert besonders in den vegetativen Merkmalen etwas an *C. loddigesii* und wurde sogar, aufgrund dieser Ähnlichkeit, von dem französischen Botaniker und Gärtner Antoine Charles Lemaire in „Le Jardin fleuriste" als *C. loddigesii* var. *amethystina* beschrieben.

Cattleya kerrii Brieger et Bicalho
Bradea 2(11): 61–62, 1976

Die Art wurde zu Ehren von Prof. Dr. Kerr, Landwirtschaftliche Hochschule in Piracicaba, São Paulo, Brasilien, einem Kollegen von Prof. Dr. Brieger, benannt.

Blüten, die an *C. harrisoniana* und *C. loddigesii* erinnern, aber teilweise nur einblättrige Pseudobulben entwickeln, kennzeichnen diese Art. **Pseudobulben** etwa 15 bis 30 cm lang, zylindrisch, bleistiftstark, gering keulenförmig, dünn, einblättrig, an kräftigen auch zweiblättrig. **Blätter** schmal elliptisch, etwa 10 cm lang, 4 cm breit. **Scheide** schmal länglich, etwa 6 × 1 cm. **Infloreszenz** terminal, meist zweiblütig. **Blüten** ausgebreitet 7 bis 10 cm im Durchmesser, blass violett-karminrot, sehr substanzreich und lange haltbar. Sepalen länglich-lanzettlich bis schmal elliptisch, vorn spitz, dorsales Sepalum etwa 4,6 cm lang und 1,2 cm breit, laterale sichelförmig, etwas kürzer und breiter. Petalen schmal elliptisch, 4,1 cm lang und 1,2 cm breit, Ränder leicht wellig. Lippe dreilappig, ausgebreitet geigenförmig, 4,1 bis 3,3 cm lang und über die Seitenlappen 4,1 cm breit, Seitenlappen die Säule umfassend, vorn dreieckig, karminrot, Vorderlappen breit herzförmig, in der Mitte mit flachem mehrkieligem Kallus, vorn eingekerbt und zurückgebogen, cremegelb, braunviolett genervt, Spitze violett, Ränder fein gesägt, wellig und stark zurückgekrümmt, Schlund weißlich. Säule stark gebogen.

Variation: Abweichungen bestehen vorwiegend in der Blütengröße. Als Varietät bzw. als Kultivar wurde *C. kerrii* var. *punctata* 'Liege Fregona' mit dicht dunkel gepunkteten Blütenblättern bekannt.

Heimat: Brasilien, insbesondere Südost-Bahia, ist die Heimat dieser Art. Sie besiedelt ein kleines Verbreitungsgebiet nahe Ilheus und wächst epiphytisch in feuchten Wäldern auf niedrigen Gehölzen (auf hohen Bäumen meist am Stamm), am Rand von Sümpfen und in Küstennähe bis in etwa 100 m Höhenlage.

Kultur: Die Pflanze benötigt einen warm-temperierten hellen Standort, hohe Luftfeuchtigkeit und Zufuhr von frischer Luft. Wichtig für die Gesunderhaltung ist eine ausreichende nächtliche Temperaturabsenkung. Auch während der Ruheperiode soll die Luftfeuchtigkeit ziemlich hoch, das Substrat aber nur mäßig feucht sein. Kleine Gefäße oder besser eine Pflege am Block sind zu empfehlen. In Brasilien blüht die Pflanze im Frühjahr bis Hochsommer. Bei uns ist sie noch zu wenig in Kultur, um exakte Angaben machen zu können. Importierte Pflanzen aus brasilianischen Gartenbaubetrieben benötigen eine gewisse Zeit, um sich hier zu etablieren.

Wissenswertes: *C. kerrii* wurde von Dr. Sérgio A. A. de Oliveira entdeckt. In Kultur blühten die ersten Pflanzen im Garten des Institutes für Genetik der Hochschule für Landwirtschaft in Piracicaba in Brasilien im Oktober 1967. Nach Brieger (in Schlechter „Die Orchideen", 3. Aufl.) wurde genügend Material dieser Art gesammelt, um festzustellen, dass eine ebenso große Variationsbreite wie bei anderen Spezies vorhanden ist. Die Art galt bereits als ausgestorben, als sie 1982 von Edmundo F. Silva wieder gefunden wurde.

Dialog: Die Art ähnelt in ihrer Blüte besonders *C. harrisoniana,* ist aber an den dünnen, oft einblättrigen, an kräftigen Pflanzen auch zweiblättrigen Pseudobulben und der braunviolett genervten Lippe mit zurückgekrümmten Rändern leicht zu erkennen.

Die späte Entdeckung von *C. kerrii* ist offensichtlich darin begründet, dass in ihrem, relativ kleinen, sumpfreichen Verbreitungsgebiet in früheren Jahrzehnten das Gelbfieber herrschte. Deshalb wurde dort kaum nach Orchideen gesucht, und teilweise durfte das Gebiet auch nicht betreten werden. Während Fowlie in „Orchid Digest" 50: 53, 1986, den Artstatus als *Cattleya* bestätigt, ist nach Braem in Schlechteriana 4(3): 98, 1993, *C. kerrii* eine im Urwald „ausgesetzte" *Laeliocattleya.* – Untersuchungen am Typusmaterial ergaben, dass vier Pollinien vorhanden sind. Damit ist eindeutig geklärt, dass es sich um eine *Cattleya* handelt.

Cattleya loddigesii Lindl.
Collectanea Botanica sub t. 33, 1821(?) und t. 37, 1826(?)
Basionym:
Epi. violaceum Loddiges, The Botanical Cabinet, t. 337, 1819
Synonyme:
Epi. canaliculatum Vell., Florae Fluminensis 9, t. 10, 1829 (1790)
C. arembergii Scheidw., Allgemeine Gartenzeitung 11: 109, 1843
Epi. loddigesii (Lindl.) Rchb. f., Walpers' Annales Botanices Systematicae 6, 2: 316, 1861

Die Art *C. loddigesii* wurde nach Conrad Loddiges (1738–1826) benannt, Kunst- und Handelsgärtner, Botaniker in Hackney bei London und (gemeinsam mit seinem Sohn George) Herausgeber von „The Botanical Cabinet".

Es sind mittelgroße Pflanzen mit substanzreichen Blüten in schönen Pastelltönen. **Pseudobulben** zylindrisch, gegliedert, 30 bis 45 cm lang, zwei-, selten dreiblättrig. **Blätter** schmal eiförmig bis breit länglich-lanzettlich, vorn spitz,

Cattleya loddigesii.

dickledrig, Rand knorpelig, dunkel-, fast bläulich grün. **Scheide** klein, länglich, zur Blütezeit trocken. **Infloreszenz** 8 bis 15 cm lang, mit zwei bis fünf, selten mehr Blüten. **Blüten** ausgebreitet 8 bis 11 cm Durchmesser, hell karminrot bis hell violett-karminrot, meist vorwiegend an der Spitze der Petalen fein dunkler punktiert. Sepalen länglich mit kurzer knorpeliger grüner Spitze, laterale Sepalen sichelförmig. Petalen aus verdickter Basis verkehrt eiförmig, vorn stumpf, Rand wellig. Lippe dreilappig, Seitenlappen die Säule umfassend mit vorn aufgewölbtem Rand, Vorderlappen gewellt, Rand fransig gesägt, oft nach hinten gekrümmt, hellrosa, im Zentrum weißlich bis gelblich, vorn meist mit einem lila bis violettroten Fleck, Kallus flach, glatt, meist mit nur einer Rinne in der Mitte. Säule etwa 3 cm lang, keulenförmig gebogen, weiß.

Variation: Die Art variiert in der Wuchshöhe, der Blütengröße und in der Intensität ihrer Blütenfarben. Auch die Stärke der Punktierung auf den Blütenblättern ist veränderlich. Als Varietäten wurden u. a. beschrieben: var. *candida* hort. ex Rchb. f., The Gardeners' Chronicle n.s. 25: 331, 1886, Albino, Blüte weiß; var. *maculata* B. S. Williams, The Orchid-Grower's Manual 7, 1894, Blüte hell karminrot bis lila-karminrot, reich purpurn gefleckt; var. *martinelli* hort., gedrungen wachsend, Pseudobulben 10 bis 15 cm lang, Blüten so groß wie bei der Art.

Heimat: *C. loddigesii* kommt aus Südostbrasilien, aus Espírito Santo, Rio de Janeiro, São Paulo, Paraná und Minas Gerais. Sie wächst epiphytisch, auch auf Felsen, in Berglagen um 500 bis 1000 m Höhenlage, vorwiegend in der Nähe von Gewässern und Sümpfen, oft in voller Sonne, auch im lichten Schatten.

Kultur: Die Pflanze beginnt im späten Frühjahr mit der Entwicklung ihres neuen Triebes. Für ein gesundes Wachstum sind viel Licht, hohe Luftfeuchtigkeit, genügend Wasser und Nährstoffe sowie reiche Frischluftzufuhr erforderlich. Nur während der heißen Mittagssonne ist etwas Schatten angebracht. Wichtig ist ein gutes Temperaturgefälle zwischen Tag und Nacht. Während der Ruheperiode reichen Temperaturen zwischen 12 und 14 °C aus. Danach beginnt die winterliche Blütezeit, oft schon im November, häufig auch erst im März. Nach der Blüte ruht die Pflanze meist noch einmal für kurze Zeit. Mit Beginn des Wurzelwachstums kann verpflanzt werden.

Züchtung: Mit *C. loddigesii* × *C. guttata* wurde von Obergärtner Dominy, Firma Veitch & Sons in Exeter bei London, die erste Kreuzung bei Orchideen durchgeführt. Das Ergebnis, *C.* Hybrida, gelangte 1859 zur Blüte. Auch in den nachfolgenden Jahren, häufiger aber um 1900 wurde *C. loddigesii* zur Züchtung verwendet. Sie vererbt einen relativ hohen Wuchs, Reichblütigkeit und wohlgeformte runde Blüten. Dominant sind gute Substanz und Haltbarkeit. Vom Kreuzungspartner werden besonders die Ansprüche an Licht und Temperatur und die Blütenfarbe, besonders die Zeichnung der Lippe, beeinflusst. – Die Registrierung von Züchtungen mit *C. harrisoniana* erfolgt seit 1963 unter dem Namen von *C. loddigesii*.

Primärhybriden: *Cattleya loddigesii* ×
C. guttata = *C.* Hybrida; Veitch, 1859
C. aclandiae = *C.* Brabantiae; Veitch, 1863
C. lueddemanniana = *C.* Manglesii; Veitch, 1866
C. labiata = *C.* Mastersoniae; Veitch, 1878
C. warszewiczii = *C.* Minucia; Veitch, 1892
C. violacea (als *C. superba*) = *C.* Beautiana; Maron, 1897
C. skinneri = *C.* Astraea; Maron, 1897
C. maxima = *C.* Miss Endicott; Chamberlain, 1897
C. bowringiana = *C.* Minerva; Veitch, 1899
C. gaskelliana = *C.* Mrs. Herbert Greaves; Leemann, 1899
C. trianae = *C.* Prince Albert; Vincke, 1900
C. mendelii = *C.* Clarissa; Chamberlain, 1902
C. dowiana = *C.* Sappho; Peeters, 1903
C. rex = *C.* Marie Henriette Wavrin; Wavrin, 1905

C. granulosa = C. Crashleyi; Goodson, 1909
C. eldorado = C. Loddorado; Lucas, 1916
C. warneri = C. Valentine; Lager, vor 1946
C. amethystoglossa = C. Loddiglossa; Clarelen, 1948
C. schroederae = C. Monte Jaraguá; Doering, 1951
C. aurantiaca = C. Loddiacea; Stewart Inc, 1962
C. luteola = C. Tin Roof; Rod McLellan, 1984
C. araguaiensis = C. Ron Harris; B. Cole, 1985

Wissenswertes: *Cattleya loddigesii* war schon im 18. Jahrhundert dem brasilianischen Botaniker Vellozo bekannt. Er beschrieb sie 1790 mit einem Bild in seiner „Florae fluminensis" als *Epidendrum canaliculatum*. Das Werk wurde aber erst 1829 veröffentlicht, der Bildatlas sogar erst 1835. Damit ist der von ihm geprägte Name nur ein Synonym. Durch E. J. S. Woodford gelangten 1810 Pflanzen aus São Paulo, Brasilien, nach England zu Shepherd in Liverpool und blühten 1811. Es ist die erste *Cattleya*-Art, von der lebende Pflanzen nach Europa kamen.

Ein Exemplar erhielt Loddiges in Hackney bei London. Im Jahre 1819 beschrieb dieser die Art in „The Botanical Cabinet" als *Epidendrum violaceum* und bildete sie auf Tafel 337 ab. Mit der Begründung der Gattung *Cattleya* in „Collectanea Botanica" 1821 bis 1826? durch John Lindley erhielt die Art den Namen *C. loddigesii*. Der Artname „*violaceum*" wurde nicht, wie heute üblich, bei der Umkombination zu einer anderen Gattung übernommen. Diesen verwendete erst Rolfe 1889 bei der Umstellung des *Cymbidium violaceum* H. B. K. zur Gattung *Cattleya*.

1836 beschrieb Lindley *C. maritima* und *C. ovata* in „Edwards's Botanical Register" als neue Arten, doch bereits 1844 zieht er *C. maritima* als ein Synonym zu *C. loddigesii* und vermutet, dass auch *C. ovata* ein solches sei. Reichenbach fil. stellt 1862 in „Xenia Orchidacea" beide Namen als Synonyme zu *C. loddigesii* bzw. zu *Epidendrum violaceum*. Rolfe beweist jedoch in „Reichenbachia", dass nach Lindleys Herbarbelegen *C. maritima* und *C. ovata* als Synonyme

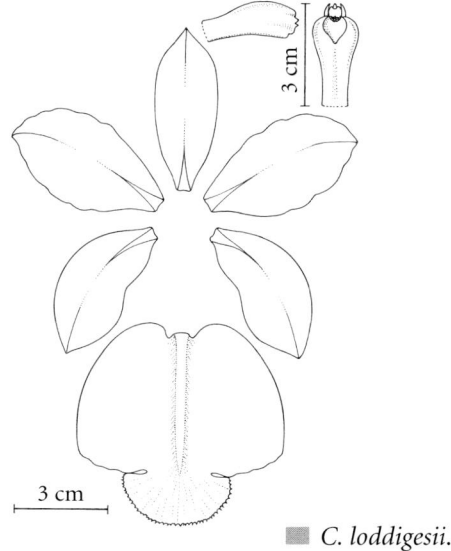

■ *C. loddigesii*.

zu *C. intermedia* gehören. Schon 1843 gab Scheidweiler der Art *C. loddigesii* in „Allgemeine Gartenzeitung" mit *C. arembergii* einen weiteren Namen.

Die beiden Jahreszahlen des Zitates der Erstbeschreibung von *C. loddigesii* in „Collectanea Botanica" sind mit einem Fragezeichen angegeben, weil die Herausgabedaten dieses in Lieferungen erschienenen Werkes unklar sind. Unsere Art ist auf Tafel 33 im Band 7 abgebildet, der wahrscheinlich 1821 herausgegeben wurde, und gleichzeitig auf Tafel 37 im Band 8, welcher vermutlich erst 1826 erschien.

Dialog: *C. loddigesii* ist mit *C. harrisoniana* nahe verwandt und wird teilweise als deren Unterart bzw. Varietät angesehen. Einige Autoren, wie Veitch 1887 und Duval 1907, stellen erstere als Varietät oder Unterart zu *C. loddigesii*. Lindley, Reichenbach fil., Schlechter, Cogniaux, Pabst, Cribb, Braem, Withner u. a. sehen sie jedoch als jeweils eigenständige, nahe verwandte Arten an. In ihrer Heimat besiedeln sie verschiedene Verbreitungsgebiete, die sich aber im südlichen Bereich der Areale überlappen. *C. loddigesii* hat etwas gedrungenere Pseudobulben, schmal eiförmige, bläulich schimmernde, dunkelgrüne Blät-

Cattleya Love Chance (1990)
(*C.* Landate × *C. loddigesii*).

ter, während diese bei *C. harrisoniana* schmal elliptisch und saftig dunkelgrün sind. Auch ist die Blüte bei *C. loddigesii* mehr geschlossen, die Tepalen sind im Verhältnis kürzer und breiter, blass karminrot bis hell bläulich karminrot und meist zur Spitze zu fein purpurbraun gepunktet. *C. harrisoniana* hat schmalere Sepalen, und die Blütenblätter sind hell bis kräftig karminrot. Sie besitzt auf der Lippe einen erhöhten und runzligen Kallus, während dieser bei *C. loddigesii* flach und glatt ist. Die Blüten entwickeln sich zu unterschiedlichen Zeiten. *C. loddigesii* blüht

Cattleya loddigesii × *Laeliocattleya* Yellow Skin.

nach der Ruheperiode aus einer trockenen Scheide, *C. harrisoniana* gleich nach Triebabschluss aus einer grünen Blütenscheide.

Untergattung Schomburgkoidea
Withner
Typus *Cattleya violacea* (H.B.K.) Rolfe
Die Petalen der etwas fleischigen Blüten sind am Rand ziemlich stark gewellt. Der kurze Vorderlappen der Lippe ist breit genagelt, und die Nervatur tritt auf der Oberseite deutlich sichtbar hervor. – Zur Untergattung gehören vier Arten: *Cattleya bicolor* Lindl. 1836, *Cattleya elongata* Barb. Rodrig. 1877, *Cattleya tenuis* Campacci et Vedovello 1983, *Cattleya violacea* (H.B.K.) Rolfe 1889.

Cattleya bicolor Lindl.
Edwards's Botanical Register 22, sub t. 1919, 1836
Synonyme:
Epi. iride Descour., Flore medicale des Antilles 629, 1821
Epi. bicolor (Lindl.) Rchb. f., Walpers' Annales Botanices Systematicae 6, 2: 311, 1861

Lindley beschrieb *Cattleya bicolor* nach ihrer zweifarbigen Blüte, die braunoliv und rot ist.
    Die hochwüchsigen Pflanzen tragen substanzreiche, lange haltbare, leicht duftende Blüten mit leuchtend roter Spatellippe. **Pseudobulben** bis 75 cm lang, schmal zylindrisch, zwei- bis dreiblättrig. **Blätter** schmal elliptisch, etwa 18 cm lang, 5 cm breit, vorn stumpf, ledrig. **Scheide** länglich, grün, oft purpurn überlaufen. **Infloreszenz** bis 20 cm lang, zwei- bis achtblütig. **Blüten** 7 bis 9 cm Durchmesser, fleischig, etwas duftend. Tepalen olivgrün bis olivbraun. Sepalen länglich-lanzettlich, etwa 4,6 cm lang und 1,4 cm breit, spitz, Spitze knorpelig und grünlich, laterale Sepalen sichelförmig. Petalen schmal eirautenförmig, etwa 4 cm lang und bis 3 cm breit, Rand meist leicht gewellt. Lippe spatelförmig ohne Seitenlappen, fleischig, etwa 4 cm lang und 2 cm breit, länglich keilförmig,

Seitenränder oft nach hinten gebogen, rosa- bis karminrot, in der Mitte unter der Säule meist mit einem lanzettlichen weißlichen Streifen, Basis weiß, Vorderlappen oft quer elliptisch, vorn meist eingekerbt und fein gesägt, Mittelnerv eingesenkt, Rand zurückgekrümmt, meist weiß. Säule bis 3 cm lang, dick, gebogen, rosa.

Variation: Die Art ist überaus variabel in der Wuchshöhe, in ihrer Blütengröße, in der Breite der Blütensegmente, deren Form und Farbe und auch der Lippe. Als Unterarten bzw. Varietäten wurden beschrieben: ssp. *bicolor*, olivgrün bis bräunlich grün, Lippe fast spatelförmig, karminrot, Vorderrand weiß. ssp. *minasgeraisensis* Fowlie, Orchid Digest, 1964, syn. *C. tetraploidea* Brieger (in Schlechter „Die Orchideen", 3. Aufl.), Wuchs höher, Blüte größer, olivbraun, Lippe breit nierenförmig, leuchtend karminrot, Vorderrand schmal weiß. ssp. *brasiliensis* Fowlie, Orchid Digest, 1964, Blüte lackartig glänzend, dunkelbraun, Lippe breit, fast verkehrt herzförmig, dunkel karminrot; var. *alba* Fowlie, The Brazilian Bifoliate Cattleyas, 1977, Tepalen grün, Lippe weiß; var. *canastrensis* Menez., Orchid Digest 52: 85, 1988, Blüte olivbraun, fein gepunktet, Lippe weiß, rosa gezeichnet; var. *grossii* (Kraenzl.) Pabst, Bradea 1: 190, 1972, syn. var. *punctatissima* Fowlie, The Brazilian Bifoliate Cattleyas, 1977, Tepalen oliv, fein gepunktet, Lippe karminrot, tetraploid; var. *lewisii* hort., The Gardeners' Chronicle 3.s. 20: 310, 1896, Tepalen smaragdgrün, Lippe und Säule weiß, Lippenteil unter der Säule purpurn; var. *measuresiana* Warner et Williams, The Orchid Album 8, t. 357, 1889, Tepalen braunoliv, Lippe vorn mit breitem weißen Rand, tetraploid; var. *wrigleyana* Rchb. f., The Gardeners' Chronicle 3.s. 15: 206, 1894, Tepalen bräunlich olivgrün, Lippe blaupurpurn, var. *coerulea* hort. The Gardeners' Chronicle 3.s. 15: 378, 1894.

Heimat: Die Art ist in Brasilien verbreitet, vorwiegend in den Staaten Rio de Janeiro, São Paulo, Minas Gerais und im District Federal. Sie wächst epiphytisch, auch lithophytisch in Bergwäldern in Höhenlagen von 1000 bis 1400 m, auch auf hohen Bäumen und vorwiegend in der Nähe von Gewässern.

Kultur: *C. bicolor* liebt viel Licht und hohe Luftfeuchte. Mit beginnendem Wurzelwachstum kann verpflanzt werden. Wird dieser Zeitpunkt versäumt, ist am besten bis zum nächsten Trieb zu warten, sonst bringt die Pflanze nur einen schwachen Spross. Der Neutrieb wächst rasch heran und blüht im Herbst. Bei geringer Feuchtigkeit des Pflanzstoffes reichen im Winter Nachttemperaturen von 12 bis 14 °C, kurzzeitig auch weniger. Die Blüten erscheinen am gerade ausgebildeten Trieb, vorwiegend in den Monaten September, Oktober und November.

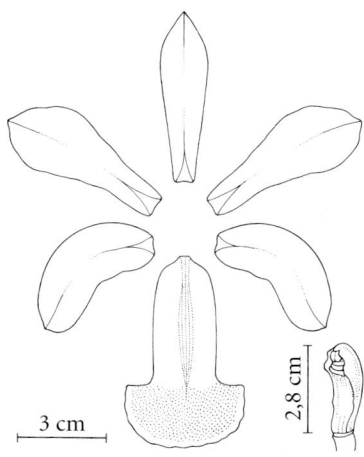

■ *C. bicolor*.

Züchtung: Die ersten Kreuzungen mit *C. bicolor* wurden relativ spät, erst um 1890, durchgeführt. Anfangs waren es vorwiegend Kreuzungen mit Arten der *C.-labiata*-Verwandtschaft, später zur Erzielung abweichender Blütenformen auch andere. *C. bicolor* vererbt dominant ihr rasches Wachstum und ihre Blühwilligkeit, eine gute Substanz und Haltbarkeit der Blüten, oft deren Form, besonders die Spatellippe und zum Teil die Blütenfarbe. Vom Kreuzungspartner wird ein geringeres Bedürfnis an Licht und nur zum Teil die Blütenfarbe und -form beeinflusst.

Cattleya bicolor ssp. *bicolor.*

Cattleya bicolor ssp. *minasgeraisensis.*

Cattleya bicolor ssp. *brasiliensis.*

Cattleya bicolor var. *grossii.*

Cattleya bicolor (Inlandtyp).

Laeliocattleya Elizabeth Fulton (1977) (*C. bicolor* × *Lc.* Amer Glow).

Brassolaeliocattleya Autumn Glow (1965) 'Green Godess' (*Blc.* Jane Helton × *C. bicolor*).

Primärhybriden: *Cattleya bicolor* ×
C. bowringiana = *C.* Chloe; Veitch, 1896
C. warszewiczii = *C.* Ella; Veitch, 1898
C. aclandiae = *C.* Fascelis; Veitch, 1900
C. labiata = *C.* Clarkiae; Clark, 1900
C. trianae = *C.* Pandora; Veitch, 1900
C. velutina = *C.* Frasquita; Maron, 1900
C. dowiana (var. *aurea*) = *C.* Iris; Charlesworth, 1901
C. leopoldii = *C.* Mrs. Mahler; R. H. Measures, 1901
C. lueddemanniana = *C.* Leander; Charlesworth, 1902
C. rex = *C.* Tankervilliae; Stanley & Co., 1903
C. gaskelliana = *C.* Conspicua; Sander 1908
C. eldorado = *C.* Iridescens; Hassall, 1909
C. mendelii = *C.* Alcestis; E. V. Low, 1910
C. percivaliana = *C.* Crates; Armstrong & Brown, 1914

Laeliocattleya Binotii
(*Cattleya bicolor* × *Laelia pumila*).

C. *nobilior* = C. Noble; Sander, 1950
C. *granulosa* = C. Granlor; Rod McLellan, 1959
C. *intermedia* = C. Batalinii; (o/u), 1960
C. *violacea* = C. Ling Jensen; Rod McLellan, 1961
C. *luteola* = C. Baby Kay; Keller, 1963
C. *aurantiaca* = C. Glabrissima; Wallbrunn, 1964
C. *forbesii* = C. Tom Mays; Jay Rogers (Furrow), 1968
C. *schilleriana* = C. Something Else; Fort Caroline (Wallbrunn), 1971
C. *maxima* = C. Coloramax; C. Pearson, 1988
C. *araguaiensis* = C. David Leedey; Bob Cole, 1989

Wissenswertes: Die Art wurde zuerst von dem französischen Botaniker M. Descourtilz in Brasilien, Provinz Minas Gerais in der Nähe von Bom Jesus de Bananal, entdeckt, gemalt und in „Flore medicale des Antilles" 1821 als „Epidendre iride" veröffentlicht. Diese Zeichnung verwendete Lindley als Holotypus bei seiner Beschreibung als *Cattleya bicolor* in „Edwards's Botanical Register" 1836. Die Beschreibung erfolgte, bevor überhaupt Pflanzen in England blühten. Die ersten Pflanzen führte Loddiges 1837 in England ein. In Ponteys Gärtnerei in Plymouth und bei Loddiges in Hackney blühte die Art erstmals 1838. Nach Lindley und Joßt war es Herr Pontey, der die Pflanzen 1837 einführte. Lindleys Herbarbeleg stammt von den ersten Pflanzen, die bei Loddiges blühten.

Dialog: A. Blumenschein publizierte 1961 in „Publicao Cientifica Instituto de Genetica" No. 2, dass C. *bicolor* in zwei geographische Rassen mit unterschiedlichem Chromosomensatz zu gliedern sei; die Küstenrasse mit diploidem und die Inlandrasse mit tetraploidem Chromosomensatz. Fowlie untergliedert in „The Brazilian Bifoliate Cattleyas" 1977 C. *bicolor* in drei Unterarten, die ssp. *bicolor* Lindl., ssp. *minasgeraisensis* Fowlie (= C. *tetraploidea* Brieger, in Schlechter „Die Orchideen", 3. Aufl.) und ssp. *brasiliensis* Fowlie. Er charakterisiert die Küstensippe ssp. *bicolor* wie folgt: Die Pflanzen sind in allen Teilen, auch den Blüten, mittelgroß, ihre Blütenblätter olivgrün, auch bräunlich grün. Die lange und schmale Lippe hat einen meist kleinen, fast spatelförmigen, kräftig karminrot gefärbten Vorderlappen mit weißem Rand. Im Gegensatz dazu gehören die Varianten der Inlandsippe der ssp. *minasgeraisensis* an. Alle Pflanzenteile einschließlich der Blüten sind größer als bei der Küstensippe, der Wuchs ist sogar fast doppelt so hoch. Typisch sind die meist olivbraunen Blüten und der breite nierenförmige Vorderlappen der Lippe, die leuchtend karminrot ist und vorn meist einen schmalen weißen Rand hat. Hierher gehört als Typus die von Kränzlin 1897 in „Gartenflora" 46: 113, t. 1436 beschriebene C. *grossii* mit gefleckten Blüten. Sie wurde von A. Lietze in abgelegenen Gebieten (im Inneren des Landes) gesammelt und gelangte zum Botanischen Garten in Petersburg. Pabst stufte sie 1972 als var. *grossii* ein. Sie hat breitere, teilweise gefleckte Tepalen und eine sehr breite Lippe. Seine dritte Sippe nennt Fowlie ssp. *brasiliensis*. Sie wächst auf besonders raurindigen Bäumen in feuchten sumpfartigen Gebieten in Höhenlagen um 1100 m nahe der Hauptstadt Brasilia. Ihre Blüten haben lackartig glänzende dunkelbraune Blütenblätter, die Petalen sind am Rand meist gewellt, und die Lippe hat einen großen, fast verkehrt herzförmigen Vorderlappen ohne weißen, aber mit etwas hellerem Rand. Braem gliedert 1984 in „Die Bifoliaten Cattleyen Brasiliens" C. *bicolor* in nur zwei morphologisch gut trennbare Gruppen, die sich aus den unterschiedlichen Chromosomensätzen ergeben: Pflanzen der Küstenregion (diploid) und Pflanzen aus dem Landesinneren (tetraploid). Auch er sieht C. *grossii* Kraenzl. als zu ssp. *minasgeraisensis* gehörend an. Die als C. *grossii* von Rolfe in „The Orchid Review" 10: 305, 1902, dargestellte Sippe sei sicher nur eine Farbvariante und gehöre nicht zur ssp. *brasiliensis*. Wir erkennen die drei Unterarten nach Fowlie an.

Nach Withner „The Cattleyas and their Relatives" 1988 hat C. *bicolor*, besonders aber deren ssp. *brasiliensis*, relativ enge Beziehungen zu C. *tenuis*, die ihrerseits mit C. *elongata* verwandt ist. Die Lippe der Blüte von C. *bicolor* hat aber als spezifisches Merkmal keine Seitenlappen. Da jedoch alle anderen Arten der Gattung *Cattleya* solche ausbilden, ist sie leicht zu erkennen.

Cattleya elongata Barb. Rodr.
Genera et species orchidearum novarum 1: 72, 1877
Synonym:
C. alexandrae L. Lind. et Rolfe, The Gardeners' Chronicle 3.s. 11: 522, 1892

Die Art trägt ihren Namen nach dem langen Blütenstand (elongare = verlängern, strecken).

Die hochwachsende Pflanze besitzt steif aufrechte Blütenstände, deren Blüten an den Rändern meist stark gewellt sind. **Pseudobulben** schmal zylindrisch, bis etwa 80 cm lang, gelegentlich auch länger, zwei-, selten mehrblättrig, Basis meist mit zwei Erneuerungsknospen. **Blätter** schmal eiförmig-elliptisch, etwa 18 cm lang und 4,5 cm breit, ledrig, steif. **Scheide** schmal länglich, bis 10 cm lang, zur Blüte grün. **Infloreszenz** etwa 50 cm lang, auch länger, steif aufrecht, 2- bis 9-, seltener bis 12-blütig. **Blüten** bis 9 cm Durchmesser, rötlich braun bis kupferfarbig, selten dunkler gefleckt, zart duftend. Sepalen länglich, etwa 5 cm lang und 1,7 cm breit, Ränder wellig, Spitzen knorpelig und grünlich. Petalen länglich-lanzettlich, etwa 5,2 cm lang und 1,8 cm breit, Ränder stark gewellt. Lippe dreilappig, Seitenlappen spitz, die Säule umfassend, wie der Mittelteil der Lippe weiß, oft rosa überhaucht, Basis gelb, Vorderlappen spatelförmig, vorn eingekerbt, schwach warzig, hell bis dunkel karminrot, Rand fein gesägt und gewellt. Säule 3,5 bis 4 cm lang, weiß.

Variation: Die Art variiert in der Größe ihrer Blüten, in der Wellung der Ränder der Blütenblätter und besonders in der Blütenfarbe. Beschrieben wurden u. a.: var. *alba* (Pabst et Dungs) Braem, Die Bifoliaten Cattleyen Brasiliens, 1984, Tepalen gelblich braun, Lippe weiß; var. *elegans* (Rolfe) Fowlie, The Brazilian Bifoliate Cattleyas, 1977, syn. var. *rosea* (hort.) Braem, Die Bifoliaten Cattleyen Brasiliens, 1984, Blüte rosa, auch sepia überhaucht, Lippe hell karminrot; var. *maculata* (hort.) Braem, Die Bifoliaten Cattleyen Brasiliens, 1984, Tepalen grün, purpurbraun gefleckt; var. *tenebrosa* (Rolfe) Fowlie, The Brazilian Bifoliate Cattleyas, 1977, Tepalen tief olivbraun, Ränder besonders der Petalen mehr oder weniger gewellt, Lippe rosapurpur.

Heimat: Die Pflanze kommt aus Brasilien und wächst in den Bergen von Bahia, vorwiegend entlang des Rio São Francisco, auch im Norden von Minas Gerais und in Pernambuco in Höhenlagen von 250 bis 850 m. Auf Felsen wurzeln die Pflanzen in den Spalten. Sie wachsen oft in voller Sonne, bei starkem nächtlichem Temperaturabfall, seltener wachsen sie epiphytisch.

Kultur: Am besten gedeihen die Pflanzen in grobem Pflanzstoff im Korb, der in geringer Entfernung unter dem Glas aufgehängt ist, bei viel Licht und Wärme. Nach der Blüte ruhen sie bei mäßiger Substratfeuchte, nicht zu geringer Luftfeuchte und Temperaturen von etwa 14 °C. Wichtig ist neben guter Frischluftzufuhr und Luftbewegung auch ein ziemlich starkes Temperaturgefälle zwischen Tag und Nacht. Ihre Blütezeit liegt im Herbst und im frühen Winter, in Brasilien im dortigen Herbst.

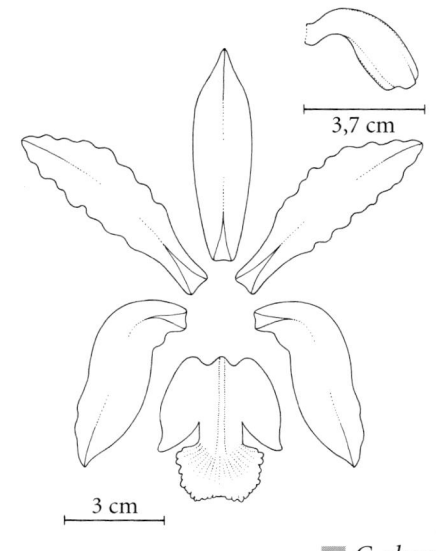

■ *C. elongata.*

Züchtung: Zu Kreuzungen wurde die Art nur selten verwendet. Sie vererbt ihren kräftigen hohen Wuchs, den langen Blütenstandschaft und meistens Reichblütigkeit. Weitgehend dominant sind die Substanz sowie die bronzene Blütenfarbe, aber auch die offene Blütenform und die Spatellippe.

Primärhybriden: *Cattleya elongata* ×
C. labiata = *C.* Rembrandt; Maron, 1901
C. dowiana = *C.* Appletonii; Appleton, 1905
C. bowringiana = *C.* Julius von Payer; Hefka, vor 1914 (n.r.)
C. violacea = *C.* Mary Reed; Dewey, 1973
C. bowringiana = *C.* Elbowri; Thornton, 1980

Wissenswertes: Die ersten Pflanzen dieser Art erhielt J. Barbosa Rodrigues in Rio de Janeiro im März 1876. Er beschrieb sie ein Jahr später in seinem Werk „Genera et species orchidearum novarum", welches 1877 bis 1882 erschien. Als Typusstandort gibt er die Wälder in der Gegend von Santa Lucia do Carangola nördlich von Rio de Janeiro in Minas Gerais, Brasilien, an. Nach

Cattleya elongata.

Fowlie sind die Verhältnisse in diesem Gebiet aber so verschieden von denen neuerer Fundstellen der Art, dass diese Angabe von Rodrigues nicht stimmen dürfte. Es wird deshalb angenommen, dass Pflanzen dieser Region beim Transport von ihrem Verbreitungsgebiet nach Rio de Janeiro gelangten, wo Rodrigues wohnte. Vielleicht war es auch nur eine grobe Richtungsangabe der Sammler, als sie von Rodrigues nach der Herkunft befragt wurden. Tatsächlich liegen zwar die Wälder von Santa Lucia do Carangola nördlich von Rio de Janeiro in Minas Gerais, noch weiter nördlich jedoch liegt das eigentliche Verbreitungsgebiet, die Berge von Bahia entlang des Rio São Francisco. Auch die Vermutung von Braem in „Die Bifoliaten Cattleyen Brasiliens" 1984 kann zutreffen, dass der von Rodrigues beschriebene Standort im Laufe der Jahre vernichtet wurde.

Anfang des Jahres 1892 entdeckte M. Claes, Pflanzensammler der L'Horticulture Internationale (Linden), in Pernambuco eine *Cattleya*, von der er glaubte, es sei eine noch unbekannte Art aus der Verwandtschaft von *C. guttata*. Von ihm kamen vorzüglich präpariertes Herbarmaterial sowie die ersten Pflanzen zu seinem Auftraggeber, bei dem sie Anfang Oktober 1892 blühten. Nur 14 Tage später öffneten sich auch im Botanischen Garten Kew, London, an einem Exemplar die ersten Blüten mit einer Anzahl dunkler Flecken ähnlich wie bei *C. guttata*. Noch im gleichen Jahr wurde die Art durch L. Linden und Rolfe, die offensichtlich keine Kenntnis der Veröffentlichung durch Barbosa Rodrigues hatten, zu Ehren der Prinzessin Alexandra von Wales als *Cattleya alexandrae* beschrieben. Zwei Pflanzen mit den unterschiedlichsten Blüten wurden von Rolfe bald nach der Artbeschreibung, im Januar 1893 in „Lindenia", als Varietäten eingestuft. Einen Teil der importierten Pflanzen brachte man zur Versteigerung nach London, und bald darauf waren sie auf Ausstellungen in Birmingham und Brüssel zu sehen. – Rolfe stellte bereits zwei Jahre nach der Beschreibung von *Cattleya alexandrae* die Synonymie zu *C. elongata* in „The Orchid Review" 2: 206 und 2: 302, 1894, fest. – Nach Withner in „The Cattleyas and their Relatives" 1988 soll es Naturbastarde mit *C. tenuis* geben, die aber noch nicht beschrieben wurden.

Dialog: *C. elongata* hat nach Withner möglicherweise verwandtschaftliche Beziehungen zu *C. tenuis*. Jedoch bildet *C. elongata* übermäßig lange Pseudobulben aus, während die von *C. tenuis* nur etwa halb so lang sind. Die Blätter von *C. elongata* sind viel länger und breiter als die von *C. tenuis*. Die Scheide von *C. elongata* ist 10 cm lang und zur Blütezeit grün, die von *C. tenuis* ist 6 bis 7 cm lang und zur Blütezeit trocken. Die Lippen der Blüten besitzen zwar eine gewisse Ähnlichkeit, doch ist der Mittellappen von *C. elongata* weißlich bis rosa und der von *C. tenuis* kräftig karminrot. Auch die Säulenlänge und -form lassen keine direkte Verbindung beider Arten erkennen.

Cattleya tenuis.

Cattleya tenuis Campacci et Vedovello
Circulo Paulista de Orquidófilos 1: 1, 1983

Die Pflanze trägt ihren Namen wegen ihrer dünnen schlanken Pseudobulben (tenuis = dünn).

Cattleya tenuis ist noch nicht lange in Kultur. Sie entwickelt ansehnliche substanzreiche Blüten. **Pseudobulben** schmal zylindrisch, 35 bis 40 cm lang, 1 cm im Durchmesser, zweiblättrig, mit vielen trockenen Hüllblättern. **Blätter** schmal eiförmig-länglich, 8 bis 12 cm lang, 2,5 bis 3,5 cm breit, spitz, ledrig. **Scheide** schmal länglich, 6 bis 7 cm lang, zur Blütezeit trocken. **Infloreszenz** aufrecht, mit dünnem Schaft, meist zwei- bis dreiblütig. **Blüten** substanzreich, bis 7,5 cm Durchmesser, bräunlich oliv bis olivgrün, glänzend. Dorsales Sepalum elliptisch-lanzettlich, 6 cm lang, 2 cm breit, laterale Sepalen breit länglich-lanzettlich, etwa 4 bis 6 cm lang und 2 cm breit, spitz, Spitze knorpelig, sichelförmig. Petalen schmal verkehrt eiförmig, etwa 5,5 cm lang und 2 cm breit, zugespitzt, Rand gewellt. Lippe dreilappig, von der Basis bis zum Vorderlappen mit erhabenen Längsnerven, 4,5 cm lang, 5 cm breit (ausgebreitet), Seitenlappen die Säule umfassend, aber oben nicht ganz bedeckend,

Cattleya tenuis.

vorn schmal dreieckig, spitz, blass rosa. Mittellappen breit, kräftig karminrot. Vorderlappen breit spatelförmig-nierenförmig, hell karminrot, auch rosa, Rand fransig, weiß. Säule gebogen, 2,5 cm lang, weiß, oft rosa überhaucht, Rand häutig.

Variation: Bei *C. tenuis* variiert die Breite und Farbe der Tepalen, die Intensität der Farbe des Vorderlappens der Lippe und die Breite des weißen Randes.

Heimat: Die Art hat ihr Verbreitungsgebiet in Brasilien, in Bahia in der Chapada Diamantina, und wächst meist epiphytisch in den „Campos cerrados" (Feuchtsavannen) auf niedrigen Sträuchern in dichten, mäßig feuchten Gebüschen, auch auf 4 bis 5 m hohen strauchförmigen Bäumen in etwa 1000 m Höhenlage. Am Wuchsort gibt es in der Regel im Jahr zwei Regenperioden mit niedrigeren Temperaturen. In den dazwischen liegenden Zeiten ist es meist warm und trocken.

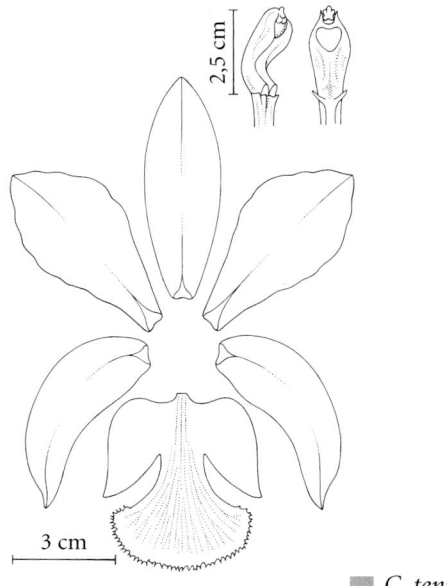

C. tenuis.

Kultur: Die Pflanze benötigt während des Wachstums einen warmen bis temperierten Standort, viel Licht und hohe Luftfeuchtigkeit. Günstig auf Wachstum und Blühfreudigkeit wirkt sich bei dieser Art eine wöchentliche Düngung aus. In der winterlichen Ruhezeit verträgt sie niedrigere Temperaturen, jedoch möglichst nicht unter 12 bis 14 °C. Der Pflanzstoff sollte dann nur mäßig feucht sein. Die Blütezeit liegt meist im Frühjahr. Mit Beginn des Wurzelwachstums kann verpflanzt werden.

Wissenswertes: C. tenuis wurde 1983 von den brasilianischen Botanikern Marcos Antonio Campacci und Pedro Luiz Vedovello (1954 bis 1994) in „Circulo Paulista de Orquidófilos", monatliches Rundschreiben der Brasilianischen Orchideengesellschaft gleichen Namens, beschrieben. Dabei wurde bereits vermutet, dass es sich auch um einen Naturbastard handeln könne.

In der brasilianischen Zeitschrift „Boletim CAOB" 39: 15, 2000 hat M. A. Campacci die Beschreibung noch einmal wiederholt, da der Herbarbeleg sich im Herbarium einer Orchideen-Gesellschaft befand und erst später im Herbarium des Botanischen Institutes von São Paulo unter der Nummer SP 334520 (Holotypus) hinterlegt wurde.

Dialog: Orchideenfreunde in São Paulo kannten die Art schon vor ihrer Beschreibung. Sie waren der Meinung, dass es eine Variante von C. bicolor sei. Der erste Eindruck der Blüte macht dies verständlich. Beim genaueren Betrachten sind Unterschiede zu erkennen. C. tenuis hat eine Lippe mit großen Seitenlappen, die länger sind als die Säule und sich über diese wölben, meist ohne sich zu berühren. Bei C. bicolor entwickelt jedoch die Lippe keine Seitenlappen, ein spezifisches Merkmal der Art. Withner vermerkt 1988 in „The Cattleyas and their Relatives", dass C. tenuis typische Merkmale, wie z.B. lange Pseudobulben, eine Lippe mit breitem Mittel- und ebenso breitem Vorderlappen, aufweist, die sie gemeinsam mit C. elongata der Sektion Schomburgkoidea zuordnen. Die Pseudobulben von C. tenuis sind jedoch nur halb so lang wie die von C. elongata, die Blätter viel kürzer und schmaler. Die Scheide von C. elongata ist 10 cm lang und zur Blütezeit grün, die von C. tenuis ist 6 bis 7 cm lang und zur Blütezeit trocken. Die Lippe ist zwar ähnlich, doch ist der Mittellappen bei C. tenuis kräftig karminrot, bei C. elongata weißlich bis rosa und sehr kurz. Auch die Säulenlänge und -form lassen keine direkte Verbindung beider Arten erkennen.

Weiterhin würde es auch Naturbastarde von C. tenuis mit C. elongata geben, die aber noch nicht beschrieben sind. Withner vermutet, dass C. tenuis ebenfalls zu C. bicolor ssp. brasiliensis engere Beziehungen aufweist. Braem betrachtet dagegen in „Schlechteriana" 4(3): 98, 1993 C. te-

nuis als Naturbastard zwischen *C. elongata* und *C. guttata*. Dazu ist aber festzustellen, dass die Größenverhältnisse bei einer Verbindung der beiden Arten ein anderes Ergebnis erwarten lassen. Ebenso unwahrscheinlich ist dies auch durch die relativ große Anzahl gefundener Exemplare mit ziemlich einheitlichen Merkmalen.

Cattleya violacea (H. B. K.) Rolfe
The Gardeners' Chronicle 3.s. 5: 802, 1889
Basionym:
Cymbidium violaceum H. B. K., Nova genera et species plantarum 1: 341, 1815
Synonyme:
C. superba R. Schomb. ex Lindl., Sertum Orchidaceum t. 22, 1838
C. schomburgkii Lodd., Loddiges' Catalog, 1838
Epi. violaceum (H. B. K.) Rchb. f., Walpers' Annales Botanices Systematicae 6, 2: 318, 1861
Epi. superbum (Schomb. ex Lindl.) Rchb. f., Xenia Orchidacea 2: 32, 1862

Ihren Namen erhielt die Art nach der kräftigen violettroten Blütenfarbe (violacea = violett).
Die kompakt wachsende *Cattleya violacea* blüht willig an warmen, recht hellen Standorten. **Pseudobulben** dicht stehend, zylindrisch, schwach keulenförmig, 18 bis 28 cm lang, zwei-, auch dreiblättrig. **Blätter** breit elliptisch-eiförmig, etwa 12 bis 16 cm lang und 5 bis 7,5 cm breit, vorn stumpf, dickledrig, dunkelgrün, bei viel Sonne auch rotbraun. **Scheide** eiförmig-elliptisch, etwa 10 cm lang, meist länger als der Schaft, zur Blüte noch grün. **Infloreszenz** kräftig, bis 20 cm lang, meist zwei- bis sechsblütig. **Blüten** 8 bis 14 cm Durchmesser, duftend, substanzreich, hell karminrot bis lila-purpurrot, Basis der Tepalen meist grünlich weiß. Sepalen breit länglich-lanzettlich, Spitzen knorpelig, grün; dorsale Sepale 5,8 bis 6,5 cm lang, etwa 2,2 cm breit, laterale etwas kleiner. Petalen schmal eiförmig, 5,2 bis 6 cm lang, bis 3,2 cm breit, Rand wellig. Lippe dreilappig, Seitenlappen die Säule umfassend, ausgebreitet geigenförmig, violettpurpur, Vorderlappen nierenförmig, Rand gekerbt, vorn eingekerbt, gewellt, Schlund weißlich, mit flachrippigem gelbem Kallus von der Basis bis auf den Vorderlappen, dieser violettpurpur. Säule bis 3 cm lang, gebogen, vorn dreiteilig, weiß bis zartrosa, Anthere purpurrot.

Variation: Die Art variiert vorwiegend in der Größe der Blüte und in der Blütenfarbe. Zwei geographische Rassen werden unterschieden, die typische nördliche Rasse und die südliche mit größeren dunkleren Blüten und breiteren Petalen. Einige Farbvarianten wurden als Varie-

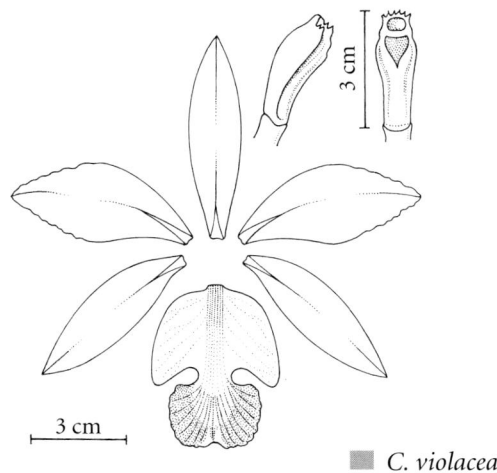

■ *C. violacea.*

täten beschrieben: var. *alba* (Rolfe) Fowlie, The Brazilian Bifoliate Cattleyas, 1977, Blüte weiß; var. *aquini* Aulisi, Monography of the Venezuelan Cattleyas and its varieties, 1989, Sepalenspitzen dunkler; var. *coerulea* hort., Blüte lilablau; var. *delicata* hort., Blüte zartrosa; var. *semialba* hort., Blüte weiß, Lippe karminrot; var. *splendens* (Lem.) Fowlie, The Brazilian Bifoliate Cattleyas, 1977, Blüte dunkel violettpurpur, Lippenschlund weiß, Zentrum orangegelb. Von den meisten Varietäten gibt es noch Farbsorten.

Heimat: *C. violacea* ist fast im gesamten Amazonasgebiet und in den angrenzenden Ländern Kolumbien, Venezuela, Guayana, Brasilien, Peru und Bolivien bis in Höhenlagen von 600 m ver-

Cattleya violacea.

breitet. Die Art hat somit das größte Areal aller Arten der Gattung. Sie wächst meist epiphytisch in niedrigen warmen und feuchten Wäldern, immer in der Nähe von Gewässern, gerne auf Ästen über den Flüssen, wo die Pflanzen vom aufsteigenden Wasserdampf erreicht werden.

Kultur: Die Pflanzen entwickeln sich am besten bei viel Licht und Wärme sowie hoher Luftfeuchtigkeit und Frischluftzufuhr. Wichtig ist, besonders bei Topfkultur, ein grober Pflanzstoff mit guter Dränage. Günstiger ist eine Pflege am Block oder im Korb. Im Winter reichen bei mäßig feuchtem Pflanzstoff nachts 14 °C aus.

Der neue Trieb beginnt sein Wachstum etwa ab März. Ist die neue Pseudobulbe fertig ausgewachsen, schieben sich aus einer noch grünen Blütenscheide die Knospen heraus. Die Blüten öffnen sich meist zwischen Juli und Oktober.

Züchtung: *C. violacea* vererbt ihre Wuchsform, Wüchsigkeit und meist auch ihre Vielblütigkeit. Dominant sind weiterhin die Substanz ihrer Blüten, deren intensive Farbe und zum Teil die Form der Lippe. Der Kreuzungspartner beeinflusst die hohen Ansprüche an Temperatur und Licht, etwas die Blütenfarbe, besonders aber die der Lippe. Obwohl lange bekannt, wurde die Art ziemlich spät zur Züchtung eingesetzt. Bei Kreuzungen mit anderen *Cattleya*-Arten wurde *C. violacea* fast ausschließlich als Pollenspender verwendet.

Primärhybriden: *Cattleya violacea* ×
C. intermedia = *C.* Porphyrophlebia; Veitch, 1885
C. warszewiczii = *C.* Euphrasia; Veitch, 1896
C. forbesii = *C.* Super-Forbesii; Cypher, 1896
C. eldorado = *C.* Brymeriana; Low, 1896
C. leopoldii = *C.* Feuillati; Maron, 1897
C. loddigesii = *C.* Beautiana; Maron, 1897
C. mossiae = *C.* Gertrude; Veitch, 1898
C. gaskelliana = *C.* Mollis; Wigan, 1899
C. bowringiana = *C.* Charlesworthii; Charlesworth, 1902
C. aclandiae = *C.* H. G. Selfridge; Sander, 1902
C. schofieldiana = *C.* Nephthys; Thayer, 1902
C. dowiana = *C.* Cleopatra; Charlesworth, 1906
C. bicolor = *C.* Ling Jensen; Rod McLellan Co., 1961
C. elongata = *C.* Mary Reed; Dewey, 1973
C. velutina = *C.* Velacea; Rod McLellan Co., 1981
C. luteola = *C.* Angelito del Cafetal; W. S. Murray (Rod McLellan Co.), 1983
C. schilleriana = *C.* Notturno; H. Wallbrunn, 1995
C. maxima = *C.* Walter Wolff; M. Wolff (o/u), 1995

Wissenswertes: *C. violacea* wurde zuerst von Humboldt und Bonpland auf ihren Reisen durch Mittel- und Südamerika zwischen 1799 und 1804 in der Nähe der Wasserfälle von Atures bzw. San Fernando de Atabapo und an anderen Stellen des Orinoko im Grenzgebiet zwischen Kolumbien und Venezuela entdeckt. Sie beschrieben die Art 1815 gemeinsam mit dem deutschen Botaniker Carl S. Kunth in „Nova genera et species plantarum" als *Cymbidium violaceum*. Die Gattung *Cattleya* war noch nicht begründet und der Genus *Cymbidium* wurde damals inhaltlich viel weiter gefasst. Karl von Martius, der von 1817 bis 1820 Brasilien bereiste, fand ebenfalls Pflanzen dieser Art am Ufer des Rio Negro nahe Taruma und in den Wäldern von Pará. Im Jahre 1836 entdeckte Robert

Schomburgk *C. violacea* an der Mündung des Rupununi-Flusses am Essequibo River in Britisch-Guayana und schickte 1837 Pflanzen an Loddiges in Hackney bei London und eine Zeichnung an die Linnean Society in London. Anhand dieses Materials und der Notizen von Schomburgk beschrieb Lindley die Art 1838 in „Sertum Orchidaceum". Er verwendete dabei den von Schomburgk benutzten Namen *Cattleya superba* und die Zeichnung als Vorlage für die Abbildung, offensichtlich ohne die Veröffentlichung als *Cymbidium violaceum* zu kennen. Er verweist jedoch auf den Fund durch v. Martius am Rio Negro. Reichenbach fil. gibt 1861 in „Walpers' Annales Botanices Systematicae" an, dass *Cymbidium violaceum* H. B. K. synonym zu seinem *Epidendrum violaceum* bzw. Lindleys *Cattleya superba* ist. Ihm war demnach die Entdeckung der Art durch Humboldt und Bonpland sowie die Beschreibung bekannt. Erst Rolfe stellte 1889 wieder fest, dass die Beschreibung durch Humboldt, Bonpland und Kunth gültig erfolgte, und kombinierte den Namen von *Cymbidium violaceum* zur Gattung *Cattleya* als *C. violacea* um, dem heute gültigen und allgemein verwendeten Namen.

Es sei darauf hingewiesen, dass das Epithet „*violaceum*" schon als *Epidendrum violaceum* Loddiges in „The Botanical Cabinett" 1819 verwendet wurde. Dieser Name ist ein Synonym von *C. loddigesii* Lindl., während *Epidendrum violaceum* (H. B. K.) Rchb. f. nicht zu dieser Sippe gehört, sondern ein Synonym von *C. violacea* (H. B. K.) Rolfe ist. – Auch der berühmte Pflanzensammler Gustav Wallis sammelte am Rio Negro und schickte seinem Auftraggeber Linden in Brüssel Pflanzen von *C. violacea*. Es war eine großblütige und kräftig gefärbte Variante mit einer größeren weißen Zeichnung und orangegelbem Zentrum am Lippenschlund. Lemaire beschrieb diese 1869 in „L'Illustration Horticole" als *C. superba* var. *splendens*. – Größere Importe von *C. violacea* gelangten um 1900 auch durch den Österreicher Julius v. Payer nach Europa.

Bei der Registrierung der Hybriden in „Sander's List of Orchid Hybrids" wurden die Kreuzungen mit *C. violacea* anfangs unter *C. superba* aufgeführt.

Dialog: Von *C. violacea* werden zwei Rassen unterschieden. Im Norden des Verbreitungsgebietes, etwa vom Fluss Essequibo in Guayana bis nach Nordostkolumbien, wächst die typische Rasse. Sie stellt den Typus der Art dar und lag der Beschreibung durch Humboldt, Bonpland und Kunth, aber auch der von Lindley durch die Aufsammlung von Schomburgk zu Grunde. Südlich davon, im Amazonasbecken, von Ostkolumbien bis zum Rio Negro sowie bis Nordostperu, wächst eine Rasse mit größeren Blüten, breiteren Petalen und meist dunklerer Farbe. Sie wurde durch Wallis zuerst gesammelt und von Lemaire 1869 in „L'Illustration Horticole" als *C. superba* var. *splendens* benannt. E. Foldats schlägt für diese den Namen *C. violacea* var. *peruviana* vor. Eine dritte Rasse wächst nach Fowlie in Brasilien, in Mato Grosso, die sich aber nur wenig von der zweiten unterscheidet. Andere Autoren unterscheiden deshalb nur zwei Rassen und rechnen Fowlies dritte Rasse zur zweiten. – Das Verbreitungsgebiet von *C. violacea* überlappt sich teilweise mit dem von *C. eldorado*, sodass der Naturbastard *C.×brymeriana* entstehen konnte.

Cattleya violacea × *Cattleya harrisoniana*.

Untergattung Falcata Withner

Typus *Cattleya guttata* Lindl.
Die zylindrischen, mitunter verlängerten Pseudobulben tragen an ihrer Spitze zwei bis drei Blätter. Die Sepalen sind lederartig, die lateralen deutlich sichelförmig. Der Vorderlappen der Lippe ist meist mit Warzen oder papillenartigen Erhebungen bedeckt.

Sektion Guttatae (Cogniaux) Withner

Typus *Cattleya guttata* Lindl.
Die Lippe ist dreilappig. Der Vorderlappen ist breit, mit kurzem Nagel, vorn wenig eingeschnitten. – Die Sektion umfasst vier Arten: *Cattleya amethystoglossa* Lind. et Rchb. f. ex Warner 1862, *Cattleya guttata* Lindl. 1831, *Cattleya leopoldii* Versch. ex Lem. 1854, *Cattleya schilleriana* Rchb. f. 1857.

Cattleya amethystoglossa Lind. et Rchb. f. ex Warner

Select Orchidaceous Plants 1, t. 2, 1862
Basionym:
C. guttata var. *prinzii* Rchb. f., Bonplandia 4: 327, 1856
Synonyme:
C. amethystoglossa var. *sulphurea* Rchb. f., The Gardeners' Chronicle 26: 313, 1866
Epi. elatius var. *prinzii* Rchb. f., Xenia Orchidacea 2: 33, 1862, t. 172 I., 1873
C. guttata var. *keteleerii* Houllet., Revue Horticole 47: 350, 1875
C. guttata var. *lilacina* Rchb. f., The Gardeners' Chronicle n.s. 16: 38, 1881
C. purpurina Barb. Rodr., Genera et species orchidearum novarum 2: 158, t. 621, 1882

Die Pflanze trägt ihren Namen wegen der Farbe ihrer Lippe (amethystoglossus = mit amethystfarbiger Lippe, amethystinus = amethystfarben (blasslila) und glossa = Zunge).

Hochwüchsige Orchidee mit dekorativen, mittelgroßen Blüten, die sich relativ lange an der Pflanze halten. **Pseudobulben** zylindrisch, im Querschnitt elliptisch, bis 60, auch 80 cm lang, zwei-, auch dreiblättrig. **Blätter** schmal eiförmig-elliptisch, 15 bis 23 cm lang, 5 bis 7 cm breit, dickledrig, dunkelgrün. **Scheide** etwa 8 cm lang, zur Blütezeit trocken. **Infloreszenz** etwa 18 cm lang, drei- bis sieben-, auch bis 20-blütig. **Blüten** etwa 8 cm Durchmesser, oft nicht vollkommen geöffnet, fleischig-substanzreich, hellrosa, unterschiedlich intensiv karminrot bis purpurrot gefleckt. Dorsale Sepale länglich elliptisch, 3,8 bis 4,5 cm lang, 1,4 bis 2 cm breit, laterale Sepalen etwas kleiner, sichelförmig gebogen. Petalen verkehrt eiförmig bis 4,5 cm lang, etwa bis 3,6 cm breit, Rand gewellt. Lippe dreilappig, Seitenlappen die Säule umfassend, Rand vorn aufgewölbt, karminrot, mit warzenartigen Erhebungen besetzt, Vorderlappen nierenförmig, dunkel karminrot, besonders auf den Nerven warzig, Rand gesägt und gewellt, Schlund weiß, von der Basis bis zum Vorderlappen mit flachen glatten Kielen. Säule schmal, 2,3 cm lang, weiß, vorn karminrot.

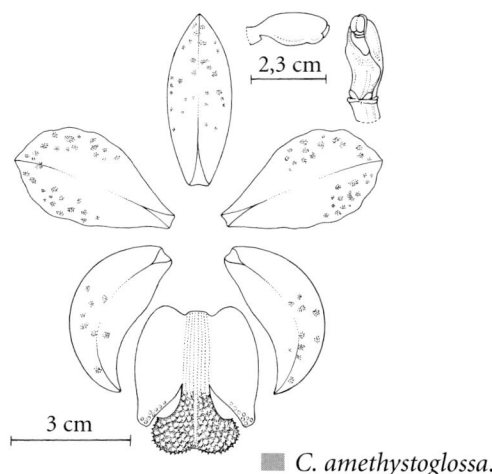

C. amethystoglossa.

Variation: *C. amethystoglossa* variiert in der Wuchshöhe, in der Intensität ihrer Blütenfarbe und in der Dichte der Fleckung. Beschriebene Farbvarianten: var. *coerulea* hort., Lippe fast blau; var. *lilacina* (Rchb. f.) Fowlie, The Brazilian Bifoliate Cattleyas, 1977, Blüte blasslila, Blütenblätter am Rand lila gefleckt, Lippe lila; var. *ma-*

culata hort., Tepalen rosa, Flecken purpurn, zusammenfließend; var. *rosea* Rolfe, Lindenia 8, t. 375, 1892, Blüten kleiner, kräftig rosa, reich dunkler gefleckt.

Heimat: Die Art stammt aus Brasilien, vorwiegend aus Bahia, kommt aber auch in Espírito Santo vor. J. und B. McQueen berichten auch von Vorkommen in Minas Gerais und Pernambuco. Sie wächst epiphytisch an hellen, luftfeuchten Standorten, auch auf Palmen und offensichtlich besonders häufig auf Felsen in Höhenlagen von 30 bis 450 m, außerdem in der Nähe von Gewässern und Sümpfen.

Kultur: Während des Wachstums benötigen die Pflanzen viel Wärme, viel Licht und reichlich Feuchtigkeit, auch Nährstoffe und nicht zuletzt eine relativ hohe Luftfeuchtigkeit. Im Herbst nach dem Ausreifen der Pseudobulben beginnt eine ausgeprägte Ruhezeit. Jetzt sollten die Pflanzen bei etwa 14 °C ziemlich trocken gehalten werden. Nach Beendigung der Ruheperiode und entsprechend den Kulturbedingungen schieben sich manchmal bereits im zeitigen Frühjahr aus einer trockenen Blütenscheide die Knospen heraus. In der Regel kann man zwischen Ende Februar und Juni mit Blüten rechnen. Am heimatlichen Standort blüht *C. amethystoglossa* im September/Oktober. – Wegen ihrer lang gestreckten Pseudobulben hat die Pflanze in kleineren Gefäßen oft keinen rechten Halt. Man hilft sich damit, den Topf in einen größeren mit Kies gefütterten Übertopf zu stellen (Dränage beachten) und an einem Stab anzubinden.

Züchtung: Die Art wurde zur Züchtung wenig verwendet. Zuchtlinien sind nicht erkennbar. Sie vererbt einen kräftigen Wuchs, die ziemlich schmale Lippenform und etwas die Fleckung der Blüte.

Primärhybriden: *Cattleya amethystoglossa* ×
C. trianae = *C.* Miranda; Veitch, 1897
C. lueddemanniana = *C.* Thorntonii; Thornton, 1898
C. intermedia = *C.* Interglossa; Thayer, 1902
C. gaskelliana = *C.* Adolphine; Peeters, 1903
C. dowiana = *C.* Rosa Leemann; Charlesworth, 1904
C. lawrenceana = *C.* Lawreglossa; Chamberlain, 1905
C. labiata = *C.* Capra; Charlesworth, 1910
C. granulosa = *C.* Granuglossa; Thayer, 1941
C. loddigesii = *C.* Loddiglossa; Clarelen, 1948
C. schroederae = *C.* Schroder's Lilac; Stewart Inc, 1967
C. aclandiae = *C.* Little Leopard; Matatics (Redlinger), 1967
C. guttata = *C.* Doris Schindel; Gubler, 1969
C. aurantiaca = *C.* Aurantiglossa; New River Orchids (McKinnon), 1987
C. schilleriana = *C.* Jungle Delight; Fennell, 1988
C. walkeriana = *C.* Lavender Ice; Carole Pearson (o/u), 1993
C. forbesii = *C.* Tessloo; R. van Roy, 1996

Wissenswertes: Moritz Reichenheim, Berlin, hatte die Art von Herrn Prinz aus Brasilien bekommen und an Reichenbach fil. weitergegeben. Dieser war der Meinung, eine Varietät von *C. guttata* vor sich zu haben. Auf Wunsch von Reichenheim gab er ihr den Namen var. *prinzii* und publizierte sie 1856 in „Bonplandia" als *C. guttata* var. *prinzii*. Später, um 1860, erhielt Reichenbach fil. Pflanzen von Linden aus Brüssel, in denen er seine ebenfalls 1856 beschriebene *C. porphyroglossa* zu erkennen glaubte. Er wollte sie eigentlich *C. porphyroglossa* var. *sulphurea* nennen. Leider verwechselte er in seiner Antwort an Linden die Begriffe porphyr und amethyst und teilte ihm mit, dass es sich um *C. amethystoglossa* handele. Es war jedoch die gleiche Art, die er 1856 als *C. guttata* var. *prinzii* in „Bonplandia" beschrieben hatte, also nicht *C. porphyroglossa*. Robert Warner aus Broomfield, England, bekam ebenfalls solch eine Pflanze von Linden, die er 1862 in „Select Orchidaceous Plants" abbildete. Er bezog sich darin auf den ihm von Linden bzw. von Reichenbach fil. gegebenen Namen, denn er nannte sie *C. amethystoglossa*. Als Reichenbach fil. dies be-

Cattleya amethystoglossa.

merkte, versuchte er, das Missverständnis in „The Gardeners' Chronicle" 1866 zu berichtigen. Er wollte in dieser Publikation seine *C. porphyroglossa* darstellen. Dieser Versuch misslang jedoch vollkommen. Mr. Fitch, dem er eine exakte Zeichnung von *C. porphyroglossa* schickte, verwendete entgegen Reichenbachs Auftrag, dieses

Bild in Holz zu schneiden, der Einfachheit halber die Zeichnung aus Warners Publikation, die jedoch *C. guttata* var. *prinzii* darstellte. Erst 1873 in „Xenia Orchidacea" (Text zu Tafel 172 I.) ordnete Reichenbach fil. Warners Veröffentlichung seiner früheren *C. guttata* var. *prinzii* zu.

1861 in „Walpers' Annales Botanices Systematicae" sowie 1862 in „Xenia Orchidacea" hatte er die von Lindley 1831 beschriebene *C. elatior* (= *C. guttata*) in *Epidendrum elatius* und seine frühere *C. guttata* var. *prinzii* folglich in *Epidendrum elatius* var. *prinzii* umkombiniert.

Dialog: Wir erkennen heute *C. amethystoglossa* aus Warners Publikation von 1862 an, wissen aber, dass eigentlich Reichenbach fil. diesen Namen – wenn auch versehentlich – geprägt hat. Der Name *C. guttata* var. *prinzii*, den Reichenbach fil. ursprünglich dieser Pflanze gab, ist als Basionym zu betrachten, da es sich nicht um eine Varietät zu Lindleys früherer *C. guttata* bzw. *C. elatior* (Lindley beschrieb die gleiche Pflanze 1931 einmal als *C. guttata* und einmal als *C. elatior*) handelt, sondern um unsere Art. – 1861 bezeichnete Reichenbach fil. in „Walpers' Annales Botanices Systematicae" seine *C. porphyroglossa* versehentlich als *C. amethystoglossa* (siehe Wis-

Cattleya amethystoglossa var. *coerulea*.

Cattleya Little Leopard (1967) (*C. aclandiae* × *C. amethystoglossum*).

senswertes zu *C. porphyroglossa*). Er verwechselte jedoch (wie in seinem Brief an Linden) nur die beiden Farbbezeichnungen amethyst und purpurn, denn mit *C. porphyroglossa* hat *C. amethystoglossa* außer dem ähnlich klingenden Namen keine Gemeinsamkeiten. Ebensowenig gleicht sie in blühendem Zustand anderen *Cattleya*-Arten.

Cattleya guttata Lindl.
Edwards's Botanical Register 17, t.1406, 1831
Basionym:
Epi. elegans Vell., Florae Fluminensis 9, 1829 (1790)
Synonyme:
C. elatior Lindl., The Genera and Species of Orchidaceous Plants 117, 1831
C. tigrina A. Rich., Portefeuille des Horticulteurs 2: 166, 1848
C. sphenophora C. Morr., Annales de la Societé Royale d'Agriculture et de Botanique de Gand 4: 175, 1848
Epi. elatius (Lindl.) Rchb. f., Walpers' Annales Botanices Systematicae 6: 319, 1861

Brassolaeliocattleya Tatarown (1982) 'Blumeninsel' (*Blc.* Memoria Helen Brown × *C. guttata*).

Cattleya guttata.

Cattleya guttata erhielt ihren Namen nach ihren gefleckten Blüten (lat. gutta = Tropfen, betropft, gefleckt).

Pflanzen dieser schön blühenden Art sind seit ihrer Einführung im Jahre 1827 immer in Kultur gewesen. **Pseudobulben** etwa 40 bis 70 cm lang, selten länger, zylindrisch, zwei-, gelegentlich auch dreiblättrig. **Blätter** länglich-elliptisch, vorn rundlich, 15 bis 23 cm lang, 5 bis 7 cm breit, derb ledrig, dunkelgrün. **Scheide** länglich, etwa 4,5 cm lang, bis 1,5 cm breit, zur Blütezeit trocken. **Infloreszenz** bis 18 cm lang, drei- bis acht-, seltener mehrblütig. **Blüten** ausgebreitet etwa 6 bis 8 cm im Durchmesser, grünlich gelb bis olivgrün, fein dunkelpurpur bis rotbraun gefleckt, meist duftend. Sepalen länglich-lanzettlich, 3,7 cm lang, 0,8 cm breit, Spitzen knorpelig, grünlich gelb, laterale sichelförmig gebogen. Petalen länglich bis schmal verkehrt eiförmig, 3,5 cm lang und 1,3 cm breit, Ränder gewellt. Lippe dreilappig, Seitenlappen die Säule umfassend, weißlich bis rosa, Innnenseite rosa geadert.

Mittelteil bis kurz vor der Basis mit flachen warzigen kallusartigen Rippen, kurz, keilförmig und in den fast rundlich-elliptischen Vorderlappen übergehend, Ränder glatt, Vorderlappen etwa 1,5 cm breit, vorn eingekerbt, rosa, vorn karminrot, Äderung flach warzig, Ränder des Vorderlappens glatt. Säule 2,2 cm lang, mit kleinem undeutlichen Öhrchen an jeder Seite.

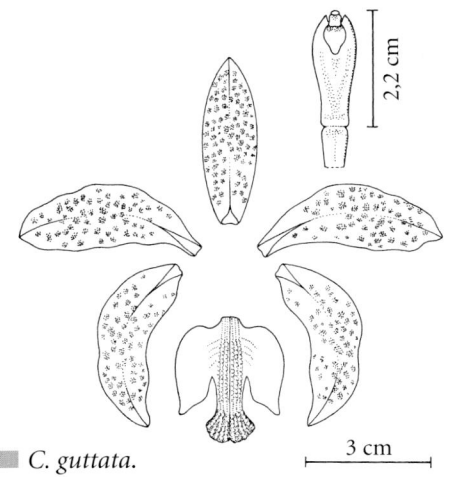

C. guttata.

Variation: Die Art variiert in der Breite ihrer Tepalen, der Intensität ihrer Grundfarbe, in der Dichte, der Größe und der Färbung der Flecken. Beschriebene Farbvarianten sind u. a.: var. *munda* Rchb. f., The Gardeners' Chronicle 3.s. 4: 378, 1898, Albino, Tepalen grün, Lippe weiß; var. *pernambucensis* Rodig., L'Illustration Horticole 40: 91, t. 184, 1893, aus Bahia und Pernambuco, unterscheidet sich in der Wuchsform von der Art, insbesondere durch kürzere Pseudobulben, und durch eine breitere Lippe; var. *phaenicoptera* Rchb. f., The Gardeners' Chronicle n.s. 19: 688, 1883, Tepalen rotbraun, Lippe zartrosa; var. *punctulata* Rchb. f., The Gardeners' Chronicle n.s. 14: 358, 1880, Tepalen grünlich gelb, gering gefleckt.

Heimat: *C. guttata* ist in Brasilien in Bahia, Espírito Santo, Minas Gerais, Rio de Janeiro, São Paulo, Paraná, Santa Catarina und Rio Grande do Sul, in Höhenlagen bis etwa 150, seltener bis 600 m verbreitet. Die Pflanzen wachsen epiphytisch, auch lithophytisch. In Espírito Santo wird *C. guttata* von der nördlichen Rasse von *C. leopoldii* beeinflusst.

Kultur: Verpflanzt wird mit beginnendem Neutrieb im Februar bis März. Da die Wurzeln dieser Art viel Luft benötigen, ist ein Aufbinden am Block der Topfkultur vorzuziehen. Die Pflege während der Wachstumszeit erfolgt warm-temperiert bei viel Licht, Frischluftzufuhr und ausreichender Absenkung der nächtlichen Temperaturen. Nach Triebabschluss im Spätsommer sollten die Pflanzen ziemlich trocken gehalten werden und kühler stehen, ebenso in der winterlichen Ruhezeit. Temperaturen um 15 °C reichen aus. Im Spätwinter, oft schon ab Januar, meist aber im Februar bis März blüht *C. guttata* aus einer trockenen Blütenscheide. In Brasilien blüht die Art im Dezember.

Züchtung: Es ist bemerkenswert, dass die Art nach 1945 häufiger zu Kreuzungen eingesetzt wurde als am Anfang der Züchtung im 19. Jahrhundert. Möglicherweise lag dies an dem Bestreben, wüchsige Hybriden mit Artcharakter zu erzielen bzw. Pflanzen, die nicht dem Blütentyp von *C. labiata* entsprechen und gefleckte Blüten hervorbringen. *C. guttata* vererbt ihren aufrechten Wuchs und ihre Reichblütigkeit. Die Form und Substanz der Blüten ist ebenso dominant wie die Farbe, besonders die der Lippe, und oft die Fleckung.

Primärhybriden: *Cattleya guttata* ×
C. intermedia = *C. Picturata*; Veitch, 1877
C. mendelii = *C. La Fontaine*; Maron, 1899
C. bowringiana = *C. Bactia*; Veitch, 1901
C. schilleriana = *C. Resplendens*; Peeters, 1900
C. trianae = *C. Zeno*; Sander, vor 1946
C. mossiae = *C. Zabelle*; Asder, 1948
C. dowiana = *C. Taboo*; Hawkes, 1954
C. rex = *C. Manteca*; Rod McLellan Co., 1960
C. luteola = *C. Lutata*; Rod McLellan Co., 1963
C. velutina = *C. Whimsy*; Stewart Inc, 1964
C. aurantiaca = *C. Chocolate Drop*; Stewart Inc, 1965

C. aclandiae = *C.* Landate; Rod McLellan Co., 1966
C. amethystoglossa = *C.* Doris Schindel; Gubler, 1969
C. percivaliana = *C.* Percy King; W. A. King, 1986

Wissenswertes: *C. guttata* wurde zuerst von dem brasilianischen Botaniker Vellozo in Rio de Janeiro 1790 in seiner „Florae fluminensis" als *Epidendrum elegans* beschrieben. Dieses Buch wurde aber erst 1829 veröffentlicht, der dazugehörige Bilderatlas 1835. Nach Europa gelangten 1827 die ersten Pflanzen durch Robert Gordon aus Brasilien, Rio de Janeiro, an die Royal Horticultural Society (RHS) in London. John Lindley beschrieb sie 1831 in „Edwards's Botanical Register" als *C. guttata* – wegen ihrer gefleckten Blüten – und bildete sie auf Tafel 1406 ab. Im selben Jahr beschrieb er die gleiche Art in „The Genera and Species of Orchidaceous Plants" noch einmal als *C. elatior*. In „Edwards's Botanical Register" stellte er dann 1844 diesen Namen als Synonym zu *C. guttata*. Dies führte in der Folgezeit zu erheblichen Verwirrungen, besonders durch Reichenbach fil., der *C. elatior* als gültigen Namen betrachtete und bei seinen Umkombinationen der Cattleyen zur Gattung *Epidendrum* verwendete. – Lange Zeit wurde *C. leopoldii* als Varietät von *C. guttata* eingestuft. Heute werden beide jedoch allgemein als eigenständige Arten angesehen.

Dialog: *C. guttata* ähnelt *C. leopoldii*, die als eigenständige Art bzw. auch als Varietät von *C. guttata* betrachtet wird. Erstere hat jedoch längere Pseudobulben, aber kleinere Blüten mit nur 6 bis 8 cm im Durchmesser. Der Vorderlappen der Lippe ist rundlich bis verkehrt herzförmig, der Übergang vom schmalen Mittelteil in den Vorderlappen der Lippe ist keilförmig. Bei *C. leopoldii* haben die Blüten einen Durchmesser von 8 bis 11 cm und der Vorderlappen der Lippe ist quer elliptisch bis nierenförmig. Der Übergang vom Mittelteil ist deutlich abgesetzt. Außerdem blüht *C. guttata* aus einer trockenen, *C. leopoldii* aus einer grünen Blütenscheide.

Wir haben hier *C. tigrina* als ein Synonym zu *C. guttata* gestellt, weil die Zugehörigkeit dieses Namens noch geklärt werden muss und weil sich die Abbildungen von *C. guttata* Lindl. in „Edwards's Botanical Register" 17, t. 1406, 1831 und von *C. tigrina* A. Richard in „Portefeuille des Horticulteurs" 2: 166, 1848 fast gleichen (siehe auch Wissenswertes und Dialog zu *C. leopoldii*).

Cattleya leopoldii Versch. ex Lem.
L'Illustration Horticole, misc. 1: 68, 1854
Synonyme:
C. guttata var. *russeliana* Hook., Curtis's Botanical Magazine 69, t. 3995, 1838
C. guttata var. *leopoldii* (Versch. ex Lem.) Lem., L'Illustration Horticole 2, sub t. 69, 1855
Epi. elatius var. *leopoldii* (Versch. ex Lem.) Rchb. f., Xenia Orchidacea 2: 33, 1862

Die Art wurde zu Ehren des Königs Leopold I. von Belgien (1831 bis 1865) benannt, der ein großer Pflanzenfreund gewesen sein soll.

Früher wurde *C. leopoldii* oft als Varietät zu *C. guttata* eingestuft, heute wird sie aber meist als eigenständige Art angesehen. **Pseudobulben** zylindrisch, 30 bis 50 cm lang, auch länger, zwei-, oft dreiblättrig. **Blätter** schmal elliptisch, etwa 23 cm lang, 6,5 cm breit, Rand knorpelig und

Cattleya leopoldii.

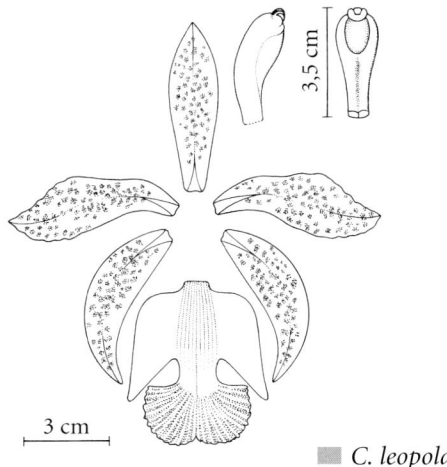

C. leopoldii.

fein gesägt. **Scheide** zur Blütezeit grün. **Infloreszenz** etwa 15 bis 25 cm lang, 3- bis 12-, seltener bis 20-blütig. **Blüten** etwa 8 bis 11 cm Durchmesser, substanzreich, braunoliv bis rötlich braun, unterschiedlich karminrot gefleckt, duftend. Sepalen und Petalen länglich-lanzettlich, laterale Sepalen sichelförmig, Petalen am Rand gewellt. Lippe dreilappig, ausgebreitet etwa 4,5 cm lang und 4 cm breit, hinterer Teil der Lippe in der Mitte mit flachen fleischigen lamellenartigen Kielen besetzt, Seitenlappen spitz, die Säule umfassend, wie die Basis der Lippe zartrosa, selten hell karminrot, Vorderlappen aus schmaler Basis quer elliptisch, etwa 3 cm breit, vorn eingekerbt, feinkörnig-warzig, karminrot, Rand fein gekerbt. Säule 3,5 cm lang.

Variation: *C. leopoldii* variiert vorwiegend in der Blütenfarbe und deren Fleckung. Als Varietäten wurden beschrieben (Auswahl): var. *alba* (hort. ex Bracey) Fowlie, The Brazilian Bifoliate Cattleyas, 1977, Sepalen und Petalen hell gelbgrün, Lippe cremeweiß; var. *caerulea* Menezes, Schlechteriana 4: 152–153, 1993, Sepalen und Petalen grünlich, dunkel purpurrot gefleckt, Lippe lila bis bläulich karminrot; var. *immaculata* (Rchb. f.) Fowlie, The Brazilian Bifoliate Cattleyas, 1977, Sepalen und Petalen lilabraun ohne Flecken, Lippe weiß, Vorderlappen violett; var. *leopardina* (L. Lind. et Rodig.) Fowlie, The Brazilian Bifoliate Cattleyas, 1977 (syn. var. *flava* hort.), Blüte hell braunoliv, dicht rotbraun gefleckt; var. *williamsiana* (Rchb. f.) Fowlie, Orchid Digest 1964, Sepalen und Petalen rötlich, wenig gestreift, seltener dunkelrot gefleckt, Lippe blass rosalila, Vorderlappen dunkelrot bis rotviolett. – Weiterhin existiert eine in der Natur (offensichtlich von S. Vieira aus Santa Catarina, Brasilien) gefundene so genannte labelloide Form mit Petalen, die in Form und Farbe der Lippe entsprechen: *C. leopoldii* 'Anita Garibaldi'. Davon gibt es inzwischen mehrere andere Ausleseformen.

Heimat: Die Art ist in Brasilien, von Santa Catarina bis nach Bahia, verbreitet. In Espírito Santo soll sie von *C. guttata* beeinflusst werden. *C. leopoldii* wächst epiphytisch, meist in küstennahen Wäldern in feuchten und sumpfigen Gebieten, kaum in viel mehr als 100 m Höhenlage. Dort sorgt der Seewind für ein etwas kühleres Klima, aber auch für höhere Luftfeuchtigkeit und mehr Regen. Von der Küste aus erstreckt sich die Verbreitung auch bis weit ins Innere des Landes, besonders entlang der Flüsse und Schluchten.

Kultur: In der Wachstumszeit brauchen die Pflanzen einen warmen bis temperierten Standort, viel Licht und reichlich Feuchtigkeit. Eine leichte Beschattung ist nur im Sommer während der heißen Mittagsstunden erforderlich. Verpflanzt wird am besten im Frühjahr mit Triebbeginn. Günstiger als eine Pflege in Töpfen ist das Aufbinden am Block oder die Kultur in Körben, da die Wurzeln dann mehr Luft erhalten. Gleich nach Triebabschluss im Spätsommer bis Herbst entwickeln sich die Blüten. In manchen Jahren kann sich die Blütezeit aber auch bis November verschieben. In der Ruheperiode reichen Temperaturen um 15 °C aus, doch soll die Luftfeuchtigkeit bei ziemlich trockenem Pflanzstoff nicht zu gering sein. *C. leopoldii* wächst in ihrer Heimat bei großen Temperaturdifferenzen zwischen Tag und Nacht und macht eine feuchtwarme Wachstumszeit und eine trocken-warme Ruheperiode durch.

Züchtung: Die Art wurde relativ selten zur Züchtung verwendet. Direkte Kreuzungen erzielte man vorwiegend am Ende des 19. Jahrhunderts. Die Pflanze vererbt ihren hohen Wuchs, Reichblütigkeit, substanzreiche Blüten sowie eine offene Blütenform mit spatelförmiger Lippe. Der Kreuzungspartner beeinflusst besonders die Blütenfarbe.

Primärhybriden: *Cattleya leopoldii* ×
C. quadricolor (als *C. chocoensis*) = *C.* Mitchelii; Dr. Ainsworth, 1876
C. dowiana = *C.* Chamberlainiana; Veitch, 1881
C. mendelii = *C.* Harrisii; Miss Harris, 1887
C. warszewiczii = *C.* Atalanta; Veitch, 1894
C. violacea (als *C. superba*) = *C.* Feuillati; Maron, 1897
C. schroederae = *C.* Gauthieriana; Duval, 1899
C. granulosa = *C.* Titus; Dallemagne, 1901
C. bicolor = *C.* Mrs. Mahler; R. H. Measures, 1901
C. trianae = *C.* Zeo; Charlesworth, 1902
C. gaskelliana = *C.* Doris; R. H. Measures, 1903
C. mossiae = *C.* Cyane; Veitch, 1903
C. aurantiaca = *C.* Chocolate Drop; Stewart Inc, 1965

Wissenswertes: Entdeckt wurde die Art auf der Insel St. Catarina vor Brasilien durch Fr. Devos, Sammler der Firma von A. Verschaffelt, der sie 1850 nach Gent, Belgien, einführte. Bei diesem und in den Gärten des Königs Leopold I. von Belgien zu Laeken blühten die Pflanzen erstmals in Europa und wurden von dem Gärtner Forkel 1851 in Brüssel ausgestellt. Der französische Botaniker Antoine C. Lemaire beschrieb die Art auf Anregung von Verschaffelt 1854 in „L'Illustration Horticole" zu Ehren des Königs Leopold I. als *C. leopoldii*. Wegen der nahen Verwandtschaft zu *C. guttata* stellte er sie ein Jahr später in der gleichen Zeitschrift als Varietät zu dieser Art. – Fowlie stellte 1977 in „The Brazilian Bifoliate Cattleyas" bei der Behandlung von *C. leopoldii* fest, dass wahrscheinlich diese Pflanze zuerst 1848 als *C. tigrina* von A. Richard in „Portefeuille des Horticulteurs" beschrieben wurde. Er verwirft aber den Namen *C. tigrinum* als „nomen obscurum" – undeutlicher Name – und begründet dies durch das Fehlen eines Typusbeleges, durch eine Beschreibung in französischer Sprache und nicht in Latein, weiterhin sei die Zeitschrift kaum beschaffbar und seit der Publikation mit dem jetzt gebräuchlichen Artnamen (*C. leopoldii*) seien zu viele Hybriden erzielt worden. Braem argumentiert 1984 in „Die Bifoliaten Cattleyen Brasiliens" nach den Regeln der Botanischen Nomenklatur (ICBN) richtig gegen diese vier Gründe. Er übersieht aber offensichtlich, dass die Abbildung von *C. tigrina* bei A. Richard (1848) fast vollkommen der Tafel 1409 mit *C. guttata* von Lindley in „Edwards's Botanical Register" entspricht.

C. leopoldii wurde bei der Registrierung von Hybriden in „Sander's List of Orchid Hybrids" bis einschließlich 1960 als eigenständig behandelt, danach unter den Kreuzungen mit *C. guttata* erfasst.

Dialog: *C. leopoldii* ist nahe verwandt mit *C. guttata*, hat aber meist eine gelbgrüne Grundfarbe der Blüten und ist zur Blütezeit an der trockenen Scheide und dem vom Mittellappen aus keilförmig zulaufenden rundlich-elliptischen Vorderlappen der Lippe zu erkennen. Sie blüht im Herbst, *C. guttata* im Spätwinter/Frühling.

Achille Richard beschrieb 1848 die Art als *C. tigrina* in „Portefeuille des Horticulteurs" und bildete sie auf einer Tafel nach einem Exemplar ab, das im August 1847 in den Gewächshäusern der Medizinischen Fakultät in Paris blühte. Fowlie bemerkt in „The Brazilian Bifoliate Cattleyas" 1977, dass Beschreibung und Tafel nach seiner Ansicht keinen Zweifel zulassen, dass es sich um *C. leopoldii* handelt. Da er *C. tigrina* aber als obskuren Namen ansieht, verwendet er ihn nicht als Synonym. Zuvor war die Art offensichtlich schon mehrfach in Kultur und wurde als großblütige *C. guttata* bezeichnet. Hierher gehört auch die von Hooker in „Curtis's Botanical Magazine" 1838 beschriebene *C. guttata* var. *russeliana* Hook., die von Lindley in „Edwards's Botanical Register" 1845 zu *C. granulosa* gestellt wurde.

Cattleya leopoldii ×
(*Laeliocattleya* Edgard van Belle × *C.* New Era).

In „Lindenia" t. 441 wird *C. guttata* var. *tigrina* hort. abgebildet. Fowlie verwendet diesen Namen synonym zu *C. leopoldii*, fügt aber die Herausgeber der „Lindenia", L. Linden und Rodigas, wie üblich als Autoren an. Sicher wollten diese aber zum Ausdruck bringen, dass der Name „tigrina" in den französischen Gärtnereien für *C. guttata* var. *leopoldii* bzw. *C. leopoldii* verwendet wurde. Der Name des Autors wird üblicherweise im Gartenbau, auch auf den Pflanzenetiketten, nicht mitgeschrieben und mag somit in Vergessenheit geraten sein. In „Catalog der Orchideen-Sammlung" von G. W. Schiller (4. Aufl.) 17–18, 1861 wird *C. tigrina* synonym zu *C. guttata* var. *russelliana* Hook. gestellt. Letztere ist aber gleichzeitig synonym zu *C. leopoldii* Lem. Braem sieht in „Die Bifoliaten Cattleyen Brasiliens" 1984 den Namen *C. tigrina* nicht als obskur an und setzt ihn synonym zu *C. leopoldii*. Da nach den Internationalen Regeln der Botanischen Nomenklatur das Prioritätsprinzip (ICBN Grundsatz III) eingehalten werden muss, wäre *C. tigrina* A. Richard der gültige Name dieser Sippe.

Werden jedoch die Farbtafeln von *C. guttata* Lindl. in „Edwards's Botanical Register" 17, t. 1406, 1831 und *Cattleya tigrina* A. Richard in

„Portefeuille des Horticulteurs" 2: 166, 1848 verglichen, so ist eine große Übereinstimmung beider Pflanzen festzustellen, sowohl in der Darstellung des Blütenstandes als auch bei den einzelnen Blüten und deren Farbe. Ebenso wie Withner in „The Cattleyas and their Relatives" 1988 sehen wir deshalb *C. tigrina* nicht als Synonym von *C. leopoldii* an (dann würde *C. tigrina* die Priorität besitzen), sondern als ein weiteres Synonym von *C. guttata* (siehe dort).

Da das bis heute vorliegende Material noch erhebliche Zweifel offen lässt, sollten wir es vorläufig bei dem Namen *C. leopoldii* belassen und uns bemühen, die richtige Einstufung der hier behandelten Sippe durch weitere Nachforschungen zu finden.

Cattleya schilleriana Rchb. f.
Allgemeine Gartenzeitung 25: 335, 1857
Synonyme:
Epi. schillerianum (Rchb.f.) Rchb. f., Walpers' Annales Botanices Systematicae 6, 2: 318, 1861
C. regnelli Warner, Select Orchidaceous Plants 2, t. 22, 1865
C. aclandiae var. *schilleriana* (Rchb. f.) Jennings, Orchids t. 25, 1875

Cattleya schilleriana wurde Konsul Schiller zu Ehren, der um die Mitte des 19. Jahrhunderts in Hamburg an der legendären Elbchaussee ein großes Anwesen und seinerzeit eine der bedeutendsten Orchideensammlungen (um 1860 etwa 800 Arten) besaß, benannt.

Eine mäßig hoch wachsende Pflanze mit substanzreichen, attraktiv gefärbten, lackartig glänzenden Blüten in grünlich gelbem oder braunem Grundton, stark duftend. **Pseudobulben** zylindrisch, leicht keulenförmig, 8 bis 15 cm lang, zweiblättrig, grün, oft rotbraun überlaufen. **Blätter** eiförmig-elliptisch, etwa 10 cm lang und 5 cm breit, dunkelgrün, auch rotbraun überlaufen, unterseits oft vollkommen rötlich, dickledrig, Rand knorpelig, vorn stumpf. **Scheide** länglich, oben schief rundlich, etwa 5 cm lang. **Infloreszenz** etwa 8 bis 12 cm lang, meist ein- bis zwei-, seltener dreiblütig. **Blüten** etwa 10,

Cattleya schilleriana.

Cattleya Peckhaviensis (1910)
(*C. schilleriana* × *C. aclandiae*).

auch bis 14 cm im Durchmesser. Sepalen und Petalen einander ähnlich, länglich-lanzettlich, olivgelb bis gelbgrün, auch grünlich bis blass bräunlich oder rotbraun, reich kastanienbraun punktartig, seltener verwaschen gefleckt, Ränder, besonders der Sepalen stark gewellt, Sepalen etwas länger als die Petalen. Lippe dreilappig, rosa, dunkler geadert, Seitenlappen stumpf dreieckig, die Säule umfassend, Spitze vorn meist nach oben zurückgebogen, Vorderlappen breit nierenförmig, karminrot, vorn eingekerbt, Rand gezähnt, leicht gewellt und weiß, Kallus flach gekielt, von der Lippenbasis bis auf den Vorderlappen, gelb. Säule breit keulenförmig, oben stumpf gekielt, geflügelt, 3 cm lang, weiß, karminrot gezeichnet.

Variation: Die Art ist in der Breite ihrer Blütensegmente, in der Größe der Flecken und der Intensität der Blütenfarbe überaus variabel. Einige Farbvarianten wurden auch als Varietäten bzw. Kultivare beschrieben: var. *alba,* Lippe weiß, blühte zuerst 1892 in Deutschland; var. *coerulea,* Orchid Digest, 1969, bläuliche Lippe, Tepalen heller als die Art und nur wenig gefleckt; var. *concolor* Hook., Curtis's Botanical Magazine 10, t. 5150, 1859 (syn. var. *amaliana*), Blütenblätter einschließlich Lippe fast einfarbig purpurrot, kaum gefleckt, eingeführt von Backhouse und Sohn in York, blühte 1859 in England; var. *dulcotensis* hort. ex O'Brien, The Gardeners' Chronicle 3.s. 18: 154, 1895, Tepalen klein und dicht gepunktet; var. *lowii* hort., L'Illustration Horticole, 1892, Lippe violettbläulich; var. *superba* hort., Lindenia 14, t. 663, 1899, Blütenblätter rot, Lippe rosarot, heller geadert. – Die in der Natur gefundene Memoria Roberto Kautsky wird von Pabst und Dungs in „Die Orchidee" 24: 234, 1973, vorgestellt. Auffallend ist der Aquinii-Effekt, d.h., die seitlichen Petalen sind lippenähnlich gefärbt, die Pflanze ist leider nicht mehr in Kultur.

Heimat: Die Pflanzen sind in Brasilien in Bahia, im Küstengebiet, und in Espírito Santo beheimatet. Dort wachsen sie epiphytisch auf mit Moos und Flechten überzogenen Bäumen, auch auf Felsen, und besonders in der Nähe von Gewässern, meist in Höhenlagen zwischen 200 und 800 m, vereinzelt in den oberen Lagen. Im Verbreitungsgebiet der Art fällt nicht selten drei Monate lang kein Regen. Nachts entsteht jedoch reichlich Tau.

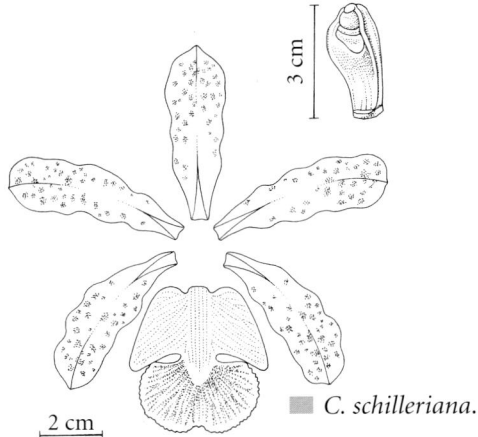
C. schilleriana.

Kultur: Für ein gesundes Wachstum benötigt C. schilleriana einen warmen, recht hellen Standort, der nur im Frühjahr und Hochsommer vor zu starker Mittagssonne geschützt sein soll. Die Pflanze liebt höhere Luftfeuchtigkeit, aber auch viel frische Luft und Luftbewegung bei starker nächtlicher Temperaturabsenkung. Während der Ruheperiode im Winter können die Temperaturen kurzzeitig auf 10 bis 12 °C absinken, vorausgesetzt, der Pflanzstoff ist gut abgetrocknet. Ebenso gut abgetrocknet sollte der Pflanzstoff vor jedem Gießen sein. Verpflanzt wird im März/April vor Triebbeginn. Am besten gedeiht die Art im Körbchen oder aufgebunden am Block. An dem sich im Frühjahr entwickelnden Neutrieb erscheinen gelegentlich bereits Ende Mai, meist jedoch zwischen Juli und Oktober, die attraktiven Blüten, die sich etwa drei Wochen an der Pflanze halten. In ihren Heimatgebieten blüht die Art zwischen Oktober und Dezember – im brasilianischen Frühling.

Züchtung: C. schilleriana wurde bereits um 1900 verstärkt, aber auch in neuerer Zeit wieder, für Kreuzungen, vor allem zur Erzielung kleinwüchsiger und großblütiger Hybriden verwendet. In der Literatur (z.B. im „Orchideen-Atlas" von Bechtel/Cribb/Launert) ist häufig vermerkt, dass die Art sehr selten zur Züchtung verwendet wurde. Tatsächlich wurden bereits bis zum Jahr 1910 (siehe unten) 17 Primärhybriden erzielt. – Die Art vererbt einen gedrungenen Wuchs, substanzreiche Blüten von kräftiger Farbe, wobei besonders die Sepalen gefleckt sind, und in erster Generation eine offene, mehr sternförmige Blütenform. Vom Kreuzungspartner werden die Lippe, zum Teil auch die Petalen dominant beeinflusst.

Primärhybriden: *Cattleya schilleriana* ×
C. mossiae = *C.* Miss Harris; Miss Harris, 1887
C. trianae = *C.* Elvina; Veitch, 1896
C. lawrenceana = *C.* Firebrand; Ingram, 1899
C. gaskelliana = *C.* Goossensiana; Peeters, 1900
C. guttata = *C.* Resplendens; Peeters, 1900
C. schofieldiana = *C.* Kerchoveana; Peeters, 1900
C. intermedia = *C.* Bertheuana; Duval, 1900
C. dowiana = *C.* F. W. Wigan; Wigan, 1900
C. warszewiczii = *C.* Prince Edward; Sander, 1902
C. lueddemanniana = *C.* Claudian; Charlesworth, 1902
C. bowringiana = *C.* Lucida; Peeters, 1903
C. maxima = *C.* Oviedo; T. L. Mead, 1904
C. labiata = *C.* Neptune; Sander, 1904
C. mendelii = *C.* McMastersiae; Colman, 1906
C. schroederae = *C.* Robert de Wavrin; Wavrin 1906
C. percivaliana = *C.* Evadne; Armstrong & Brown, 1907
C. aclandiae = *C.* Peckhaviensis; Marriott, 1910
C. bicolor = *C.* Something Else; Fort Caroline (Wallbrunn), 1971
C. aurantiaca = *C.* Duchess of Colima; Orch. Species Specialities, 1975
C. luteola = *C.* Harem Girl; Fordyce, 1988
C. amethystoglossa = *C.* Jungle Delight; Fennell, 1988
C. violacea = *C.* Notturno; H. Wallbrunn, 1995
C. walkeriana = *C.* Memoria Hiromi Nishii; T. Nishii, 1998
C. forbesii = *C.* Memoria Frank McNally; Lion's Den, 1998

Wissenswertes: Leider ist diese häufig als die schönste aller Cattleyen betrachtete Art mit ihren glänzenden, wie mit Lack überzogenen, bronze-rotbraunen Blütenblättern in ihren Heimatgebieten sehr selten geworden. Ihr eigenartiger Duft soll die Befruchter anlocken – riesige Wespen oder kleine Vögel (Kolibris). Die ersten Pflanzen kamen 1857 zu Konsul Schiller nach Hamburg. Dort blühte sie unter der Pflege des Gärtners Stange noch im gleichen Jahr. Reichenbach fil. beschrieb die Art zu Ehren des Besitzers der Pflanze als *C. schilleriana* in „Allgemeine Gartenzeitung" 1857. Im Originaltext charakterisiert er sie folgendermaßen „Denke man sich eine Pflanze der Cattleya Acklandiae, gebe ihr eine grosse Blühte von Cattleya guttata Leopoldii, aber mit ganz krausen Sepalen und Tepalen, und dazu eine Lippe von Laelia elegans – so hat man unsere Pflanze". In „A Manual of Orchidaceous Plants" folgert Veitch daraus: „it bears strong evidence of being a natural hybrid between C. Aclandiae and C. guttata (sie trägt alle Anzeichen einer Naturhybride zwischen C. Aclandiae und C. guttata)", obwohl er sie als eigene Art behandelt. Zwei Jahre später erhielt Sir William Jackson Hooker, Direktor des Botanischen Gartens in Kew, London, von der Fa. Backhouse ein in der Blütenfarbe stark abweichendes Exemplar, nach welchem er seine Varietät *concolor* in „Curtis's Botanical Magazine" 1859 beschrieb und auf Tafel 5150 abbildete.

C. schilleriana wächst in Ihrer Heimat mit *C. velutina*, *C. schofieldiana* und an einigen Standorten auch mit *C. harrisoniana* zusammen. Dadurch kam es mit diesen Arten häufiger zu Kreuzbestäubungen, wodurch öfter Naturbastarde gefunden werden konnten, die auch nach Europa exportiert wurden. Die nur einmal in Espírito Santo von R. Kautsky sen. gefundene Variante 'Memoria Roberto Kautsky' mit labelloiden Petalen, wurde zur Meristemvermehrung nach Deutschland geschickt, konnte jedoch nicht am Leben erhalten werden. Sie wurde aber auch in der Natur nicht wieder gefunden.

Dialog: Die Art ähnelt *C. aclandiae*, bei der aber die Seitenlappen der Lippe die Säule nicht bedecken. Sie ist auch etwas größer im Wuchs als *C. aclandiae*. Samuel Jennings stuft sie 1875 in seinem Werk „Orchids – And how to Grow them in India and outher Tropical Climates" sogar als Varietät zu *C. aclandiae* ein. – Von *C. guttata* bzw. *C. leopoldii* unterscheidet sich *C. schilleriana* durch die etwas kleineren Blüten und die an den Rändern stark gewellten Blütenblätter, außerdem durch den Rand des Vorderlappens der Lippe, der bei *C. schilleriana* gezähnt bzw. gesägt und bei *C. guttata* glatt ist.

Warners *C. regnelli* ist synonym zur Art, kann aber auch als Farbvariante bezeichnet werden. Ihre Blütenblätter sind reicher gefleckt, die Lippe ist bläulich überlaufen und der Vorderlappen dunkler geadert.

Sektion Granulosae (Fowlie) Withner

Typus *Cattleya granulosa* Lindl.
Der Vorderlappen der dreilappigen Lippe ist relativ schmal, mit langem Nagel und vorn kaum eingeschitten. – Zu dieser Sektion gehören drei Arten: *Cattleya granulosa* Lindl. 1842, *Cattleya porphyroglossa* Lind. et Rchb. f. 1856, *Cattleya schofieldiana* Rchb. f. 1882.

Cattleya granulosa Lindl.
Edwards's Botanical Register 28, t.1, 1842
Synonym:
Epi. granulosum (Lindl.) Rchb. f., Walpers' Annales Botanices Systematicae 6: 319, 1861

Die Art wurde nach der kornähnlichen warzigen Oberfläche des Vorderlappens der Lippe (granulosus = körnig) benannt.

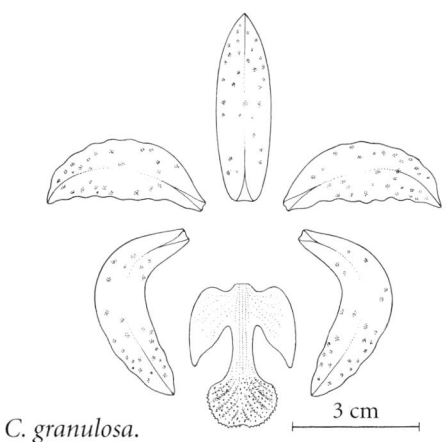

C. granulosa.

Wüchsige Pflanze mit auffallend schön gefärbten, substanzreichen Blüten. **Pseudobulben** schmal zylindrisch, etwas abgeflacht, 30 bis 50 cm lang, zwei-, selten bis vierblättrig. **Blätter** länglich bis elliptisch-eiförmig, etwa 15 bis 23 cm lang und 4 bis 7 cm breit, vorn stumpf, dickledrig. **Scheide** schmal länglich, etwa 5 cm lang, zur Blüte meist grün. **Infloreszenz** 15 bis 25 cm lang, meist drei- bis neunblütig. **Blüten** 8 bis 10 cm Durchmesser, hell oliv- bis grasgrün, rotbraun gepunktet, auch einfarbig, meist schwach duftend. Sepalen länglich-elliptisch, etwa 6 bis 7 cm lang und 1,4 bis 2,3 cm breit, Spitzen knorpelig, laterale sichelförmig. Petalen asymmetrisch, schmal elliptisch, auch bis schmal verkehrt eiförmig, 5,5 bis 6,8 cm lang und 2,5 bis 3,5 cm breit, Ränder zurückgebogen, wellig. Lippe dreilappig, Seitenlappen groß, schmal dreieckig-halbeiförmig, weiß, die Säule umfassend, innen cremegelb, fein rot gezeichnet, von der Basis bis auf den Vorderlappen in der Mitte flach rinnig, Mittelteil der Lippe am Rand glatt, Vorderlappen aus schmaler Basis fächer- bis nierenförmig, weiß, mit lavendel- bis karminroten kornartigen Warzen besetzt, Rand fein gekerbt- gewellt und fransig-gezähnelt. Säule etwa 2,8 cm lang, keulenförmig, geflügelt.

Variation: Die Art variiert in der Wuchshöhe, etwas in der Blütengröße und in deren Grundfarbe, in der Fleckung der Blütenblätter sowie in der Intensität der Lippenfärbung. Als Varietäten wurden beschrieben: var. *buyssoniana* O'Brien, The Gardeners' Chronicle 3.s. 8: 588, 1890, Blüte blass lindgrün, nicht gefleckt, im Verblühen fast reinweiß; var. *russeliana* (Hook.) Lindl., Edwards's Botanical Register, 31, t. 59, 1845, Tepalen hell olivgrün, entfernt rot gefleckt, Lippe weiß, Schlund gelb.

Heimat: *C. granulosa* stammt aus Nordostbrasilien, insbesondere aus Rio Grande do Norte, Pernambuco, Bahia, Paraíba und Espírito Santo, wohl auch aus Ceará, vielleicht auch aus Piauí, und wächst in Höhenlagen von 400 bis 700 m, auch im Hügelland in Küstennähe bis 900 m, vorwiegend epiphytisch.

Kultur: Am besten pflegt man die Pflanzen warm und hell, bei ausreichender nächtlicher Temperaturabsenkung und Frischluftzufuhr. Während der strengen Ruhezeit im Winter reichen bei fast trockenem Substrat Temperaturen von etwa 12 bis 15 °C aus. Verpflanzt wird mit Triebbeginn, etwa im Februar/März. Nach Ausbildung der neuen Pseudobulbe, meist im Sommer, öffnen sich ihre Blüten. In ihrer brasilianischen Heimat blüht die Pflanze im Dezember.

Züchtung: Die Art vererbt dominant ihren hohen Wuchs, ihre Reichblütigkeit, Substanz und Haltbarkeit der Blüten, auch die etwas offene Blütenform und die spatelförmige Lippe. Mehr rezessiv ist die Farbe der Blütenblätter, aber auch die der Lippe. Besonders die ersteren sind bei den Nachkommen meist rotbronze bis dunkelpurpur.

Primärhybriden: *Cattleya granulosa* × *C. harrisoniana* = *C.* Mary Gratrix; Gratrix, 1897
C. aclandiae = *C.* Memoria Bleuii; Bleu, 1900

Cattleya granulosa.

C. mossiae = *C.* Dallemagneae; Dallemagne, 1900
C. leopoldii = *C.* Titus; Dallemagne, 1901
C. walkeriana = *C.* Leucothae; Thayer, 1902
C. trianae = *C.* Alfred Fowler; Fowler, 1904
C. gaskelliana = *C.* Caduceus; Charlesworth, 1905
C. bowringiana = *C.* Hopkinsii; Wellesley, 1906
C. lueddemanniana = *C.* Minnie; Wellesley, 1907
C. percivaliana = *C.* Pletzii; Franke, 1909
C. warneri = *C.* Nobilis; Sander, 1912
C. amethystoglossa = *C.* Granuglossa; Thayer, 1941
C. forbesii = *C.* Priscilla Ward; Woodlawn, 1954
C. bicolor = *C.* Granlor; Rod McLellan Co., 1959
C. maxima = *C.* Striata; Kirsch, 1961
C. intermedia = *C.* Mem. Darta; Weeki Wachee, 1962
C. aurantiaca = *C.* Delightful; Rapella, 1963
C. luteola = *C.* Margret Morrison; D. Morrison jr., 1971

Wissenswertes: Eingeführt wurde die Art 1840 durch Karl Theodor Hartweg, der viele Jahre in Amerika Pflanzen für die Royal Horticultural Society (RHS) in London sammelte. Die ersten Exemplare sollten aus Guatemala stammen, jedoch ohne Angabe des Fundortes. Dies war offensichtlich eine Fehlinformation, um den Wuchsort vor den Importfirmen geheim zu halten. Es kann auch sein, dass diese *Cattleya* evtl. mit anderen Pflanzen aus Brasilien nach Guatemala gelangte und dann von dort aus nach Europa kam. Beschrieben wurde die Art 1842 von Lindley in „Edwards's Botanical Register" ebenfalls mit der Herkunft Guatemala. Jedoch berichtet er zwei Jahre später, dass eine von Hooker in „Curtis's Botanical Magazine" dargestellte *C. guttata* var. *russelliana* die von ihm beschriebene *C. granulosa* sei. Die Heimatangabe Brasilien der bei Woburn zur Blüte gekommenen Pflanze sei aber wie viele andere falsch. Schon im nächsten Jahr schreibt Lindley wieder über diese Sippe, dass ihre Blüten wesentlich größer seien als die von *C. guttata* und auch häufiger in Kultur als angenommen. 1846 berichtet er, dass ihm von Hanbury eine Notiz zugegangen sei. Dieser habe vor über zwei Jahren viele Pflanzen aus Pareiba (Paraíba) erhalten, von denen im Herbst die erste blühte. Lindley erkennt damit Südamerika als Herkunftsgebiet von *C. granulosa* an. Es ist unverständlich, dass sich bei einigen Autoren bis heute die Heimatangabe Guatemala erhalten hat. – Interessant ist, dass bei Pflanzen aus dem Landesinneren nicht eine grünliche, sondern mehr eine olivbraune Blütenfarbe vorherrscht und auch der Lippenvorderlappen kräftiger purpurrot gefärbt ist. *C. granulosa* var. *buyssoniana* O'Brien mit ungefleckten, blass gelblich grünen Tepalen wird von Braem in „Die Bifoliaten Cattleyen Brasiliens" 1984 nicht anerkannt, da O'Brien diese als weiß angegeben hat. Durch O'Brien erfolgte aber offensichtlich die Beschreibung auf der Grundlage einer Blüte kurz vor dem Verblühen. Zu diesem Zeitpunkt geht die hellgrüne Färbung in eine fast reinweiße Tönung über. – Bei der Registrierung der Hybriden wurde die häufig als Varietät zu *C. granulosa* betrachtete *C. schofieldiana* bis vor wenigen Jahren noch unter *C. granulosa* geführt.

Dialog: *C. granulosa* ist nahe mit *C. schofieldiana* verwandt, die früher oft als Varietät von *C. granulosa* angesehen wurde. Heute werden beide meist als eigenständige Arten eingestuft. *C. granulosa* hat bis zu 50 cm lange Pseudobulben, um ein Viertel bis ein Drittel kleinere, weniger gefleckte Blüten und der Vorderlappen der Lippe ist schmal fächer- bis nierenförmig, besetzt mit karminroten kornartigen Warzen. Demgegenüber werden die Pseudobulben von *C. schofieldiana* 80 bis 100 cm lang, die reicher gefleckten Blüten sind größer und der fast halbrunde Vorderlappen der Lippe ist dicht papillös behaart. – Eine Ähnlichkeit besteht auch zu den etwas kleineren Blüten von *C. porphyroglossa*. Besonders die Lippe von *C. granulosa* unterscheidet sich von letzterer durch ihre schmal dreieckigen Seitenlappen, durch den doppelt so breiten Vorderlappen und durch den am Rand glatten Mittellappen. Dieser ist bei *C. porphyroglossa* am Rand fein warzig gesägt.

Cattleya porphyroglossa Lind. et Rchb. f.
Allgemeine Gartenzeitung 24: 98, 1856
Synonyme:
C. amethystoglossa Lind. et Rchb. f., Linden: Catalogue Plant Exotiques 26, 1857
Epi. amethystoglossum (Lind. et Rchb. f.)Rchb. f., Walpers' Annales Botanices Systematicae 6, 2: 319, 1861
Epi. porphyroglossum (Lind. et Rchb. f.) Rchb. f., Xenia Orchidacea 2: 33, 172, 1862
C. granulosa var. *dijanceana* hort. ex Rolfe, ad not., The Orchid Review 7: 332, 1899
C. dijanceana hort. ex Rolfe, ad not., The Orchid Review 10: 331, 1902

Der Artname kommt aus dem Griechischen und bezieht sich auf den roten Mittellappen der Lippe (porphyreos = purpurrot, glossa = Zunge, porphyroglossus = mit purpurroter Lippe).

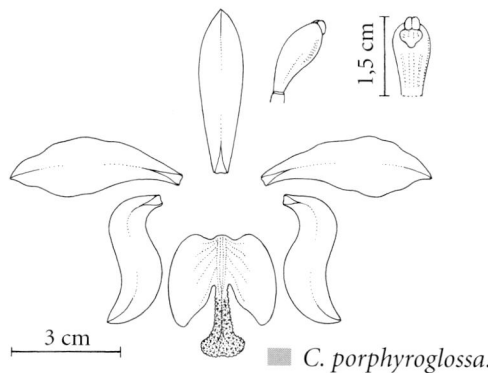

C. porphyroglossa.

Pflanzen mit mittelgroßen Blüten von fester Textur und interessanter Farbgebung, leider selten in Kultur. **Pseudobulben** zylindrisch, 18 bis 25 cm lang, im Querschnitt rundlich bis elliptisch, 10 bis 12 mm im Durchmesser, meist zwei-, seltener dreiblättrig. **Blätter** länglich-elliptisch, 8 bis 15 cm lang, 3 bis 5 cm breit, hellgrün. **Scheide** zur Blütezeit trocken, länglich. **Infloreszenz**schaft dünn, mit zwei bis fünf, bei starken Pflanzen bis 12 Blüten, anfangs süßlich duftend. **Blüten** im Durchmesser etwa 5 bis 7 cm, gelblich bis braunoliv, auch olivbraun. Dorsales Sepalum 4 bis 5 cm lang, etwa 1,5 cm breit, länglich schmal verkehrt eiförmig, mit kurzem, oft grünlichem, knorpeligem Spitzchen, laterale Sepalen von gleicher Größe und Form, sichelförmig gebogen und nach unten gerichtet, äußere Ränder nach vorn gebogen. Petalen 4 bis 5 cm lang, bis 2 cm breit, schmal verkehrt eiförmig bis spatelförmig, vorn rundlich, an den Rändern leicht gewellt. Labellum purpur- bis karminrot, zur Basis zu gelb, unterseits cremeweiß, im oberen Teil durch die über dem Mittellappen gefalteten Seitenlappen weißlich, etwa 3,5 cm lang, dreilappig, Seitenlappen elliptisch bis undeutlich dreieckig, an der Spitze abgerundet, 2 bis 2,5 cm lang, etwa 1,5 cm breit, nach oben gefaltet, dadurch die Säule verdeckend, innen gelblich, zur Spitze zu hell karminrot, wenig karminrot geadert, außen weißlich, Mittelteil keilförmig in den wenig verbreiterten Vorderlappen auslaufend, beide mit kleinen Warzen bedeckt, Ränder entlang der Einschnürung fein warzig gesägt, Rand vorn in der Mitte kurz eingekerbt. Säule bis 1,5 cm lang, etwa 4 mm breit, leicht nach innen gebogen.

Variation: *Cattleya porphyroglossa* variiert in der Pflanzengröße, etwas in der Blütengröße und in der Blütenfarbe. Es existieren einige beschriebene Varietäten, die jedoch oft nur geringe Abweichungen, meist in der Blütenfarbe, aufweisen. Nachfolgend seien genannt: var. *punctulata* Rchb. f., The Gardeners' Chronicle 3.s. 2: 98, 1887, Petalen und Sepalen fein rötlich gefleckt; var. *sulphurea* (Rchb. f.) Rolfe, The Gardeners' Chronicle 3.s. 5: 801, 1889, Petalen und Sepalen mehr gelblich (Reichenbach fil. beschrieb diese Farbvariante bereits 1866 als *C. amethystoglossa* var. *sulphurea* in The Gardeners' Chronicle).

Heimat: Die Art stammt aus Brasilien, und zwar aus den Staaten Rio de Janeiro und Minas Gerais, ursprünglich wohl auch aus Paraná und Santa Catarina. Sie wächst epiphytisch, oft auf *Andira pisonis*, einem Baum aus der Familie der Fabaceae (Leguminosae), meist in der Nähe von Gewässern oder auf dicht bewaldeten Inseln, z.B. auf den Inseln im Mündungsgebiet des Rio Paraíba.

Kultur: *C. porphyroglossa* liebt einen hellen, vor praller Sonne geschützten temperierten Standort bei höherer Luftfeuchte und ausreichender Frischluftzufuhr. Die Pflanze beginnt im zeitigen Frühjahr mit dem Austrieb und gleichzeitig einsetzendem Wurzelwachstum. Hohe Wärmegrade um 20 bis 24 °C und mehr sowie 60 bis 80 % relative Luftfeuchte wirken sich bei gleichzeitig reichen Wassergaben günstig aus. Nachts genügen Temperaturen um 12 bis 15 °C. Diese Zeit der aktiven Phase wird unterstützt durch ausreichende Nährstoffgaben und viel Licht – nur während der heißen Mittagsstunden wird vom Frühjahr bis zum Spätsommer etwas Schatten gegeben. Im Spätsommer beendet die Pflanze ihr vegetatives Wachstum. Der Neutrieb hat dann in der Regel seine artspezifische Größe erreicht, und nach einiger Zeit wächst aus der Blütenscheide langsam der Blütenstand heraus. Am heimatlichen Standort blüht *C. porphyroglossa* während des brasilianischen Frühlings von September bis November. Obwohl sie sich in unseren Breiten nach einiger Zeit dem jahreszeitlichen Rhythmus anpasst, blüht sie ebenfalls meist im Spätsommer oder im Herbst. Nach der Blüte setzt eine ausgeprägte und streng einzuhaltende Ruheperiode bei Temperaturen zwischen 12 und 15 °C ein. Dabei wird nur selten gegossen, das Substrat darf jedoch nicht zu stark austrocknen. Im zeitigen Frühjahr, mit beginnendem Trieb- und Wurzelwachstum, gießt man wieder etwas mehr und erhöht langsam die Temperatur. Gleichzeitig wird die Pflanze wieder allmählich an mehr Sonnenlicht gewöhnt. Jetzt ist die beste Zeit zum Verpflanzen.

Wissenswertes: *Cattleya porphyroglossa* wurde zuerst 1856 von Reichenbach fil. in „Allgemeine Gartenzeitung" beschrieben. Er stellt eine Pflanze vor, die er von Linden aus Brüssel, Fundort Santa Catarina, erhalten hatte. Diese würde *C. granulosa* ähneln, aber nur halb so große Blüten besitzen. Die Pseudobulben sollen spindelförmig und sehr lang sein. Weiterhin schreibt er: „Blüthenhülle gelbbraun. Lippe rubinfarbig. Die Blüthen, die die Größe derer der C. guttata Leopoldi erreichen, sind sehr wohlriechend." Bei der Umstellung der Cattleyen zur Gattung *Epidendrum* in „Walpers' Annales Botanices Systematicae" 1861 behandelt Reichenbach fil. *C. porphyroglossa* versehentlich als *C. amethystoglossa*. Dies bezeichnet er in seiner „Xenia Orchidacea" 1873 als „lapsu calami" (Schreibfehler) und stellt die falsch dargestellte Pflanze jetzt richtig zu *Epidendrum porphyroglossum*. In die Synonymie zu *C. porphyroglossa* verweist er an dieser Stelle auch die in Lindens Katalog publizierte *C. amethystoglossa,* denn er bemerkt, dass er in seiner Antwort an Linden ebenfalls die Begriffe porphyr und amethyst verwechselt hatte. – 1891 importierten Sander & Co. eine Pflanze aus Minas Gerais, die im August zur Blüte kommt. Sie wird am 8. September 1891 auf einem Treffen der RHS (Royal Horticulture Society) unter dem Namen *C. granulosa* var. *dijanceana* vorgestellt. Rolfe betrachtete die Bezeichnung als „Name im Gartenbau gebräuchlich" (hort.) und weist 1899 in „The Orchid Review" darauf hin, dass es sich bei dieser Pflanze offensichtlich um die frühere *C. porphyroglossa* handelt. 1902 geht er in der gleichen Zeitschrift noch einmal auf die nach seiner Meinung hoffnungslos verworrene Geschichte von *C. porphyroglossa* ein und lässt auch die Variante, dass *C. dijanceana* eine Naturhybride sei, nicht außer Betracht. – 1970 vermerken Pabst und Dungs aus Brasilien in der Zeitschrift „Die Orchidee", dass *C. porphyroglossa* als verschollen gilt. Am natürlichen Standort soll sie so gut wie ausgerottet sein und nur noch in Sammlungen leben. Später werden einzelne Exemplare im Staat Rio de Janeiro wieder gefunden. – In der Züchtung fand *C. porphyroglossa* keine Verwendung, d. h. es existieren keine Kreuzungen, die im internationalen Sortenregister für Orchideen „Sander's List of Orchid Hybrids" registriert worden sind.

Dialog: Verwechslungsmöglichkeiten bestehen mit *C. granulosa*. Bei dieser sind jedoch die Seitenlappen der Lippe schmal dreieckig, d. h., sie laufen spitz zu, der Vorderlappen ist breiter (etwa doppelt so breit) und der Mittelteil am

Cattleya porphyroglossa.

Rand glatt. Bei *C. porphyroglossa* ist der Rand des Mittellappens fein warzig gesägt. Im Unterschied zu *C. porphyroglossa* hat *C. granulosa* einen deutlich vom Mittelteil abgesetzten Vorderlappen der Lippe. Bei *C. porphyroglossa* geht der Mittelteil der Lippe keilförmig in den Vorderlappen über. Außerdem unterscheiden sich beide in der Blütengröße, die Blüten von *C. porphyroglossa* sind wesentlich kleiner als die von *C. granulosa*. – Mit *C. amethystoglossa* ist unsere Art nicht zu verwechseln. Die Verwirrung ist nur durch Reichenbach fil. entstanden, der offensichtlich die Farbbezeichnungen amethyst und porphyr verwechselte.

Cattleya schofieldiana Rchb. f.
The Gardeners' Chronicle n.s. 18: 808, 1882
Synonym:
C. granulosa var. *schofieldiana* (Rchb. f.) Veitch, A Manual of Orchidaceous Plants 1, Epidendreae, 1887

Die Art erhielt ihren Namen nach dem englischen Orchideenliebhaber G. W. Law-Schofield, bei dem sie erstmalig in Europa blühte.

Cattleya schofieldiana wird oft als Varietät von *C. granulosa* eingestuft, heute aber allgemein als eigenständige Art anerkannt. **Pseudobulben** schmal zylindrisch, etwa 80 cm, auch bis 1 m lang, zwei-, gelegentlich dreiblättrig. **Blätter** schmal elliptisch, etwa 12 bis 20 cm lang und 4 bis 6 cm breit, derb ledrig. **Scheide** länglich, bis 4 cm lang, zur Blütezeit grün. **Infloreszenz** kurz, bis fünfblütig. **Blüten** etwa 10 bis 12 cm Durchmesser, substanzreich, rotbronze, auch grünlich gelb, rotbraun überlaufen, unterschiedlich intensiv braunrot gefleckt. Sepalen länglich-elliptisch, spitz, laterale sichelförmig. Petalen verkehrt schmal eiförmig, Ränder an der Basis stark zurückgekrümmt und gewellt, vorn stumpf. Lippe dreilappig, Seitenlappen dreieckig, kurz, die Säule umfassend, außen cremeweiß, innen gelb, rot gezeichnet, Mittellappen lang und schmal, am Rand glatt, in der Mitte flach rinnig, Vorderlappen kurz angesetzt, nierenförmig, rosa, dicht mit purpurroten haarförmigen Papillen besetzt, Rand fransig gesägt, weiß bis zartrosa. Säule bis 3 cm lang, gebogen, Seitenränder häutig.

Variation: Die Art variiert vorwiegend in der Wuchshöhe, in der Grundfarbe der Blüten, der Haltung der Blütenblätter, deren Breite sowie in der Intensität der Fleckung und deren Größe. Als Varietäten wurden u. a. beschrieben: var. *asperata* Rchb. f., The Gardeners' Chronicle n.s. 26: 681, 1886, Blüte olivbraun, purpurrot gefleckt; var. *bannei* (Rolfe) Fowlie, The Brazilian Bifoliate Cattleyas, 1977, Blüte braunoliv, purpurn überlaufen, wenig gefleckt.

Heimat: *C. schofieldiana* stammt aus Brasilien, insbesondere aus Espírito Santo, und wächst epiphytisch auf häufig mit Moos und Flechten bewachsenen Bäumen bzw. deren schräg wachsenden Ästen, auch an fast senkrecht abfallenden Felsen, in Höhenlagen von 300 bis 700 m.

Kultur: Während der Wachstumszeit benötigen die Pflanzen viel Licht und Wärme, aber keine brennend heiße Mittagssonne, frische Luft und

Luftbewegung sowie ausreichend Wasser. In der wenig ausgeprägten Ruheperiode sollten sie nur mäßig feucht und nicht zu kühl bei etwa 15 °C stehen. Die Blütezeit liegt zwischen Juli und September, in Brasilien meist zwischen Dezember und Februar.

Züchtung: Die Art vererbt einen kräftigen aufrechten Wuchs, substanzreiche Blüten und ihre spatelförmige Lippe. Vom Kreuzungspartner wird vorwiegend die Blütenfarbe beeinflusst, die jedoch C. schofieldiana vertieft.

Primärhybriden: *Cattleya schofieldiana* ×
C. mendelii = C. Weedonensis; Thorton, 1899
C. schilleriana = C. Kerchoveana; Peeters, 1900
C. velutina = C. Greyae; Wigan, 1900
C. dowiana = C. Pittiana; Pitt, 1902
C. violacea (als C. superba) = C. Nephthys; Thayer, 1902
C. warszewiczii = C. Wavriniana; Peeters, 1916
C. aclandiae = C. Fabulous Cheetah; N. Cheung (Equilab), 1998

Wissenswertes: Der englische Orchideenfreund Law-Schofield erwarb im Juli 1879 auf einer Auktion in London *Cattleya*-Pflanzen aus Brasilien ohne Namen. In seiner Sammlung in New Hall-Hey, in der Nähe von Manchester, blühten sie erstmals im Herbst 1882. Von ihm erhielt Reichenbach fil. Notizen über die Pflanze, eine Zeichnung und Blüten. Dieser beschrieb die Art noch im gleichen Jahr in „The Gardeners' Chronicle", jedoch ohne Abbildung. Neben gutem Herbarmaterial liegt sein Briefwechsel mit Schofield, Williams und Sander im Herbarium der Universität zu Wien. Schon ein Jahr nach der Beschreibung veröffentlichen Warner und Williams eine hervorragende farbige Abbildung auf Tafel 93 in „The Orchid Album". Sander schreibt in „Reichenbachia", dass die Art selten, sehr variabel und sehr schwer zu erlangen sei, und weiter: „*Cattleya schofieldiana* wächst nämlich in den Astgabeln der Bäume in dem Mulm und pflanzlichen Detritus, der von einer kleinen aber äußerst giftigen Schlangenart und von Myriaden von 'Feuerameisen' bewohnt wird, die ihren Namen nicht zum Scherz tragen. Der europäische Sammler hat seine ganze Beredsamkeit nötig, die meist in klingenden Argumenten besteht, um die Eingeborenen zu veranlassen, eine Kletterpartie zu unternehmen, vor welcher er selber zurückschreckt."

Züchtungen mit C. schofieldiana wurden früher (außer in den Jahren 1899 bis 1916) von der Registrierungsstelle der Royal Horticultural So-

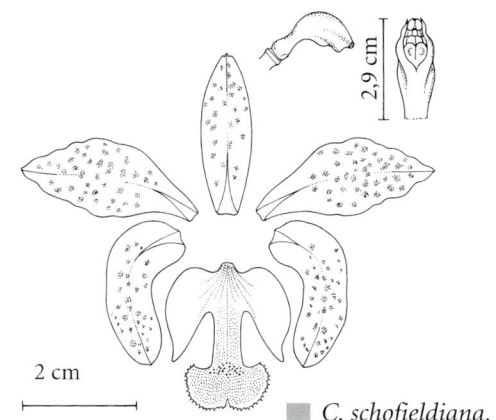

C. schofieldiana.

Cattleya schofieldiana.

ciety (RHS) unter *C. granulosa* erfasst, bis 1945 fügte man noch in Klammern *C. schofieldiana* hinzu. Heute wird *C. schofieldiana* wieder als Art anerkannt. – Die Kreuzungen zwischen 1899 und 1916 sind in „Sander's List of Orchid Hybrids" zwar unter *C. schofieldiana* zu finden, aber leider nicht auf der 1998 erschienenen CD. Dort findet man unter *C. schofieldiana* nur eine Hybride aus dem Jahre 1984 und eine Primärhybride von 1998.

Dialog: Reichenbach fil. hatte bereits bei der Neubeschreibung von *C. schofieldiana* 1882 in „The Gardeners' Chronicle" auf die nahe Verwandtschaft zu *C. granulosa* hingewiesen. Fünf Jahre später stufte Veitch sie als Varietät von *C. granulosa* ein. Cogniaux schließt sich 1896 dieser Auffassung ebenso wie Duval 1907 an. Seit dieser Zeit reißen die Diskussionen über den Status der Art nicht ab. Heute wird jedoch ihre Eigenständigkeit anerkannt, obwohl die Unterschiede zu der nahe verwandten *C. granulosa* nicht immer leicht zu erkennen sind. Es muss deshalb akzeptiert werden, wenn einige Autoren *C. schofieldiana* als Varietät zu *C. granulosa* stellen. Wir sind jedoch der Meinung, dass ausreichend spezifische Merkmale vorhanden sind, um die beiden Sippen trennen zu können.

Typisch für *C. schofieldiana* sind mit etwa 80 cm ein wesentlich höherer Wuchs, auch bis 1 m lange Pseudobulben, ein Viertel bis ein Drittel größere, reicher gefleckte Blüten und die dichte papillöse Behaarung auf dem größeren und fast halbrunden Vorderlappen der Lippe. *C. granulosa* hat kürzere Pseudobulben, kleinere Blüten und einen schmal fächer- bis nierenförmigen Vorderlappen der Lippe, besetzt mit karminroten kornartigen Warzen.

Ausgewählte Naturbastarde innerhalb der Gattung Cattleya

Die Vielfalt der Blütenformen und -farben hat mit dem Einsetzen der Züchtung immer mehr zugenommen. In der Natur wurde die Vielfalt durch Kreuzbestäubung – auch bei den Cattleyen – immer größer, selbst wenn einige Kombinationen sich nicht erhalten konnten und wieder zugrunde gingen. Andere mögen sich in genetischer Hinsicht stabilisiert haben und werden heute als eigenständige Arten betrachtet. Selbst wenn nicht immer ganz genau festgestellt werden kann, welche Arten an einer Kreuzbestäubung beteiligt waren, sollen sie hier behandelt werden.

Dort, wo sich die Verbreitungsgebiete der *Cattleya*-Arten überlappen, kann es bei gleichzeitiger Blüte zu Bestäubungen zwischen den Arten und damit zur Bildung von Bastarden (Naturhybriden) kommen. Auf der Rangstufe einer Art werden diese seit dem 13. Internationalen Botanischen Kongress (Sydney 1981) als Nothospecies bezeichnet. In der Natur kann es vorkommen, dass gelegentlich einzelne Pflanzen durch klimatische Verschiebungen, z.B. durch ausbleibenden Regen oder andere Einflüsse, außerhalb ihrer normalen Zeit zur Blüte kommen, während ihre benachbarten Sippen ihren Rhythmus beibehalten. Somit können auch Kreuzbestäubungen bei normalerweise zu verschiedenen Zeiten blühenden Arten auftreten, vorausgesetzt, der Bestäuber nimmt beide Sippen gleichzeitig an. Ist dies nicht der Fall, kann das die Erklärung dafür sein, warum bestimmte Naturhybriden nur in bestimmten Gebieten gefunden werden, in anderen, in denen die gleichen Arten nebeneinander wachsen, jedoch nicht. Das Problem ist aber vielschichtig und kann hier nicht im Einzelnen erörtert werden.

Die entstandenen Bastarde sind bei Cattleyen fruchtbar. Durch Rückkreuzung mit dem einen und/oder dem anderen Elternteil, auch mit beiden, kann sich in der Generationsfolge ein Hybridenschwarm herausbilden, der möglicherweise beide Arten durch unendlich viele Merkmalkombinationen miteinander verbindet. So weisen Einzelpflanzen oft Merkmale beider Eltern auf, und es entstehen unzählige Form- und Farbvarianten. Dies kann so weit führen, dass beide Arten, durch die Zwischenformen verbunden, scheinbar eine Einheit darstellen und die Bastarde als Übergangsform angesehen werden, so wie wir es vielleicht bei *Cattleya loddigesii* und *C. harrisoniana* zu verzeichnen haben. Bei der Gattung *Cattleya* tritt auch eine Bastardisierung mit Arten verwandter Gattungen wie *Laelia*, *Brassavola* u.a. auf (intergenerische Hybriden).

In der Vergangenheit und auch heute noch werden immer wieder Naturbastarde gefunden und als neu beschrieben. Ihre Eltern werden oft nur vermutet. So bleibt es nicht aus, dass teilweise für die gleiche natürliche Hybride verschiedene Eltern angegeben sind. Betrachtet man in dieser Hinsicht die bekannten Naturhybriden der Gattung *Cattleya*, fällt insgesamt eine recht große Verwirrung auf. Als Beispiel einer unterschiedlichen Angabe der Eltern soll *C.×wilsoniana* = *C. bicolor* × *C. harrisoniana* dienen. Nach anderer Meinung ist sie aber aus *C. bicolor* × *C. intermedia* entstanden. Es werden auch häufig die gleichen Eltern verschiedenen Naturhybriden zugeordnet, so z.B. *C. aclandiae* × *C. bicolor* = *C.×fascelis* oder *C.×brasiliensis*, ebenso soll *C. forbesii* × *C. intermedia* der Naturbastard *C.×krameriana* oder *C.×isabellae* sein.

Bei mehreren Namen eines Nothospecies tritt bei der Nomenklatur ebenso wie bei den Arten das Prioritätsgesetz in Kraft.

Ein Grund für diese Konfusion ist meist die Unkenntnis der bereits beschriebenen Hybriden, häufig auch die Unkenntnis der artspezifischen Merkmale oder eine ungenaue taxonomische Abgrenzung der Arten. Als Beispiele seien genannt: C. guttata – C. leopoldii, C. harrisoniana – C. loddigesii und vor allem die Arten des C.-labiata-Formenkreises. Es kann aber auch die Evolution eine nicht unwesentliche Rolle spielen, was besonders bei der C.-labiata-Verwandtschaft zutrifft.

Ein weiterer Grund für Unsicherheiten bei der Klärung der Herkunft von Hybriden ist das Generationsproblem. Nach den Mendelschen Gesetzen besitzen die unmittelbaren Nachkommen einer Kreuzung fast immer gleiche Merkmale. Aus Verbindungen dieser Nachkommen untereinander oder mit einer Pflanze der ersten Generation (Rückkreuzung) entstehen Hybriden mit recht unterschiedlichen Merkmalen und Eigenschaften, man spricht von Aufspaltung der Erbmerkmale. Hätte man es nur mit der ersten Hybridengeneration zu tun, wäre die Beschreibung von Naturhybriden bzw. die Angabe ihrer Eltern recht einfach. In der Regel handelt es sich jedoch bei Naturhybriden um Nachkommen einer höheren Generation. Dies erklärt ebenso die oft unterschiedliche Interpretation durch die Autoren.

Nachfolgend werden häufiger vorkommende Naturbastarde innerhalb der Gattung *Cattleya* vorgestellt. In einer Tabelle sind die wichtigsten in der Natur vorkommenden Kreuzungen mit ihrem Namen und den vermutlichen Eltern aufgeführt.

C. ×batalini Sander et Kraenzlin
The Gardeners' Chronicle 12: 332–333, 1892

Im Februar 1960 wurde im internationalen Sortenregister für Orchideen „Sander's List of Orchid Hybrids" *Cattleya* Batalinii mit den Eltern *C. bicolor* und *C. intermedia* registriert (Ausgabe 1998, CD). Züchter und Registrant sind als unbekannt angegeben. In einer Bemerkung ist dazu gesagt, dass es sich nicht um „*C. batalinii* Sander ex Kränzlin" handelt, denn dies sei eine Art, welche *C. porphyroglossa* entspricht. Sander **und** (nicht **ex**) Kränzlin beschrieben 1892 in „The Gardeners' Chronicle" eine neue Art als *Cattleya* Batalini (Großer Anfangsbuchstabe, Schreibweise bis 1936) und ehrten damit Prof. Dr. Batalin, den Direktor des Botanischen Gartens in St. Petersburg in Russland. In diesem Beitrag bemerkt Kränzlin (übersetzt): „Ich muss *C. batalini* als eine neue und gültige Art (distinct species) ansehen, in der Mitte zwischen (intermediate between) und sehr nahe zu *C. schilleriana, bicolor, aclandiae* und anderen stehend, die alle einem Vorfahren entstammen." Die Autoren hatten offensichtlich bereits in Erwägung gezogen, dass es sich evtl. auch um eine Naturhybride handeln könne. So führten die zitierten Zeilen zu unterschiedlichen Schlussfolgerungen, möglicherweise auch durch falsche Übersetzung, z. B. in Gartenflora 41: 582, 1892 zu *C. batalini*: „... wahrscheinlich handelt es sich um eine neue und distinkte Art, obgleich die Möglichkeit nicht ausgeschlossen ist, dass man es mit einer natürlichen Hybride zwischen *C. bicolor* Lind. und *C. schilleriana* Rchb. f. zu thun hat." – Heute spricht man allgemein von einer Naturhybride *C. ×batalini* Sander et Kraenzlin. Die Eltern sind nicht mit Sicherheit zu benennen. Pabst et Dungs in „Orchidaceae Brasiliensis" 1977 sowie Withner in „The Cattleyas and their Relatives" 1988 geben *C. bicolor* und *C. intermedia* an. Diese Arten sind nach Reichenbach fil. in „The Gardeners' Chronicle" 1877 aber die Eltern von *C. ×wilsoniana*, während Fowlie *C. bicolor* und *C. harrisoniana* als Eltern von *C. ×wilsoniana* bezeichnet. Andere Autoren glauben, bei *C. ×batalini* handelt es sich nur um ein Synonym zu *C. porphyroglossa*. Beide Pflanzen besitzen eine gewisse Ähnlichkeit, doch beim genauen Betrachten der Blüten ist diese Annahme eher unwahrscheinlich. In einem Beitrag in „The Orchid Review" 3: 338, 1895, der Autor ist offensichtlich Rolfe, heißt es, dass von Kränzlin unter dem Namen *C. batalini* Sander et Kraenzlin die alte *C. eliator* nochmals beschrieben wurde. Diese Art ist jedoch synonym zu *C. guttata*.

C. ×brasiliensis Klinge
Acta Horti Petropolitani 17: 135, 1898

Beschrieben wurde die Pflanze als Art mit 35 cm langen zweiblättrigen Pseudobulben. Die substanzreichen Blüten mit einem Durchmesser von etwa 7 bis 8 cm sind kupferfarbig mit einigen kleinen dunkleren Punkten, die Lippe ist rötlich, an der Basis weiß. Als Eltern einer möglichen Naturhybride werden von Joannes Klinge *C. bicolor* und *C. aclandiae* angegeben. Fowlie vermutet jedoch, dass es eine Naturhybride zwischen *C. bicolor* und *C. harrisoniana* sei, andere nehmen an, es sei *C. bicolor* × *C. loddigesii* (= *C. sancheziana*) oder *C. bicolor* × *C. guttata*. – Die Naturhybride wurde von Lietze in Brasilien gesammelt und gelangte mit *C. bicolor* 1891 zum Botanischen Garten in St. Petersburg.

C. ×brymeriana Rchb. f.
The Gardeners' Chronicle n.s. 20: 492, 1883

Diese Hybride entstand im Gebiet des Rio Negro in Brasilien aus *C. eldorado* und *C. violacea*. Sie entwickelt sowohl ein- als auch zweiblättrige Pseudobulben mit zwei- bis fünfblütigen Infloreszenzen. Die im Durchmesser mehr als 10 cm großen, zart rosapurpur gefärbten Blüten haben eine lange, schmale, tütenförmige Lippe von gleicher Farbe mit einem ziemlich kleinen, meist kräftig karminrot gefärbten Vorderlappen. Dessen Rand ist fein gesägt und gekräuselt, der Schlund rein orangegelb und zur Basis zu heller. – Den Naturbastard erhielten Hugh Low & Co. in Clapton bei London von ihrem Pflanzensammler White. Die Pflanze blühte erstmalig 1883. Reichenbach fil. erhielt Blüten von Oberst W. E. Brymer auf Islington House bei Dorchester, England, und beschrieb die Pflanze diesem zu Ehren im Jahr 1883 als *C. ×brymeriana* in „Gardeners' Chronicle".

C. ×duveenii Pabst et Mello
Bradea 2: 184, 1977

Der zweiblättrige schmal-zylindrische Spross wird etwa 20 cm lang. Er trägt terminal zwei elliptische, etwa 12 cm lange und 5 cm breite Blätter. Die im Durchmesser 7 bis 8 cm großen substanzreichen Blüten, bei denen die Petalen nur wenig breiter als die Sepalen sind, haben eine kupferrote Farbe. Die dreiteilige Lippe ist meistens zartrosa und hat einen deutlich abgesetzten Vorderlappen, der großflächig kräftig purpurrotbraun gefärbt ist. – Entdeckt wurde der Bastard aus *C. harrisoniana* und *C. leopoldii* vor 1976 von Dennis Duveen in Rio de Janeiro, der sie auch in Kultur nahm. Nach ihm beschrieb Pabst die Pflanze 1977 in „Bradea". Sie wächst epiphytisch in küstennahen Wäldern in Brasilien, im Staat Rio de Janeiro.

C. ×frankeana Rolfe
The Orchid Review 15: 280, 1907

Die Pflanzen haben recht dünne zylindrische, bis über 30 cm lange, zweiblättrige Pseudobulben. Ihre überaus substanzreichen Blüten erreichen fast 10 cm Durchmesser, sind meist bräunlich lachsorange gefärbt und gering violett- bis rotbraun gepunktet. Die dreilappige Lippe ist weiß bis cremefarbig mit karminrot gefärbten Adern

Cattleya ×frankeana.

und hat fast immer einen großen orangegelben bis reingelben Fleck am Schlund. *C. frankeana* kam 1906 mit Pflanzen von *C. velutina* zu Theodor Franke nach Groß-Ottersleben bei Magdeburg und blühte ein Jahr später. Rolfe beschrieb nach ihm den Naturbastard noch im gleichen Jahr. Es wird angenommen, dass die Eltern *C. velutina* und *C. schilleriana* sind.

C. ×gravesiana Pitcher et Manda
Sander's List of Orchid Hybrids 1893

Die einblättrigen spindelförmigen Pseudobulben des Naturbastardes aus *C. lueddemanniana* und *C. mossiae* tragen meist mehrere, etwa 15 cm große Blüten. Sie sind etwas unterschiedlich intensiv rosa bis lila-karminrot gefärbt. Die Lippe ist vor dem Schlund breit goldgelb sowie dunkel lila-karminrot marmoriert und auch zwischen den Nerven lila-karminrot. Die Farbvariante *semialba* ist ebenfalls vor dem Schlund goldgelb, die Basis jedoch violettbraun, der Vorderlappen auf weißem Grund unterschiedlich intensiv karminrot marmoriert, die Alba-Variante reinweiß mit großem gelben Schlundfleck. *C. ×gravesiana* wurde in Venezuela in Lara, nahe der Grenze zu Falcon, gefunden.

C. ×greyae Wigan
Sander's List of Orchid Hybrids 1900

Es ist eine aufrecht wachsende Naturhybride mit schlanken zylindrischen und zweiblättrigen Pseudobulben. Ihre mittelgroßen bräunlich orangefarbenen Blüten sind fein gefleckt und er-

Cattleya ×gravesiana var. *alba*.

Cattleya ×greyae.

reichen einen Durchmesser von etwa 7 bis 9 cm. Der Bastard stammt aus Brasilien, Espírito Santo, und entstand aus *C. velutina* und *C. schofieldiana*.

C. ×guatemalensis T. Moore
Floral Magazine 1: t. 61, 1861
Synonyme:
C. × laelioides Lem., Le Jardin fleuriste 3: 42, 1855
C. ×pachecoi Ames et Correll, AOS-Bulletin 11: 401, p. 11, 1943

Die Naturhybride hat schlank-keulenförmige Pseudobulben mit recht dünner Basis und trägt terminal zwei derbe ledrige Blätter. An der reich blühenden Infloreszenz stehen die nur mäßig großen, seidig glänzenden rosa-lavendelfarbigen Blüten. Die flache Lippe mit kahnartig aufgewölbten Seitenrändern umschließt die Säule tütenartig und fast völlig. Der goldgelbe Schlund weist eine dunkel violettbraune strichförmige Zeichnung auf, die teilweise punktartig verläuft. Entdeckt wurde der Naturbastard aus *C. aurantiaca* und *C. skinneri* von Ure Skinner in Guatemala, der ihn nach England einführte. Die Pflanzen sind von Mexiko über Guatemala und Honduras bis Nicaragua verbreitet. Farbabweichungen über Orange, Gelb bis Weiß und Rotorange, bräunliches Rot bis Lilakarminrot sowie bis zu einem weißlichen Schlund ergeben sich durch Rückkreuzungen mit den Elternarten. – Die

Cattleya ×guatemalensis.

1855 von Lemaire in „Le Jardin fleuriste" beschriebene *C. laelioides* ist nach Christenson und Withner synonym zu *C.×guatemalensis*, doch letztere wurde sechs Jahre später beschrieben. Somit müsste nach den Internationalen Regeln der Botanischen Nomenklatur (ICBN) der gültige Name *C. laelioides* sein. Withner plädiert dafür, dass der Name *C.×guatemalensis* als nomen conservandum anerkannt werden sollte. Dies ist abzuwarten!

C. ×hardyana Williams
The Orchid-Grower's Manual 6. ed., 1885
Synonym:
C.×massaiana Williams, The Orchid Album 8, t. 362, 1889

Seinen Namen erhielt dieser Naturbastard nach G. Hardy, Pickering Lodge bei Timberley in England, bei dem die Pflanze zuerst in Europa blühte. Es ist eine bekannte Primärhybride aus *C. warszewiczii* und *C. dowiana*, die auch häufig zur Züchtung eingesetzt wurde. Die Blüten können ausgebreitet einen Durchmesser von 20 cm erreichen und sind meist purpurrosa oder auch noch intensiver purpur gefärbt. Ihre große Lippe ist kräftig karminrot, am Schlundeingang befindet sich auf jeder Seite ein großer goldgelber Fleck, so ähnlich wie bei *C. warszewiczii*. Die Lippenplatte ist reich goldgelb geadert. Die kräftigen Pflanzen mit einblättrigen Pseudobulben blühen zwischen Spätsommer und Herbst. Eingeführt wurden sie mit einem Import von *C. warszewiczii*.

C.×hardyana var. *alba* Rolfe, The Orchid Review 3: 322, 1895, mit weißer Blüte und fast ebenso intensiv gefärbter Lippe wie bei der typischen Naturhybride, blühte zuerst 1895 bei M. S. McMillan zu Maghull bei Liverpool in England.

C. ×intricata Rchb. f.
The Gardeners' Chronicle n.s. 12: 7, 1884
Synonym:
C.×extricata Gonzáles, Schlechteriana 3(2): 47, 1992

Die Naturhybride aus *C. intermedia* und *C. leopoldii* hat schlanke, schmal zylindrische Pseudobulben, die zwei dicke ledrige Blätter tragen. Die ausgebreitet im Durchmesser etwa 7 bis 10 cm großen Blüten erinnern sehr an *C. intermedia*. Sie sind rosa gefärbt und zur Spitze zu reich magentarot gepunktet. Die dreilappige Lippe hat einen leuchtend karminrot gefärbten Mittellappen, die Seitenlappen sind rosa und haben einen kräftig karminroten vorderen Rand.

Der von Gonzáles beschriebene Naturbastard *C.×extricata* muss synonym zu *C.×intricata* Rchb. f. gestellt werden, auch wenn er im Unterschied zu dieser hell olivbraune Blütenblätter aufweist. Nach den internationalen Nomenkla-

Cattleya ×hardyana.

tur-Regeln müssen Kreuzungen zwischen zwei bestimmten Arten denselben Namen bekommen. Dies ist auch einzuhalten, wenn die Elternteile einmal als Pollenspender und einmal als Samenträger auftreten, wie es offensichtlich hier der Fall ist. Der Name C.×intricata hat das Prioritätsrecht. Eventuell könnte der Name C.×extricata in Klammern hinzugefügt werden.

C. ×isabellae Rchb. f.
Wochenschrift für Gärtnerei und
Pflanzenkunde 336, 1859
Synonym:
C.×krameriana Rchb. f., 1888

Diese Naturhybride entwickelt dünne zweiblättrige Pseudobulben und bringt ihre Infloreszenzen willig mit mehreren Blüten hervor. Diese haben eine cremegelbe Farbe, lediglich der verhältnismäßig kleine Vorderlappen der dreilappigen Lippe ist purpurrot gefärbt. Die Eltern der aus Brasilien stammenden Pflanze sind C.forbesii und C.intermedia.

C. ×kautskyi Pabst et Dungs
Bradea 2: 50, 1975

Es sind kräftige Pflanzen, die ein- und zweiblättrige Pseudobulben entwickeln, deren Blütenstände meistens zwei, aber auch bis zu fünf Blüten mit einem Durchmesser von etwa 15 cm tragen. Sie sind hell karminrot gefärbt, die Lippe ist außen rosa, hat einen orangegelben Schlund und auf dem Vorderlappen einen großen purpurroten Fleck. Der fein gekrauste Rand ist rosa. Gefunden wurde die Naturhybride aus C.harrisoniana und C.warneri 1973 von Robert Kautsky am Rio Jacu in Espírito Santo in Brasilien.

C. ×le-czar L. Lind.
Journal des Orchidées 7: 260, 1896
Synonym:
C.imperator Rolfe, The Orchid Review 5: 365, 1897

Die kräftigen ein- bis zweiblättrigen Pflanzen bringen hell karminrote Blüten mit einem Durchmesser von 12 cm und mehr hervor. Sie entwickeln eine große, intensiv purpurrote spatelförmige Lippe. Eingeführt wurde der Naturbastard aus C.labiata × C.granulosa 1896 aus Pernambuco, Brasilien, und kam zur Firma L'Horticulture Internationale in Brüssel zu Linden.

C. ×mesquitae L. C. Menezes
Orchid Digest 62(1): 21, 1998

L.C. Menezes gibt als Fundort (aus Naturschutzgründen) dieser Naturhybride nur den brasilianischen Staat Goiás an. Dort überlappen sich die Vorkommen der Eltern, C.walkeriana var. princeps und C.nobilior. Sowohl in ihren morphologischen Merkmalen als auch in der Färbung steht die Hybride zwischen beiden Eltern. Der vordere Teil der Lippe ähnelt mehr C.nobilior, während die Seitenlappen, die die Säule nur an der Basis bedecken, C.walkeriana ähneln. C.×mesquitae bekam ihren Namen zu Ehren des brasilianischen Orchideenspezialisten Raimundo Mesquita. Sie blüht in Brasilien im September und Oktober.

C. ×o'brieniana Rolfe
The Gardeners' Chronicle 3.s. 6: 700, 1889

Diese Naturhybride entstand aus C.loddigesii und C.dolosa. Sie hat kräftige Pseudobulben von mäßig hohem Wuchs und trägt mittelgroße substanzreiche, hell karminrot gefärbte Blüten von

Cattleya ×kautskyi.

etwa 7 bis 9 cm Durchmesser. Lediglich der Schlund der Lippe ist weißlich, der Vorderlappen ist in der Mitte etwas intensiver karminrot und vor der Säule gelb gefärbt. Die Pflanze kam von Brasilien zu Sander & Co. in St. Albans bei London, bei dem sie 1889 erstmals in England blühte.

C. ×patrocinii St. Léger
Citade de Rio 343, 1890

Die substanzreichen Blüten von *C. ×patrocinii* erreichen einen Durchmesser von 7 bis 8 cm. Sie sind hell karminrot gefärbt sowie purpurrot gefleckt und haben relativ schmale, reich gewellte Blütenblätter. Die Pflanzen sollen aus Rio de Janeiro gekommen sein und blühten zuerst bei Rücker (Jenisch-Park) an der berühmten Elbchaussee in Kleinflottbek bei Hamburg. Der Naturbastard soll aus *C. loddigesii* und *C. guttata* var. *leopardina* entstanden sein. Nach anderen Angaben ist der eine Elternteil nicht *C. loddigesii*, sondern *C. warneri*, nach Blütenform und Farbe ist aber statt *C. guttata C. elongata* besser vorstellbar.

C. ×peregrine Sander
Sander's List of Orchid Hybrids 1925

Die schmal spindelförmigen einblättrigen Pseudobulben tragen 12 bis 14 cm große, hell karminrot gefärbte Blüten. Ihre ovale Lippenplatte ist orangegold gefärbt, vorn mit einem großen magentapurpurnen Fleck, während der fein gekräuselte Rand hell karminrot ist. Die Eltern von *C. ×peregrine* sind *C. mossiae* und *C. percivaliana*. Die Pflanze stammt aus dem Nordwesten von Trujillo in Venezuela.

C. ×scita Rchb. f.
The Gardeners' Chronicle 24: 489, 1885
Synonym:
C. ×picturata Rchb. f.

Die Pflanze besitzt schmal zylindrische, etwa 30 cm lange, zweiblättrige Pseudobulben. Ihre

Cattleya ×scita.

Blüten haben eine hell olivgelbe Farbe und sind mit kleinen purpurbraunen Flecken reich bedeckt. Die dreiteilige Lippe hat eine ähnliche Grundfarbe, doch ist der vordere Rand der Seitenlappen kräftig purpurrot gefärbt. Ihre nicht sehr große purpurrote Lippenplatte ist kaum von dem Mittelteil der Lippe abgesetzt. Der Naturbastard entstand aus *C. guttata* und *C. intermedia*. Die ersten Pflanzen wurden aus Brasilien zu B. S. Williams nach England eingeführt.

C. ×venosa Rolfe
The Orchid Review 2: 132, 1894

Es sind stark wachsende Pflanzen mit zweiblättrigen, zylindrischen, bis etwa 40 cm langen Pseudobulben. Die substanzreichen, hell karminrot gefärbten Blüten erreichen einen Durchmesser von 7 bis 8 cm und sind meist flach ausgebreitet. Ihre ausgeprägte Lippe umfasst die breite Säule mit den Seitenrändern bzw. Seitenlappen. Diese sind vorn aufgewölbt und vergrößern optisch die Lippe. Die aufgewölbten Ränder und die Lippe sind cremegelb, rosa überhaucht und karminrot genervt. Vor der Säule ist die Lippe mit kallusartigen flachen Rippen versehen, glatt und gelb, an der Spitze cremeweiß, der Rand ist deutlich gewellt. Es gibt auch Pflanzen mit mehr gelblicher Farbe, bedingt durch die Kreuzungs-

Cattleya ×*venosa*.

partner *C. forbesii* und *C. harrisoniana*, die einmal die Rolle als Pollen- und einmal als Samenträger einnehmen, aber auch durch immer wieder erfolgte Rückkreuzung mit beiden Elternteilen.

Der Naturbastard wächst in Brasilien, im Gebiet von Rio de Janeiro bei Magé, wo sich die beiden Areale der Eltern überlappen.

Cattleya ×*whitei* 'Coerulea'.

C. ×victoria-regina O'Brien
The Gardeners' Chronicle 3.s. 11: 586, 808, fig. 115, 1892

Die substanzreichen Blüten sind flach ausgebreitet, weißlich bis hellrosa gefärbt und mit karminroten Flecken besetzt. Die weißen Seitenlappen der Lippe umfassen die Säule, während der spatelförmige Vorderlappen kräftig purpurrot gefärbt ist.

Cattleya ×*victoria-regina* wurde 1891 aus Pernambuco, Brasilien, zu Sander & Co. in St. Albans bei London eingeführt und blühte zuerst bei M. Madoux zu Audergehm in Belgien. Sie soll aus *C. labiata* und *C. leopoldii* entstanden sein, nach anderer Meinung ist der eine Elternteil nicht *C. labiata*, sondern *C. warneri*.

C. ×whitei hort. Low ex Rchb. f.
The Gardeners' Chronicle n.s. 18: 586, 1882
Synonyme:
C. labiata var. *whitei* (hort. Low ex Rchb. f.) Stein pro. var., Stein's Orchideenbuch, 1892
C. ×russeliana Mantin, Revue Horticole 69: 353, 1897

Die Pflanze bildet recht kurze spindelförmige Pseudobulben mit nur einem Blatt aus. Die im Durchmesser 10 bis 15 cm großen Blüten sind karminrot bis lila-karminrot. Sie haben etwas Grün in den Sepalen und ihre Petalen sind schön gewellt. Die große Lippe ist von gleicher Farbe, jedoch meistens viel dunkler, oft fast violett. Der Schlund hat eine grünlich gelbe bis goldgelbe Farbe, oft von purpurnen Adern durchzogen.

M. White, Pflanzensammler von Hugh Low in Clapton bei London, entdeckte die Naturhybride in Bahia, Brasilien. Er fand sie auf einem Baum gemeinsam mit *C. labiata* und *C. schilleriana* wachsend. In England blühte sie zuerst bei Low 1882. Notizen und eine Blüte erhielt Reichenbach fil. von H. Gaskell auf Woolton Wood bei Liverpool. Stein vermutet 1892, dass der Naturbastard nur eine Variante von *C. labiata* wäre. Dagegen meint Cogniaux, dass nicht *C. labiata*, sondern *C. warneri* der eine Elternteil ist.

Liste wichtiger Naturhybriden der Gattung Cattleya

Naturhybride	Eltern
C. ×batalini Sander et Kraenzlin	C. bicolor × C. schilleriana ?
C. ×brasiliensis Klinge, syn. C. ×fascelis	C. bicolor × C. aclandiae
C. ×brymeriana Rchb. f.	C. eldorado × C. violacea
C. ×claesiana	C. intermedia × C. harrisoniana
C. ×colnagiana L. C. Menezes	C. granulosa × C. harrisonana
C. ×crashleyi	C. loddigesii × C. granulosa
C. ×dayana Rolfe	C. forbesii × C. guttata
C. ×dukeana Rchb. f.	C. bicolor × C. guttata ?
C. ×duveenii Pabst et Mello	C. harrisoniana × C. leopoldii (C. guttata)
C. ×flaveola fide Rolfe	C. intermedia × C. porphyroglossa
C. ×frankeana Rolfe	C. velutina × C. schilleriana
C. ×gravesiana Pitcher et Manda	C. lueddemanniana × C. mossiae
C. ×greyae Wigan	C. velutina × C. schofieldiana
C. ×guatemalensis T. Moore	C. aurantiaca × C. skinneri
C. ×hardyana Williams	C. warszewiczii × C. dowiana var. aurea
C. ×hybrida Veitch	C. loddigesii × C. guttata
C. ×intricata Rchb. f.	C. intermedia × C. leopoldii
C. ×isabellae Rchb. f., 1859 syn. C. ×krameriana	C. forbesii × C. intermedia
C. ×joaquiniana Miranda	C. walkeriana × C. bicolor
C. ×kautskyi Pabst et Dungs	C. harrisoniana × C. warneri
C. ×kerchoveana Peeters	C. granulosa × C. schilleriana
C. ×le-czar L. Lind., syn. C. ×imperator	C. labiata × C. granulosa
C. ×little-leopard Matatics	C. aclandiae × C. amethystoglossa
C. ×lucieniana Rchb. f.	C. harrisoniana × C. schilleriana
C. ×marie-gratrix Gratrix	C. schoefieldiana × C. harrisoniana
C. ×measuresiana Rchb. f.	C. aclandiae × C. walkeriana
C. ×mesquitae L. C. Menezes	C. nobilior × C. walkeriana
C. ×moduloi L. C. Menezes	C. warneri × C. schofieldiana
C. ×o'brieniana Rolfe	C. loddigesii × C. dolosa
C. ×patrocinii St. Léger	C. guttata × C. warneri (loddigesii?)
C. ×peregrine Sander	C. mossiae × C. percivaliana
C. ×pittiae O'Brien ex Cogn.	C. schilleriana × C. harrisoniana
C. ×resplendens Rchb. f.	C. schilleriana × C. guttata
C. ×scita Rchb. f., syn. C. ×picturata	C. guttata × C. intermedia
C. ×sororia Rchb. f., syn. C. ×sancheziana Hoehne	C. bicolor × C. loddigesii (C. harrisoniana)
C. ×undulata Rolfe	C. schilleriana × C. elongata
C. ×valentine Lager	C. loddigesii × C. warneri
C. ×venosa Rolfe	C. forbesii × C. harrisoniana
C. ×victoria-regina O'Brien	C. labiata × C. leopoldii
C. ×whitei hort. Low ex Rchb. f.	C. schilleriana × C. labiata (C. warneri)
C. ×wilsoniana Rchb. f.	C. bicolor × C. intermedia (C. harrisoniana?)

Cattleya-Züchtungen, Gattungs- und Mehrgattungshybriden

Züchtungsgeschichte und Hybridenregistrierung

Die ersten *Cattleya*-Hybriden blühten 1859 bei der Fa. Veitch in Chelsea in der Nähe von London. Durch Obergärtner Dominy gezüchtet, entstand aus *C. guttata* × *C. loddigesii* = *C.* Hybrida und aus *C. maxima* × *C. intermedia* = *C.* Dominyana. In der darauf folgenden weiteren Züchtungsarbeit fanden hauptsächlich die Arten *C. dowiana*, *C. trianae*, *C. labiata*, *C. gaskelliana*, *C. intermedia*, *C. mossiae*, *C. mendelii* und *C. warszewiczii* Verwendung. Später bezog man vermehrt, meist wegen ihrer Blütenfarbe oder Reichblütigkeit, teilweise auch wegen der Blütengröße, *C. aurantiaca*, *C. bowringiana*, *C. aclandiae*, *C. bicolor*, *C. schilleriana*, *C. loddigesii*, *C. percivaliana*, *C. velutina*, *C. schroederae*, *C. lueddemanniana*, *C. granulosa* und *C. forbesii* ein.

Die daraus entstandenen, für die Weiterentwicklung des Sortiments wesentlichen Hybriden sind *C.* Empress Frederick (Veitch 1856) aus *C. dowiana* × *C. mossiae*, *C.* Enid (Veitch 1898) aus *C. mossiae* × *C. warszewiczii*, *C.* Fabia (Veitch 1894) aus *C. dowiana* × *C. labiata*, aber auch der Naturbastard *C.* ×*hardyana* aus *C. dowiana* × *C. warszewiczii*, *C.* Maggie Raphael (Leon 1889) aus *C. dowiana* × *C. trianae*, *C.* Octave Doin (Maron 1899) aus *C. dowiana* × *C. mendelii* und *C.* Suzanne Hye (J. Hey 1906) aus *C. gaskelliana* × *C. mossiae* sowie *C.* Dupreana (Lambeau 1906) aus *C. warneri* × *C. warszewiczii*.

In den vierziger und fünfziger Jahren des 20. Jahrhunderts, teilweise auch noch danach, erzielte man große Erfolge mit *C.* Bow Bells (Black & Flory 1945) aus *C.* Edithiae × *C.* Suzanne Hye, mit *C.* Henrietta Japhet (McDade 1946) aus *C.* Eucharis × *C. loddigesii*, mit *C.* Bob Betts (McDade 1950) aus *C.* Bow Bells × *C. mossiae* sowie mit *C.* Empress Bells (Suyama, McDade 1952) aus *C.* Bow Bells × *C.* Edithae. Später wurden vermehrt auch wieder Arten in die Züchtung einbezogen, um Stabilität, Farben

Stellamizutaara Kelly (1983).

Iwanagara Apple Blosson.

Minicattleyen.

Laeliocattleya Ann Akagi (1991).

oder Formen zu beeinflussen. Häufiger kamen *C. aurantiaca*, *C. intermedia*, *C. mossiae*, *C. guttata*, *C. bowringiana*, *C. trianae*, *C. bicolor* u.a. zum Einsatz.

Neben Kreuzungen von *Cattleya*-Arten untereinander begann schon sehr früh, in der zweiten Hälfte des 19. Jahrhunderts, die Züchtung von intergenerischen Bastarden mit *Cattleya*, so z.B. mit *Laelia* zu *Laeliocattleya*, mit *Sophronitis* zu *Sophrocattleya* oder mit *Brassavola* zu *Brassocattleya* (siehe Kapitel „Gattungs- und Mehrgattungshybriden"). Heute sind diese großblütigen und -wüchsigen Züchtungen, bedingt durch Platzmangel, meist nicht mehr gefragt. Deshalb, aber auch um Cattleyen für die Fensterbank auf den Markt zu bringen, wurden verstärkt kleinwüchsige Arten wie *C. walkeriana* und *C. luteola* in die Züchtung einbezogen. Diese kreuzte man mit kleinwüchsigen Arten anderer Gattungen oder mit kleinwüchsigen Hybriden. Dabei spielten anfangs ebenfalls *Laelia* und *Brassavola*, später u.a. *Broughtonia*, gelegentlich auch *Epidendrum* und insbesondere *Sophronitis* eine Rolle. So hat sich allgemein die Bezeichnung Mini- oder Zwergcattleyen durchgesetzt, obwohl es sich in der Regel um Gattungsbastarde handelt. Sogar Züchtungen ohne *Cattleya*, z.B. *Sophrolaelia*, sind als Minicattleyen im Handel.

Bereits im ausgehenden 19. Jahrhundert war die Anzahl der Orchideenhybriden kaum noch überschaubar. So gab es mehrere Versuche, diese zu ordnen und in verschiedenen Publikationen darzustellen. Die Firma Sander & Sons in St. Albans in England erfasste bereits 1895 listenmäßig die bis dahin bekannt gewordenen Hybriden. 1906 erschien die erste Ausgabe dieser Liste in Buchform, 1927 war es bereits ein Werk mit 450 Seiten. Daraus wurde das internationale Sortenregister für Orchideen, „Sander's List of Orchid Hybrids". Dieses wurde bis Ende 1960 von Frederic Sander bearbeitet und herausgege-

Brassolaeliocattleya Orange König (1932).

Brassolaeliocattleya Hawaiian Success 'Select' (1989).

ben. Ab 1. Januar 1961 übernahm die Royal Horticultural Society (RHS) die offizielle Hybridenregistrierung. Zur Anmeldung wird ein Formular benötigt, in dem der Name der neuen Hybride, deren Eltern, eine Beschreibung und Angaben zur Pflanze einzutragen sind. Außerdem ist eine Abbildung beizufügen. – In der Hybri-

Sophrolaeliocattleya Jungle Gem (1997).

denliste sind nach der Pflanzenbezeichnung die Namen der Personen oder der Firma, die diese Hybride zuerst zur Registrierung angemeldet haben, aufgeführt. In der Regel ist das der Züchter oder der Zuchtbetrieb. Sind Registrant und Züchter nicht identisch, so steht der Züchter in Klammern. Ist Letzterer unbekannt, wird dies mit o/u vermerkt.

Die einfachste Form der Züchtung ist das Kreuzen zweier Arten derselben Gattung. Der Name der entstandenen Primärhybriden (Hybridenschwarm = Grex), die in der Regel in Form und Farbe ihrer Blüten weitgehend einheitlich sind, wird mit großem Anfangsbuchstaben und ohne Anführungsstriche geschrieben. Der Name darf nicht latinisiert sein, besteht aus maximal drei Wörtern und wird nicht kursiv gedruckt. Er ist nur dann allgemein gültig und anerkannt, wenn er in „Sander's List of Orchid Hybrids" registriert ist. Bei Kreuzungen mit und zwischen Hybriden können die Sämlinge sehr verschieden sein. Man selektiert deshalb Exemplare mit besonders schönen Blüten, vermehrt diese vegetativ und gibt ihnen einen Sortennamen (Klon oder Kultivar), der ebenfalls mit großem Anfangsbuchstaben geschrieben, jedoch in einfache Anführungsstriche gesetzt wird. Auch er darf nicht latinisiert sein, besteht aus maximal drei Wörtern und wird nicht kursiv gedruckt. Die Abkürzung „var." steht für Varietät und darf diesem Klonnamen nicht vorangestellt werden. Gelegentlich findet man bei Hybriden hinter dem Grexnamen die Abkürzung n.r. Dies bedeutet, dass die Kreuzung nicht im Sortenregister registriert ist.

Werden Arten verschiedener Gattungen miteinander gekreuzt, entstehen Gattungsbastarde bzw. -hybriden. Die gekürzten und zusammengezogenen Bezeichnungen der verwendeten Gattungen ergeben den Namen, z.B. *Brassocattleya* aus *Brassavola* und *Cattleya*. Bei mehr als drei Gattungen bekommen die Mehrgattungshybriden den Namen eines Orchideenspezialisten mit der Silbe -ara als Endung. Bei Verwendung von drei Gattungen sind beide Methoden der Benennung möglich.

Verwandte Gattungen und Kreuzungspartner mit Cattleya

Barkeria (Bark.)

Die Gattung *Barkeria* wurde 1838 von Knowles und Westcott beschrieben. Ihr gehören etwa 10 bis 15 Arten an, die in Mexiko und im westlichen Mittelamerika beheimatet sind. Sie bilden lange spindelförmige Pseudobulben aus. Die fast sternförmigen Blüten mit relativ großer, meist flach ausgebreiteter Lippe sind bei vielen Arten mehr oder weniger intensiv rosa bis violett gefärbt. Bei Kreuzungen mit anderen Gattungen wird häufig die ziemlich flache Lippenform vererbt. Mit *Laeliocattleya* 1965 gekreuzt, entstand *Laeliocattkeria* und mit *Cattleya* gekreuzt erst 1984 *Cattkeria*. Zur Züchtung werden vor allem die Arten *Barkeria spectabilis, Bark. skinneri* und *Bark. uniflora* eingesetzt. Die Kultur von *Barkeria* erfolgt am besten aufgebunden am Block bei nicht zu niedriger Luftfeuchte, in der Hauptwachstumszeit temperiert bis warm, in der Ruhezeit kühler. Zu niedrige Temperaturen im Wurzelbereich werden schlecht vertragen.

Barkeria Waltraud (1995).

Brassavola (B.) bzw. Rhyncholaelia

Die 1813 von Robert Brown aufgestellte Gattung umfasst etwa 15 Arten mit einem Verbreitungsgebiet von Mexiko über Zentralamerika und die Karibik bis Brasilien und Argentinien. Es sind vorwiegend Epiphyten, die zum Teil sogar auf Kakteen, aber auch lithophytisch auf Felsen und bis in Höhenlagen von etwa 1000 m wachsen. Einige Arten, z.B. *Brassavola digbyana* und *B. glauca* gehören heute botanisch zur Gattung *Rhyncholaelia*, werden jedoch in der Züchtung weiterhin als *Brassavola* geführt. Arten mit stielrunden Blättern pflegt man am besten am Block ohne oder mit wenig Pflanzstoff, die anderen in grobem Substrat in Lattenkörbchen, bei guter Dränage auch im Tontopf. Wichtig ist während des Wachstums eine ausreichende Substratfeuchte, ein temperiert bis warmer und für eine reiche Blüte ein möglichst heller Platz bei hoher Luftfeuchtigkeit.

Broughtonia (Bro.)

Von dieser 1810 von Robert Brown begründeten Gattung sind nur zwei Arten bekannt. *Bro. sanguinea* aus Jamaika wurde relativ häufig, jedoch erst seit Mitte der fünfziger Jahre des 20. Jahrhunderts zur Erzielung schöner Hybridgattungen eingesetzt. Sie vererbt besonders Blühwilligkeit und eine runde, meist geschlossene rote Blüte von guter Haltbarkeit. Wegen ihrer geringen Größe werden die folgenden mit ihr erzielten Gattungshybriden im Handel auch als so genannte Minicattleyen angeboten: *Cattleytonia*

Brassavola (Rhyncholaelia) digbyana.

Broughtonia sanguinea.

entstand aus *Cattleya* × *Broughtonia* (1959), *Laeliocatonia* aus *Cattleya* × *Broughtonia* × *Laelia* (1967), *Hawkinsara* aus *Cattleya* × *Broughtonia* × *Laelia* × *Sophronitis* (1976), *Bishopara* aus *Cattleya* × *Broughtonia* × *Sophronitis* (1976) und *Otaara* aus *Cattleya* × *Brassavola* × *Broughtonia* × *Laelia* (1982). – Broughtonien pflegt man temperiert bis warm in nicht zu großen Gefäßen. Die Pflanzen gedeihen auch aufgebunden am Block recht gut, wenn sie nicht zu trocken gehalten werden.

Cattleyopsis (Ctps.)

Diese 1853 von A. Charles Lemaire beschriebene Gattung erhielt ihren Namen wegen der Ähnlichkeit mit *Cattleya*, die jedoch oft gar nicht so leicht zu erkennen ist. Die Pflanzen mit ihren kleinen eiförmigen Pseudobulben, fleischigen Blättern und mittelgroßen, meist auffällig rosa gefärbten Blüten an langer Infloreszenz ähneln etwas den Broughtonien. Bekannt sind drei Arten, die auf den karibischen Inseln Kuba, Jamaika und den Bahamas vorkommen. Mit *Cattleya* gekreuzt, entstand 1985 die Zweigattungshybride *Opsiscattleya* und 1987 aus *Broughtonia* × *Cattleya* × *Cattleyopsis* die Mehrgattungshybride *Vejvarutara*. Die Kultur von *Cattleyopsis* entspricht der vieler *Laelia*-Arten, d.h. während der Ruhezeit kühler Stand bei mäßig feuchtem Substrat.

Caularthron bzw. Diacrium (Diacm.)

Die zwei bis drei, nach anderen Auffassungen auch bis sechs Arten umfassende Gattung, die im nördlichen Südamerika und in Brasilien verbreitet ist, wurde 1836 von Rafinesque aufgestellt. In vielen Sammlungen und bei der Registrierung werden die Pflanzen unter dem 1881 von Bentham begründeten Namen *Diacrium*, heute ein Synonym, geführt. Die spindelförmigen, bei älteren Pflanzen einiger Arten innen hohlen, und in ihrer Heimat gern von Ameisen bewohnten Pseudobulben haben an der Basis ein Schlupfloch ausgebildet. Ihre Blüten sind meist weiß, die Lippe ist karminrot gepunktet. Innerhalb der Gattung wurde kaum züchterisch gearbeitet, dagegen, besonders früher, mit anderen Gattungen. So entstand z.B. mit *Laelia* im Jahr 1905 *Dialaelia* und mit *Cattleya* 1908 *Diacattleya*. Es wurde vorwiegend mit *Diacm. bicornutum* gezüchtet. In Kultur lieben die Pflanzen einen möglichst hellen Platz, höhere Luftfeuchtigkeit und viel Frischluft. Sie brauchen eine Ruhezeit mit niedrigeren Temperaturen und geringen Wassergaben, aber möglichst viel Licht.

Epidendrum (Epi.) bzw. Encyclia

Epidendrum ist eine sehr umfangreiche und variable Gattung mit etwa 1000 Arten, die von Florida und Mexiko über Zentralamerika und die karibischen Inseln bis Bolivien und Paraguay vorkommen. Der Genus wurde bereits 1753 von Linné beschrieben. Bei der Züchtung werden auch die etwa 130 Arten der Gattung *Encyclia*, 1828 von Hooker begründet, als *Epidendrum* geführt. Ihr Verbreitungsgebiet hat eine ähnliche Ausdehnung. Verwendete man anfangs zu Kreuzungen besonders die Arten *Epi. ciliare* und *Epi. vitellina*, so kamen später *Encyclia cordigera*, *Epi. mariae*, *Epi. phoenicea*, *Epi. tampensis* u. a. hinzu. Von *Cattleya* waren es vorwiegend *C. bowringiana*, *C. labiata* und *C. intermedia*, ferner auch *C. violacea*, *C. forbesii*, *C. bicolor* und *C. aurantiaca* u. a., die eingekreuzt wurden. Epidendren und Encyclien ähneln in der Blütenform optisch den Cattleyen, besitzen jedoch klei-

Epidendrum (Encyclia) vitellinum.

nere Blüten. Ihre Blütenblätter haben meist eine einheitliche Form. Viele Arten können temperiert gepflegt werden. Alle Kulturmaßnahmen ähneln denen der Cattleyen. Mit *Epidendrum* wurden etwa 50 Hybridgattungen gezüchtet.

Laelia (L.)

Die 1831 von Lindley begründete Gattung ist mit etwa 60 Arten von Mexiko bis nach Mittelamerika und vom nördlichen Südamerika bis nach Südbrasilien und Peru verbreitet. Viele Arten ähneln Cattleyen, doch besitzen die Blüten der Laelien als wesentliches Unterscheidungsmerkmal acht statt vier Pollinien. Auch einige Naturbastarde mit *Cattleya* wurden bekannt. Zur Züchtung setzte man zur Erzielung der schönen großblütigen Laelio- und Brassolaeliocattleyen besonders häufig die *Laelia*-Arten *L. purpurata, L. pumila, L. tenebrosa, L. cinnabarina, L. anceps* u. a. ein. Auch mit den Arten *L. flava, L. xanthina, L. harpophylla, L. jongheana* und *L. crispa* sowie mit der scharlachroten *L. milleri* wurde häufig gekreuzt. Früher wurden diese Hybriden als wertvolle Schnittblumen außerordentlich geschätzt. Unter Verwendung so genannter Felsen- oder Steinlaelien, wie *L. kettieana, L. briegeri* u. a., erzielte man in neuerer Zeit die so genannten Zwerg- oder Minicattleyen. Laelien haben in Kultur ähnliche Ansprüche wie Cattleyen. Viele *Laelia*-Arten aus der engeren

Verwandtschaft von *L. purpurata* und besonders deren Hybriden wollen etwas kühler und auch während der Ruhezeit nicht zu trocken stehen.

Leptotes (Lpt.)

Diese Gattung umfasst nur fünf Arten, deren Areal sich vom mittleren und südlichen Brasilien bis nach Paraguay und Nordargentinien erstreckt. Sie wurde 1833 von J. Lindley beschrie-

Laelia purpurata var. *werckhaeuseri.*

Leptotes bicolor.

ben. Ihre Blätter sind kurz und stielrund, der Blütenstand ist ebenfalls kurz, die Blüten sind meist weiß bis hellrosa. Die Lippe ist dreilappig, rosa oder grünlich weiß mit Karminrot. Die Hybride zwischen *Cattleya* und *Leptotes* erhielt den

Schomburgkia superbiens.

Namen *Cattotes* (*Ctts.*). Die erste, in „Sander's List of Orchid Hybrids" registrierte Kreuzung ist *Ctts.* Rumrill Sunrise aus *C. aurantiaca* × *Lpt. bicolor*. Sie wurde 1982 von J. E. Rumrill/USA vorgestellt. Doch schon vor 1914 kreuzte A. Hefka im Botanischen Garten in Schönbrunn/Wien *C. mossiae* mit *Lpt. bicolor*. Ein Hybridenname ist leider nicht bekannt geworden. Die Pflanzen pflegt man in kleinen Gefäßen oder, noch besser, mit wenig Pflanzstoff aufgebunden am Block unter temperierten Bedingungen bei höherer Luftfeuchtigkeit. Sie vertragen trotz ihrer fast sukkulenten Blätter keine intensive Sonnenstrahlung.

Schomburgkia (Schom.)

Schomburgkia, begründet 1838 von John Lindley, ist mit ihren 22 Arten von Mexiko über die Karibischen Inseln bis Brasilien, Bolivien und Peru verbreitet. Die Gattung steht *Laelia* nahe. Bei einigen Arten sind die Pseudobulben hohl und in der Heimat oft von Ameisen besiedelt. In der Wuchsform erinnern die Pflanzen an Cattleyen. Ihre Blütenstände sind lang, meist reichblütig und tragen mittelgroße Blüten mit unterschiedlich stark gewellten Blütenblättern. In der Züchtung werden die Arten *Schom. lyonsii*, *Schom. undulata*, *Schom. thomsoniana*, *Schom. tibicinis*, *Schom. crispa* und *Schom. superbiens* meist zur Erzielung von Gattungsbastarden, wie *Schombocattleya*, *Recchara*, *Dekensara*, *Lyonara*, *Mizutara*, *Herbertara* u. a., verwendet. In Kultur behandelt man die *Schomburgkia*-Arten wie *Cattleya*, sie benötigen aber meist mehr Licht und Wärme und eine kühle ausgeprägte Ruhezeit.

Sophronitis (Soph.)

Mit etwa acht Arten ist die von J. Lindley 1827 begründete Gattung im südlichen Brasilien und in Ostparaguay verbreitet. Die kleinwüchsigen Pflanzen haben einen kurzen kriechenden Spross, länglich-rundliche Pseudobulben mit nur einem Blatt und recht große Blüten. Bei *Soph. coccinea* sind diese leuchtend scharlachrot, auch lachsrot gefärbt und können einen Durch-

Sophronitis coccinea.

sie sich vor allem in ihrer Wuchsform. Die Pflanzen besitzen keine Pseudobulben, dafür aber derb ledrige, fleischige, längliche Blätter. Reizvoll sind die Blüten von *Ttma. canaliculata* mit grünlichen, rötlich überhauchten Blütenblättern und rosaroter Lippe mit gelblichem Mittelstreifen. Diese Art und auch *Ttma. bicolor* wurden zur Züchtung eingesetzt, so z.B. mit *Cattleya* zu *Tetracattleya*. An der relativ langen Infloreszenz stehen mehrere Blüten mit großer Lippe. Die Kultur ist ähnlich *Epidendrum,* doch sollen die Temperaturen nicht unter 15 °C und die Luftfeuchtigkeit nicht unter 60 % absinken. Zu viel Feuchtigkeit ist zu vermeiden.

messer bis zu 8 cm erreichen. Die Blüten von *Soph. cernua* sind kleiner und orangerot. An der kurzen Säule verdecken zwei Anhängsel die Narbe. Als erste Hybride innerhalb der Gattung wurde 1983 *Sophronitis* Arizona aus *Soph. coccinea* × *Soph. brevipedunculata* bekannt. Doch bereits in den achtziger und neunziger Jahren des 19. Jahrhunderts wurden Kreuzungen mit *Cattleya* durchgeführt. Zur Erzielung von Gattungshybriden verwendete man vorwiegend *Soph. coccinea*. Kreuzungen zwischen *Sophronitis* und kleinwüchsigen Cattleyen (*Sophrocattleya*) oder Laelien (*Sophrolaelia*), auch mit beiden Gattungen (*Sophrolaeliocattleya*) werden allgemein als Mini- oder Zwergcattleyen bezeichnet. *Sophronitis* wird am besten am Block oder in kleinen Gefäßen bei hoher Luftfeuchtigkeit gepflegt.

Tetramicra (Ttma.)

Tetramicra umfasst etwa zehn Arten, deren heimatliches Vorkommen sich auf Florida und die Karibischen Inseln beschränkt. Sie wurde schon 1831 von J. Lindley beschrieben und ist eng mit *Epidendrum* verwandt. Von dieser unterscheidet

Gattungs- und Mehrgattungshybriden

Cattleyen wurden häufig zur Züchtung schöner und interessanter Mehrgattungshybriden verwendet, die hier chronologisch aufgeführt sind. Im Anschluss daran werden die wichtigsten von ihnen in alphabetischer Reihenfolge vorgestellt.

Cattleya × *Laelia* = *Laeliocattleya* 1863 (1887); syn. *Catlaelia* 1895

Cattleya × *Sophronitis* = *Sophrocattleya* 1886 (1887); syn. *Sophroleya* 1895

Cattleya × *Brassavola* = *Brassocattleya* 1889; syn. *Brassoleya* 1895, *Correvonia* 1898, *Cattleyovola* 1960

Cattleya × *Epidendrum* = *Epicattleya* 1889 (1897); syn. *Epileya* 1895, *Cattleyodendrum* 1898

Cattleya × *Laelia* × *Sophronitis* = *Sophrolaeliocattleya* 1892 (1897); syn. *Catlaenitis* 1895, *Sophrocattlaelia* 1900

Cattleya × *Brassavola* × *Laelia* = *Brassolaeliocattleya* 1897 (1906); syn. *Brassocattlaelia* 1897, *Laelio-Brasso-Cattleya* 1906, *Brassocattleya-Laelia* 1907

Cattleya × *Schomburgkia* = *Schombocattleya* 1903 (1905); syn. *Schomburgkio-Cattleya* 1903, *Schomcattleya* 1905, *Schomocattleya* 1920, *Myrmecocattleya* 1920

Cattleya × *Diacrium* × *Laelia* = *Dialaeliocattleya* 1908 (1915); syn. *Diacatlaelia* 1910
Cattleya × *Diacrium* = *Diacattleya* 1908; syn. *Diacrocattleya* 1910
Cattleya × *Brassavola* × *Sophronitis* = *Rolfeara* 1919
Cattleya × *Brassavola* × *Laelia* × *Sophronitis* = *Potinara* 1922
Cattleya × *Brassavola* × *Laelia* × *Schomburgkia* = *Recchara* 1950 (1961); syn. *Beaumontara* 1961
Cattleya × *Brassavola* × *Schomburgkia* = *Dekensara* 1955
Cattleya × *Broughtonia* = *Cattleytonia* 1959
Cattleya × *Epidendrum* × *Laelia* × *Sophronitis* = *Kirchara* 1958 (1959)
Cattleya × *Laelia* × *Schomburgkia* = *Lyonara* 1959; syn. *Schombolaeliocattleya* 1951
Cattleya × *Brassavola* × *Diacrium* × *Laelia* = *Iwanagara* 1960; syn. *Linneara* 1911
Cattleya × *Brassavola* × *Epidendrum* × *Laelia* = *Yamadara* 1960; syn. *Adamara* 1911
Cattleya × *Epidendrum* × *Laelia* = *Epilaeliocattleya* 1960
Cattleya × *Brassavola* × *Laeliopsis* = *Fujiwarara* 1962 (1963); syn. *Tenranara* 1962
Cattleya × *Brassavola* × *Diacrium* = *Hookerara* 1963
Cattleya × *Brassavola* × *Epidendrum* = *Vaughnara* 1965
Cattleya × *Barkeria* × *Laelia* = *Laeliocattkeria* 1965
Cattleya × *Domingoa* × *Epidendrum* = *Arizara* 1965
Cattleya × *Laeliopsis* = *Laeliopleya* 1966
Cattleya × *Diacrium* × *Schomburgkia* = *Mizutara* 1966
Cattleya × *Broughtonia* × *Laeliopsis* = *Osmentara* 1966
Cattleya × *Broughtonia* × *Laelia* = *Laeliocatonia* 1967
Cattleya × *Cattleyopsis* × *Epidendum* = *Hawkesara* 1968
Cattleya × *Laelia* × *Schomburgkia* × *Sophronitis* = *Herbertara* 1968
Cattleya × *Brassavola* × *Epidendrum* × *Laelia* × *Sophronitis* = *Rothara* 1970

Cattleya × *Broughtonia* × *Diacrium* = *Brownara* 1973
Cattleya × *Epidendrum* × *Laelia* × *Schomburgkia* = *Northenara* 1973
Cattleya × *Epidendrum* × *Sophronitis* = *Stacyara* 1973
Cattleya × *Diacrium* × *Epidendrum* × *Laelia* = *Allenara* 1975
Cattleya × *Epidendrum* × *Schomburgkia* = *Scullyara* 1976 (1973)
Cattleya × *Diacrium* × *Epidendrum* = *Tuckerara* 1976
Cattleya × *Broughtonia* × *Sophronitis* = *Bishopara* 1976
Cattleya × *Brassavola* × *Laelia* × *Schomburgkia* × *Sophronitis* = *Fergusonara* 1976
Cattleya × *Broughtonia* × *Laelia* × *Sophronitis* = *Hawkinsara* 1976
Cattleya × *Broughtonia* × *Epidendrum* = *Epicatonia* 1977
Cattleya × *Brassavola* × *Domingoa* × *Epidendrum* × *Laelia* = *Kawamotoara* 1978
Cattleya × *Epidendrum* × *Laelia* × *Schomburgkia* × *Sophronitis* = *Izumiara* 1978
Cattleya × *Brassavola* × *Epidendrum* × *Laelia* × *Schomburgkia* = *Yahiroara* 1978
Cattleya × *Broughtonia* × *Schomburgkia* = *Schombocatonia* 1979
Cattleya × *Brassavola* × *Broughtonia* × *Laelia* × *Schomburgkia* = *Westara* 1980
Cattleya × *Broughtonia* × *Epidendrum* × *Laelia* = *Jewellara* 1981
Cattleya × *Leptotes* = *Cattotes* 1982
Cattleya × *Brassavola* × *Broughtonia* × *Laelia* = *Otaara* 1982
Cattleya × *Broughtonia* × *Epidendrum* × *Schomburgkia* = *Wilburchangara* 1982
Cattleya × *Brassavola* × *Broughtonia* × *Laelia* × *Sophronitis* = *Hasegawaara* 1983
Cattleya × *Broughtonia* × *Diacrium* × *Laeliopsis* = *Kraussara* 1983
Cattleya × *Brassavola* × *Broughtonia* = *Stellamizutaara* 1983
Cattleya × *Brassavola* × *Broughtonia* × *Epidendrum* × *Laelia* = *Hattoriara* 1984
Cattleya × *Diacrium* × *Laelia* × *Sophronitis* = *Higashiara* 1984

Cattleya × Broughtonia × Epidendrum × Laelia × Sophronitis = Buiara 1984

Cattleya × Epidendrum × Laeliopsis = Maymoirara 1984

Cattleya × Barkeria = Cattkeria 1984

Cattleya × Cattleyopsis = Opsiscattleya 1985

Cattleya × Diacrium × Laelia × Schomburgkia = Mailamaiara 1985

Cattleya × Brassavola × Epidendrum × Laelia × Schomburgkia × Sophronitis = Johnyeeara 1988

Cattleya × Broughtonia × Cattleyopsis = Vejvarutara 1987

Cattleya × Broughtonia × Laelia × Laeliopsis = Fialoara 1989

Cattleya × Broughtonia × Diacrium × Laelia = Cookara 1989

Cattleya × Tetramicra = Tetracattleya 1990

Cattleya × Barkeria × Laelia × Sophronitis = Matsudara 1991

Cattleya × Barkeria × Broughtonia = Turnbowara 1991

Cattleya × Brassavola × Broughtonia × Epidendrum × Laelia × Sophronitis = Vacherotara 1995

Cattleya × Brassavola × Epidendrum × Tetramicra = Estelaara 1996

Brassocattleya (Bc.)

Cattleya × *Brassavola* (*Rhyncholaelia*). Man unterscheidet drei Zuchtrichtungen: Kreuzungen mit *B.digbyana* ergeben Blüten mit großer gefranster Lippe, Farben in Pastelltönen und oft nach hinten gebogenen Blütenblättern. *B.glauca* vererbt ihre breite, flache Lippe und mittelgroße Blüten, deren Farbe meist vom Kreuzungspartner beeinflusst wird. Brassocattleyen mit sternförmigen Blüten erzielt man mit *B.nodosa*, *B.tuberculata*, *B.perrinii* u.a. Sie sind haltbar, zart getönt, die Lippe ist intensiver gefärbt und bei Verwendung von *B.nodosa* reich gefleckt.

Zuerst wurde 1857 *Bc.lindleyana* als Naturhybride aus *B.tuberculata* × *C.intermedia* bekannt, aber als *Cattleya* angesehen. Danach folgten *Bc.*Digbyano-Mossiae (Veitch 1889) aus *B.digbyana* × *C.mossiae* und *Bc.*Digbyano-Mendelii (Maron 1889) aus *B.digbyana* × *C.mendelii*. Große Bedeutung, auch für die weitere Züchtung, erlangten *Bc.*Mme. Charles Maron (Maron 1901) aus *B.digbyana* × *C.warszewiczii*, *Bc.*Mrs. J. Leemann (Maron 1902) aus *B.digbyana* × *C.dowiana* und *Bc.*Ilene (Veitch 1912) aus *Bc.*Mme. Charles Maron × *C.dowiana*.

B.glauca wurde recht spät für Züchtungszwecke eingesetzt. Erst im Jahr 1902 wurden Kreuzungen dieser Art mit *C.leopoldii* als *Bc.* Conspicua von Sander und mit *C.trianae* (*alba*) als *Bc.* Orpheus von Veitch vorgestellt. Obwohl *B.glauca* nur mittelgroße, aber gut geformte Blüten vererbt, gab es bis etwa 1940 nur eine Weiterkreuzung mit *Bc.*Orpheus. Diese nahm Maron mit *C.dowiana* vor, woraus 1909 *Bc.*Diana entstand. Auch später wurde *B.glauca* nur wenig zur Züchtung eingesetzt. Größere Bedeutung erlangte nur *Bc.* Daffodil, die 1949 bei Fennell in Florida aus *B.glauca* × *C.aurantiaca* entstand.

Bei der Züchtung sternförmiger Blüten mit *B.nodosa*, *B.perrinii*, *B.tuberculata* u.a. wurden die ersten Hybriden ebenfalls um 1900 bekannt. So blühte 1898 bei Mantin die Kreuzung *Bc.*Belairensis aus *B.perrinii* × *C.leopoldii* und bei Col-

Brassocattleya Madame Charles Maron (1901).

man 1909 *Bc*.Mary aus *B.nodosa* × *C.lawrenceana*.

Die Kultur der Brassocattleyen erfolgt warm bis temperiert, in der Ruhezeit genügen Temperaturen um 15 °C. Sie lieben viel Licht und frische Luft. Da ihre Ansprüche an die Luftfeuchtigkeit geringer als die der Cattleyen sind, kann man sie, insbesondere die Kreuzungen mit *B.nodosa*, auch gut auf der Fensterbank pflegen, wo sie willig wachsen und reich blühen.

Brassolaeliocattleya (Blc.)

Cattleya × *Brassavola* (*Rhyncholaelia*) × *Laelia*. Die erste dieser großblütigen attraktiven Dreigattungshybride war *Blc*.Lawrencei. Sie blühte bei Lawrence in England 1897 und entstand aus *Bc*.Lindleyana × *Lc.elegans*. Seit dieser Zeit ist ein kaum noch überschaubares Sortiment dieser, in früherer Zeit, für die Schnittblumenproduktion so wichtigen Hybridgattung entstanden. Obwohl immer wieder Arten von *Cattleya*, *Laelia* und gelegentlich *Brassavola* eingekreuzt worden sind, züchtete man vorwiegend mit *Laeliocattleya* und *Brassolaeliocattleya*. Wichtige Kreuzungspartner dieser Zuchtrichtung aus der Anfangszeit zu Beginn des 20. Jahrhunderts bis zum Höhepunkt (etwa 1930 bis 1965) waren *Blc.* The Baroness (Schröder 1913) aus *Bc.* Mrs. J. Leemann × *Lc.* Ophir und *Blc.* Caligula (Holford 1921) aus *Bc.* Cliftonii × *Lc.* Callistoglossa, *Blc.* Nanette (S. Low & Benenden 1932), *Blc.* Nugget (Sander 1941), *Blc.* Norman's Bay (S. Low & Benenden 1946) und *Blc.* Fortune (Stewart Inc, 1963). Heute kreuzt man öfter kleinwüchsige Cattleyen und Laelien ein, um die Pflanzengröße zu reduzieren. Die Kultur entspricht *Cattleya*, doch sollte man Züchtungen mit hohem *Laelia*-Anteil etwas kühler und feuchter und solche mit hohem *Brassavola*-Anteil etwas wärmer pflegen.

Cattkeria (Cka.)

Cattleya × *Barkeria*. Die erste Hybride, *Cka*. Sun aus *C.Porcia* × *Bark. skinneri,* wurde 1984 von S. Ichijyo aus Japan bekannt. Bereits aus dieser Züchtung wird der Trend zu kleinen Pflanzen mit relativ großen Blüten erkennbar. Eine an-

Brassolaeliocattleya Waikiki Gold (1978) 'Lea'.

Cattkeria Jockel Fuchs (1987).

sehnliche Hybride, *Cka*. Jockel Fuchs aus *C.loddigesii* × *Bark. spectabilis*, entstand 1987 bei H.-J. Jung in Eich/Rheinhessen, der einige weitere folgten. In der Wuchs- und Blütenform der Cattkerien ist *Barkeria* weitgehend dominant. Die Kulturansprüche sind ähnlich wie bei *Cattleya*. Die Pflanzen wachsen am besten aufgebunden am Block oder in kleinen Gefäßen bei nicht zu geringer Luftfeuchte. Sie lieben einen temperiert-warmen Standort mit nächtlicher Absenkung der Temperatur. In der Ruhezeit hält man die Pflanzen nur mäßig feucht und etwas kühler.

Cattleytonia (Ctna.)

Cattleya × Broughtonia. Die erste Kreuzung, *Ctna.* Rosy Jewel, erzielte W. W. G. Moir 1956 auf Hawaii aus *C. bowringiana × Bro. sanguinea.* Zur Weiterzüchtung wurde *Ctna.* Keith Roth (Fields Orchids, 1966) aus *C. bicolor × Bro. sanguinea* in großem Umfang verwendet. Auch *Ctna.* Why Not (Stewart Inc, 1979) aus *C. aurantiaca × Bro. sanguinea* erlangte Bedeutung. In Kultur lieben Cattleytonien einen temperierten bis warmen, möglichst hellen Standort bei guter Frischluftzufuhr, Luftumwälzung und hoher Luftfeuchte. Am besten wachsen sie in kleinen Gefäßen.

Cattleytonia Varut Tribute (1987).

Diacattleya (Diaca.)

Cattleya × Diacrium. Bereits 1908 wurden von Colman in England zwei Diacattleyen vorgestellt, und zwar *Diaca.* Colmaniae aus *C. intermedia* (var. *nivea*) × *Diacm. bicornutum* und *Diaca.* Extraria aus *C. Louryana × Diacm. bicornutum.* Diacattleyen wurden nie in großem Umfang gezüchtet und sind in den Sammlungen relativ selten. Trotzdem entstehen fast in jedem Jahr neue Hybriden, zum Teil kleinwüchsige durch Einkreuzen niedrig wachsender *Cattleya*-Arten, z.B. *Diaca.* Diadem (J. Davies, 1989) aus *Diaca.* Colmaniae × *C. walkeriana.* In Kultur lieben die Pflanzen während der Vegetationszeit viel Wärme, möglichst über 18 °C, während der Ruhezeit genügen 15 bis 16 °C bei ziemlich trockenem Substrat. Wichtig sind eine höhere Luftfeuchte und viel Licht.

Dialaeliocattleya (Dialc.)

Cattleya × Diacrium × Laelia. Neben zwei Diacattleyen meldete Colman/England 1908 auch zwei Dialaeliocattleyen an, *Dialc.* Gatton Rose aus *Lc.* Cappei × *Diacm. bicornutum* und *Dialc.* Multijuga aus *Lc.* Highburiensis × *Diacm. bicornutum.* Die attraktiven Dreigattungshybriden waren in dieser Zeit zur Verwendung als Schnittblumen häufiger in Kultur. Eintragungen im internationalen Sortenregister findet man allerdings erst nach etwa 50-jähriger Pause in den sechziger und verstärkt in den späten achtziger Jahren. Zunehmend versucht man auch hier, niedrigere Pflanzen zu erzielen, z.B. durch Einkreuzung von *C. walkeriana.* Die Kultur erfolgt ähnlich wie bei *Cattleya.* Die Pflanzen lieben frische Luft, viel Licht, in der Wachstumszeit höhere und während der Ruhezeit niedrigere Temperaturen, die aber nicht für längere Zeit unter 15 °C absinken sollen, sowie ein nur mäßig feuchtes Substrat.

Epicattleya (Epc.)

Cattleya × Epidendrum (Encyclia). Als erste Kreuzung dieser Gattungshybride blühte *Epc.* Matutina 1897 bei Veitch in Chelsea bei London. Sie entstand aus *C. bowringiana × Epi. ibaguense.* Anfangs wurden zu den Kreuzungen besonders die Arten *Epi. ciliare* und *Enc. vitellina* sowie die Hybride *Epi.* Obrienianum herangezogen. In neuerer Zeit werden besonders die *Encyclia*-Arten *cordigera, mariae, phoenicea, tampense* u. a. eingekreuzt. Die wichtigsten der verwendeten Cattleyen waren *C. bowringiana, C. intermedia*

Epicattleya Kay Boyle (1973).

und *C. labiata*, später auch *C. bicolor*, *C. violacea*, *C. skinneri*, *C. luteola*, *C. forbesii* und *C. aurantiaca*, aber auch *Cattleya*-Hybriden. Obwohl Epicattleyen keine besonderen Ansprüche an die Pflege stellen und willig wachsen und blühen, findet man sie viel zu selten in den Sammlungen. Ihre zwar kleineren, aber den Cattleyen ähnlichen Blüten in großer Formen- und Farbenvielfalt besitzen gute Eigenschaften, und werden deshalb auch gern als Schnittblumen verwendet. Durch ihre geringen Ansprüche an Umwelt und Pflege sind sie zur Kultur auf der Fensterbank geeignet. Die Pflege erfolgt wie bei *Cattleya* bei temperierten Bedingungen mit ausreichender Frischluftzufuhr.

Epilaeliocattleya (Eplc.)

Cattleya × Epidendrum (Encyclia) × Laelia. Die erste Kreuzung, *Eplc.* Mint, erzielte W. W. G. Moir auf Hawaii aus *Lc.* Kahili × *Epi.* mariae. Sie blühte erstmals 1960. Meist werden *Epidendrum*- bzw. *Encyclia*-Arten mit Laeliocattleyen gekreuzt. Die mittelgroßen, an *Cattleya* erinnernden Blüten der Epilaeliocattleyen entwickeln sich willig und sind auch als Schnittblumen geeignet. Sie werden ähnlich wie *Cattleya* gepflegt, ziemlich hell, doch sollte in der Vegetationsperiode der Pflanzstoff vor dem erneuten Gießen nicht zu stark austrocknen. Fast alle Kreuzungen sind auch zur Pflege auf der Fensterbank geeignet.

Kirchara (Kir.)

Cattleya × Epidendrum (Encyclia) × Laelia × Sophronitis. 1958 ließ W. W. G. Moir auf Hawaii die erste dieser reizvollen Viergattungshybride als *Kir.* Topaz, gekreuzt aus *Slc.* Firefly × *Epi. mariae*, registrieren. Meist wurden *Epidendrum*-Arten mit Sophrolaeliocattleyen gekreuzt. Die Nachkommen zeigen im Gegensatz zu den Epilaeliocattleyen Unterschiede in der Farbe, Größe und Anzahl der Blüten, teilweise auch in ihrer Form. Die gute Haltbarkeit der Blüten lässt eine Verwendung als Schnittblumen zu. Auch die Wüchsigkeit ist hervorzuheben. Kultiviert wird diese Viergattungshybride fast wie *Cattleya* bei mäßiger Substrat-, aber höherer Luftfeuchte und etwas stärkerer Temperaturabsenkung während der Ruhezeit. Die meisten Kreuzungen sind auch für die Pflege auf der Fensterbank geeignet.

Laeliocattleya (Lc.)

Cattleya × Laelia. Bereits 1848 wurde ein Naturbastard aus *C. leopoldii* × *L. purpurata* entdeckt und unter dem Gattungsnamen *Cattleya* be-

Laeliocattleya Sunshine (1925).

kannt. Es handelte sich jedoch um *Lc. elegans*. Die erste Kreuzung der Hybridgattung blühte 1863 bei Veitch und wurde von Obergärtner Dominy durchgeführt. Es war *Lc.* Exoniensis, das Ergebnis einer Kreuzung von *C. mossiae* × *L. crispa*. Zur Züchtung von Laeliocattleyen wurden meist großblütige Laelien wie *L. purpurata*, *L. tenebrosa*, *L. crispa* und *L. perrinii* verwendet. *L. anceps* bezog man ein, um die Stiellänge bei der Verwendung als Schnittblume zu verbessern. Besonders *L. cinnabarina*, aber auch *L. harpophylla*, *L. flava*, *L. xanthina* u. a. sollten orangerote und gelbe Blütenfarben einbringen. Um kleinwüchsige Laeliocattleyen zu erhalten, kreuzte man mit den niedrigen *L. pumila*, *L. jongheana* u. a. In neuester Zeit werden zur Erzielung so genannter Zwerg- oder Minicattleyen (als Sammelbegriff richtiger Laeliocattleyen bzw. Sophrolaeliocattleyen) kleine Felsen- bzw. Steinlaelien, wie *L. esalqueana*, *L. milleri* und *L. reginae*, aber auch *L. kettieana* u. a., besonders mit kleinwüchsigen Cattleyen gekreuzt. Trotz des sehr niedrigen Wuchses bringen sie große Blüten hervor. So kann man auf kleinster Fläche ein reiches Sortiment in vielfältigen Blütenformen und -farben pflegen, die auch auf der Fensterbank gut gedeihen. Wegen ihrer ansprechenden Blüten wurden Laeliocattleyen früher als Schnittblumen sehr geschätzt. Heute sind es vorwiegend wertvolle Liebhaberpflanzen. Man pflegt sie ähnlich wie *Cattleya*-Hybriden. Während des Wachstums ist reichlich zu wässern. In der Ruhezeit können die Temperaturen etwas niedriger sein, meist reichen 12 bis 15 °C bei mäßig feuchtem Pflanzstoff aus.

Lyonara (Lyon.)

Cattleya × *Laelia* × *Schomburgkia*. Wieder war es W. W. G. Moir aus Hawaii, der 1959 die erste *Lyonara* vorstellte und zwar *Lyon.* Fiesta aus *Lc.* Issy × *Schom. thomsoniana*. Auch bei dieser Hybridgattung ist bei den meisten Züchtungen die Wuchs- und Blütenform von *Cattleya* dominierend. *Schomburgkia* vererbt aber bei direkter Kreuzung mit Laeliocattleyen meist ihre stark gewellten Blütenblätter. Dadurch wird diesen Hybriden ein ungewöhnlicher, fremdartiger Charakter verliehen. *Lyonara* stellt an ihre Pflege ähnliche Ansprüche wie *Cattleya*. Wichtig ist eine ausreichende Temperaturdifferenz zwischen Tag und Nacht. Während der Ruheperiode genügen in den meisten Fällen 12 bis 15 °C bei nicht zu starkem Austrocknen des Pflanzstoffes. Auf einen recht hellen Standort ist zu achten.

Otaara (Otr.)

Cattleya × *Brassavola* × *Broughtonia* × *Laelia*. Obwohl dieser Viergattungsbastard erst 1982 entstanden ist, hat er sich schon durch den meist niedrigen Wuchs mit großen wohlgeformten,

Otaara Jane Fumiye (1987).

fast runden und intensiv gefärbten Blüten durchgesetzt. Weite Verbreitung erlangte die Kreuzung *Otr.* Jane Fumiye von F. Aisaka auf Hawaii, die 1987 registriert wurde. Zu vielen Züchtungen ist *Cattleytonia* Keith Roth als ein Elternteil verwendet worden. Heute gibt es bereits ein recht umfangreiches Sortiment schön blühender Hybriden. Bei einer Pflege ähnlich der von *Cattleya* entwickeln schon kleine Pflanzen willig ihre prächtigen Blüten.

Potinara (Pot.)

Cattleya × *Brassavola* (*Rhyncholaelia*) × *Laelia* × *Sophronitis*. Von Charlesworth & Co., England, wurde 1922 die erste *Potinara* bekannt. Es war *Pot*. Juliettae aus *Bc.* Ena × *Slc.* Marathon. In Deutschland erregte Frankenstein (Fa. Schmidt,

Potinara Medea (1965).

Holzhausen bei Leipzig) bereits 1928 Aufsehen mit seiner *Pot*. Holzhausen aus *Blc.* Jupiter × *Slc.* Marathon und 1929 mit *Pot*. Hertha Schmidt aus *Bc.* Apollo × *Slc.* Meuse. Zur Weiterentwicklung innerhalb der Hybridgattung erlangten *Pot*. Golden Siu, gezüchtet 1951 von Siu in Honolulu, Hawaii, und in neuerer Zeit *Pot*. Lemon Tree von Stewart Inc, 1970, aus *Blc.* Jane Helton × *Slc.* Paprika die größte Bedeutung. Auch bei *Potinara* dominieren im Habitus und in der Blütenform *Cattleya* und *Laelia*. *Brassavola digbyana* vererbt ihre große gefranste Lippe, doch meistens ist der Rand glatter. Der Einfluss von *Sophronitis* ist dagegen oft kaum zu erkennen, außer bei direkten Einkreuzungen. Durch die Verwendung von *C. walkeriana*, *L. pumila* u.a. erreicht man die heute gewünschte kleinere Wuchsform. Die Pflege erfolgt wie bei Cattleyen oder Laelien. Überwiegt der *Brassavola*-Anteil, brauchen die Pflanzen mehr Licht.

Recchara (Recc.)

Cattleya × *Brassavola* (*Rhyncholaelia*) × *Laelia* × *Schomburgkia*. Die Züchtung dieser interessanten Hybridgattung begann etwa um 1950. *Recc*. Amelia, eine Kreuzung zwischen *Bl*. Brasil und *Smbc*. Crispo-Loddigesii, wurde jedoch nicht registriert. Erst 1961 meldete W. W. G. Moir aus Hawaii *Recc*. Herb im Sortenregister an. Sie entstand aus *Blc*.Green Gold × *Schom. thomsoniana*. Die Blütenform der *Recchara* ähnelt *Lyonara*. Der Einfluss von *Brassavola* – meist erfolgt die Einkreuzung als *Brassolaeliocattleya* – ist nur gering. Bei direkter Verwendung von *B. digbyana* zeigt er sich in der vergrößerten und etwas gefransten Lippe. Die Kultur ist ähnlich wie bei *Lyonara* an einem recht hellen Standort durchzuführen. Auch die Fensterbank ist als Pflegestandort geeignet.

Rolfeara (Rolf.)

Cattleya × *Brassavola* (*Rhyncholaelia*) × *Sophronitis*. Die erste Hybride, *Rolf*. Rubescens, eine Kreuzung aus *Bc.* Mrs. J. Leemann × *Sc.* Blackii, entstand 1919 bei Thwaites in London. Es ist zwar keine umfangreiche Hybridgattung, aber kontinuierlich kommen immer wieder neue Züchtungen hinzu. Ihre überwiegend mit leuchtenden Farben ausgestatteten Blüten ähneln denen von *Cattleya*. Wenn Arten aus dem Verwandtschaftskreis von *B. nodosa* eingekreuzt wurden, sind sie fast sternförmig. Die blühwilligen Pflanzen haben meist einen reich verzweigten Wuchs. In der Pflege behandelt man sie wie *Cattleya*. Während der Ruhezeit, bei mäßig feuchtem Pflanzstoff, sind Temperaturen von 15 °C günstig, die kurzfristig nachts bis auf 12 °C absinken dürfen.

Schombocattleya (Smbc.)

Cattleya × *Schomburgkia*. Bereits 1903 hatte Dallemagne in Frankreich großen Erfolg mit seiner Züchtung *Smbc*. Spiralis aus *C. mossiae* × *Schom. tibicinis*. Die nächste Hybride, *Smbc*. Diamond Head, blühte offensichtlich erst 1949 bei McCoy in Honolulu auf Hawaii. Während *Cattleya* bei diesen Zweigattungsbastarden im Allgemeinen ihre Blütengröße vererbt, bringen die *Schomburgkia*-Arten eine Verlängerung des Blütenstandes, gelegentlich auch eine Erhöhung der Blütenanzahl ein. Auch die Blütenform wird von Schomburgkia beeinflusst. In letzter Zeit wurden besonders *Schom. lyonsii*, *Schom. undulata* und *Schom. thomsoniana* zur Züchtung verwendet. In Kultur lieben die Pflanzen viel Licht. Während der Ruhezeit sind Temperaturen von 14 bis 16 °C bei nur geringer Substratfeuchte angebracht.

Sophrocattleya (Sc.)

Cattleya × Sophronitis. 1886 wurde die erste Kreuzung dieser aparten Hybridgattung von Veitch in Chelsea/London als *Sc.*Batemaniana aus *Soph. coccinea × C.intermedia* bekannt. Der Einfluss von *Soph. coccinea* macht sich in der überwiegend intensiven roten Blütenfarbe, einer geringeren Blütengröße und einer verstärkten Sprossbildung bemerkbar. Während man früher vorwiegend großblütige Cattleyen mit *Soph. coccinea* kreuzte, so verwendet man heute verstärkt kleinwüchsige *Cattleya*-Arten und -Hybriden, um die Pflanzengröße zu verringern. Die Pflege erfolgt bei hoher Luftfeuchte, ähnlich wie bei *Cattleya*, der Pflanzstoff soll jedoch etwas feuchter gehalten werden. Die Pflanzen brauchen eine kühle Ruhezeit.

Sophrolaeliocattleya (Slc.)

Cattleya × Laelia × Sophronitis. Seit Veitch in Chelsea bei London 1892 seine Kreuzung *Slc.* Veitchii aus *Lc.× schilleriana × Soph. coccinea* vorstellte, hat sich das Sortiment kontinuierlich vergrößert. Bedeutungsvoll für die Züchtung war die 1908 von Charlesworth aus *C.*Empress Frederick × *Sl.*Psyche herausgebrachte *Slc.*Marathon. Von dieser stammen die in gleicher Weise wichtigen *Slc.*Meuse, Charlesworth 1916, aus *Slc.*Marathon × *Lc.*Callistoglossa, und *Slc.*Anzac, Charlesworth 1921, aus *Slc.* Marathon × *Lc.*Dominiana, ab. Eine der bekanntesten Weiterentwicklungen ist *Slc.*Jewel Box, die 1962 von Stewart Inc aus *C.aurantiaca × Slc.*Anzac gezüchtet wurde. Wertvolle Ausleseformen sind u.a. die heute noch begehrten 'Sheherazade', 'Fairy Ring' und 'Dark Waters'. Mit *Slc.*Hazel Boyd aus *Slc.* California Apricot × *Slc.*Jewel Box, von Rod

Schombocattleya Trudy Fennell (1963).

Sophrolaeliocattleya Shonan Girl (1987).

McLellan Co. 1975 in San Francisco vorgestellt, gelang eine wertvolle Dreigattungshybride, die auch heute noch höchsten Ansprüchen genügt. Sie wird bis in die neueste Zeit zur Weiterzüchtung eingesetzt. Neben kleinwüchsigen Laelien werden heute auch *C. luteola*, *C. walkeriana* u. a. in das Sortiment der Sophrolaeliocattleyen einbezogen, sodass eine große Auswahl an kleinwüchsigen Pflanzen mit auffälligen, relativ großen, farbintensiven Blüten besteht. Im Handel werden sie ebenso wie die Sophrocattleyen meist als Minicattleyen angeboten. Bei der Pflege zeigt sich auch hier der Einfluss von *Soph. coccinea*, ähnlich wie bei *Sophrocattleya*. Günstig wirken sich höhere Luftfeuchtigkeit und ausreichende Frischluftzufuhr aus. Das Substrat darf nie ganz austrocknen. Während der Ruhezeit genügen Temperaturen um 12 bis 16 °C.

Vaughnara (Vnra.)

Cattleya × *Brassavola* (*Rhyncholaelia*) × *Epidendrum* (*Encyclia*). 1965 wurde die von Vaughn in West Palm Beach, Florida, gezüchtete *Vnra.* Sparklet aus *Bc.* Cliftonii × *Epi. vitellinum* in den Handel gebracht. Ihre Blüten ähneln Cattleyen, sind jedoch meist kleiner, von festerer Textur und größtenteils farbintensiver. Die Pflanzen dieser Dreigattungshybride besitzen gute Wuchseigenschaften. Ihre Pflege entspricht weitgehend der von *Cattleya*. Sie wachsen in der Regel auch auf der Fensterbank recht gut. Bei hohem Anteil von *Brassavola*-Einkreuzungen müssen sie besonders hell stehen, um gute Wachstums- und Blüherfolge zu erzielen.

Yamadara (Yam.)

Cattleya × *Brassavola* (*Rhyncholaelia*) × *Epidendrum* (*Encyclia*) × *Laelia*. Die Viergattungshybride *Yamadara* erscheint 1960 zum ersten Mal mit *Yam.* Fuchsia aus *Blc.* Eudetta × *Epi. mariae* in „Sander's List of Orchid Hybrids". Sie stammt von M. Jamada aus Honolulu/Hawaii. Bereits 1911 wurde der Name der Hybridgattung ohne vorgestellte Züchtung unter der Bezeichnung *Adamara* begründet. Ein Aufschwung in der Hybridisierung erfolgte seit Ende der achtziger Jahre. Heute kreuzt man häufig kleinwüchsige Brassolaeliocattleyen mit Epicattleyen. Die Pflanzen entsprechen in ihrem Habitus den Cattleyen, sind aber oft gedrungener und sehr blühwillig. Ihre Blüten werden meist mittelgroß, haben oft leuchtende Farben und exotische Formen. Man kultiviert diese Orchideen wie *Cattleya* mit deutlicher Ruheperiode. *Yamadara*-Hybriden eignen sich auch gut zur Pflege auf der Fensterbank.

Die Arbeit mit und um Orchideen

Artenschutz

Bereits in den ersten Jahrzehnten des 20. Jahrhunderts wurden gefährdete Pflanzen, darunter die Orchideen, in Deutschland geschützt – vorerst jedoch nur auf Länderebene. Die erste tropische Orchidee, *Vanda coerulea*, stellte man in der zweiten Hälfte des 19. Jahrhunderts in Assam durch Regierungsbeschluss unter Schutz. Sie durfte nur mit Genehmigung ausgeführt werden. Dies blieb jedoch für lange Zeit ein Einzelfall. Von länderübergreifendem Artenschutz kann man eigentlich erst seit 1973, seit dem „Washingtoner Artenschutzübereinkommen" (WA) sprechen. Den Importen der unzähligen tropischen und subtropischen Orchideen aus ihren Heimatgebieten wurde damit Einhalt geboten, nicht aber der Umwandlung der Urwälder in Kulturlandschaften – meist durch Brandrodung zur Gewinnung landwirtschaftlicher Nutzflächen, zur Holznutzung, Gewinnung von Holzkohle u.a., wodurch große natürliche Vorkommen vernichtet wurden. Noch schlimmer ist jedoch die damit verbundene Zerstörung des gesamten natürlichen Kreislaufes, der nicht einfach durch Aufforsten und andere Methoden wiederhergestellt werden kann. Fehlen beispielsweise für die Orchideen die natürlichen Bestäuber (Kolibris, bestimmte Insekten), geht der Bestand unaufhaltsam zurück.

Trotzdem war diese Verordnung zum Schutz wild lebender Tier- und Pflanzenarten durch Unterbindung des Handels mit ihnen ein wichtiger und notwendiger Schritt zur Erhaltung der Orchideen. Die vom Aussterben bedrohten Arten sind im Anhang 1 des WA, die übrigen im Anhang 2 (gefährdete Arten) aufgeführt. Von den Cattleyen sind im Anhang 1 *C. skinneri* und *C. trianae* enthalten, das bedeutet, ein Handel mit diesen Wildformen ist strengstens untersagt. Unter Handel ist in diesem Sinne auch die Entnahme aus der Natur und die Einfuhr solcher Exemplare bei der Rückkehr aus dem Urlaub oder von einer Geschäftsreise zu verstehen.

Genehmigungen zur Einfuhr aller Wildformen sollten grundsätzlich vorher vom Wohnort aus eingeholt werden. Selbst bei künstlich vermehrten Arten ist es vorteilhaft, sich vor der Einfuhr zu erkundigen, um nach der Reise Nachteile und Beschlagnahmen auszuschließen. Die Unteren Naturschutzbehörden können Auskünfte erteilen. Es sei darauf hingewiesen, dass die Behörden eine derartige Freistellung nur erteilen, wenn ein CITES-Dokument (Convention International Trade Endengered Species) des Ausfuhrlandes vorliegt.

Für Orchideenliebhaber ist es wichtig zu wissen, dass nicht der Besitz von botanischen Arten, sondern der illegale Handel (siehe oben – Einreise in die EU) mit geschützten Wildpflanzen verboten ist. In diesem Zusammenhang sollten wir lernen, streng zu unterscheiden zwischen Arten, die der Natur entnommen werden, und solchen, die aus künstlicher Vermehrung stammen. Schließlich soll ja der Handel mit letzteren gefördert werden – zum Schutze der ersteren. Übrigens stammen künstlich vermehrte Pflanzen nicht nur aus der Samen- oder Meristemvermehrung. Es können auch Teilstücke von Einzelpflanzen sein.

Fast alle Arten der Gattung *Cattleya* sind an ihren natürlichen Standorten mehr oder weniger selten geworden. Auch wenn nicht alle auf der „Roten Liste" stehen, müssen sie geschützt werden. Noch bis in die sechziger Jahre hinein wurden in größerem Umfang Pflanzen aus der Natur entnommen. Durch die Sammelleidenschaft vergangener Zeiten hat nicht nur der Gesamtbestand, sondern auch die Vielfalt der Formen und Farben innerhalb der Arten gelitten.

Der Artenschutz in den Heimatländern der Orchideen ist erst vollkommen, wenn neben dem strengen Verbot der Naturentnahme auch der Zerstörung ihrer natürlichen Standorte Einhalt geboten wird. Trotzdem, auch wenn durch die Ausdehnung der Zivilisation eine ungleich größere Anzahl vernichtet wird, heißt es umdenken – auch im Hinblick auf die Überlebenschancen der Pflanzen in Gefangenschaft. Entnahmen aus der Natur sind nur in genehmigten Ausnahmefällen gestattet! Die Zeit des schnellen Geschäftes mit den vom Aussterben gefährdeten Pflanzenarten muss Vergangenheit sein!

Bestimmung unbekannter Orchideen

Genaue Angaben zur richtigen Pflege einer unbekannten *Cattleya* kann man weder erfragen noch aus der Literatur entnehmen. Deshalb sollte der richtige Name bekannt sein. Meist kann man am Habitus erkennen, ob eine Pflanze zur Verwandtschaft von *Cattleya* gehört. Die Zugehörigkeit zur Gattung sagt die Zahl der Pollinien. Cattleyen haben vier, Laelien acht und Brassavola ebenfalls acht Pollinien. Zur Bestimmung selbst sind morphologische Kenntnisse erforderlich.

Die Merkmale einer Pflanze, besonders die einer Blüte, werden anhand exakter Pflanzenbeschreibungen, möglichst der Originalbeschreibung mit lateinischer Diagnose, analysiert und mit den Merkmalen der unbekannten Orchidee verglichen. Dazu gehört natürlich auch Erfahrung. Einige Merkmale sind bei mehreren Arten anzutreffen. Ist z.B. die Pflanze zweiblättrig, kann man alle einblättrigen Pflanzen bei der Untersuchung unberücksichtigt lassen. In dieser Weise werden auch die anderen Merkmale untersucht, zuletzt bleiben meist zwei mögliche Arten übrig. Eine davon entspricht vollkommen der untersuchten Pflanze und bekommt den ermittelten Namen – vorausgesetzt alle Merkmale wurden richtig erkannt, eingeschätzt und verglichen. Um die Arbeit zu vereinfachen, wurden für viele Gattungen Bestimmungsschlüssel entwickelt, bei denen man mittels aufgeschlüsselter Merkmale bzw. Merkmalgruppen bis hin zum richtigen Namen geführt wird – wiederum nur, wenn alles richtig analysiert wurde.

Bei Cattleyen ist eine Determinierung oft schwierig, da sich z.B. bei *C. labiata* und den mit ihr verwandten Arten die zu einer Bestimmung wichtigen morphologischen Merkmale kaum oder nur wenig unterscheiden. Deshalb müssen meist die Blütezeit, die sich zum Teil aber auch etwas verschieben kann, der Wuchsrhythmus, das Heimatareal und andere schwer fassbare Fakten mit zur Bestimmung herangezogen werden. Bestehen bei einigen Arten schon große Schwierigkeiten, so ist eine exakte Bestimmung bei Hybriden kaum noch möglich, selbst wenn die Erbmerkmale der bei der Züchtung verwendeten Arten bekannt sind.

Orchideenbewertung und Orchideenausstellungen

Orchideenbewertung heißt, dass die besten Pflanzen hinsichtlich einer bestimmten Kategorie – Botanische Art, Hybriden, Blüten, Kulturzustand – nach einem Punktsystem beurteilt und ausgewertet werden. International anerkannte und geschulte Preisrichter mit hohem Fachwissen bewerten die zur Beurteilung eingegangenen Orchideen. Jeder Orchideenfreund kann eine oder mehrere Pflanzen gegen eine Gebühr vorstellen und bewerten lassen.

Mit Erfolg bewertete Pflanzen erhalten einen Sortennamen, den nur vegetativ vermehrte Exemplare dieser Sorte tragen dürfen. Die Pflanzen stellen einen besonderen Wert dar. Die Ergebnisse, mit Beschreibung der Sorte, werden regelmäßig veröffentlicht und können z.B. dem

Züchter helfen, das Vererbungspotential, Entwicklungen und neue Zuchtziele zu erkennen, aber auch dem Gärtner und Amateur Vergleichsdaten liefern.

Auf zahlreichen großen und kleinen Ausstellungen dokumentieren Gärtner und Orchideenfreunde ihre Leistungen und Erfolge auf vielen Gebieten der Orchideenkunde. Hier kann man sich z.B. über neue Züchtungen und Zuchtrichtungen informieren, seltene Arten sehen und viele Orchideengattungen in unendlich vielen Formen und Farben bewundern. Auf den zahlreichen Orchideenschauen finden auch Ausstellungsstand-Bewertungen statt, ebenso werden die besten Pflanzen prämiert.

Die Deutsche Orchideen-Gesellschaft (D.O.G.)

Die D.O.G. wurde 1906 als Gesellschaft zur Förderung der Orchideenkunde gegründet und zwei Jahre später als Orchideenabteilung der Deutschen Gartenbau-Gesellschaft angegliedert. Ununterbrochen bis 1944 bewältigten Vorstand und Mitglieder ihre vielseitigen Aufgaben, die man in mancherlei Hinsicht mit den heutigen vergleichen kann, z.B. Herausgabe einer Zeitschrift, Bestimmung und Bewertung von Orchideen, Monatsversammlungen, Ausstellungen u. a. Bedeutende Persönlichkeiten der Orchideengeschichte wie Pfitzer, Kränzlin, Hennis, Beyrodt, Schlechter, Mannsfeld und später Bohlmann, Ansorge und Müller waren unermüdlich ehrenamtlich tätig. Nach dem Krieg erfolgte eine Wiederbelebung der Aktivitäten durch die Hamburger Orchideenfreunde, die sich seit 1946 wieder trafen und damit das Fundament zum Aufbau der heutigen D.O.G. legten.

Heute vereinigt diese als gemeinnützig anerkannte Gesellschaft weltweit etwa 7000 Orchideenliebhaber, Züchter, Wissenschaftler und Gärtner. Ihre Aufgabe ist das Schützen und Erhalten von Orchideen durch allseitige Förderung der Orchideenkunde. Viele Mitglieder arbeiten in Regionalgruppen. Hier können sie auf den monatlichen Treffen durch Erfahrungs- und Gedankenaustausch, aber auch durch die vielfältigen Veranstaltungen wie Lichtbildervorträge, Exkursionen u. Ä. ihre Kenntnisse über Orchideen erweitern. Gäste und neue Mitglieder sind immer gern gesehen.

Die Geschäftsstelle und die Zentrale der D.O.G., die reichhaltige, für alle Mitglieder nutzbare Bibliothek, die Diathek, das Archiv, ein Naturgarten und andere Einrichtungen befinden sich in der Nähe von Bielefeld, im Flößweg 11, 33758 Schloß Holte-Stukenbrock. Hier kann man sich über die Arbeit der D.O.G., über Mitgliedschaft, Regionalgruppen, Zeitschrift, Bewertungen, Ausstellungen und andere Veranstaltungen informieren.

Das Vereinsorgan der D.O.G. ist „Die Orchidee". Diese reich mit Farbbildern ausgestattete Zeitschrift enthält Beiträge aller Art auf praktischen und wissenschaftlichen Gebieten der Orchideenkunde, Berichte aus aller Welt, aber auch Vereinsnachrichten wie Informationen über zentrale Veranstaltungen, Bewertungen, die Arbeit in den Regionalgruppen usw. Mitglieder bekommen die Zeitschrift kostenlos zugesandt.

Durchschnittlich einmal im Monat wird eine Pflanzenbewertung, zu der einzelne Orchideen vorgestellt werden, jeweils an einem anderen Ort in Deutschland durchgeführt. Gäste und Teilnehmer aus dem Ausland sind dabei keineswegs selten. Fotografische Aufnahmen aller vorgestellten Pflanzen werden in der Diathek aufbewahrt. Weiterhin arbeitet im Rahmen der D.O.G. eine Bestimmungszentrale, das Departement Systematik. Hier werden taxonomische Fragen geklärt sowie von Mitgliedern eingesandte Orchideen determiniert.

Jedes Jahr findet ein D.O.G.-Kongress mit Mitgliederversammlung statt. Internationale Gremien veranstalten alle drei Jahre einen Europäischen (EOC) und einen Welt-Orchideenkongress (WOC). Auf diesen Kongressen, aber auch auf Symposien werden die neuesten Erkenntnisse der Orchideenkunde in Wort und Bild dargestellt. Alle diese Veranstaltungen sind in der Regel mit großen Ausstellungen verbunden.

Auswahl wichtiger Fachbegriffe

Anthere – siehe Staubbeutel
Art – systematische Rangstufe unterhalb der Gattung, eng verwandte Arten sind zu einer Gattung zusammengefasst
Assimilation – Möglichkeit der Pflanze, aus Kohlendioxid und Wasser unter Lichteinwirkung und mit Hilfe ihres Blattgrüns organische Substanz aufzubauen, dabei wird Sauerstoff frei
asymbiotisch – Gegenteil von symbiotisch bzw. Symbiose = Zusammenleben artverschiedener Organismen zum gegenseitigen Nutzen; bei der asymbiotischen Aussaatmethode wird der Keimling mittels Nährmedium künstlich ernährt, im Gegensatz zur natürlichen Ernährung, die mit Hilfe von Wurzelpilzen erfolgt (symbiotisch)
äußere Tepalen – äußere Blütenblätter (Sepalen = eigentlich Kelchblätter)
Autogamie – Selbstbefruchtung einer Blüte durch eigenen Pollen
Basionym – Bezeichnung, die eine Pflanze bei ihrer Erstbeschreibung erhielt (Grund- bzw. erstes Synonym); gilt als historischer Name vor einer Umbenennung
Bastard – siehe Hybride
Blockkultur – Pflege von Pflanzen am Block (Holzstück, Ast, Borke) mit wenig Pflanzstoff; entspricht der natürlichen Lebensweise vieler Orchideen
Blüteninduktion – Blütenbildung, die durch bestimmte Umweltbedingungen (Reizwirkung) verursacht wird
Blütenscheide – siehe Scheide
Braktee – Deck- bzw. Tragblatt, aus dessen Achsel die Blüten erscheinen
Caudiculum – klebriger Fortsatz der Pollinien
Chlorophyll – Blattgrün, wirkt beschleunigend bei der Assimilation
Chromosomen – Bestandteile des Zellkernes (Kernschleifen bzw. Kernfäden), Träger der Erbanlagen
Columna – siehe Säule
Diagnose – Beschreibung der botanische Merkmale einer Art (muss bei einer Erstbebeschreibung in lateinischer Sprache erfolgen)
diploid – Bezeichnung für den doppelten Chromosomensatz (2n)
dorsales Sepalum – zur Ober- bzw. Rückseite gerichtetes Blütenblatt des äußeren Blütenblattkreises
endemisch – das Vorkommen einer Pflanzenart in einem eng begrenzten geographischen Gebiet
endständig – d.h., auf der Pseudobulbe stehend
Epichil – Vorderlappen einer gegliederten Lippe
Epiphyt – Pflanze, die auf Ästen oder am Stamm von Gehölzen wächst (epiphytische Lebensweise)
fertil – fruchtbar, auch ertrags- bzw. keimfähig
Filament – Staubfaden
forma (f.) – Form, systematische Rangstufe unterhalb der Art bzw. Varietät, weicht meist nur in einem Merkmal von der höheren ab
Gattung – systematische Kategorie unterhalb der Familie bzw. oberhalb der Art, z.B. Orchideengattung *Cattleya*
Gattungsbastard – Hybride zwischen Arten verschiedener Gattungen
generativ – geschlechtlich (geschlechtliche Vermehrung)
Genus – siehe Gattung
Grex – Nachkommen einer künstlichen Kreuzung zwischen genetisch verschiedenen Eltern (Hybridenschwarm)
Gynostemium – siehe Säule
Habitus – arteigene Wuchsform
haploid – Bezeichnung für den einfachen Chromosomensatz (n)
Herbarbeleg – konservierte Pflanzenteile (das Hinterlegen eines H. in einem öffentlich zugänglichen Herbarium ist eine Bedingung zur Anerkennung einer neu beschriebenen Pflanze)
Herbarium – Sammelstätten für Herbarbelege (siehe dort)
Holotypus – Typusexemplar, auf dem eine Erstbeschreibung basiert
Hortus (hort.) – anonym publizierter, im Gartenbau gebräuchlicher Name
Hybride – Kreuzungsprodukt genetisch verschiedener Eltern
Hypochil – Lippenbasis, Lippengrund, hinterer Teil einer gegliederten Lippe

Infloreszenz – Blütenstand
innere Tepalen – innere Blütenblätter (Petalen)
Internodium – Sprossteil zwischen zwei Knoten
Kallus – artspezifisches, meist fleischiges Gewebe auf der Lippe
Keiki – siehe Kindel
Kindel – Seitensprosse, die schon an der Mutterpflanze Wurzeln treiben (zur vegetativen Vermehrung verwendbar)
Kleistogamie – Selbstbestäubung (in geschlossener Blüte)
Klinandrium – Hohlraum an der Spitze der Säule, in den die Anthere hineinragt
Klon, Klone – Nachkommen gleicher Erbmasse; Pflanzen, die durch vegetative Vermehrung von einem Exemplar abstammen
Kultivar (**cv.**) – Kulturvarietät, Sorte, Gartenvarietät, Klon; einheitlich durchgezüchtete Sorte oder nur vegetativ zu vermehrende, selektierte Pflanzen
Labellum – siehe Lippe
lateral – seitlich
Lippe – Blütenblatt des inneren Blütenblattkreises, meist in Farbe, Form und Größe von den anderen Petalen abweichend (siehe dort); oft Landeplatz für das bestäubende Insekt
Lithophyt – Pflanze, die auf steinigem oder felsigem Untergrund wächst (lithophytische Lebensweise)
Lux (**lx**) – Maßeinheit für die Beleuchtungsstärke
Meriklone – durch Gewebekultur vermehrte Orchideen
Meristem – Bildungs- oder Teilungsgewebe (Meristemgewebe)
Meristemkultur – vegetative Vermehrungsmethode durch sterile Isolation und Weiterkultur von Meristemgewebe
Mesochil – mittlerer Teil einer gegliederten Lippe, Mittellappen
Mikrosiemens (µS) – Maß für die Leitfähigkeit (daraus kann der Gesamtsalzgehalt des Gießwassers errechnet werden)
monopodial – unbegrenztes Spitzenwachstum des Hauptsprosses, die Seitensprosse sind stets nur schwach entwickelt

Morphologie – Lehre von der äußeren Form oder Gestalt der Pflanzen (Beschreibung der Unterschiede – vergleichende M.)
Narbe – oberer Teil des Stempels bzw. der Fruchtblätter (an der Innenseite der Säule)
Naturhybride, Naturbastard – in der Natur entstandene Hybride (zwischen Gattungs- und Artnamen steht ein ×)
Nodien – Ansatzstelle von Blattorganen (Knoten), teilweise verdickt
nomen conservandum – geschützter und daher beizubehaltender Name (wäre von Rechts wegen ungültig)
nomen dubium – nicht mit Sicherheit zu deutender Name
nomen novum – neu veröffentlichter Name
nomen nudum – Pflanzenname, der ohne gültige Beschreibung veröffentlicht wurde
Ovarium – Fruchtknoten; durch Fruchtblätter gebildeter Hohlraum mit den Samenanlagen
Petalen – innere Blütenblätter, innere Tepalen
Photoperiodismus – Einfluss der Dauer der Lichteinwirkung (Tageslänge) auf die Blütenbildung
Pollinarium – Pollenmasse mit klebrigem Fortsatz bzw. Stielchen und Klebkörper
Pollinium, Pollinien – verklebte Masse von Pollenkörnern eines Pollenpaketes (Pollenmasse)
polyploid – Bezeichnung für mehrfachen Chromosomensatz
Primärhybride – Hybride zwischen zwei Arten
Protocorm – Keimknöllchen, kreiselähnliche Zellhaufen
Pseudobulbe – Scheinbulbe; verdicktes fleischiges Speicherorgan bei sympodial wachsenden Orchideen (sympodialer Spross)
Resupination – Drehung der Blüten um etwa 180° (vorwiegend durch die Drehung des Fruchtknotens)
Rostellum – Teil des mittleren Narbenlappens, fleischiges Trennungsglied zwischen Narbe und Pollinarium
rudimentär – nicht vollständig ausgebildet, verkümmert
Säule – Verwachsungsprodukt zwischen Staubblatt, Griffel und Narbe

Scheide – Hochblatt (verbreiterter basaler Blattabschnitt), das bei Cattleyen den knospigen Blütenstand als Schutzhülle umgibt
Schlund – röhren- bzw. tütenförmiger Teil der Lippe bei Cattleyen
Sepalen – äußere Blütenblätter, äußere Tepalen (eigentlich Kelchblätter)
Spatha – Blütenscheide, siehe Scheide
Spezies (**spec.**) – siehe Art
Staubbeutel – enthält den zu Paketen verklebten Blütenstaub (Pollenpakete, Pollinien)
Staubblatt – bestehend aus Staubfaden (mit dem Griffel zur Säule verwachsen) und Staubbeutel
Subspezies (**ssp.**) – Unterart, systematische Rangstufe unterhalb der Art
sukkulent – saftreich, wasserspeichernd, oft fleischig verdickt
Symbiose – Lebensgemeinschaft zum beiderseitigen Nutzen, bei Orchideen mit Wurzelpilzen
sympodial – bezeichnet eine Wuchsform, bei Cattleyen schließt der Spross sein Wachstum mit einer Pseudobulbe (sympodialer Spross) ab; wird auch als begrenztes Spitzenwachstum bezeichnet
Synonym (**syn.**) – anderer, nicht gebräuchlicher Name für die gleiche Pflanze
Systematik – Lehre von der Einordnung; Verwandtschaftsforschung bei Pflanzen mit Hilfe von morphologischen, anatomischen, zytologischen, genetischen, pflanzengeographischen u. a. Untersuchungen (Teilgebiete sind u. a. Taxonomie und Phylogenie)

Taxonomie – Teilgebiet der Systematik mit der Aufgabe, Organismen zu benennen, zu beschreiben, zu bestimmen und in ein System einzuordnen (Taxon = Systemeinheit, Rangstufe)
Tepalen – gleichartige Glieder (Blütenblätter) einer Blütenhülle, die nicht in Kelch und Krone gegliedert ist (Orchideen, Tulpen)
terminal – endständig
terrestrisch – auf der Erde wachsend
Testa – Samenhülle
tetraploid – vierfacher haploider Chromosomensatz
Typus – der Beschreibung einer Pflanze zugrunde liegendes Exemplar (Erstbeschreibung – siehe Holotypus); in der Taxonomie ein für die gesamte Rangstufe (Untergattung, Sektion) typisches Taxon, nach welchem diese Rangstufe ihren Namen erhielt, z.B. ist *C. guttata* die Typusart für die Sektion *Guttatae*
Variation – Veränderung im Erscheinungsbild einer Pflanze, meist in der Blütenfarbe, -form und -größe
Varietät (**var.**) – systematische Rangstufe unterhalb der Art, meist Abweichung von der Art in mehr als nur einem Merkmal
Vegetationsperiode – Hauptwachstumszeit der Pflanzen
Vegetative Vermehrung – ungeschlechtliche Fortpflanzung durch Teilen einer Pflanze oder durch Meristemvermehrung
Velamen – äußere Schicht um die Luftwurzeln bei Epiphyten; dient der kapillaren Wasserversorgung

Alphabetische Liste der Abkürzungen für Cattleya und verwandte Gattungen sowie Gattungshybriden mit Cattleya

Abkürzung	Gattung bzw. Gattungshybride	Abkürzung	Gattung bzw. Gattungshybride
Alna.	Allenara	Krsa.	Kraussara
Ariz.	Arizara	Kwmta.	Kawamotoara
B.	Brassavola	L.	Laelia
Bark.	Barkeria	Lc.	Laeliocattleya
Bc.	Brassocattleya	Lcka.	Laeliocattkeria
Bish.	Bishopara	Lctna.	Laeliocatonia
Blc.	Brassolaeliocattleya	Lpt.	Leptotes
Bro.	Broughtonia	Lpya.	Laeliopleya
Bui	Buiara	Lyon.	Lyonara
Bwna.	Brownara	Mai.	Mailamaiara
C.	Cattleya	Miz.	Mizutara
Cka.	Cattkeria	Msda.	Matsudara
Cook.	Cookara	Mymra.	Maymoirara
Clrthr.	Caularthron	Nrna.	Northenara
Ctna.	Cattleytonia	Opsct.	Opsiscattleya
Ctps.	Cattleyopsis	Osmt.	Osmentara
Ctts.	Cattotes	Otr.	Otaara
Dek.	Dekensara	Pot.	Potinara
Diaca.	Diacattleya	Recc.	Recchara
Diacm.	Diacrium	Rolf.	Rolfeara
Dialc.	Dialaeliocattleya	Roth.	Rothara
Epc.	Epicattleya	Sc.	Sophrocattleya
Epctn.	Epicatonia	Schom.	Schomburgkia
Epi.	Epidendrum	Scu.	Scullyara
Eplc.	Epilaeliocattleya	Smbc.	Schombocattleya
Esta.	Estelaara	Smbcna.	Schombocatonia
Ferg.	Fergusonara	Slc.	Sophrolaeliocattleya
Fia.	Fialoara	Soph.	Sophronitis
Fjw.	Fujiwarara	Stac.	Stacyara
Hasgw.	Hasegawaara	Stlma.	Stellamizutaara
Hatt.	Hattoriara	Tbwa.	Turnbowara
Hbtr.	Herbertara	Ttct.	Tetracattleya
Hgsh.	Higashiara	Ttma.	Tetramicra
Hknsa.	Hawkinsara	Tuck.	Tuckerara
Hook.	Hookerara	Vach.	Vacherotara
Hwkra.	Hawkesara	Vja.	Vejvarutara
Iwan.	Iwanagara	Vnra.	Vaughnara
Izma.	Izumiara	Wbchg.	Wilburchangara
Jwa.	Jewellara	Wsta.	Westara
Jya.	Johnyeeara	Yam.	Yamadara
Kir.	Kirchara	Yhra.	Yahiroara

Abkürzungen und Namen von Personen um Cattleya, insbesondere Autoren der Arten, Varietäten und Naturhybriden

Abkürzung	Namen, Lebensdaten
André	Édouard François André (1840 bis 1911), franz. Gärtner und Fachschriftsteller
A. Rich.	Achille Richard (1794 bis 1852), franz. Botaniker
Backh. f.	James Backhouse (1825 bis 1890), engl. Botaniker und Gärtner
Barb. Rodr.	João Barbosa Rodrigues (1842 bis 1909), brasilian. Botaniker
Batem.	James Bateman (1811 bis 1897), engl. Orchideenspezialist
Beer	Johann Georg Beer (1803 bis 1873), österr. Orchideenspezialist
Bicalho	Hamilton Dias Bicalho (1933 bis 2001) brasilian. Botaniker
Braem	Guido J. Braem, belg.-deutsch. Botaniker
Brieger	Friedrich Gustav Brieger (1900 bis 1985), deutsch. Botaniker in Brasilien
B. S. Williams	Benjamin Samuel Williams (1824 bis 1890), engl. Handelsgärtner und Fachschriftsteller
Campacci	Marcos Antonio Campacci (geb. 1948), brasilian. Botaniker
Carr.	Élie Abel Carrière (1818 bis 1896), franz. Botaniker, Gärtner
C. Morr.	Charles François Antoine Morren (1807 bis 1858), belg. Botaniker und Gärtner
Cogn.	Alfred Celestin Cogniaux (1841 bis 1916), belg. Botaniker
Duchartre	Pierre Étienne Simon Duchartre (1811 bis 1894), franz. Botaniker
Dumort. (Dum.)	Graf Barthélemy Charles Joseph Dumortier (1797 bis 1878), belg. Botaniker
E. Morr.	Charles Jaques Édouard Morren (1833 bis 1886), belg. Botaniker
Fowl.	Jack A. Fowlie (1929 bis 1993), amerikan. Arzt und Botaniker
Gardn.	George Gardner (1812 bis 1849), engl. Botaniker und Forschungsreisender
Graham	Graham, Prof. der Botanik in Edinburgh
Hartw.	Karl Theodor Hartweg (1812 bis 1871), deutsch. Pflanzensammler für die Royal Horticultural Society
H. B. K.	Friedrich Wilhelm Heinrich Alexander von Humboldt (1769 bis 1859), deutsch. Naturforscher Aimé Jacques Alexandre Goujaud dit Bonpland (1773 bis 1858), franz. Botaniker Carl Sigismund Kunth (1788 bis 1850), deutsch. Botaniker
Hoehne	Frederico Carlos Hoehne (1832 bis 1959) deutsch-brasilian. Botaniker
Hoffmgg.	Johann Centurius Graf von Hoffmannsegg (1766 bis 1849), deutsch. Botaniker
Hook.	Sir William Jackson Hooker (1785 bis 1865), engl. Botaniker
Hook. f.	Sir Joseph Dalton Hooker (1817 bis 1911), engl. Botaniker
Houllet	R. J. B. Houllet (1811 bis 1890), franz. Gärtner und Forschungsreisender
Kerch.	Oswald Charles Eugène Marie Ghislain de Kerchove de Denterghem (1844 bis 1906), belg. Gärtner und Fachschriftsteller

Abkürzung	Namen, Lebensdaten
Klinge	Joannes Christoph Klinge (1851 bis 1902), deutsch. Botaniker in Estland und Russland
Klotzsch (Kl.)	Johann Friedrich Klotzsch (1805 bis 1860), deutsch. Botaniker
Kraenzl.	Friedrich Wilhelm Ludwig Kränzlin (1847 bis 1934), deutsch. Botaniker
L. C. Menezes	Lou C. Menezes, brasilian. Botanikerin
Lem.	Antoine Charles Lemaire (1800 bis 1871), franz. Botaniker und Gärtner
Lind.	Jean Jules Linden (1817 bis 1898), luxemb.-belg. Gärtner, Forschungsreisender
Lindl.	John Lindley (1799 bis 1865), engl. Botaniker
L. Lind.	Lucien Linden (1853 bis 1840; Sohn von Jean Jules Linden), luxemb.-belg. Gärtner
Lodd.	George Loddiges (1784 bis 1846), engl. Gärtner und Botaniker
N. E. Br.	Nicholas Edward Brown (1849 bis 1934), engl. Botaniker
Nichols.	George Nicholson (1847 bis 1908), engl. Gärtner und Fachschriftsteller
O'Brien	James O'Brien (1842 bis 1930), engl. Orchideenspezialist
Pabst	Guido Frederico João Pabst (1914 bis 1980), deutsch-brasil. Botaniker
Paxt.	Sir Joseph Paxton (1803 bis 1865), engl. Botaniker und Gärtner
P. H. Allen	Paul Hamilton Allen (1911 bis 1963), nordamerikan. Botaniker
P. N. Don	Patrick N. Don (1806 bis 1876), engl. Gärtner und Fachschriftsteller
Rchb. f.	Heinrich Gustav Reichenbach (1824 bis 1889), deutsch. Botaniker
Regel	Eduard August von Regel (1815 bis 1892), deutsch. Botaniker und Gärtner in Russland
Rodig.	Émile Rodigas (1831 bis 1902), belg. Botaniker
Roezl	Benedict Roezl (1824 bis 1885), tschech./österr. Forschungsreisender und Pflanzensammler
Rolfe	Robert Allen Rolfe (1855 bis 1921), engl. Botaniker
Sand./Sander	Heinrich Friedrich (Henry Frederic) Conrad Sander (1847 bis 1920), deutsch-engl. Gärtner und Fachschriftsteller
Scheidw.	Michel Joseph François Scheidweiler (1799 bis 1861), deutsch-belg. Botaniker und Gärtner
Schltr.	Friedrich Richard Rudolf Schlechter (1872 bis 1925), deutsch. Botaniker
Schomb.	Sir Richard Moritz Schomburgk (1811 bis 1891), deutsch. Botaniker Sir Robert Hermann Schomburgk (1804 bis 1865), deutsch. Forschungsreisender
Stein	Berthold Stein (1847 bis 1899), deutsch. Gärtner und Fachschriftsteller
T. Moore	Thomas Moore (1821 bis 1887), engl. Botaniker
Van Houtte	Louis van Houtte (1810 bis 1876), belg. Gärtner, Fachschriftsteller und Forschungsreisender
Vedovello	Pedro Luiz Vedovello (1954 bis 1994), brasilian. Botaniker
Veitch	John Gould Veitch (1839 bis 1870), engl. Gärtner und Fachschriftsteller
Vell.	José Mariano da Conceição Vellozo (auch Velloso) (1742 bis 1811), brasilian. Botaniker

Abkürzung	Namen, Lebensdaten
Versch.	Ambroise Verschaffelt (1825 bis 1886), belg. Gärtner und Fachschriftsteller
Walpers	Wilhelm Gerhard Walpers (1816 bis 1853), deutsch. Botaniker
Warner	Robert Warner (1814 bis 1896), engl. Orchideenspezialist und Fachschriftsteller
Warszewicz	Jòzef von Warszewicz (1812 bis 1866), litauisch-poln. Gärtner, Forschungsreisender und Pflanzensammler
Withner	Dr. Carl Withner, Bellingham; Prof. Emeritus of Biology of Brooklyn College, City University of New York

hort. = hortorum (der Gärten) bzw. hortulanorum (der Gärtner)
Anon. = Anonymus

Entdeckung und Erstbeschreibung der Cattleya-Arten

Cattleya-Art	entdeckt von	wann	Erstbeschreibung von	wann	wo
aclandiae	James	1839	Lindley	1840	Edwards's Botanical Register
amethystoglossa	Prinz		Linden et Reichenbach fil. ex Warner	1862	Select Orchidaceous Plants
araguaiensis			Pabst	1967	Orquídea
aurantiaca	Skinner/Karwin	1835	(Bateman ex Lindley) P. N. Don	1840	Floral Journal
bicolor	Descourtilz		Lindley	1836	Edwards's Botanical Register
bowringiana	v. Türkheim	1884	Veitch ex O'Brien	1885	The Gardeners' Chronicle
deckeri	Ehrenberg	1855	Klotzsch	1855	Allgemeine Gartenzeitung
dolosa		um 1870	Reichenbach fil.	1876	The Gardeners' Chronicle
dormaniana	Blunt	1879	Reichenbach fil.	1882	The Gardeners' Chronicle
dowiana	v. Warszewicz	1850	Bateman	1866	The Gardeners' Chronicle
eldorado	Wallis	1866	Linden ex Van Houtte	1869	Flore des Serres et des Jardins de l'Europe
elongata		1876	Barbosa Rodrigues	1877	Genera et species orchidearum novarum
forbesii	Vellozo?	vor 1790	Lindley	1826?	Collectanea Botanica
gaskelliana	Seidl	1883	Sander ex Reichenbach fil.	1883	The Gardeners' Chronicle
granulosa	Hartweg	1840	Lindley	1842	Edwards's Botanical Register
guttata	Gordon Vellozo	1827 vor 1790	Lindley	1831	Edwards's Botanical Register
harrisoniana	Harrison	1836	Bateman ex Lindley	1836	Edwards's Botanical Register
intermedia	Harris	1824	Graham	1828	Curtis's Botanical Magazine

Cattleya-Art	entdeckt von	wann	Erstbeschreibung von	wann	wo
iricolor		1870	Reichenbach fil.	1874	The Gardeners' Chronicle
jenmanii	Jenman	1906	Rolfe	1906	Kew Bulletin
kerrii	Oliveira	1967	Brieger et Bicalho	1976	Bradea
labiata	Swainson	1818	Lindley	1821?	Collectanea Botanica
lawrenceana	Schomburgk	1842	Reichenbach fil.	1885	The Gardeners' Chronicle
leopoldii	Devos	1850	Verschaffelt ex Lemaire	1854	L'Illustration Horticole
loddigesii	Woodforde Vellozo?	1810 vor 1790	Lindley	1821?/ 1826?	Collectanea Botanica
lueddemanniana		um 1850	Reichenbach fil.	1854	Xenia Orchidacea
luteola		vor 1852	Lindley	1853	The Gardeners' Chronicle
maxima	Ruiz und Pavon	1777	Lindley	1831	The Genera and Species of Orchidaceous Plants
mendelii		1870	Backhouse	1872	Floral Magazine
mooreana	Bloßfeld Bungeroth?	1940 1892?	Withner, Allison et Guenard	1988	The Cattleyas and their Relatives
mossiae	Ward/ Alderson	1836	Hooker	1838	Curtis's Botanical Magazine
nobilior	Sammler der Fa. Linden	1883	Reichenbach fil.	1883	L'Illustration Horticole
percivaliana	Arnold	1881	(Reichenbach fil.) O'Brien	1883	The Gardeners' Chronicle
porphyroglossa	Sammler der Fa. Linden	1856	Linden et Reichenbach fil.	1856	Allgemeine Gartenzeitung
quadricolor	Roezl	um 1850	Lindley ex Bateman	1864	The Gardeners' Chronicle
rex	Bungeroth Linden?	1888	O'Brien	1890	The Gardeners' Chronicle
schilleriana		1857	Reichenbach fil.	1857	Allgemeine Gartenzeitung
schofieldiana		1879	Reichenbach fil.	1882	The Gardeners' Chronicle
schroederae	Sammler der Fa. Linden	1885	(Reichenbach fil.) Sander	1888	The Gardeners' Chronicle
silvana	E. F. da Silva	1976	Pabst	1976	Bradea

Cattleya-Art	entdeckt von	wann	Erstbeschreibung von	wann	wo
skinneri	Skinner	1836	Bateman	1838	The Orchidaceae of Mexico and Guatemala
tenuis	Martinho	1983	Campacci et Vedovello	1983	Circulo Paulista de Orquidófilos
trianae	Triana	um 1850	Linden ex Linden et Reichenbach fil.	1860	Botanische Zeitung
velutina		1870	Reichenbach fil.	1870	The Gardeners' Chronicle
violacea	Humboldt/ Bonpland	um 1800	(Humboldt, Bonpland, Kunth) Rolfe	1889	The Gardeners' Chronicle
walkeriana	Gardner/ Walker	1839/ 40	Gardner	1843	Journal of Botany
warneri	Binot	um 1860	T. Moore	1862	Select Orchidaceous Plants
warszewiczii	v. Warszewicz	1848	Reichenbach fil.	1854	Bonplandia

Synonymie der Gattung Cattleya

Synonyme sind Artbezeichnungen, die gegenwärtig nicht verwendet werden. Sie entstehen durch meist unbewusste Mehrfachbeschreibung derselben Pflanze. Der zurzeit gültige Name ist in der Regel der zuerst veröffentlichte (nach dem gegenwärtigen Wissensstand).

Synonym	zurzeit gültige Bezeichnung
×*Lc. dormaniana* (Rchb. f.) Rolfe	*C. dormaniana* (Rchb. f.) Rchb. f.
Bro. aurea Lindl.	*C. aurantiaca* (Batem. ex Lindl.) P. N. Don
C. aclandiae var. *schilleriana* (Rchb. f.) Jennings	*C. schilleriana* Rchb. f.
C. alexandrae L. Lind. et Rolfe	*C. elongata* Barb. Rodr.
C. aliciae Lind.	*C. mossiae* Hook.
C. alutacea Barb. Rodr.	*C. velutina* Rchb. f.
C. amabilis Lindl. ex Du Buysson	*C. intermedia* Grah.
C. amethystina C. Morr.	*C. intermedia* Grah.
C. amethystoglossa Lind. et Rchb. f.	*C. porphyroglossa* Lind. et Rchb. f.
C. amethystoglossa var. *sulphurea* Rchb. f.	*C. amethystoglossa* Lind. et Rchb. f. ex Warner
C. aquinii Barb. Rodr.	*C. intermedia* Grah.
C. arembergii Scheidw.	*C. loddigesii* Lindl.
C. aurea Lind.	*C. dowiana* Batem.
C. autumnalis hort. Veitch ex O'Brien	*C. bowringiana* Veitch ex O'Brien
C. bassettii hort.	*C. lueddemanniana* Rchb. f.
C. blossfeldiana Krackowitzer nom. nud.	*C. mooreana* Withner, Allison et Guenard
C. bogotensis Lind. ex E. Morr.	*C. trianae* Lind. ex Lind. et Rchb. f.
C. bulbosa Lindl.	*C. walkeriana* Gardn.
C. candida (Kunth) Lem.	*C. quadricolor* Lindl. ex Batem.
C. carrieri Houllet	*C. mossiae* Hook.
C. caucaensis Roezl ex Ballif.	*C. quadricolor* Lindl. ex Batem.
C. chocoensis Lind. et André	*C. quadricolor* Lindl. ex Batem.
C. crocata Rchb. f.	*C. eldorado* Lind. ex Van Houtte
C. cupidon hort.	*C. mendelii* Backh.
C. dawsoniana Warner	*C. lueddemanniana* Rchb. f.
C. dijanceana hort. ex Rolfe	*C. porphyroglossa* Lind. et Rchb. f.
C. edithiana Warner ex Williams	*C. mossiae* Hook.
C. elatior Lindl.	*C. guttata* Lindl.
C. epidendroides hort., ad not. Rchb. f.	*C. luteola* Lindl.
C. eximia Barb. Rodr.	*C. dolosa* Rchb. f. (Rchb. f.)
C. flavida (*C. florida*) Klotzsch	*C. luteola* Lindl.
C. fragrans Barb. Rodr.	*C. velutina* Rchb. f.
C. fulva Beer	*C. forbesii* Lindl.
C. gardneriana Rchb. f.	*C. walkeriana* Gardn.
C. gigas Lind. et André	*C. warszewiczii* Rchb. f.
C. gloriosa Carr.	*C. warszewiczii* Rchb. f.
C. granulosa var. *dijanceana* hort. ex Rolfe	*C. porphyroglossa* Lind. et Rchb. f.

Synonym	zurzeit gültige Bezeichnung
C. granulosa var. schofieldiana (Rchb. f.) Veitch	C. schofieldiana Rchb. f.
C. guayana G. C. K. Dunsterville	C. jenmanii Rolfe
C. guttata var. keteleerii Houllet	C. amethystoglossa Lind. et Rchb. f. ex Warner
C. guttata var. leopoldii (Versch. ex Lem.) Lem.	C. leopoldii Versch. ex Lem.
C. guttata var. lilacina Rchb. f.	C. amethystoglossa Lind. et Rchb. f. ex Warner
C. guttata var. prinzii Rchb. f.	C. amethystoglossa Lind. et Rchb. f. ex Warner
C. guttata var. russeliana Hook.	C. leopoldii Versch. ex Lem.
C. harrisoniae Batem.	C. harrisoniana Batem. ex Lindl.
C. harrisonii P. N. Don	C. harrisoniana Batem. ex Lindl.
C. holfordii hort., ad not. Rchb. f.	C. luteola Lindl.
C. imperialis hort. ex Veitch	C. warszewiczii Rchb.f .
C. intermedia var. variegata Hook.	C. harrisoniana Batem. ex Lindl.
C. isopetala Beer	C. forbesii Lindl.
C. kimballiana L. Lind. et Rodig.	C. trianae Lind. ex Lind. et Rchb. f.
C. labiata trianae var. schroederiana Rchb. f.	C. trianae Lind. ex Lind. et Rchb. f.
C. labiata var. atropurpurea Lindl. ex Paxt.	C. mossiae Hook.
C. labiata var. autumnalis L. Lind.	C. labiata Lindl.
C. labiata var. bella Rchb. f.	C. mendelii Backh.
C. labiata var. candida Lindl. et Paxt.	C. mossiae Hook.
C. labiata var. dawsoniana (Warner) Du Buysson	C. lueddemanniana Rchb. f.
C. labiata var. dowiana (Batem.) Veitch	C. dowiana Batem.
C. labiata var. eldorado (Lind. ex Van Houtte) Veitch	C. eldorado Lind. ex Van Houtte
C. labiata var. gaskelliana Anon.	C. gaskelliana Sander ex Rchb. f.
C. labiata var. lueddemanniana (Rchb. f.) Rchb. f.	C. lueddemanniana Rchb. f.
C. labiata var. mendelii Rchb. f.	C. mendelii Backh.
C. labiata var. mossiae (Hook.) Lindl.	C. mossiae Hook.
C. labiata var. percivaliana Rchb. f.	C. percivaliana (Rchb. f.) O'Brien
C. labiata var. picta Lindl. et Paxt.	C. mossiae Hook.
C. labiata var. rex Stein	C. rex O'Brien
C. labiata var. roezlii Rchb. f.	C. lueddemanniana Rchb. f.
C. labiata var. schroederae (alba) Sander	C. schroederae (Rchb. f.) Sander
C. labiata var. trianae (Lind. et Rchb. f.) Duchartre	C. trianae Lind. ex Lind. et Rchb. f.
C. labiata var. trianae subvar. chocoensis Veitch	C. quadricolor Lindl. ex Batem.
C. labiata var. vera Veitch	C. labiata Lindl.
C. labiata var. warneri Veitch	C. warneri T. Moore
C. labiata var. warocqueana (L. Lind. ex Kerch.) Rolfe	C. labiata Lindl.
C. labiata var. warszewiczii (Rchb. f.) Rchb. f.	C. warszewiczii Rchb. f.
C. labiata var. wilsoniana Rchb. f.	C. lueddemanniana Rchb. f.

Synonym	zurzeit gültige Bezeichnung
C. lawrenceana Warsz. fide Rchb. f.	C. dowiana Batem.
C. lemoniana Lindl.	C. labiata Lindl.
C. loddigesii var. amethystina Lem.	C. intermedia Grah.
C. loddigesii var. harrisoniae (Batem.) Veitch	C. harrisoniana Batem. ex Lindl.
C. macmorlandii Nichols.	C. eldorado Linden ex Van Houtte
C. malouana Lind.	C. lueddemanniana Rchb. f.
C. maritima Lindl.	C. intermedia Grah.
C. maxima var. malouana Lind. et Rodig.	C. maxima Lindl.
C. meyeri Regel	C. luteola Lindl.
C. modesta Meyer	C. luteola Lindl.
C. mossiae Schomb.	C. lawrenceana Rchb. f.
C. mossiae var. autumnalis hort.	C. lueddemanniana Rchb. f.
C. ovata Lindl.	C. intermedia Grah.
C. papeiansiana C. Morr.	C. harrisoniana Batem. ex Lindl.
C. patinii Cogn.	C. deckeri Klotzsch
C. pauper (Vell.) Stellfeld	C. forbesii Lindl.
C. princeps Barb. Rodr.	C. walkeriana Gardn.
C. pumila Schomb.	C. lawrenceana Rchb. f.
C. purpurina Barb. Rodr.	C. amethystoglossa Lind. et Rchb. f. ex Warner
C. quadricolor var. eldorado (Lind. ex Van Houtte) E. Morr. et André DeVos	C. eldorado Lind. ex Van Houtte
C. regnelli Warner	C. schilleriana Rchb. f.
C. roezlii Rchb. f.	C. lueddemanniana Rchb. f.
C. sanderiana hort.	C. warszewiczii Rchb. f.
C. schomburgkii Lodd.	C. violacea (H. B. K.) Rolfe
C. schroederiana Rchb. f.	C. walkeriana Gardn.
C. skinneri Batem. var. bowringiana (Veitch ex O'Brien) Kraenzl.	C. bowringiana Veitch ex O'Brien
C. skinneri var. autumnalis P. H. Allen	C. deckeri Klotzsch
C. skinneri var. parviflora Lindl.	C. deckeri Klotzsch
C. skinneri var. patinii (Cogn.) Schltr.	C. deckeri Klotzsch
C. speciosissima hort.	C. lueddemanniana Rchb. f.
C. speciosissima var. buchmanniana hort.	C. lueddemanniana Rchb. f.
C. speciosissima var. lowii Anderson	C. lueddemanniana Rchb. f.
C. sphenophora C. Morr.	C. guttata Lindl.
C. sulphurea hort.	C. luteola Lindl.
C. superba R. Schomb. ex Lindl.	C. violacea (H. B. K.) Rolfe
C. tigrina A. Rich.	C. guttata Lindl.
C. trianae var. schroederae Rchb. f.	C. schroederae (Rchb. f.) Sander
C. trichopiliochila Barb. Rodr.	C. eldorado Lind. ex Van Houtte
C. trilabiata Barb. Rodr.	C. warneri T. Moore
C. urselii hort. Schiller, ad not. Rchb. f.	C. luteola Lindl.
C. velutina var. alutacea (Barb. Rodr.) Cogn.	C. velutina Rchb. f.

Synonym	zurzeit gültige Bezeichnung
C. vestalis Hoffmgg.	*C. forbesii* Lindl.
C. virginialis Lind. et André	*C. eldorado* Lind. ex Van Houtte
C. walkeriana var. *dolosa* Veitch	*C. dolosa* (Rchb. f.) Rchb. f.
C. walkeriana var. *nobilior* Veitch	*C. nobilior* Rchb. f.
C. wallisii Lind. et Rchb. f.	*C. eldorado* Lind. ex Van Houtte
C. warocqueana L. Lind. ex Kerch.	*C. labiata* Lindl.
Cym. violaceum H. B. K.	*C. violacea* (H. B. K.) Rolfe
Epi. acklandiae (Lindl.) Rchb. f.	*C. aclandiae* Lindl.
Epi. amethystoglossum (Lind. et Rchb. f.) Rchb. f.	*C. porphyroglossa* Lind. et Rchb. f.
Epi. aurantiacum Batem. ex Lindl.	*C. aurantiaca* (Batem. ex Lindl.) P. N. Don
Epi. aureum (Lindl.) Lindl.	*C. aurantiaca* (Batem. ex Lindl.) P. N. Don
Epi. bicolor (Lindl.) Rchb. f.	*C. bicolor* Lindl.
Epi. canaliculatum Vell.	*C. loddigesii* Lindl.
Epi. dolosum Rchb. f.	*C. dolosa* (Rchb. f.) Rchb. f.
Epi. elatius Rchb. f.	*C. guttata* Lindl.
Epi. elatius var. *leopoldii* (Versch. ex Lem.) Rchb. f.	*C. leopoldii* Versch. ex Lem.
Epi. elatius var. *prinzii* Rchb. f.	*C. amethystoglossa* Lind. et Rchb. f. ex Warner
Epi. elegans Vell.	*C. guttata* Lindl.
Epi. forbesii (Lindl.) Rchb. f.	*C. forbesii* Lindl.
Epi. granulosum (Lindl.) Rchb. f.	*C. granulosa* Lindl.
Epi. harrisonianum (Batem. ex Lindl.) Rchb. f.	*C. harrisoniana* Batem. ex Lindl.
Epi. huegelianum Rchb. f.	*C. skinneri* Batem.
Epi. huegelianum var. *parviflora* Rchb. f.	*C. deckeri* Klotzsch
Epi. intermedium Rchb. f.	*C. intermedia* Grah.
Epi. iride Descour.	*C. bicolor* Lindl.
Epi. labiatum (Lindl.) Rchb. f.	*C. labiata* Lindl.
Epi. labiatum var. *lueddemannianum* (Rchb. f.) Rchb. f.	*C. lueddemanniana* Rchb. f.
Epi. labiatum var. *mossiae* (Hook.) Rchb. f.	*C. mossiae* Hook.
Epi. labiatum var. *pictum* (Lindl. et Paxt.) Rchb. f.	*C. mossiae* Hook.
Epi. labiatum var. *trianae* (Lind. et Rchb. f.) Rchb. f.	*C. trianae* Lind. ex Lind. et Rchb. f.
Epi. labiatum var. *warszewiczii* (Rchb. f.) Rchb. f.	*C. warszewiczii* Rchb. f.
Epi. loddigesii (Lindl.) Rchb. f.	*C. loddigesii* Lindl.
Epi. luteolum (Lindl.) Rchb. f.	*C. luteola* Lindl.
Epi. maximum (Lindl.) Rchb. f.	*C. maxima* Lindl.
Epi. pauper Vell.	*C. forbesii* Lindl.
Epi. porphyroglossum (Lind. et Rchb. f.) Rchb. f.	*C. porphyroglossa* Lind. et Rchb. f.
Epi. schillerianum (Rchb. f.) Rchb. f.	*C. schilleriana* Rchb. f.

Synonym	zurzeit gültige Bezeichnung
Epi. superbum (Schomb. ex Lindl.) Rchb. f.	*C. violacea* (H. B. K.) Rolfe
Epi. violaceum (H. B. K.) Rchb. f.	*C. violacea* (H. B. K.) Rolfe
Epi. violaceum Lodd.	*C. loddigesii* Lindl.
Epi. walkerianum (Gardn.) Rchb. f.	*C. walkeriana* Gardn.
L. dormaniana Rchb. f.	*C. dormaniana* (Rchb. f.) Rchb. f.
Maelenia paradoxa Dumort.	*C. forbesii* Lindl.

Literaturverzeichnis

Aulisi, A., Foldats, E. (1989): Monography of the Venezuelan Cattleyas and its varieties. Aulisi, Venezuela.

Barbosa Rodrigues, J. (1877–1882): Genera et species orchidearum novarum. Fleiuss, Rio de Janeiro.

Bateman, J. (1837–1843): Orchidaceae of Mexico and Guatemala. University of Pueblo.

Bechtel, H., Cribb, P. J., Launert, E. (1993): Orchideen-Atlas. 3. Auflage, Verlag Eugen Ulmer, Stuttgart.

Beer, J. G. (1854): Praktische Studien an der Familie der Orchideen. Verlag Carl Gerold & Sohn, Wien.

Bennett, D. E., Christenson, E. A. (1993): Icones Orchidacearum Peruvianum. Fasc. 1, Hrsg.: Eric Hágsater and Gerado A. Salazar. Mexico As.

Boyle, F. (1898): Über Orchideen. Verlagsbuchhandlung Paul Paray, Berlin.

Braem, G. (1984): Cattleya. Die Bifoliaten Cattleyen Brasiliens. Brücke-Verlag Kurt Schmersow, Hildesheim.

Braem, G. (1986): Cattleya Band II. Die Unifoliaten Cattleyen Brasiliens. Brücke-Verlag Kurt Schmersow, Hildesheim.

Burgeff, H. E. N. (1936): Die Samenkeimung der Orchideen. Verlag G. Fischer, Jena.

Cogniaux, A., Goossens, A. (1896–1907): Dictionnaire Iconographique des Orchidées. Institut de Jardins.

Dodson, C. A. and P. M. (1980–1984): Orchids of Ecuador. In Icones Plantarum Tropicarum. Florida.

Dressler, R. L. (1987): Die Orchideen. Biologie und Systematik der Orchidaceae. Verlag Eugen Ulmer, Stuttgart.

Dunsterville G. C. K., Garay, L. A. (1959–76): Venezuelan Orchids. vol. I–VI. André Deutsch Ltd., London.

Duval, L. (1907): Traité de Culture Pratique des Cattleya. Octave Doin, Paris.

Fowlie, J. A. (1977): The Brazilian Bifoliate Cattleyas and Their Color Varieties. Azul Quinta Press, Californien.

Greatwood, J., Hunt, P. F., Cribb, P. J., Stewart, J. (1993): The Handbook on Orchid Nomenclature and Registration. 4. ed. International Orchid Commission, RHS, London.

Hoehne, F. C. (1949): Iconografia de Orchidaceas do Brasil. São Paulo.

Joßt, F. (1851): Beschreibung und Cultur einer großen Anzahl tropischer, der Cultur werther und in europäischen Gärten eingeführter Orchideen. Prag.

Linden, J. (1885–1901): Lindenia. Gand.

Lindley, J. (1821–1826?): Collectanea Botanica. London.

Lindley, J. (1830–1840): The Genera and Species of Orchidaceous Plants. Ridgeway et Sons, London.

Lindley, J. (1837–1841): Sertum Orchidacearum.

Lindley, J. (1852–1859): Folia Orchidacea. Matthews, London.

Nobel, M.: You can grow Cattleya Orchids. Florida, USA.

Pabst, G. F., Dungs, F. (1975, 1977): Orchidaceae Brasiliensis. vol. I, II. Brücke-Verlag Kurt Schmersow, Hildesheim.

Rauschert, S. (1993): Kleines Lexikon nomenklatorischer, genetischer und taxonomischer Fachbegriffe aus der Orchideenliteratur. Hrsg.: Dr. Rosemarie Rauschert.
Reichenbach, H. G. (1854–1900): Xenia Orchidacea. 3 Bände, Brockhaus, Leipzig.
Reichenbach, H. G. (1861–1864): Orchides. In Walpers' Annales Botanices Systematicae 6., Leipzig.
Richter, W. (1958): Die schönsten aber sind Orchideen. 4. Auflage 1974, Neumann Verlag, Radebeul.
Richter, W. (1986): Das Orchideenjahr. Neumann Verlag, Radebeul.
Richter, W., Röth, J. (1993): Ratschläge Orchideen. Neumann Verlag, Radebeul.
Röth, J. (1982): Orchideen. Verlag J. Neumann-Neudamm, Melsungen.
Röth, J., Vahsholz, S. (1985): Orchideen und andere Exoten. Neumann Verlag, Radebeul.
Sander, F. (1888–1894): Reichenbachia. St. Albans.
Sander, F. (1947–1995): Sander's List of Orchid Hybrids. Hrsg.: RHS, London.
Schlechter, R. (1915): Die Orchideen, ihre Beschreibung, Kultur und Züchtung. 3. Auflage, Hrsg.: F. G. Brieger, R. Maatsch, K. Senghas. Verlag Paul Paray, Berlin und Hamburg, in Lieferungen seit 1970.
Schlechter, R. (1920): Die Orchideenflora der südamerikanischen Kordillerenstaaten. In Fedde: Repertorium specierum novarum regni vegetabilis. Beihefte, Band 7.
Schlechter, R. (1922): Beiträge zur Orchideenkunde von Zentralamerika. In Fedde: Repertorium specierum novarum regni vegetabilis. Beihefte, Band 17.
Stein, B. (1892): Stein's Orchideenbuch. Brücke-Verlag Kurt Schmersow, Hildesheim, Reprint 1980.
Veitch, J. & Sons (1887): A Manuel of Orchidaceous Plants. vol. 1. Epidendreae. Reprint A. Asher & Co., Amsterdam.
Warner, R., Williams B. S. (1862–1891): Select Orchidaceous Plants. Lovell Reeve et Co., London.
Warner, R., Williams B. S. (1882–1897): The Orchid Album. Williams, London.
Williams, B. S. (1894): The Orchid-Grower's Manual. 7. ed. J. Cramer, London.
Withner, C. L. (1974): The Orchids, Scientific Studies. J. Wiley & Sons, New York, London, Sydney, Toronto.
Withner, C. L. (1988): The Cattleyas and their Relatives. vol. I. The Cattleyas. Timber Press, Portland, Oregon.

Zeitschriften:
(Berliner) Allgemeine Gartenzeitung. Berlin (Otto und Dietrich, 1833–1856; Koch ab 1857).
Boletim CAOB. Coordenaria das Associações Orquidófilas Brasileiras.
Bonplandia. (Seemann, 1852–1862).
Botanische Zeitung. (Mohl, Schlechtendal, 1843–1866).
Bradea. Boletim do Herbarium Bradeanum. Brasilien (Pabst, seit 1969).
Curtis's Botanical Magazine. London, Oxford (seit 1787).
Die Orchidee. Organ der Deutschen Orchideen-Gesellschaft (seit 1949).
Edwards's Botanical Register. Ridgway, London (1815–1847).
Flore des Serres et des Jardins de l'Europe. (Van Houtte/Lemaire/Scheidweiler, 1845–1855).
Gartenflora. (Regel, gegr. 1852, seit 1887 Organ der Deutschen Gartenbau-Gesellschaft).
Garten-Zeitung. Verlag Paul Paray, Berlin (1882–1885).
Journal des Orchidees. (Lucien Linden, seit 1891).
Kew Bulletin. Royal Botanic Gardens, Kew, London.
Le Jardin fleuriste. (Lemaire, 1851–1854).
L'Illustration Horticole. Revue Mensuelle des Serres et des Jardins (J. J. Linden, 1870–1896).
L'Orchidophile. (Du Buysson).
Orchid Digest. The Orchid Magazine of Western America (seit 1937).
Orchid Review. Journal der Royal Horticultural Society (seit 1893).

Orchideen. Zeitschrift für Fachgruppen und Interessengemeinschaften (1966–1989).
Orchids. Journal der American Orchid Society, früher AOS-Bulletim (seit 1932).
Orchis. Organ der Deutschen Gesellschaft für Orchideenkunde, später Orchideenabteilung der Deutschen Gartenbau-Gesellschaft (1906–1944).
Orquidário. Orquidófilos Associados do Rio de Janeiro (seit 1987).
Orquídea. Sociedade Fluminense de Orquidófilos (1938–1986).
Orquideas. São Paulo.
Orquideologia. Kolumbien.
Paxton's Flower Garden. (Paxton, Lindley, 1850–1853).
Schlechteriana. Lahnau (Braem, 1990–1993).
The Botanical Cabinet. London (Loddiges, 1817–1833).
The Gardeners' Chronicle. Haymarket, London (seit 1841).
The Illustrated Dictionary of Gardening. (Nicholson, franz. Ausgabe s. Mottet).

Bildnachweis

D.O.G.-Archiv, Schloß Holte-Stukenbrock: Seite 52 (oben), 53, 121 (oben), 141, 147 (oben), 159 (oben)
Hans H. Fessel, Hanau: Seite 57 (unten), 178 (unten)
Jayr Fregona jr., Brasilien: Seite 47 (Mitte), 81, 140, 151 (unten), 158 (oben)
Olaf Gruß, Grassau: Seite 19 (oben rechts), 43, 109, 125 (rechts), 146 (oben rechts)
Pardo Isla, Venezuela: Seite 57 (oben)
Hans-Jörg Jung, Eich: Seite 187 (oben)
Gerhard Krönlein, Eisenheim: Seite 97 (oben links), 177
Emil Lückel, Frankfurt/Main: Seite 105, 107 (oben), 168, 172
L.C. Menezes, Brasilien: Seite 52 (unten)

Hans-Werner Pelz, Merseburg: Seite 64 (links)
Gerhard Pfister, Brasilien: Seite 178 (oben)
Manfred Ruckszio, Taunusstein: Seite 22, 23 (oben links)
Udo Schäfer, Weinheim: Seite 97 (unten)
Alwim Seidel, Brasilien: Seite 151 (oben)
Doris Steinbuch, Venezuela: Seite 56 (oben links)
Friedrich Strauß, Au: Seite 23 (oben rechts)
Edwin Wittmann, Brasilien: Seite 15, 46, 47 (unten), 60 (unten links), 69 (unten), 77 (unten), 137 (unten links)

Alle übrigen Fotos stammen vom Autor.

Die Zeichnungen fertigte Ernst Halwaß, Nossen.

Register

* Zeichnung
** Farbbild

Artenschutz 201
Aufbau, Merkmale 11, 11*
Aussaat 31f.

Bakterien 34, 36
Barkeria 187, 192ff.
– Waltraud 187**
Bestäubung 31*
Bestimmung unbekannter Orchideen 202f.
Bestimmungsschlüssel 37ff., 202
Blüte 12ff., 13*, 204ff.
Brassavola 103, 175, 185ff., 191ff., 197f., 200, 202
– digbyana 187, 187**, 193, 198
Brassocattleya 117, 185f., 191, 193f.
– Jürgen Röth 97**
– Mdm. Charles Maron 193**
– Mary 64**, 194
– Menda 60**
– Vesta 76**
Brassolaeliocattleya 191, 194, 198
– Autumn Glow 147**
– Hawaiian Success 186**
– Orange König 185**
– Tatarown 159**
– Waikiki Gold 194**
Broughtonia 185ff., 192f., 195, 197
– aurea 115
– sanguinea 188**

Cattkeria 187, 193f.
– Jockel Fuchs 194, 194**
Cattleya
– aclandiae 40, 123, 124**, 167, 175ff., 184
– – var. schilleriana 164
– alexandrae 149f.
– aliciae 71, 73
– alutacea 125
– amabilis 136
– amethystina 136
– amethystoglossa 17, 40, 156ff., 158**, 170ff.
– – var. coerulea 158**
– – var. sulphurea 156f., 170
– aquinii 136

– araguaiensis 15, 37, 102f., 103**
– arembergii 141, 143
– aurantiaca 10, 40, 112ff., 112**, 193, 195f., 199
– – var. flava 113**
– aurea 92
– autumnalis 115, 118
– bassettii 66f.
– ×batalini 176f.
– Beautiana 155**
– bicolor 17, 40, 44, 126ff., 144ff., 146** 152, 175ff., 184f., 188, 195f.,
– – ssp. brasiliensis 146**, 148, 152
– – var. grossii 145, 146**, 148
– – var. measuresiana 14, 145
– blossfeldiana 15, 98, 109ff.
– bogotensis 83, 86
– bowringiana 17, 32, 39, 65, 115ff., 116**, 122f., 130, 148, 185, 188, 195
– Brabantiae 125**
– ×brasiliensis 175, 177
– ×brymeriana 155, 177
– bulbosa 46, 49
– candida 77
– carrieri 71, 73
– caucaensis 77, 79
– Chloris 101**, 119
– chocoensis 77ff., 86
– crocata 50, 52
– cupidon 68
– dawsoniana 65, 67
– deckeri 40, 115, 118ff., 120**, 123
– dijanceana 170f.
– dolosa 40, 46, 49, 81, 129ff., 128**, 180
– dormaniana 37, 42ff., 43**
– dowiana 10, 16, 19, 21, 23, 38, 92ff., 179, 184, 193
– – var. aurea 38, 95, 92**, 93**
– ×duveenii 177
– edithiana 71, 73
– elatior 158ff.,
– eldorado 17, 38, 50ff., 52**, 86, 155, 177
– – var. alba 50, 52**
– elongata 150**, 144, 148ff., 181
– epidendroides 106, 108
– eximia 128
– Fascelis 125**, 175
– flavida (C. florida) 106, 108
– forbesii 127f., 131ff., 132**,

136, 175, 180, 182, 184, 188, 196
– fragrans 125
– ×frankeana 177f., 177**
– fulva 131
– gardneriana 46, 49
– gaskelliana 16, 38, 50, 53ff., 56**, 59, 74, 184
– – var. alba 'Eisenheim' 53**
– gigas 10, 89, 91
– gloriosa 89
– Goldener Traum 92**
– granulosa 17, 41, 163, 167ff., 174, 168**, 180, 184
– – var. dijanceana 170f.
– – var. schofieldiana 172
– ×gravesiana 178
– – var. alba 178**
– ×greyae 178, 178**
– – albens 'Albescens' 56**
– grossii 148
– ×guatemalensis 115, 120, 178f., 179**
– guayana 57
– guttata 2**, 41, 100, 127f., 142, 150, 153, 156ff., 159ff., 159**, 161ff., 167, 169, 176f., 181, 184f.
– – var. keteleerii 156
– – var. leopoldii 161
– – var. lilacina 156
– – var. prinzii 156ff.
– – var. russeliana 161, 164, 169
– ×hardyana 179, 179**, 184
– harrisoniae 133, 135
– harrisoniana 17, 40, 130, 133ff., 133**, 140, 142ff., 167, 175ff.
– – × Lc. Schöne von Crimmitschau 7**, 136**
– harrisonii 133
– holfordii 106, 108
– imperialis 89ff.
– intermedia 40, 100, 128, 136ff., 143, 175f., 179ff., 184f., 188, 193, 195, 199
– – var. aquinii 137**, 138f.
– – var. concolor 137**
– – var. mirabilis 137**
– – var. variegata 135
– iricolor 37, 102, 104ff., 105**, 112
– ×intricata 179
– ×isabellae 175, 179f.
– isopetala 131
– jenmanii 15, 39, 50, 55, 57ff., 57**
– – 'Rubra' 57**

- ×*kautskyi* 180, 180**
- *kerrii* 16, 37, 40, 128, 135, 140f.
- – – var. *punctata* 140**
- *kimballiana* 83, 86
- *labiata* 61**, 85f., 88f., 91, 94, 98, 110, 130, 136, 138, 145, 160, 176, 180ff., 184, 188, 196, 202
- – – var. *atropurpurea* 71, 73
- – – var. *autumnalis* 59
- – – var. *bella* 68
- – – var. *candida* 71
- – – var. *dawsoniana* 65
- – – var. *dowiana* 92
- – – var. *eldorado* 50
- – – var. *gaskelliana* 53
- – – var. *lueddemanniana* 65
- – – var. *mendelii* 68, 70
- – – var. *mossiae* 71
- – – var. *percivaliana* 74, 76
- – – var. *picta* 60, 71
- – – var. *rex* 95
- – – var. *roezlii* 65, 67
- – – var. *schroederae* (*alba*) 79f.
- – – var. *semialba* 'Cooksoniae' 60**
- – – var. *trianae* 77, 83
- – – var. *trianae* subvar. *chocoensis* 77
- – – *trianae* var. *schroederiana* 83
- – – var. *vera* 14, 59
- – – var. *warneri* 86
- – – var. *warocqueana* 59
- – – var. *warszewiczii* 89
- – – var. *wilsoniana* 65, 67
- *lawrenceana* 17, 19, 39, 50, 63ff., 64**, 74, 92, 194
- *lemoniana* 59
- *leopoldii* 41, 156, 160, 161ff., 161**, 167, 176ff., 193, 196
- – – × (*Lc.* Edgard van Belle × *C.* New Era) 164**
- ×*le-czar* 180
- Little Leopard 158**
- *loddigesii* 15, 40, 62, 100, 128, 130, 135ff., 140, 141ff., 141**, 155, 175ff., 184, 194
- – – var. *amethystina* 136, 140
- – – var. *harrisoniae* 134
- – – × *Laeliocattleya* Yellow Skin 144**
- Love Chance 144**
- *lueddemanniana* 17, 39, 50, 65ff., 74, 77, 178, 184
- – – 'Cäcilia' 65**
- – – var. *semialba* 'Aquinada' 68**

- *luteola* 9, 37, 102, 106ff., 107**, 109ff., 185, 196, 200
- – – × (*Lc.* Sonja × *C. forbesii*) 107**
- *macmorlandii* 50
- *malouana* 65, 67
- Margaret Degenhardt 137**
- *maritima* 136, 139, 143
- *maxima* 15, 38, 67, 99ff., 100**, 119, 184
- – – var. *alba* 99, 101**
- – – var. *malouana* 99
- *mendelii* 17, 38, 50, 63, 68ff., 69**, 184
- – – var. *semialba* 69**
- ×*mesquitae* 180
- *meyeri* 106, 108
- *modesta* 106, 108
- *mooreana* 16, 37, 98, 102, 109ff., 109**, 111**
- *mossiae* 10, 17, 39, 50, 55f., 58, 64f., 68, 71ff., 77, 105, 178, 181, 184f., 190, 193, 197f.
- – – 'Harlachinger Geheimnis' 72**
- – – var. *autumnalis* 66
- – – var. *semialba* 73**
- *mottae* 16
- *nobilior* 37, 45ff., 46**, 48f., 130f., 180
- ×*o'brieniana* 180
- *ovata* 136, 139, 143
- *papeiansiana* 134f.
- *parviflora* 118
- *patinii* 118ff.
- ×*patrocinii* 181
- *pauper* 131, 133
- Peckhaviensis 165**
- *percivaliana* 17f., 39, 50, 58, 68, 74ff., 77**, 135, 181, 184
- ×*peregrine* 181
- *porphyroglossa* 41, 157ff., 169, 170ff., 172**, 176
- Portia 'Coerulea' 116**
- *princeps* 47, 49
- *pumila* 63, 65
- *purpurina* 156
- *quadricolor* 38, 50, 52, 70, 77ff., 77**, 86
- – – var. *eldorado* 50
- *regnelli* 164, 167
- 'Remy Chollet' 85**
- *rex* 38, 92, 95ff., 97**, 109ff.
- *roezlii* 65, 67

- *sanderiana* 89f.
- *schilleriana* 41, 125, 127f., 156, 164ff., 165**, 176, 178, 182, 184
- *schofieldiana* 41, 128, 167, 169, 172ff., 173**, 178
- *schomburgkii* 153
- *schroederae* 17, 39, 50, 70, 79ff., 80**, 86, 184
- *schroederiana* 47, 49, 81
- ×*scita* 181, 181**
- *silvana* 16, 38, 50, 81ff., 81**, 88
- Sister John Karen 96**
- *skinneri* 40, 65, 112, 115, 118f., 120ff., 121**, 178, 196, 201
- – – var. *albescens* 121**
- – – var. *autumnalis* 118
- – – var. *bowringiana* 115
- – – var. *parviflora* 118
- – – var. *patinii* 118, 120
- *speciosissima* 65, 67
- – – var. *buchmanniana* 65
- – – var. *lowii* 65
- *sphenophora* 159
- *sulphurea* 106
- *superba* 153, 155
- *tenuis* 16, 41, 144, 148, 151ff., 151**
- Thüringen 76**
- *tigrina* 159, 161, 163f.
- *trianae* 10, 14, 17f., 39, 50, 52, 81, 83ff., 84**, 70f., 78f., 91, 184f., 193, 201
- – – 'Dutrembley' 84**
- – – var. *alba* 83, 84**
- – – var. *schroederae* 79
- *trichopiliochila* 50, 52
- *trilabiata* 86
- *urselii* 106, 108
- *velutina* 123, 125ff., 128**, 167, 178, 184
- – – var. *alutacea* 126
- ×*venosa* 133, 181f., 182**
- *vestalis* 131
- ×*victoria-regina* 182
- *violacea* 144, 153ff., 154**, 177, 188, 196
- *virginialis* 52f.
- *walkeriana* 37, 44f., 46ff., 81, 127f., 130, 180, 195, 198, 200
- – – var. *coerulea* 47**, 48
- – – var. *dolosa* 128
- – – var. *nobilior* 45
- – – *semialba* 'Corpus Christi' 47**
- *wallisii* 50, 53

– *warneri* 50, 62f., 82, 86ff., 88**, 180ff., 184
– – var. *caerulea* 87, 88**
– *warocqueana* 59
– *warszewiczii* 16, 38, 50, 70, 85f., 89ff., 89**, 98, 179, 184, 193
– Wendlandiana 117**
– ×*whitei* 182, 182**
Cattleyopsis 188
Cattleytonia 195
– Varut Tribute 195**
Caularthron 188
Cymbidium violaceum 15, 143, 153ff.

Diacattleya 195
Diacrium 188
Dialaeliocattleya 195
Düngen 26

Encyclia 188
– *vitellina* 189**
Entwicklungsphasen 30*
Epicattleya 195
– Kay Boyle 196**
Epidendrum 188
– *acklandiae* 123
– *amethystoglossum* 170
– *aurantiacum* 113, 115
– *aureum* 113, 115
– *bicolor* 144
– *canaliculatum* 141, 143
– *dolosum* 128, 130
– *elatius* 158, 159
– – var. *leopoldii* 161
– – var. *prinzii* 156
– *elegans* 159, 161
– *forbesii* 131
– *granulosum* 167
– *harrisonianum* 134
– *huegelianum* 120, 123
– *huegelianum* var. *parviflorum* 118
– *intermedium* 136
– *iride* 144
– *labiatum* 59
– – var. *lueddemannianum* 65
– – var. *mossiae* 71
– – var. *pictum* 71
– – var. *trianae* 83
– – var. *warszewiczii* 89
– *loddigesii* 141
– *luteolum* 106
– *maximum* 99
– *pauper* 131, 133

– *porphyroglossum* 170
– *schillerianum* 164
– *superbum* 153
– *violaceum* 153, 141
– *vitellinum* 188, 189**, 200
– *walkerianum* 46
Epilaeliocattleya 196
Ernährung 14, 20, 31, 34

Fensterbank 19f., 22f., 24f., 28
Feuchtigkeit 16, 19f., 26, 28, 34f.
Folienzelt 23

Geschichte 14
Gewächshaus 23
Gießen 25f.

Hybridenregistrierung 184ff.
Hydrokultur 26f.

Iwanagara Apple Blosson 184**

Kirchara 196
Krankheiten 34ff.
Kultur 22ff.
Kulturräume 22ff.

Laelia 189
– *dormaniana* 44
– *purpurata* var. *werkhaeuseri* 189**
Laeliocattleya 196
– Ann Akagi 185**
– Barbara Belle 113**
– Binotii 147**
– Casitas Spring 'Linden' 11**
– ×*dormaniana* 42
– Elisabeth Fulton 146**
– Intermedioflava 137**
– Sunshine 196**
– Trick or Treat × *C. walkeriana* var. *alba* 47**
Langzeitversorgung 26f.
Leptotes 189
– *bicolor* 190**
Licht 18
Luftbewegung 20f.
Lyonara 197

Maelenia paradoxa 16, 131
Mehrgattungshybriden 184ff.
Meristemkultur 33
Minicattleyen 185**

Naturhybriden 175ff., 183

Otaara 197
– Jane Fumiye 197**

Pflanzenfenster 23f.
Pflanzensystem 9
Pflanzstoffe 27
Pflege 25f.
Potinara 198
– Medea 198**
Pseudobulbe, Formen 11*

Recchara 198
Rhyncholaelia 187
– *digbyana* 187**
Rolfeara 198
Rückbulben 32*

Schombocattleya 198
– Trudy Fennell 199**
Schomburgkia 190
– *superbiens* 190**
Sophrocattleya 199
Sophrolaeliocattleya 199
– Jungl Gem 186**
– Shonan Girl 200**
Sophronitis 190
– *coccinea* 191**
Standorte, heimatliche 10ff.
Stellamizutaara Kelly 184**

Tauchen 25f.
Teilung 32f., 32*
Temperatur 18, 19ff., 34ff.
Tetramicra 191

umpflanzen, verpflanzen 27f., 28*, 29*

Vaughnara 200
Vermehrung 30ff.
Vitrine 23f.

Wachstumsfaktoren 18
Wintergarten 23
Wuchsrhythmus 16
Wuchsrichtung 18*

Yamadara 200

Züchtung 184ff.

Wenn Sie mehr wissen wollen...

Der Autor beschreibt aufgrund seiner langjährigen Erfahrung mit Orchideen vier Methoden, mit denen die Kultur der wichtigsten tropischen Orchideen mit Sicherheit gelingt. Dann können sich diese Urwaldkinder als äußerst langlebig, blühwillig - und pflegeleicht - erweisen.
Orchideenkultur im Haus. *Die vier Kulturverfahren für tropische Orchideen. Gerhard Bomba. 2000. 168 S., 76 Farbfotos. ISBN 3-8001-6680-1.*

Der Schwerpunkt des Buches liegt in der Vermittlung, der durch wissenschaftliche Untersuchungen und praktische Erfahrungen gewonnenen Ergebnisse, welche die Kulturführung weitgehend beeinflußt haben. Ergänzend werden im Kapitel „Biologie der Orchideen" die Besonderheiten der Lebensweise und Ansprüche von Orchideen verschiedener Klimate ausführlich dargestellt, um damit weitere wichtige Hinweise zu einer optimalen Kultur zu geben.
Orchideenkultur. *Botanische Grundlagen, Kulturverfahren, Pflanzenbeschreibungen. Gertrud Fast (Hrsg.) u.a. 3. Auflage 1995. 416 Seiten, 140 Farbfotos, 137 sw-Abbildungen. ISBN 3-8001-6451-5.*

Das Buch beschreibt alle in Kultur befindlichen Arten der Gattung Phalaenopsis, dazu sind wissenswerte geschichtliche Notizen eingeflochten. Es gibt einen ausführlichen Überblick über den Stand der heutigen Züchtung und damit über die Fülle an farbenprächtigen Hybriden, die bei vielen Pflanzenfreunden als Malaien- oder Falterblumen ihren Platz auf Fensterbänken oder in Kleingewächshäusern gefunden haben.
Phalaenopsis. *Olaf Gruß, Manfred Wolff. 1995. 190 S., 160 Farbf., 63 Zeichn. ISBN 3-8001-6551-1.*

Der Autor, der zu diesem Thema über 20 Vorträge gehalten hat, greift die häufigsten und wichtigsten Fragen auf und beantwortet sie. Soweit möglich wurde auf botanische Fachausdrücke verzichtet, so daß auch der Laie ohne Nachschlagen lesen und lernen kann. Erstmals wurde in einem deutschsprachigen Werk umfassend auf das Thema 'Krankheiten und Schädlinge an Orchideen' eingegangen.
Das praktische Orchideen-Buch. *L. Röllke. 2. Auflage 1998. 230 Seiten, 150 Farbfotos, 50 Zeichnungen. ISBN 3-8001-6643-7.*